KB145218

봇을 이용한 게임 해킹

메모리 스캐닝에서 반응형 해킹까지

봇을 이용한 게임 해킹

메모리 스캐닝에서 반응형 해킹까지

닉 카노 지음 | 진석준 옮김

i!i
에이콘

닉은 정말 훌륭한 사람이다. 우리는 상상할 수 있는 모든 면에서 죽이 척척 잘 맞았다. 보안 관련 회사에서 닉을 처음 만났고 그는 나보다 젊었다. 나는 대학을 다녔었고 그는 대학을 잘 알지 못했다. 나는 신앙이 있지만 그는 그렇지 않았다. 흥미로운 사실은 그 모든 게 그다지 중요하지 않았다는 점이다. 우리는 이 모든 것을 크게 신경 쓰지 않았다. 나이, 인종, 성별, 학위, 이런 것들은 게임과 해킹 그리고 코딩에서는 아무 의미도 없는 것들이다!

닉은 결국 해냈다. 그는 재미있는 사람이고, 영리하며 열심히 일한다. 또한 누구보다 인내할 수 있는 사람이다. 게임과 해킹, 코딩의 공통점을 누구보다 잘 이해할 수 있는 친구다. 그는 이런 분야에서 일하면서 가장 수익이 있는 봇을 만들어내는 사람이다.

이 책의 첫 부분에서 닉은 게임을 찬찬히 뜯어보게 만들 것이다. 이 부분에서 소프트웨어를 조사하는 툴과 이를 활용하는 간단한 기법을 배울 수 있을 것이다. 또한 게임의 내부가 어떻게 동작하고 있는지, 그리고 이 과정을 어떻게 분해하고 게임 플레이를 수정하는지에 대해서도 배우게 될 것이다. 안티 치트 솔루션을 피하면서 플레이를 자동화하는 방법 등을 알 수 있게 되는 것이다. 당신이 만든 봇이 당신이 자리에 없는데도 경험치와 골드, 아이템을 모은다고 상상해보라. 멋지지 않은가?

치터들이 어떻게 치팅을 수행하는지 궁금했을 것이다. 게임을 어떻게 패치하는지, 그리고 어떻게 봇으로부터 게임을 보호하는지도 알고 싶었을 것이다. 커피 한 잔을 시키고 노트북을 열어보자. 그리고 이제 이 책을 즐겨보자.

축복이 함께하기를 빈다.

— **자레드 드모트**^{Dr. Jared DeMott} / 보안 전문가 & 소프트웨어 개발자

닉 카노^{Nick Cano}

12살 무렵 오픈소스 게임 서버용 스크립트를 처음 작성했으며, 16살부터 자신이 만든 봇을 돈을 받고 팔기 시작했다. 오랫동안 게임 해킹 커뮤니티의 일원으로 활동하면서 게임 개발자와 디자이너에게 그들이 만든 게임을 봇으로부터 보호할 수 있도록 자신의 경험에 기반한 조언을 아끼지 않았다. 또한 수년간 멀웨어^{malware}를 감지하고 방어하는 일에도 종사했으며, 여러 컨퍼런스에서 자신의 연구와 툴에 대한 강의를 수행해왔다.

| 감사의 글 |

이 책을 쓰는 것은 내게 흥미로운 여행을 떠나는 것과 같았다. 혼자라면 아마 절대 해낼 수 없었을 것이다. 컨셉을 잡고 실제로 책을 쓰기까지 노 스타치 출판사^{No Starch Press}의 끊임없는 지원과 밀접한 협업이 없었다면 이 모든 일은 불가능했을 것이다. 작업 초반부터 많은 도움을 준 편집자인 제니퍼 그리피스-델가도 그리고 후반부 출판과 관련해 도움을 준 로렐 천에게 감사를 표하고 싶다. 빌 폴록, 타일러 오트먼, 앨리슨 로를 포함한 노 스타치의 팀원들 모두 매력적이며, 그들과 함께 일하는 것이 무척이나 기뻤다.

교열 담당자인 레이철 모나한, 교정자인 파울라 L. 플레밍, 기술 감수자인 스티븐 롤러에게도 감사한다. 또한 원고를 송고하기 전에 일부 장을 다듬어준 친구인 캐빗 'synt4x' 글로버와 바딤 코토프, 추천의 글을 써준 자레드 드모트에게도 감사한다.

그저 어린 소년이었던 나를 받아주고 해킹에 대해 가르쳐준 TPForums의 모든 사람에게 감사를 표하고 싶다. 특히 해커로서의 발전에 지대한 영향을 끼친 조제프 'jo3bingham' 빙햄, 이언 오버밀러, 예레미치와 내 미래가 암울할 때 나의 재능을 발견하고 확신을 갖도록 도와준 TPForums의 창시자인 조시 'Zyphrus' 핫젤에게 깊은 감사를 표한다.

포럼의 전 직원과 내가 만든 봇을 사용해준 모든 고객들께 감사드린다. 마지막으로, 나를 지지해주고 오늘날 나를 나답게 만들어준 가족과 친구, 모든 동료에게도 고마움을 전한다.

스티븐 롤러 Stephen Lawler

소규모 컴퓨터 소프트웨어와 보안 컨설팅 회사의 창업자이자 대표다. 주로 리버스 엔지니어링과 멀웨어 분석, 취약점 분석과 관련된 정보 보안 업무에 10년 넘게 종사하고 있으며, 맨디언트 Mandiant 멀웨어 분석 팀의 일원으로 포춘 Fortune 100대 기업에 컴퓨터 보안과 관련한 강력한 조언을 해주고 있다. 또한 블랙햇 BlackHat 을 포함한 다양한 보안 컨퍼런스에서 지난 5년 동안 'Practical ARM Exploitation'이라는 이름의 강의를 해오고 있다.

| 옮긴이 소개 |

진석준(bbjoony@gmail.com)

넷마블과 크라이텍을 거쳐 현재 11년 차 게임 QA로 재직 중이다. 자신을 포함한 게임 QA의 역량 향상과 자기 발전, 그리고 이를 통한 게임 QA 업무의 확장을 위해 여러 실험을 끊임없이 시도하는 중이다. 『뷰티풀 테스팅』(지앤선, 2011), 『닌자 해킹』(에이콘, 2015), 『게임 물리 엔진 개발』(지앤선, 2016), 『언리얼 엔진 4로 나만의 게임 만들기』(에이콘, 2017)를 번역했다.

| 옮긴이의 말 |

이제 게임은 더 이상 청소년의 전유물이나 일부 어른들의 특이한 취미가 아니다. 21세기를 대표하는 문화 산업으로 성장했음은 물론, VR/AR 같은 새로운 기술 발전을 주도하면서 IT 산업에서도 최첨단의 영역으로 인지되고 있다. 이런 긍정적인 측면과 더불어 게임 해킹이나 게임 과몰입 등 게임의 부정적인 측면 역시 간과할 수 없는 시대가 됐다. 게임 해킹의 역사는 게임의 역사와 동일하다. 게임이 생명을 갖는 시점에서부터 게임 해킹도 함께 시작된다. 최근에도 다양한 보안 기술로 무장한 게임들이 시장에 출시되고 있지만 출시와 더불어 개발진들의 To Do 리스트 상단에는 해킹 이슈가 빠지지 않고 등장한다.

이 책은 메모리 스캐닝에서부터 반응형 해킹에 이르기까지 다양한 해킹 기법을 소개하고 있다. 봇을 만들고 이를 통해 게임 내부에 특정한 동작을 수행해 필요한 데이터를 변조하는 해킹 기법에 대부분의 지면을 할애하고 있다. 책의 후반부에서는 최근에 유행하고 있는 반응형 해킹을 간단하게 소개하고 있는데 이 부분 역시 독자들에게 많은 영감을 제공하리라 믿어 의심치 않는다. 책에서 제공하는 간단한 게임 코드를 대상으로 실제로 해킹 기법을 수행하고 원하는 결과를 얻었을 때의 쾌감을 독자 여러분이 직접 느껴보시기 바란다. 아울러 이 책이 해킹으로 인해 발생할 수 있는 리스크를 방지하는 훌륭한 첫걸음이 되기를 바라 마지않는다.

이 책이 나올 수 있도록 도와주신 고넵의 멤버들과 에이콘출판사 관계자 분들께 감사를 드린다. 특히 기술 번역과 저술에 큰 영감과 용기를 주시는 고넵의 김도균 수석님, 에이콘출판사의 권성준 대표님, 황영주 상무님께 고마운 마음을 전하고 싶다.

늘 아빠에게 큰 에너지를 불어넣는 아들 하율이와 살아가면서 점점 닮아가는 아내에게 고마움을 전한다. 마지막으로 아껴둔 가장 큰 감사는 이 책을 읽어주시는 독자 여러분께 바친다. 해피 해킹!

| 차례 |

온라인 게임 세상에서 가장 흔한 오해 중의 하나는 오직 하나의 게임만 동시에 플레이가 가능하며 그것이 바로 지금 즐기고 있는 게임 타이틀이라는 것이다. 사실 게임 해커들은 장막 뒤에 숨겨져 있는 게임을 즐긴다. 그들과 게임 개발자 사이에 쫓고 쫓기는 게임이 바로 그것이다. 게임 해커들은 끊임없이 게임 바이너리를 리버스 엔지니어링하고, 게임 플레이를 자동화하려고 하며, 권장하는 게이밍 환경을 변경하려고 하는 반면, 게임 개발자들은 안티 리버싱 기법과 봇 검출 알고리즘, 휴리스틱 데이터 마이닝 등의 기법을 사용해 해커가 설계한 툴과 봇들을 막으려 한다.

게임 해커와 개발자들 간의 싸움이 진행될수록 이들은 서로 같은 기법을 가지고 경쟁하기 시작했다. 즉, 멀웨어 개발자와 안티바이러스 개발자가 다양하고 유사한 기법들을 동시에 사용하고 이를 발전시켜왔으며, 시간이 지날수록 이런 양상은 점점 더 복잡하게 전개되고 있다. 이 책은 게임 해커의 입장에서 전개되는 싸움에 초점을 맞췄다. 소프트웨어의 어두운 면을 활용해 게임 개발자들의 눈을 피하면서 동시에 게임을 조작할 수 있도록 게임 해커들이 발전시켜온 첨단 기법들을 살펴볼 것이다.

이 책이 비록 불법으로 간주되거나 혹은 게임 개발사에 해를 끼칠 가능성이 있는 툴을 개발하는 방법에 초점을 맞추고는 있지만, 이 중 많은 기법이 이에 맞설 수 있는 툴을 개발하는 데도 유용하게 활용될 수 있다는 사실을 알게 될 것이다. 이런 기법을 적용하는 방법을 습득함으로써 게임 개발자들이 이런 기법을 사전에 막을 수 있다는 사실이 중요하다.

알아둬야 할 사항

이 책은 소프트웨어 개발을 가르치는 것을 목적으로 하지 않는다. 독자들이 소프트웨어 개발에 대한 기본 지식을 어느 정도 갖추고 있으며 윈도우 기반의 소프트웨어 개발뿐만 아니라 게임 개발과 메모리 관리에 대한 일정 정도의 지식이 있다고 가정한다. 이 정도 소양을 갖추고 있다면 이 책의 내용을 따라가기에 충분하며, 만약 X86 어셈블리와 윈도우 관련 개발에 대한 경험이 있다면 좀 더 자세한 구현 방법을 알 수 있을 것이다.

여기에 더해 이 책에서 논의되고 있는 고급 기법들은 코드 인젝션^{code injection}을 기반으로 하기 때문에, C나 C++ 같은 네이티브 언어로 코드를 작성할 줄 아는 능력 또한 필수다. 이 책의 모든 예제 코드는 C++로 작성됐으며, 마이크로소프트 비주얼 C++ 익스프레스 에디션에서 컴파일이 가능하다(MSVC++ 익스프레스 에디션은 https://www.visualstudio.com/en-US/products/visual-studio-express-vs에서 다운로드 가능하다).

NOTE 델파이(Delphi)처럼 네이티브 코드를 컴파일할 수 있는 다른 언어를 사용해 인젝션이 가능하지만 이 부분은 이 책에서 다루지 않는다.

게임 해킹의 간단한 역사

1980년대 초반 PC 게임의 여명기부터 지금까지 게임 해커와 게임 개발자는 서로 우위를 점하려는 전쟁을 계속하고 있다. 이 끊임없는 갈등은 게임 개발자들이 해커로부터 그들이 만든 게임을 보호하기 위해 수많은 시간을 투자하면서 촉발됐다. 게임 해커들이 은밀하고 복잡한 기법을 사용하고 있지만 사실 그들이 싸움을 시작한 이유는 사소한 것들이다. 그래픽을 자기 마음대로 고쳐보거나, 좀 더 나은 성능을 원하거나, 개인적인 방법을 사용해 좀 더 게임을 쉽게 사용하고, 원래 획득이 불가능한 게임 내의 아이템을 획득해보고 싶은 욕구들이 바로 이들을 움직이게 하는 계기가 된다. 물론 여기에는 실생활에서 얻게 되는 금전적인 이득도 포함된다.

1990년대 후반부터 2000년대 초반에 이르는 시기는 가히 게임 해킹의 황금 시대였다고 할 수 있다. 이 시기에 이르러 온라인 PC 게임은 수많은 사용자들을 동시에 수용할 수 있게 됐지만 여전히 간단하고 쉬운 방법으로 리버스 엔지니어링이 가능하고, 이를 통해 비교적 간단하게 게임을 조작할 수 있었다. 〈티비아Tibia〉(1997년 1월), 〈런이스케이프Runescape〉(2001년 1월), 그리고 가장 유명하고 봇 개발자들에게 높은 관심을 이끌어냈던 〈울티마 온라인Ultima Online〉(1997년 9월)이 이 당시 출시됐던 주요한 게임들이다. 이 당시의 개발자뿐만 아니라 오늘날의 게임 개발자들 역시 수많은 봇 개발자와 사용자 커뮤니티에 적절하게 대응하려고 노력하고 있다.

게임 해커들의 지속적인 공략에 개발자들이 적절하게 대응하지 못한다면 해당 게임의 경제에 악영향을 끼칠 뿐만 아니라, 봇 개발 및 방어와 관련된 부가적인 사업을 촉진하는 계기가 될 수도 있다.

황금 시대 이후 다양한 경험을 축적한 게임 회사들은 봇에 대한 방어를 좀 더 심각하게 받아들이기 시작했다. 게임 회사들은 봇 방지 시스템을 개발하는 팀을 신설하고 법적 관점에서 봇에 대처하기도 했다. 또한 봇을 사용한 플레이어에게 과감한 조치를 취하고 이들에게 봇을 제공한 업자에게 소송을 걸기도 했다. 그 결과 수많은 게임 해커들은 자신의 고객을 보호하기 위해 좀 더 은밀하고 발전된 기법을 동원해야만 했다.

시간이 지날수록 이런 갈등의 양상은 점점 심화돼왔다. 온라인 게임이 보편화되고 있는 최근에는 이 갈등의 양측에 가담하는 개발자와 해커의 수도 점점 늘어나고 있는 실정이다. 메이저 게임 회사들은 강력한 의지를 가지고 해커와의 전쟁을 수행한다. 심지어 일부 유명한 게임 해커들을 대상으로는 수십 억 원 대의 소송을 걸기도 한다. 사업을 심각하게 고민하는 해커들이라면 이런 법적 분쟁을 피하기 위해 좀 더 작은 규모의 게임 회사를 상대하거나 혹은 어둠의 시장에서 익명으로 사업을 해야 할 정도도. 그럼에도 불구하고 가까운 미래에는 게임 해커들이 이런 리스크를 감수하면서도 충분히 수익을 얻을 수 있을 정도로 게임 해킹과 봇 개발은 대규모 사업으로 성장할 전망이다.

왜 게임을 해킹하는가?

게임 해킹의 본질적인 매력과 도전적인 면들을 차치하더라도, 게임 해킹은 그 자체가 실용적인 측면과 금전적인 측면에서 이득을 보려는 의도가 있는 행위다. 매일 수많은 초보 프로그래머들이 단순 작업을 자동화하기 위한 방편으로 소규모의 게임 해킹을 시도하고는 한다. 이제 막 스크립트를 활용하기 시작하는 초보 프로그래머들은 그들이 수행하는 소규모의 악의 없는 해킹에 오토잇^AutoIt 같은 툴을 사용한다. 반면 전문적인 게임 해커들은 전문적인 툴과 다년간의 프로그래밍 경험을 바탕으로 최신의 게임 해킹 기법을 개발하고 구현하기 위해 수많은 시간을 할애한다. 이 책에서는 이런 유형의 게임 해킹에 초점을 맞추고 있으며, 이런 유형의 게임 해킹은 종종 많은 돈을 벌 목적으로 수행되기도 한다.

엔터테인먼트 소프트웨어 협회^Entertainment Software Association 에 따르면 게임 산업은 2014년 224억 달러의 매출을 기록할 정도의 거대한 사업으로 성장했다. 매일 수천만 명의 플레이어들이 게임을 즐기고 있으며, 이들 중 20% 정도가 MMORPG^multiplayer online role-playing game 게임을 즐긴다. 이 MMORPG 게임 안에서 수천 명의 플레이어들이 가상의 재화를 거래하며, 이를 통해 게임 내 경제를 활성화한다. 플레이어들은 게임 안에서 통용되는 재화가 필요하고 실생활에 통용되는 화폐로 이러한 게임 내 재화를 구매한다. 그 결과 MMORPG 플레이어들은 게임 내 재화와 현금을 교환해주는 서비스를 제공하는 커뮤니티를 만들게 됐다. 이런 서비스들은 게임 내 재화와 실제 현금을 교환하는 데 사용되는 환율에 따라 움직인다.

게임 해커들은 이득을 취하기 위해 자동으로 골드를 획득하고 캐릭터 레벨을 올려주는 봇을 만드는 것이다. 그들의 목적에 따라 달라지겠지만 대규모의 골드를 획득한 다음 이를 팔아 게임 내에서 이득을 챙기거나, 최소한의 노력으로 재화를 얻고 레벨을 올리고 싶어 하는 플레이어들에게 그들이 만든 소프트웨어를 팔아서 이득을 얻을 수도 있다. 인기 있는 MMORPG라면 이와 관련된 수많은 커뮤니티들이 형성되므로 게임 해커들은 매년 수십만 달러에서 수백만 달러에 이르는 수입을 얻을 수도 있다.

MMORPG가 해커들에게 공격에 필요한 다양한 루트를 제공해주기는 하지만, 게임을 즐기는 유저들은 다른 장르에 비해 상대적으로 적은 편이다. 게이머 중에서 38%의 유저들은 RTS $^{real-time\ strategy}$ 장르와 MOBA $^{massive\ online\ battle\ arena}$를 선호하고, 6%에 이르는 유저들은 FPS $^{first-person\ shooter}$를 가장 좋아한다. PvP $^{player\ versus\ player}$ 형태를 띠는 이런 장르의 게임을 선호하는 유저들이 게임 시장의 44%를 차지하며, 이들이야말로 게임 해커들에게 커다란 수익을 가져다줄 수 있는 사람들이다.

PvP 게임은 본질적으로 단편적이다. 각 경기가 독립된 게임 형태로 운영되며, AFK $^{away\ from\ keyboard}$를 통한 보팅[1] ^{botting}으로 큰 이득을 얻기 힘들다. 이는 곧 일반적인 MMORPG 게임에서처럼 골드 파밍을 하거나 캐릭터의 레벨을 자동으로 올려주는 봇을 만드는 대신, 전투에서 플레이어를 도와주기 위한 봇을 만들 필요가 있음을 의미한다.

이렇듯 기술과 전략을 치열하게 겨루는 게임에서는 플레이어들이 그들의 능력을 스스로와 다른 사람들에게 증명할 필요가 있다. 그 결과 PvP 유형의 게임에 필요한 봇을 찾는 사람들은 MMORPG의 세계보다 드문 편이다. 그럼에도 불구하고 PvP 봇을 팔아 큰 돈을 버는 해커들은 여전히 존재하며, 제대로 된 기능을 갖춘 봇을 개발하는 것보다 이 편이 훨씬 쉬운 경우도 많다.

이 책의 구성

이 책은 크게 4개의 부로 구성되어 있으며, 각 부는 게임 해킹의 각기 다른 핵심적인 부분들을 다루고 있다. 1부 '해킹 도구'에서는 게임을 해킹하는 데 사용되는 도구에 대해 알아본다.

- 1장 '치트 엔진을 사용하는 메모리 스캐닝'에서는 치트 엔진을 사용해 중요한 값들을 획득하기 위해 어떻게 게임 메모리를 스캔하는지에 대해 알아본다.

---

1 봇(bot)을 통해 자동 사냥을 수행하거나 매크로를 돌리는 행위를 말한다. 이 작업이 키보드에서 손을 뗀 채 수행되므로 AFK(away from keyboard)라고도 불린다. – 옮긴이

- **2장 'OllyDbg를 이용한 게임 디버깅'**에서는 OllyDbg를 활용한 디버깅과 리버스 엔지니어링에 대한 집중 훈련을 받을 수 있다. 여기서 배운 기법들은 추후에 봇을 만들고 코드 인젝션을 수행할 때 아주 유용하게 쓰일 것이다.

- 1부를 마무리하는 **3장 '프로세스 모니터와 프로세스 익스플로러 살펴보기'**에서는 이 두 가지 정보 수집 툴을 사용해 게임이 파일과 그 밖의 프로세스, 네트워크, OS 등과 수행하는 상호작용을 감시하는 법을 배울 것이다.

1부의 각 장에서 새로 습득한 스킬을 테스트하고 연마하는 데 필요한 커스텀 바이너리를 포함해 다양한 온라인 리소스들이 제공될 것이다.

1부에서 제공되는 툴을 어느 정도 다루게 된다면, **2부 '게임 해부'**를 통해 게임 내부에 침입해 어떻게 게임이 동작하는지를 배우게 될 것이다.

- **4장 '코드에서 메모리로: 기본 원리'**에서는 게임 바이너리 안에 게임 소스 코드와 데이터가 컴파일되고 나면 어떤 모습인지를 배우게 될 것이다.

- **5장 '고급 메모리 포렌식'**은 4장에서 배운 지식을 좀 더 심화하는 과정이다. 가상 메모리 값을 그럴듯하게 배치하고 복잡한 클래스와 구조를 분해하기 위해 어떻게 메모리를 스캔하고 디버깅을 활용할 수 있는지에 대해 배우게 될 것이다.

- 마지막 **6장 '게임 메모리 읽고 쓰기'**에서는 현재 구동 중인 게임에서 어떻게 데이터를 읽고 수정할 수 있는지 보여줄 것이다.

2부에서도 배운 내용을 검증하기 위해 심도 있는 예제 코드들이 제공될 것이다.

3부 '인형 가지고 놀기'에서는 게임을 마리오네트 인형[2]으로 만들어 가지고 놀 수 있는 퍼피티어링 ^{puppeteering} 스킬에 대해 배울 것이다.

- 1부와 2부에서 배운 기법들을 기반으로 **7장 '코드 인젝션'**에서는 게임 주소 공간에 직접 만든 코드를 인젝션하고 수행하는 방법에 대해 설명하고 있다.

---

2 각 관절마다 줄이 연결되어 조종하는 사람의 의도대로 움직일 수 있는 인형을 말한다. – 옮긴이

- 코드 인젝션을 마스터했다면 **8장 '게임 컨트롤 플로우 조작하기'**에서 게임이 수행하는 기능을 중간에 가로채 이를 수정하고 무력화하는 방법을 배워볼 것이다. 어도비 AIR와 다이렉트3D의 일반 라이브러리 예제로 8장은 마무리된다.

클래스를 완벽하게 제어하기 위해 3부에서는 미리 작성된 방대한 양의 코드를 제공한다. 이 코드를 기반으로 봇을 만들 수 있을 것이다.

4부 '봇 만들기'에서는 앞서 배웠던 툴과 해체 능력, 퍼피티어링 스킬 그리고 소프트웨어 엔지니어링 배경지식을 활용해 강력한 봇을 만드는 법을 배워볼 것이다.

- **9장 '초능력으로 전장의 안개 걷어내기'**에서는 기본적으로는 표시되지 않는 유용한 정보를 게임상에 표시하는 방법에 대해 배워본다. 여기에는 숨어 있는 적의 위치, 시간당 획득할 수 있는 경험치 등이 포함된다.
- **10장 '반응형 해킹'**에서는 체력이 감소하는 것과 같은 인게임 이벤트를 감지하고 봇이 이런 이벤트에 사람보다 빨리 반응할 수 있게 해주는 코드 패턴을 보여줄 것이다.
- **11장 '스스로 움직이는 봇 만들기'**에서는 사람이 조작하지 않고 봇이 게임을 자동으로 플레이할 수 있는 방법에 대해 배워볼 것이다. 여기서 우리가 만드는 자동 봇은 제어 이론과 상태 머신, 검색 알고리즘과 수학적 모델이 모두 한데 모인 결과물이다. 이 장은 또한 이 주제들에 대한 핵심 과정이 될 것이다.
- **12장 '숨어 있기'**에서는 만들어진 봇을 감지하고 방해하는 시스템에서 벗어나고 이를 회피하는 고급 기술에 대해 배워볼 것이다.

이전 장들과 마찬가지로 4부에서도 다양한 예제 코드를 제공한다. 4부의 예제들 중 일부는 이전 장들의 코드를 기반으로 작성됐다. 그 밖의 코드들 역시 독자 여러분이 봇을 만들 때 바로 활용할 수 있도록 간단하고 직관적인 디자인 패턴을 갖고 있다. 이 책의 4개 부를 모두 읽어본다면 가상 세계에서 초능력을 가진 히어로가 될 수 있을 것이다.

온라인 자료

https://www.nostarch.com/gamehacking/에서 이 책과 관련된 추가적인 정보를 찾아볼 수 있다(에이콘출판사의 도서정보 페이지 http://www.acornpub.co.kr/book/game-hacking-bot에서도 내려받을 수 있다). 여기에는 이 책을 통해 배운 스킬을 테스트하기 위해 컴파일된 바이너리, 방대한 예제 코드, 그리고 상당수 출시 가능할 정도의 품질을 갖춘 게임 해킹 코드가 포함되어 있다. 이런 자료는 책을 통해 전달하기에는 어려움이 있고, 이러한 코드가 없다면 책의 내용도 완벽할 수 없다. 책을 보면서 그때마다 필요한 자료를 내려받아서 사용하길 바란다.

책의 활용

이 책은 게임 해킹을 시작하는 중요한 가이드로 활용될 수 있다. 각 장의 내용을 읽어가다 보면 새로운 스킬과 역량을 쌓아갈 수 있을 것이다. 각 장을 완독하고 다음 장으로 넘어가기 전에 실제 게임에 예제 코드를 응용해 해당 장에서 습득한 스킬을 시험해보기를 권장한다. 책에서 다루는 일부 내용에는 실제로 코드를 수행해보기 전에는 알 수 없는 부분도 포함되어 있으므로 이는 아주 중요하다.

이 책을 모두 읽었다면 이후 실무에서 야전 교범으로도 활용이 가능할 것이다. 의심스러운 데이터 구조를 마주하게 된다면 이 책 5장의 내용이 도움이 될 것이다. 게임 맵 포맷을 리버스 엔지니어링하고 패스파인더pathfinder를 만들고 싶다면 11장의 내용을 공부하고 그 안의 예제 코드를 활용할 수 있을 것이다. 해킹을 수행하면서 접할 수 있는 모든 문제를 해결하기란 불가능하지만, 이 책을 통해 해결의 실마리를 충분히 찾을 수 있을 것이라 확신한다.

오탈자

내용을 정확하게 전달하려고 최선을 다했지만 실수가 있을 수 있다. 책에서 텍스트나 코드 상의 문제를 발견해서 알려준다면 매우 감사할 것이다. 그러한 참여를 통해 다른 독자에게 도움을 주고, 다음 버전에서 책을 더 완성도 있게 만들 수 있다. 오자를 발견한다면 http://www.acornpub.co.kr/contact/errata에서 구체적인 내용을 알려주기 바란다. 보내준 내용이 확인되면 해당 서적의 정오표에 그 내용이 추가될 것이다. 정오표는 에이콘출판사의 도서정보 페이지 http://www.acornpub.co.kr/book/game-hacking-bot에서 찾아볼 수 있다.

질문

한국어판에 관한 질문은 이 책의 옮긴이나 에이콘출판사 편집 팀(editor@acornpub.co.kr)으로 문의할 수 있다.

PART 1

해킹 도구

CHAPTER 1

치트 엔진을 사용하는
메모리 스캐닝

탁월한 해커들이라면 그들만의 툴로 가득 찬 값비싼 무기고를 만드는 데 몇 년의 시간이라도 투자할 것이다. 이런 강력한 툴 이야말로 해커들이 완벽하게 게임을 분석해 손쉽게 해킹을 수행하고, 또한 효과적으로 봇을 개발할 수 있게 해주기 때문이다. 이런 툴들은 크게 네 가지로 구분된다. 메모리 스캐너, 어셈블러 수준의 디버거, 프로세스 모니터, hex 에디터가 바로 그것이다.

메모리 스캐닝은 게임 해킹의 관문이라고 할 수 있으며 이 장에서는 치트 엔진^{Cheat Engine}에 대해 알아볼 것이다. 치트 엔진은 강력한 메모리 스캐너로, 플레이어 레벨이나 체력 혹은 인 게임 메모리처럼 중요한 값들이 상주하는 게임 동작 메모리(주로 RAM)를 탐색할 수 있다. 우선 기본적인 메모리 스캐닝과 메모리 변조, 포인터 스캐닝에 대해 알아보자. 아울러 치트 엔진이 갖고 있는 강력한 임베디드 루아 스크립트 엔진^{embedded Lua scripting engine}에 대해서도 살펴본다.

왜 메모리 스캐너가 중요한가

게임과 지능적으로 상호작용을 하기 위해서는 게임 상태status를 인지하는 것이 매우 중요하다. 하지만 소프트웨어의 상태는 화면에 표시되는 것만으로 결정되지 않는다. 게임에서 만들어내는 다양한 이벤트들의 이면, 즉 컴퓨터 메모리에서 게임의 상태를 표현하는 연산이 수행된다는 것은 일견 다행이라고 할 수 있다. 프로그래머라면 이 과정을 쉽게 이해할 수 있기 때문이다. 해커들은 메모리에서 이런 값들을 찾아내기 위해 메모리 스캐너를 사용하며 이를 통해 게임의 상태를 파악한다.

예를 들어, 플레이어의 체력이 500 이하로 떨어졌을 때 힐heal을 하는 프로그램을 만들려고 한다면 우선 두 가지 항목을 먼저 파악할 필요가 있다. 첫 번째는 플레이어의 현재 체력 상태가 어느 정도인지 파악하는 것이고, 두 번째는 어떤 회복 주문을 시전할 것인가 하는 것이다. 두 번째 정보가 단순히 눌러야 할 버튼을 정하는 것이라면, 첫 번째 정보를 알기 위해서는 게임 상태에 접근할 필요가 있다. 플레이어의 체력 정보가 저장된 장소와 이를 게임 메모리에서 읽어오는 방식이 일정하다면 코드는 다음과 같이 작성될 수 있을 것이다.

```
// 아래 과정을 수차례 반복함
health = readMemory(game, HEALTH_LOCATION)
if (health < 500)
    pressButton(HEAL_BUTTON)
```

메모리 스캐너를 통해 HEALTH_LOCATION을 찾을 수 있고 이를 통해 우리가 만들 소프트웨어에서 사용될 쿼리를 작성할 수 있게 된다.

기본적인 메모리 스캐닝

메모리 스캐너는 해커들에게 가장 기본적이면서도 중요한 도구라고 할 수 있다. 여타 프로그램과 마찬가지로 게임 역시 모든 데이터를 메모리 주소^{memory address}라고 부르는 특정한 장소에 저장한다. 수많은 바이트들이 줄을 지어 모인 것을 메모리라고 생각한다면, 메모리 주소는 어느 열에 어떤 값을 넣을지를 결정하는 색인이라고 할 수 있다. 메모리 스캐너가 게임 메모리에서 x 값(찾고자 하는 값을 가리키며 탐색값^{scan value}이라고 부름)을 찾아냈다면, 이는 스캐너가 x와 동일한 값을 찾기 위해 바이트 열을 반복해서 탐색했음을 의미한다. 찾고자 하는 값과 동일한 값을 찾을 때마다 해당 주소를 결과 보고서에 추가한다.

게임 메모리의 크기에 따라 x 값이 수백 번씩 나타나기도 한다. x를 현재 500으로 표시되고 있는 플레이어의 체력이라고 가정해보자. 현재 x는 오직 500이라는 값을 갖지만, 500은 오직 x에만 할당되어 있는 수치가 아니다. 따라서 x 값을 검색하면 500이라는 값을 갖는 모든 함수를 반환할 것이다. 실제로 x와 아무 관계도 없지만 우연히 x에 500이라는 값을 갖는 모든 주소가 표시되는 것이다. 메모리 스캐너는 이런 원치 않는 값들을 걸러내기 위해 결과 리스트를 다시 스캔하고 x 값과 상관없이 이전과 동일한 x 값을 갖고 있지 않은 주소를 제거한다.

게임은 언제나 불확실하고 끊임없이 변경되는 엔트로피^{entropy} 상태라고 볼 수 있으므로 이런 방식의 재스캔 작업은 매우 효율적이라고 할 수 있다. 캐릭터를 움직이거나 적을 제거하는 것, 혹은 캐릭터를 변경하는 것과 같은 인게임^{in-game} 환경의 변경으로 인해 이런 엔트로피 상태를 더 복잡하게 만들 수도 있다. 복잡도가 증가할수록 관계가 없는 주소에 동일한 값이 지속적으로 들어가 있을 확률은 줄어든다. 너무 복잡하지만 않다면 몇 번의 재스캔 작업을 통해 모든 긍정 오류^{false positive}를 제거하고 정확한 x 값을 찾아낼 수 있을 것이다.

치트 엔진 메모리 스캐너

이제 메모리에 저장되어 있는 게임 상탯값의 주소를 추적할 때 사용하는 치트 엔진의 메모리 스캐닝에 대해 알아보자. 42페이지의 '기본적인 메모리 에디팅'에서도 스캐너를 사용할 기회를 제공할 것이므로, 여기서는 치트 엔진을 실행해보고 간단히 둘러보기만 하자. 메모리 스캐너는 그림 1-1에서 볼 수 있듯이 메인 화면에 다양한 내용이 집약되어 있다.

그림 1-1 치트 엔진 메인 화면

게임 메모리 스캐닝을 시작하기 위해 ❶번 Attach 아이콘을 눌러 프로세스를 선택하고 주소를 알아내고 싶은 스캔값(앞선 예의 x 값과 같은 값)을 ❸번 박스에 입력한다. 프로세스가 선택됐다면 메모리 스캐너가 작업을 수행할 준비가 된 것이다. 이번 경우 수행할 작업은 '스캔'이 되는 것이다. 향후 치트 엔진의 다양한 스캔 유형에 대해서도 알아본다.

스캔 유형

치트 엔진에서 수행하는 스캔 작업은 크게 두 가지 기준을 가지고 수행된다. ❹번에서 보이는 것과 같이 하나는 스캔 유형^{Scan Type}이고 다른 하나는 값 유형^{Value Type}이다. 스캔 유형은 사용자가 찾고자 하는 값과 실제 메모리에서 스캐닝된 값을 비교하는 방식을 의미한다. 이 작업의 기준은 다음과 같다.

- Exact Value: 입력된 스캔값과 정확하게 동일한 값의 주소를 반환한다. 스캔을 수행하는 동안 찾고자 하는 값이 변경되지 않는다면 이 옵션을 선택하면 된다. 체력, 마나, 레벨 등이 일반적으로 이 유형으로 분류된다.
- Bigger Than: 입력된 스캔값보다 큰 값의 주소를 반환한다. 찾고자 하는 값이 시간이 지날수록 조금씩 증가하는 경우 유용하게 쓸 수 있는 옵션이다.
- Smaller Than: 입력된 스캔값보다 작은 값의 주소를 반환한다. Bigger Than과 마찬가지로 타이머와 관련되어 유용하나 이 경우는 점차 그 값이 감소하는 경우에 유용하다.
- Value Between: 입력된 스캔값의 범위 안에 존재하는 값들의 주소를 반환한다. 이 옵션은 Bigger Than과 Smaller Than이 결합된 형태로, 이 옵션을 선택하면 범위값을 지정할 수 있도록 두 번째 값을 입력할 수 있는 창이 하나 더 생성된다.
- Unknown Initial Value: 프로그램 메모리의 모든 주소를 반환하며 초기 설정값을 파악하기 위해 모든 주소 범위를 재스캔하는 작업을 수행한다. 이 옵션은 아이템이나 NPC를 찾아내는 데 유용하게 쓰인다. 게임 개발자가 처음 해당 아이템이나 NPC를 만들 때 사용했던 초깃값을 알 수 없는 경우가 대부분이기 때문이다.

값 유형에서는 어떤 종류의 변수를 찾을 것인지 설정할 수 있다.

First Scan 수행하기

앞선 두 가지 항목이 설정되면, ❷ First Scan 버튼을 눌러 해당 값을 찾는 초기 스캔을 진행한다. 스캐너는 그 결과를 ❺번 창에 출력할 것이다. 리스트에서 녹색으로 표시되는 주소는 스태틱^{static} 값을 의미하며, 이는 프로그램을 재시작하기 전까지 항상 같은 값을 갖는다는 뜻이다. 검은색으로 표시된 주소는 메모리에 동적으로 할당된 주소들을 의미하며, 메모리는 이를 실시간으로 할당한다.

결과가 처음 출력될 때는 주소와 함께 각 주소에 실시간으로 할당되어 있는 값들을 보여준다. 스캔 작업을 다시 수행할 때마다 앞선 작업의 결과물을 함께 보여줄 것이다. 수행 간격을 조정해 모든 실시간 값을 보여줄 수도 있다. Edit > Settings > General Settings > Update interval 항목에서 조정이 가능하다.

Next Scan

첫 번째 결과가 출력되면 ❷ Next Scan 버튼이 활성화되며, 여기서 새로운 6개의 스캔 유형이 제공된다. 이 추가적인 스캔 유형을 통해 결과 리스트에 있는 주소를 앞서 수행한 스캔 결과의 값과 비교할 수 있다. 이를 통해 찾고자 하는 게임 상탯값을 갖고 있는 주소의 범위를 좁혀나갈 수 있게 되는 것이다. 여섯 가지 유형은 다음과 같다.

- Increased Value: 값이 증가한 주소를 반환한다. 최솟값은 그대로 유지한 상태에서 이전보다 늘어난 값만 출력하며 줄어든 값은 제거한다.
- Increased Value By: 정해진 양만큼 값이 증가한 주소를 반환한다. 이를 통해 긍정 오류를 조금 더 줄일 수 있지만 어느 정도의 값이 늘어나는지 정확하게 아는 경우에만 사용할 수 있다는 단점이 있다.
- Decreased Value: Increased Value와 반대의 경우로, 값이 줄어든 주소를 반환한다.
- Decreased Value By: Increased Value By와 반대의 경우로, 정해진 양만큼 값이 줄어든 주소를 반환한다.

- Changed Value: 값이 변경된 모든 주소를 반환한다. 값이 변경됐다는 사실만 알고 어떻게 변경됐는지 모를 때 유용하게 쓸 수 있다.
- Unchanged Value: 값이 변경되지 않은 모든 주소를 반환한다. 동일한 값을 갖고 있는지 확인하는 동안에도 방대한 엔트로피가 생성될 수 있으므로, 이 역시 긍정 오류를 줄여주는 효과가 있다.

정확하게 원하는 값을 찾기 위해서는 다양한 스캔 유형을 적절하게 사용해 방대한 결과로부터 범위를 줄일 필요가 있다. 33페이지의 '기본적인 메모리 스캐닝' 절에서 언급한 것과 같이 적절한 엔트로피를 유지하고 전략적으로 스캔 기준을 변경하면서 Next Scan 작업을 계속 반복해야 원하는 단 하나의 값을 얻을 수 있다.

정확한 결과를 얻지 못하는 경우

치트 엔진에서 결과를 정확하게 출력하는 것이 불가능할 때도 있다. 이럴 때는 경험에 의존해 정확한 주소를 얻어야만 한다. 예를 들어 캐릭터의 체력값을 찾으려 할 때 정확한 값을 5개 미만의 주소로 추려낼 수 없다면, 주소를 하나하나 수정해가면서 캐릭터의 체력값이 변경되는지 확인해봐야 한다. 이 내용은 39페이지의 '치트 엔진을 통한 수동 변조' 절에서 더 자세하게 알아본다.

치트 테이블

정확한 주소를 찾아냈다면 이를 더블클릭해 ❻번 치트 테이블 패널cheat table pane에 추가한다. 치트 테이블 패널에 추가된 주소는 수정과 감시가 가능하고, 추후 다시 사용하기 위해 저장도 가능하다.

패널에 추가된 주소를 더블클릭하면 Change address라는 팝업창이 하나 뜬다. 이 창의 Description 박스에 해당 주소의 설명을 추가할 수 있다. 아울러 해당 주소를 우클릭해 텍스트의 색을 바꿀 수도 있다. 우클릭 메뉴에서 Show hexadecimal을 선택해 16진수로도 표시가 가능하고, 또는 Show decimal을 선택해 10진수로도 표시가 가능하다. Type 열을 더블클릭해 각 값의 데이터 유형을 변경할 수도 있으며, Value 열을 더블클릭하면 값 자체도 변경이 가능하다.

치트 테이블이 만들어진 이유는 게임 해커들이 손쉽게 주소를 획득할 수 있게 하기 위해서다. 따라서 저장과 불러오기 과정도 손쉽게 수행된다. File ➤ Save로 이동하거나 혹은 File ➤ Save as로 이동해 현재 보이는 치트 테이블을 .ct 문서 파일로 저장할 수 있다. 여기에는 각각의 메모리 주소와 값의 유형, 설명, 텍스트 컬러, 표시 형식 등이 함께 저장된다. 저장된 .ct 파일을 불러오려면 File ➤ Load로 이동해 불러오면 된다(http://cheatengine.org/tables.php 에서 다양한 게임의 치트 테이블을 확인해볼 수 있을 것이다).

지금까지 게임 상탯값을 어떻게 스캔하는지 알아봤다. 이제 메모리에 존재하는 이 값들을 어떻게 변경하는지 살펴보자.

게임 메모리 변조

봇은 게임 상태와 관련된 메모리 값을 바꿈으로써 게임 시스템을 속이고 이를 통해 플레이어가 막대한 양의 게임 내 재화를 획득하거나, 캐릭터의 체력을 수정하거나, 캐릭터의 위치를 변경하도록 만들 수 있다. 대부분의 온라인 게임에서 체력이나 마나, 스킬 혹은 캐릭터의 위치와 같이 캐릭터의 상태와 관련된 정보는 메모리에 기록된다. 이 정보는 인터넷을 통해 클라이언트에서 서버로 전달되고 서버에서 이 정보를 제어한다. 따라서 온라인 게임을 진행하는 동안 이런 값을 바꾼다는 건 겉껍질을 바꾸는 것에 불과하고, 실제 값에는 어떤 영향도 미치지 못한다(온라인 게임의 메모리 변조 프로그램에는 좀 더 고급스러운 해킹 기술이 필요하며, 이는 치트 엔진이 제공하는 기능의 수준을 넘어선다). 서버 없이 수행되는 로컬 게임이라면 어떤 값이라도 마음먹은 대로 변경이 가능할 것이다.

치트 엔진을 통한 수동 변조

메모리 변조라는 마술이 어떻게 수행되는지 치트 엔진을 통해 확인할 수 있다.

수동으로 메모리를 변조하기 위해 다음 과정을 따른다.

1. 수행되고 있는 게임 프로세스를 치트 엔진에서 읽어온다.
2. 수정할 메모리 주소를 스캔하거나 이를 포함하고 있는 치트 테이블을 불러온다.
3. Value 열을 더블클릭해 열고 새로운 값을 입력한다.
4. 입력한 새로운 값이 변경되지 않기를 원한다면 Active 열의 박스를 선택해 주소를 고정한다. 이 값이 변경될 때마다 치트 엔진은 고정된 동일한 값을 입력하게 된다.

빠르고 간단한 해킹에는 이보다 더 좋은 방법이 없을 것이다. 하지만 지속적으로 변경되는 값을 수동으로 변조하는 것은 복잡하고 힘든 일이다. 자동화된 해법을 찾는 것이 좀 더 효과적일 것이다.

트레이너 제너레이터

트레이너 제너레이터^{trainer generator}라는 기능을 통해 어떤 코드 작성도 없이 메모리 변조 프로세스를 자동화할 수 있다.

트레이너^{trainer}(키보드 단축키를 통해 메모리 변조를 수행하는 간단한 봇)를 생성하기 위해 File ➤ Create generic trainer Lua script from table 항목으로 이동한다. 이를 통해 그림 1-2에 보이는 것과 같은 트레이너 생성 대화창을 열 수 있다.

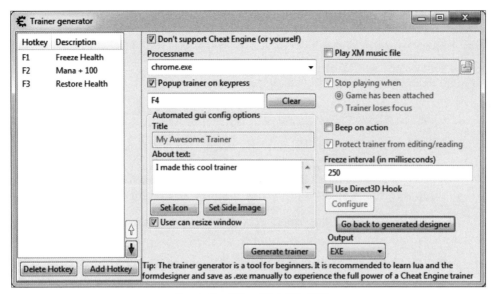

그림 1-2 치트 엔진 트레이너 생성 대화창

이 창에서 편집 가능한 몇 가지 항목을 찾아볼 수 있다.

- Processname: 트레이너가 어태치^{attach} 되어 동작할 실행 가능한 프로세스의 이름을 의미한다. 치트 엔진 실행 후 어태치할 프로세스를 고를 때 사용하는 프로세스 리스트^{process list}에서 보이는 것과 동일한 프로세스가 출력되며, 이미 프로세스가 어태치되어 있다면 해당 프로세스가 자동으로 선택된다.

- Popup trainer on keypress: 단축키를 사용할지 여부를 결정한다. 체크 박스 아래의 박스 안에 조합할 키를 입력한다. 이 키가 트레이너 메인 창에 표시된다.

- Title: 현재 생성하고 있는 트레이너의 이름을 입력한다. 필수 항목은 아니며, 선택적으로 사용 가능하다.

- About text: 트레이너에 대한 설명을 입력한다. 선택적으로 사용한다.

- Freeze interval (in milliseconds): 값을 덮어쓰는 주기, 즉 프리즈 오퍼레이션^{freeze operation}이 수행되는 시간을 의미한다. 일반적으로 기본값인 250을 많이 사용한다. 이 값이 적을수록 시스템의 리소스를 많이 소모하는 반면, 값이 클수록 값을 씌우는 행위가 느리게 수행된다.

이 값들이 설정되면 **Add Hotkey**를 눌러 트레이너를 활성화하는 키 시퀀스를 설정할 수 있다. 치트 테이블에서 원하는 값을 선택한다. 값을 선택하고 나면 그림 1-3과 같은 **Set/Change hotkey** 화면을 볼 수 있을 것이다.

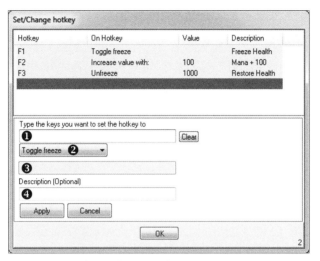

그림 1-3 치트 엔진 Set/Change hotkey 화면

❶ Type the keys you want to set the hotkey to 박스에 커서를 두고 원하는 키 조합을 입력한다. 그런 다음, ❷ 드롭다운 메뉴에서 원하는 액션을 선택한다. 선택할 수 있는 옵션은 순서대로 다음과 같다.

- Toggle freeze: 주소의 상태를 현 상태로 고정한다.
- Toggle freeze and allow increase: 주소의 상태를 현 상태로 고정하지만 값은 증가시킨다. 해당 값이 감소하면 트레이너는 바로 이전의 값을 겹쳐 씌운다. 값이 중복된다면 겹쳐 씌우지 않는다.
- Toggle freeze and allow decrease: Toggle freeze and allow increase와 반대로 값을 감소시킨다.
- Freeze: 이미 고정된 상태가 아니라면 해당 주소를 고정된 상태로 바꾼다.
- Unfreeze: 고정된 주소의 상태를 해제한다.

- Set value to: 주소의 값을 ❸ 박스 안에 입력한 값으로 바꾼다.
- Decrease value with: ❸ 박스 안에 입력한 값만큼 값을 감소시킨다.
- Increase value with: Decrease value with와 반대로, ❸ 박스 안에 입력한 값만큼 값을 증가시킨다.

마지막으로, 해당 액션에 대한 설명을 ❹에 설정할 수 있다. Apply 버튼을 누른 다음, OK 버튼을 누르면 방금 생성한 액션이 트레이너 제너레이터 창에 표시될 것이다. 이 순간에도 치트 엔진은 백그라운드에서 트레이너를 수행하고 있으며, 설정한 단축키를 통해서 원할 때 언제든지 수행이 가능하다.

간편하게 트레이너를 수행하기 위해 Generator trainer를 클릭해 방금 생성한 액션을 저장하자. 게임을 시작한 다음 트레이너를 수행하면 해당 게임에 트레이너가 어태치되므로 따로 치트 엔진을 수행하지 않아도 된다.

앞으로 치트 엔진의 메모리 스캐너와 메모리를 간단하게 수정할 수 있는 트레이너 제너레이터를 충분히 활용할 수 있을 것이다.

기본적인 메모리 에디팅

https://www.nostarch.com/gamehacking/에서 파일을 내려받아 BasicMemory.exe 파일을 실행해보라. 그런 다음 치트 엔진을 실행하고, 바이너리에 어태치해보라. 치트 엔진만 사용해 회색 공의 x 좌푯값과 y 좌푯값이 기록되어 있는 주소를 찾아보라(힌트: 4바이트 형식의 값을 사용한다).

값을 찾고 나면 공의 좌표를 변조해 오른쪽 위에 있는 검은 사각형 안으로 이동한다. 성공적으로 이동한다면 "Good job!"이라는 메시지가 출력될 것이다(힌트: 공이 움직일 때마다 그 값이 4바이트 정수로 저장되며, 이동하는 단위는 1이다. 스태틱static 값으로 저장되는 [녹색] 결과만 살펴보면 된다).

포인터 스캐닝

앞서도 언급했듯이 일반적인 온라인 게임에서는 다양한 값을 메모리에 동적 할당 형태로 저장한다. 동적 메모리를 참조하는 주소 자체는 큰 쓸모가 없다. 하지만 일부 정적 주소는 항상 다른 주소를 가리키며, 연달아 이 주소가 또 다른 주소를 가리키기도 한다. 이런 연결고리의 끝에 흥미롭고 다양한 정보를 가진 동적인 주소가 연결되어 있는 경우도 있다. 치트 엔진은 포인터 스캐닝 pointer scanning 이라고 부르는 기법으로 이 장소를 추적할 수 있는 기능을 제공한다.

이번 절에서는 포인터 체인에 대해 소개하고, 치트 엔진에서 포인터 스캐닝을 사용하는 방법을 설명할 것이다. 유저 인터페이스에 어느 정도 익숙해진 다음, 53페이지의 '포인터 스캐닝'에서 실전을 경험하게 될 것이다.

포인터 체인

앞서 설명했던 오프셋 체인을 포인터 체인 pointer chain 이라고 부르며 다음과 같이 작성된다.

```
list<int> chain = {start, offset1, offset2[, ...]}
```

포인터 체인을 시작하는 첫 번째 값 *start*는 메모리 포인터 memory pointer 라고 부르며, 체인이 시작되는 주소를 의미한다. *offset1*, *offset2*를 포함하는 나머지 값들은 포인터 경로 pointer path 라고 부르며, 원하는 값에 도달하기 위한 경로를 나타낸다.

아래 의사코드 pseudocode 를 통해 어떻게 포인터 체인이 작성되는지 파악할 수 있을 것이다.

```
   int readPointerChain(chain) {
❶      ret = read(chain[0])
       for i = 1, chain.len - 1, 1 {
           offset = chain[i]
           ret = read(ret + offset)
```

```
    }
    return ret
}
```

이 코드를 통해 함수 readPointerPath()를 생성한다. 이 함수는 chain이라는 포인터 체인을 파라미터로 갖는다. 함수 readPointerPath()는 chain 안의 포인터 경로를 주소 ret에서 읽어오는 메모리 오프셋 리스트로 간주한다. ret는 ❶에서 메모리 포인터로 설정된 바 있다. 그런 다음 이 오프셋은 계속 루프를 수행하며 ret의 값을 read(ret + offset)의 결과로 업데이트한다. 이 과정이 반복되며 ret가 종료되면 그 값을 반환한다. 아래 의사코드는 루프를 언롤^{unroll}했을 때 readPointerPath()를 보여준다.

```
list<int> chain = {0xDEADBEEF, 0xAB, 0x10, 0xCC}
value = readPointerPath(chain)
// 루프 언롤을 위한 함수 호출
ret = read(0xDEADBEEF) // chain[0]
ret = read(ret + 0xAB)
ret = read(ret + 0x10)
ret = read(ret + 0xCC)
int value = ret
```

이 함수는 각기 다른 주소의 read를 모두 네 번 호출하며, 이들 각각이 체인을 구성하는 요소가 된다.

> **NOTE** 사실 대부분의 해커들이 readPointerPath() 같은 함수를 사용하는 것보다 적절한 곳에 직접 체인 리드를 코딩하는 것을 선호하는 편이다.

기본적인 포인터 스캐닝

포인터 체인을 사용하는 이유는 대규모의 동적 메모리 할당이 발생할 때마다 게임 코드가 이를 참조할 수 있는 정적 주소가 대응돼야 하기 때문이다. 게임 해커들은 포인터 체인을 찾아냄으로써 메모리에 접근할 수 있다. 동적 메모리 할당과 그에 대응하는 정적 메모리 주소는 기본적으로 다층 구조로 형성되며, 이런 다층 구조에서는 메모리 스캐너를 사용하는 것과 같은 간단한 방법으로 포인터 체인의 위치를 찾아내기 어렵다. 게임 해커들은 이를 찾기 위해 새로운 방법을 고안해냈다.

리버스 엔지니어링^{reverse engineering}의 관점에서 본다면, 어셈블리 코드를 분석해 포인트 경로를 찾아내고 이를 활용해 특정한 값에 접근할 수도 있다. 하지만 이를 위해서는 상당한 시간을 투자해야 하며, 또한 적절한 툴이 필요하다. 가능한 모든 포인터 체인을 하나하나 반복해 수행하면서 결국 원하는 메모리 주소를 찾아내는 단순한 작업을 수행하는 포인터 스캐너^{pointer scanner}야말로 이 문제를 효율적으로 해결할 수 있는 모범 답안이라고 할 수 있다.

코드 1-1의 의사코드는 포인터 스캐너가 동작하는 일반적인 원리를 보여준다.

코드 1-1 포인터 스캐너 의사코드

```
    list<int> pointerScan(target, maxAdd, maxDepth) {
❶       for address = BASE, 0x7FFFFFFF, 4 {
            ret = rScan(address, target, maxAdd, maxDepth, 1)
            if (ret.len > 0) {
                ret.pushFront(address)
                return ret
            }
        }
        return {}
    }
    list<int> rScan(address, target, maxAdd, maxDepth, curDepth) {
❷       for offset = 0, maxAdd, 4 {
            value = read(address + offset)
❸           if (value == target)
                return list<int>(offset)
        }
❹       if (curDepth < maxDepth) {
            curDepth++
```

```
❺          for offset = 0, maxAdd, 4 {
               ret = rScan(address + offset, target, maxAdd, maxDepth, curDepth)
❻             if (ret.len > 0) {
                   ret.pushFront(offset)
❼                 return ret
               }
           }
       }
       return {}
   }
```

pointerScan( )

pointerScan( ) 함수는 스캔을 시작하는 지점이다. 이 함수는 target(찾아야 할 동적 메모리 주소), maxAdd(오프셋이 갖는 최댓값)와 maxDepth(포인터 경로의 최대 길이)를 파라미터로 갖는다. 이후 게임의 ❶ 4바이트 주소에 대한 루프가 수행되면서 address(현재 수행 중인 주소), target, maxAdd, maxDepth, curDepth(경로의 깊이, 이 경우는 항상 1)라는 파라미터를 갖는 rScan( )을 호출한다.

rScan( )

rScan( ) 함수는 0에서 maxAdd에 이르기까지의 모든 4바이트 오프셋을 읽으며❷ 그 결과가 target과 같다면❸ 이를 반환한다. 만약 rScan( ) 함수가 첫 번째 루프에서 반환하는 값이 없고 반복 횟수가 많지 않다면❹, curDepth를 증가시키고 다시 오프셋으로 루프를 수행하면서❺ 스스로를 재귀 호출한다.

만약 재귀 호출을 통해 포인터 경로의 일부분만 반환된다면❻, rScan( ) 함수는 경로에 현재의 오프셋을 추가하고 pointerScan( ) 함수 조건을 충족할 때까지 체인을 반복적으로 재귀 수행한다❼. pointerScan( )으로부터 rScan( )으로 호출이 발생하면 포인터 경로를 반환하며, pointerScan( )이 현재의 주소를 경로의 가장 앞부분에 추가해 완전한 체인을 만들고 이를 반환한다.

치트 엔진을 사용한 포인터 스캐닝

앞선 예제를 통해 포인터 스캐닝의 기본적인 프로세스를 살펴볼 수 있었다. 하지만 여기서 구현된 내용은 가장 원시적인 형태라고 할 수 있다. 수행 속도가 상당히 느릴뿐더러 셀 수 없이 많은 긍정 오류가 발생할 것이다. 치트 엔진의 포인터 스캐너는 다양한 보간법을 사용해 스캔의 속도와 정확도를 향상했다. 이 장에서는 포인터 스캐너에서 활용할 수 있는 다양한 스캔 옵션에 대해 설명하고자 한다.

치트 엔진에서 포인터 스캐너를 초기화하기 위해서는 치트 테이블의 동적 메모리 주소를 우 클릭한 다음 Pointer scan for this address를 선택한다. 포인터 스캐너를 초기화하고 나면 스캔 결과를 .ptr 파일로 저장할 위치를 물어볼 것이다. 저장 장소를 입력하고 나면 그림 1-4 와 같은 스캔 옵션 대화창이 뜰 것이다.

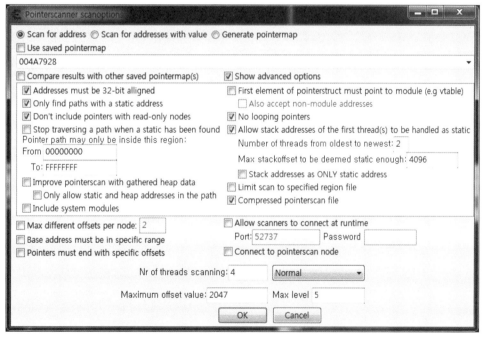

그림 1-4 치트 엔진 포인터 스캐너 스캔 옵션 대화창

창의 가장 상단에 보이는 텍스트 박스에서 동적 메모리 주소를 확인할 수 있다. 이제 치트 엔진의 다양한 스캔 옵션을 천천히 살펴보자.

핵심적인 옵션들

치트 엔진의 옵션 중에서는 일반적으로 기본값을 그대로 사용하는 경우도 많다. 다음과 같은 경우가 여기에 속한다.

- Address must be 32-bits aligned: 치트 엔진이 4의 배수로만 구성된 주소를 탐색하는 옵션이다. 이를 통해 스캔 속도가 눈에 띄게 향상될 수 있다. 이후 4장에서도 배우겠지만, 컴파일러가 데이터를 정렬하고 이를 통해 대부분의 주소가 기본적으로 4의 배수가 될 것이다. 이 옵션을 사용하지 않는 경우는 지극히 드물다고 할 수 있다.

- Only find paths with a static address: 치트 엔진이 동적 스타트 포인터를 가진 경로를 검색하지 않게 함으로써 스캔 속도를 향상하는 옵션이다. 경로 스캐닝을 다른 동적 주소에서 시작하는 것은 상당히 비효율적일 수 있으므로 이 옵션은 항상 활성화되어 있는 것이 좋다.

- Don't include pointers with read-only nodes: 이 옵션 역시 항상 활성화되어 있어야 한다. 휘발성 데이터를 저장하는 동적 할당 메모리는 읽기 전용으로 설정될 수 없다.

- Stop traversing a path when a static has been found: 정적 메모리 주소를 검색했을 때 스캔을 정지하는 옵션이다. 긍정 오류를 줄이고 검색 속도를 올리기 위해 이 옵션을 항상 활성화하는 것이 좋다.

- Pointer path may only be inside this region: 일반적으로 이 상태를 그대로 유지한다. 이 경우 스캔의 범위를 효율적으로 줄일 수 있지만, 다른 옵션을 선택하면 훨씬 더 넓은 범위를 검색하게 된다.

- First element of pointerstruct must point to module: 치트 엔진이 가상 함수 테이블이 발견되지 않은 더미를 검색하지 않도록 하는 옵션이다. 이 경우 해당 코드는 객체

지향으로 코딩됐다고 가정한다. 이 옵션을 사용할 경우 검색 속도를 월등히 높일 수 있지만, 그 결과 신뢰도가 떨어지므로 이 옵션은 활성화하지 않는 것이 좋다.

- No looping pointers: 스스로를 가리키는 경로를 포함하지 않음으로써 비효율적인 경로를 걸러낼 수 있지만, 그 결과 스캔 속도가 조금 느려질 수 있다. 통상적으로 이 옵션은 활성화해서 사용한다.

- Max level: 포인터 경로의 최대 길이를 설정한다. 코드 1-1의 maxDepth 변수를 참조하라. 일반적으로 6 혹은 7 정도의 값을 사용한다.

때론 여기서 설명한 값과 다른 옵션을 사용해야 하는 경우도 있을 것이다. 예를 들어, No looping pointers나 Max level 설정을 통해 신뢰할 만한 결과를 얻을 수 없다면 이는 찾고자 하는 값이 연결 리스트^{linked list}나 바이너리 트리^{binary tree}, 혹은 벡터^{vector} 같은 형태로 동적 메모리에 할당되어 있는 경우일 수도 있다. 때로는 Stop traversing a path when a static has been found 옵션을 사용했을 때 드물게 신뢰할 만한 결과를 얻지 못하는 경우도 있다.

선택적인 옵션들

앞서 살펴본 필수적인 옵션과 달리, 여기서 다룰 옵션들은 상황에 따라 선택 여부가 달라진다. 각 상황에 걸맞은 옵션 설정을 살펴보자.

- Improve pointerscan with gathered heap data: 치트 엔진에서 오프셋을 제한할 때 대량의 메모리 할당 기록을 사용할 수 있게 해주는 옵션이다. 이 옵션을 사용함으로써 상당량의 긍정 오류를 제거해 스캔 속도를 높일 수 있다. 일반적으로 점점 증가할 수밖에 없는 메모리 할당자를 사용하는 게임을 대상으로 이 옵션을 사용한다면 명칭이 의미하는 것과 완전히 정반대의 일을 수행한다. 최초 스캔을 수행할 때는 이 옵션을 활성화할 수 있지만, 신뢰할 만한 결과를 얻지 못했을 때는 가장 먼저 이를 비활성 처리해야 한다.

- Only allow static and heap addresses in the path: 아주 공격적인 방법이기는 하지만, 힙 데이터^{heap data}를 사용해 최적화할 수 없는 모든 경로를 무효화한다.

- **Max different offsets per node**: 스캐너가 체크한 동일한 값을 표시하는 포인터의 개수를 제한한다. 예를 들어 n개의 각기 다른 주소가 0x0BADF00D를 가리키고 있는 경우라면, 이 옵션을 사용해 그중 최초 m개의 주소만 인지하게 할 수 있다. 결괏값을 추려내기 힘들 때 이 옵션이 상당한 효과를 발휘할 수 있다. 이 옵션을 활성화하지 않는다면 상당히 많은 유효한 경로가 결과에서 제외될 수도 있다.

- **Allow stack addresses of the first thread(s) to be handled as static**: 게임에서 가장 오래된 m 스레드의 콜 스택^{call stack}을 스캔하며, 각각의 처음 n바이트만을 추려내는 옵션이다. 이 옵션을 통해 콜 체인^{call chain}상에 존재하는 함수의 지역 변수와 파라미터를 스캔할 수 있다. 이 과정을 거쳐 게임 내 주요한 루프에 사용되는 변수를 찾아낼 수 있다. 이 옵션을 통해 발견된 경로는 매우 유동적이기도 하지만 그 반면에 매우 유용하기도 하다. 개인적으로 나는 힙 주소를 찾기 힘든 경우에 이 옵션을 사용한다.

- **Stack addresses as only static address**: 포인터 경로에 스택 주소만을 허용하는 경우에도 앞의 옵션을 사용하기를 추천한다.

- **Pointers must end with specific offsets**: 유효한 경로의 가장 마지막 부분에 위치한 오프셋을 알고 있는 경우 유용하게 쓸 수 있는 옵션이다. 사용자가 직접 오프셋(가장 위에 위치한 오프셋이 마지막 오프셋을 의미함)을 명시함으로써 스캔의 범위를 극적으로 줄일 수 있다.

- **Nr of threads scanning**: 스캐너에서 얼마나 많은 스레드를 사용할지 결정한다. 프로세서를 구성하고 있는 코어의 개수를 입력했을 때 가장 좋은 결과를 얻을 수 있다. 드롭다운 메뉴를 통해 각 스레드의 우선순위를 결정할 수 있다. 스캔이 아주 느리게 동작하길 원한다면 Idle을 선택한다. 대부분의 경우에는 Normal을 선택할 것을 추천한다. 장시간 스캔에는 Time critical 옵션이 유용하다. 이 경우 스캔이 진행되는 동안 컴퓨터를 거의 사용할 수 없는 상태로 만든다.

- **Maximum offset value**: 경로상의 각 오프셋의 최댓값을 정한다. 코드 1-1의 maxAdd 변수를 참조하라. 내 경우에는 낮은 값부터 설정하며, 스캔이 실패하면 이 값을 점차 증가시켜나간다. 최초 설정값은 128 정도가 적당하다. **Heap optimization** 옵션을 사용하면 이 옵션이 무시된다는 사실을 기억해야 한다.

NOTE 경로에서 스태틱 값과 힙 주소 모두가 허용되고 스태틱 주소만 스택 주소로 사용되는 경우가 있을까? 스캔 결과가 아무것도 없는 경우도 있을까? 그리 유용해 보이지는 않지만 실험해볼 만한 가정이다.

스캔 옵션을 설정하고 나면 OK 버튼을 눌러 포인터 스캔을 시작한다. 스캔이 완료되면 발견된 포인터 체인의 리스트를 보여주는 결과 창이 출력된다. 이 결과에는 실제 결과와 함께 긍정 오류를 포함한 수천 개의 결과가 함께 나타난다.

포인터 재검색

포인터 스캐너가 제공하는 재검색 기능을 통해 긍정 오류를 제거할 수 있다. 이를 위해 그림 1-5와 같이 결과 창에서 Ctrl + R 키를 눌러 리스캔 포인터 리스트 대화창을 연다.

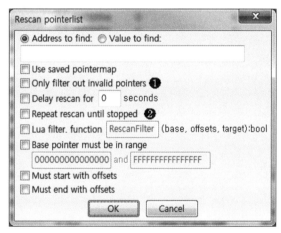

그림 1-5 치트 엔진 리스캔 포인터 리스트 대화창

치트 엔진의 재검색 기능을 사용하기 위해 크게 다음과 같은 두 가지 항목을 고려해봐야 한다.

- Only filter out invalid pointers: 이 대화창에서 ❶번 옵션을 선택할 경우, 유효하지 않은 메모리를 가리키는 포인터 체인만 제거될 것이다. 초기 결괏값이 너무 방대하다

면 이 옵션을 사용해보는 것을 권장한다. 특정한 주소나 값이 포함된 경로를 찾고자 한다면 이 옵션을 비활성화해야 한다.

- Repeat rescan until stopped: ❷번 옵션을 활성화했다면, 재검색 작업은 루프를 돌면서 수행하게 된다. 일반적으로 이 옵션을 활성화해서 사용하는 것이 이상적이며, 이를 통해 방대한 양의 메모리 엔트로피가 생성되는 도중에도 재검색이 수행될 수 있다.

재검색을 처음 수행할 때는 Only filter out invalid pointers와 Repeat rescan until stopped 두 옵션 모두를 활성화하고 OK 버튼을 눌러 재검색을 시작한다. 재검색이 시작되면 리스캔 창이 사라지고 결과 창에 Stop rescan loop 버튼이 생성될 것이다. Stop rescan loop 버튼을 누르기 전까지는 리스캔 작업이 지속된다. 그동안 상당한 양의 메모리 엔트로피가 생성된다는 점을 유의해야 한다.

드물게 리스캔 루프를 사용해 재검색을 수행했음에도 불구하고 여전히 방대한 양의 가능성이 있는 경로가 남아 있는 경우가 있을 수 있다. 이런 경우에는 게임을 재시작하고 원하는 값을 갖고 있는 주소를 다시 찾아(주소가 변경됐을 가능성이 있기 때문이다) 해당 주소에서 재검색을 수행하는 것이 좋다. 이를 통해 발견 가능성이 있는 경로의 범위를 줄일 수 있다. 이렇게 다시 재검색을 수행할 때는 Only filter out invalid pointers 항목을 체크하지 않고 **Address to find** 필드에 새로운 주소를 입력해야 한다는 점을 유의해야 한다.

> **NOTE** 만약 어떤 이유로 결과 창을 닫아야 한다면 메인 치트 엔진 창으로 이동한 다음, 결과 패널 아래의 Memory View 버튼을 눌러 결과를 다시 불러올 수 있다. Memory View 버튼을 누르면 메모리 덤프 창이 뜬다. 창이 뜨면 Ctrl + P를 눌러 포인터 스캔 결과 리스트를 연다. 그런 다음 Ctrl + O 키를 눌러 이전에 저장한 포인터 스캔 파일인 .ptr 파일을 불러올 수 있다.

아직도 결과가 충분히 좁혀지지 않았다면 시스템을 재시작한 다음에 동일한 과정을 거치거나 다른 시스템에서 동일한 과정을 수행해보라. 그럼에도 여전히 방대한 양의 결과를 던져주고 있다면 하나 이상의 포인트 체인이 동일한 주소를 바라보고 있다고 볼 수 있으므로 이들 각각의 결과를 정적인 것으로 간주해도 무방하다.

결과가 충분히 좁혀졌다면 사용 가능한 포인터 체인을 더블클릭해 이를 치트 테이블에 추가한다. 이 체인들 중에서 가장 적은 수의 오프셋을 가진 체인을 선택하면 된다. 동일한 포인터에서 시작하지만 특정한 지점 이후에 여러 갈래로 나뉘는 오프셋이 다수 존재한다면 이 데이터는 동적인 데이터 구조로 저장될 것이다.

치트 엔진에서 포인터 스캐닝과 관련되어 알아야 할 사항들은 이게 전부다. 이제 스스로 수행해보자!

포인터 스캐닝

https://www.nostarch.com/gamehacking/으로 가서 MemoryPointers.exe를 내려받자. 지난번과는 다르게 이번에는 10초 안에 50번 요구 조건을 달성해야 한다. 매번 x 좌표와 y 좌표의 메모리 주소가 변경되므로, 적절한 포인터 경로를 찾으면 그 값을 고정해야 할 것이다. 앞선 예제와 동일한 방식으로 연습문제를 시작하되, 주소를 찾으면 포인터 스캔 기능을 활용해 이 값에 도달하는 포인터 경로의 위치를 찾아야 한다. 그런 다음, 공을 검은색 사각형 안으로 옮겨놓고 해당 값을 고정한 다음, Tab 키를 눌러 테스트를 시작한다. 이전과 같이 당신이 게임에 이기면 축하 메시지가 뜰 것이다(힌트: Maximum level을 5로, 그리고 Maximum offset value를 512로 설정하라. 정적 주소 검색을 허용하고 정적 주소가 검색되면 검색을 중단하는 옵션을 사용해보자. 아울러 힙 데이터를 사용해 포인터 스캔 작업의 효율을 올려보자. 이 옵션들을 어떻게 조합해야 최적의 결과를 얻을 수 있는지도 한번 살펴보라).

루아 스크립팅 환경

사실 지금까지 봇 개발자들은 게임이 패치될 때 메모리 주소를 파악하기 위해 치트 엔진을 거의 사용하지 않았다. 이 작업은 OllyDbg 등을 통해 훨씬 더 쉽게 수행할 수 있기 때문이다. 이로 인해 최근에는 게임 해커들에게 치트 엔진의 활용도가 떨어졌다. 하지만 그럼에도 불구하고 치트 엔진의 강력한 스캐닝 환경에 구현되어 있는 루아^{Lua} 기반의 임베디드 스크립팅 엔진은 여전히 활용할 만한 가치를 지니고 있다. 원래 이 엔진은 치트 엔진을 통해 간단한 봇을 생성하기 위해 만들어졌다. 하지만 게임 해커들은 각기 다른 버전의 게임 바이너리에서 주소를 자동으로 찾아내는 복잡한 스크립트를 이 엔진을 통해 간단하게 작성할 수 있다는 사실을 알아냈다. 다른 툴을 사용했다면 훨씬 많은 시간이 소모될 수도 있을 것이다.

NOTE   http://wiki.cheatengine.org/에서 치트 엔진의 루아 스크립팅 엔진에 대한 더 자세한 정보를 얻을 수 있다.

치트 엔진의 메인 창에서 Ctrl + Alt + L 키를 누르면 루아 엔진을 시작할 수 있다. 창이 열리면 텍스트 영역에 스크립트를 작성하고 Execute script를 눌러 스크립트를 실행할 수 있다. Ctrl + S로 스크립트를 저장할 수 있으며, 저장된 스크립트는 단축키 Ctrl + O를 통해 불러올 수 있다.

스크립팅 엔진이 제공하는 수백 개의 기능을 통해 유스 케이스^{use case}를 제한 없이 생성할 수 있다. 이제 아래 2개의 스크립트를 통해 스크립팅 엔진으로 할 수 있는 것들을 살펴보자. 모든 게임이 서로 다르고 모든 게임 해커가 각자의 목적에 맞게 스크립트를 작성한다. 따라서 이 예제는 단순히 참고용으로만 사용하길 바란다.

어셈블리 패턴 찾기

여기서 살펴볼 첫 번째 스크립트는 외부로 나가는 패킷을 작성하고 이를 게임 서버로 전송하는 기능을 수행하는 함수를 찾아내는 것을 목적으로 한다. 게임 어셈블리 코드를 탐색해 특정한 코드 시퀀스를 가진 함수를 찾아내는 것이다.

```
❶ BASEADDRESS = getAddress("Game.exe")
❷ function LocatePacketCreation(packetType)
❸     for address = BASEADDRESS, (BASEADDRESS + 0x2ffffff) do
           local push = readBytes(address, 1, false)
           local type = readInteger(address + 1)
           local call = readInteger(address + 5)
❹         if (push == 0x68 and type == packetType and call == 0xE8) then
```

```
                    return address
               end
          end
          return 0
     end
     FUNCTIONHEADER = { 0xCC, 0x55, 0x8B, 0xEC, 0x6A }
❺ function LocateFunctionHead(checkAddress)
          if (checkAddress == 0) then return 0 end
❻      for address = checkAddress, (checkAddress - 0x1fff), -1 do
          local match = true
          local checkheader = readBytes(address, #FUNCTIONHEADER, true)
❼          for i, v in ipairs(FUNCTIONHEADER) do
               if (v ~= checkheader[i]) then
                    match = false
                    break
               end
          end
❽          if (match) then return address + 1 end
     end
     return 0
     end


❾ local funcAddress = LocateFunctionHead(LocatePacketCreation(0x64))
  if (funcAddress ~= 0) then
       print(string.format("0x%x",funcAddress))
  else
       print("Not found!")
  end
```

치트 엔진이 어태치한 모듈의 기본 주소를 획득하는 것에서부터 코드가 시작된다❶. 기본
주소를 획득하면 함수 LocatePacketCreation( )이 정의된다❷. 이 함수는 게임의 첫 번째
0x2FFFFFF 바이트 메모리 안에서 루프를 수행하면서❸ 다음과 같은 x86 어셈블러 코드로 구
성된 시퀀스를 탐색한다.

```
PUSH type    ; 데이터: 0x68 [4바이트 형]
CALL offset  ; 데이터: 0xE8 [4바이트 오프셋]
```

이 함수는 PacketType이 이와 동일한지 체크하지만 함수의 오프셋에 대해서는 신경 쓰지 않는다❹. 해당 시퀀스가 발견되면 함수는 이를 반환한다.

다음으로 LocateFunctionHead() 함수가 정의된다❺. 이 함수는 주어진 주소에서부터 0x1FFF 바이트를 백트랙하면서❻, 각 주소에서 다음과 같은 어셈블러 코드가 있는지 체크한다❼.

```
INT3         ; 0xCC
PUSH EBP     ; 0x55
MOV EBP, ESP ; 0x8B 0xEC
PUSH [-1]    ; 0x6A 0xFF
```

이 코드 스텁은 각 함수의 스택 프레임을 설정하는 함수의 프롤로그에 해당하므로, 모든 함수의 앞부분에 표시된다. 코드에서 이 부분이 발견되면 함수는 이 스텁의 주소에 1을 추가해 반환할 것이다❽(첫 번째 바이트 0xCC가 추가된다).

이 단계들을 한 번에 수행하기 위해 찾고자 하는 packetType(0x64)을 인수로 갖는 LocatePacketCreation() 함수가 호출되고, 그 결과로 찾은 주솟값들이 LocateFunctionHead() 함수로 넘겨진다❾. 이 과정을 통해 효과적으로 packetType으로 함수를 호출하는 첫 번째 함수의 위치를 파악할 수 있으며, 그 주소를 funcAddress로 저장할 수 있게 된다. 이 스텁의 결과는 다음과 같다.

```
INT3      ; LocateFunctionHead가 여기서 백트랙된다.
PUSH EBP  ; 이 주소를 반환한다.
MOV EBP, ESP
PUSH [-1]
--생략--
```

```
PUSH [0x64] ; LocatePacketCreation이 이 주소를 반환한다.
CALL [something]
```

이 35줄짜리 스크립트를 통해 1분 안에 각기 다른 15개 함수의 위치를 자동으로 파악할 수 있게 되는 것이다.

스트링 찾기

다음 루아 스크립트는 게임 메모리상에 존재하는 텍스트 스트링을 찾기 위해 작성된 것이다. 이 스크립트는 스트링 값 유형을 찾으려 할 때 치트 엔진의 메모리 스캐너만큼이나 훌륭하게 동작한다.

```
    BASEADDRESS = getAddress("Game.exe")
❶ function findString(str)
        local len = string.len(str)
❷       local chunkSize = 4096
❸       local chunkStep = chunkSize - len
        print("Found '" .. str .. "' at:")
❹       for address = BASEADDRESS, (BASEADDRESS + 0x2ffffff), chunkStep do
            local chunk = readBytes(address, chunkSize, true)
            if (not chunk) then break end
❺           for c = 0, chunkSize-len do
❻               checkForString(address , chunk, c, str, len)
            end
        end
    end
    function checkForString(address, chunk, start, str, len)
        for i = 1, len do
            if (chunk[start+i] ~= string.byte(str, i)) then
                return false
            end
        end
```

```
❼      print(string.format("\t0x%x", address + start))
   end

❽ findString("hello")
❾ findString("world")
```

기본 주소를 획득한 다음, str을 인수로 갖는 findString() 함수가 정의된다❶. 이 함수는
4,096바이트의 크기를 갖는❷ 게임 메모리 안에서 루프를 수행한다❹. 이 범위 안에서 연속
해서 메모리 검색을 수행한다. 특이한 점은 앞선 스캐닝이 종료되기 전에 len바이트만큼 빨
리 스캔을 수행한다는 것인데❸, 이는 하나의 메모리 청크chunk에서 스캔을 시작하는 부분과
다른 쪽에서 스캔이 끝나는 부분에서 스트링이 누락되는 것을 방지하기 위해서다.

findString() 함수는 각각의 메모리 청크를 읽어나가면서 청크의 오버랩 포인트overlap
point에 도달할 때까지 모든 바이트상에서 반복적으로 수행된다❺. 아울러 이 과정에서 서브
청크를 checkForString() 함수로 전달한다❻. checkForString() 함수에서 str에 맞는 서
브청크를 찾았다면 해당 서브청크의 주소를 콘솔에 표시한다❼.

마지막으로, "hello" 및 "world" 스트링과 관련된 모든 주소를 찾기 위해 ❽ findString
("hello") 함수와 ❾ findString("world") 함수가 호출된다. 임베디드 디버그 스트링을 찾
기 위해 이 코드를 사용한다. 이를 앞서 살펴본 함수 헤더를 찾는 코드와 함께 사용한다면 단
몇 초 안에 게임 안에서 수많은 내장 함수를 찾아낼 수 있을 것이다.

메모리를 읽는 과정에서는 늘 상당한 오버헤드가 발생하기 쉽다. 이 때문에 메모리를 읽는 코드를 작성할 때는 반드시 최적화 작업이 병행돼야 한다. 앞서 살펴본 코드에서 findString() 함수가 루아 엔진에 내장된 readString() 함수를 사용하지 않고 있다는 점을 유의해야 한다. 그 대신 findString() 함수 자체가 방대한 양의 메모리를 읽고 원하는 스트링을 검색한다. 여기서 잠시 숫자만 한번 따져보자.

readString() 함수를 사용하는 스캔 작업은 사용 가능한 모든 메모리 주소에서 len바이트만큼의 스트링을 읽으려고 할 것이다. 즉, 이는 거의 (0x2FFFFFF * len + len)바이트를 읽는다는 뜻이다. 이에 비해 findString() 함수는 4,096바이트의 청크를 읽고 각 부분을 스트링과 매칭해본다. 이는 곧 (0x2FFFFFF + 4096 + (0x2FFFFFF / (4096 - 10)) * len)바이트를 읽는다는 뜻이다. 만약 길이가 10인 스트링을 찾는다면, 각 함수가 읽어야 하는 바이트의 양은 각각 503,316,480과 50,458,923이 된다.

findString() 함수는 읽어야 하는 데이터의 양이 적다는 것 외에도, 메모리 리드를 호출하는 경우도 상대적으로 적다. 4,096바이트의 청크를 읽는다면 모두 (0x2FFFFFF / (4096 - len))의 리드가 필요하다. 반면 readString() 함수를 활용해 스캔을 수행한다면 0x2FFFFFF 리드가 필요하다. findString() 함수를 사용해 스캔을 수행하면 readString() 함수를 사용할 때보다 훨씬 경제적이고 효율적이다. 리드를 호출하는 것이 읽어야 할 데이터의 양을 늘리는 것보다 훨씬 비용이 많이 드는 일이기 때문이다(4,096바이트는 임의로 설정한 것이다. 상대적으로 작은 청크를 설정했는데 메모리를 읽는 데는 오랜 시간이 걸리고 스트링을 찾기 위해 4페이지를 한 번에 읽는 것은 비효율적이기 때문이다).

마치며

이제 치트 엔진이 어떤 툴인지, 그리고 이 툴이 어떻게 동작하는지에 대한 기본적인 이해가 되었으리라 믿는다. 치트 엔진은 매우 중요한 의미가 있는 툴이다. 42페이지의 '기본적인 메모리 에디팅'과 53페이지의 '포인터 스캐닝'을 직접 따라 하면서 다양하게 연습해보기를 권장한다.

CHAPTER 2

OllyDbg를 이용한
게임 디버깅

사실 치트 엔진을 통한 게임 해킹은 표면에 흠집을 내는 수준이라고 할 수 있다. 좀 더 훌륭한 디버거를 다룰 수 있다면 게임의 구조와 실행 플로우를 더 깊게 파고들 수 있을 것이다. OllyDbg가 게임 해킹에 있어서 중요한 무기가 될 수 있는 이유도 다름 아닌 이것이다. OllyDbg는 조건부 브레이크포인트, 스트링 검색, 어셈블리 패턴 검색, 실행 추적^{execution tracing} 등의 다양한 기능을 제공한다. 이런 강력하고 다양한 기능을 통해 OllyDbg는 32비트 윈도우 애플리케이션에서 사용 가능한 어셈블러 수준의 디버거라는 평가를 받을 수 있었다.

4장에서 로우 레벨의 코드 구조를 자세하게 다루기는 하겠지만, 우선 이 장에서는 독자들이 마이크로소프트 비주얼 스튜디오^{Microsoft Visual Studio} 같은 최신의 코드 레벨 디버거에 대한 기본적인 지식을 갖추고 있다고 가정할 것이다. OllyDbg는 기능만 따진다면 코드 레벨 디버거와 다를 바가 없다. 다만 주요한 한 가지 차이가 있다면, 애플리케이션의 어셈블리 코드를 다루면서도 소스 코드 혹은 디버그 심벌 없이도 동작한다는 것이다. 이런 점이야말로 게임의 내부를 파고들 필요가 있을 때 OllyDbg가 가장 적합한 도구가 되는 이유인 것이다. 사실, 게임과 디버그 심벌을 함께 배포할 정도로 멋진(혹은 멍청한) 게임 회사도 없을 것이다.

이 장에서는 OllyDbg의 사용자 인터페이스를 살펴보고, 세분화된 표현식 엔진$^{expression\ engine}$을 사용해 가장 일반적인 디버깅 기능을 사용하는 방법을 알아볼 것이다. 아울러 직접 해킹에 활용할 수 있는 실제 사례도 함께 제공할 것이다. 마지막으로, 활용도가 높은 플러그인을 소개하고 OllyDbg를 활용할 목적으로 설계된 게임을 통해 배운 것을 테스트할 수 있는 기회도 제공할 것이다.

NOTE 이 장은 OllyDbg 1.10을 기준으로 설명하므로 최신 버전에서는 일부가 다를 수 있음을 양해해주기 바란다. 이 책을 쓰는 시점에서는 해당 버전이 가장 안정적이었으며, OllyDbg 2의 플러그인 인터페이스는 그 이전 버전보다 안정적이지 못했다.[1]

OllyDbg의 인터페이스와 기능에 익숙해졌다면, 93페이지의 'if( ) 구문 패치하기'로 이동해 실제 게임을 대상으로 테스트를 진행해보는 것도 좋을 것이다.

OllyDbg 사용자 인터페이스 살펴보기

OllyDbg 웹사이트(http://www.ollydbg.de/)로 이동해 OllyDbg를 내려받고 설치한 다음, 프로그램을 실행해보자. 그림 2-1과 같이 다양한 창 인터페이스 영역을 가진 툴바를 볼 수 있을 것이다.

---

1 2018년 7월 기준으로 OllyDbg 웹사이트에서 다운로드 가능한 최신 버전 역시 1.10이다. Files 디렉토리에서 Odbg200.zip 파일을 제공하고 있다. - 옮긴이

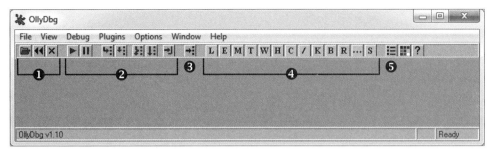

그림 2-1 OllyDbg 메인 창

툴바는 ❶ 프로그램 제어, ❷ 디버그 버튼, ❸ Go to 버튼, ❹ 컨트롤 창 버튼, ❺ 세팅 버튼으로 구성되어 있다.

3개의 프로그램 제어 버튼을 통해 실행 가능한 파일을 열고, 프로세스를 어태치하고, 현재 프로세스를 다시 시작하거나 실행을 중단할 수 있다. 또한 단축키 F3, Ctrl + F2, Alt + F2를 통해 각 기능을 수행할 수도 있다. 이미 수행되고 있는 프로세스에 어태치하려면 File ≻ Attach를 선택한다.

디버그 버튼은 디버거 액션을 제어한다. 표 2-1에서도 볼 수 있듯이 각 버튼 역시 단축키와 저마다의 기능을 갖고 있다. 이 표에서는 디버그 툴바에서 찾아볼 수 없는 유용한 디버거 액션 세 가지도 함께 보여준다.

표 2-1 디버그 버튼과 그 밖의 디버거 기능들

버튼	단축키	기능
Play	F9	프로세스를 계속 수행하게 한다.
Pause	F12	프로세스 안에서 수행되는 모든 스레드를 정지시키고 현재 수행되고 있는 CPU 창을 최상단으로 불러온다.
Step into	F7	수행돼야 하는 다음 동작으로 한 단계 들어간다(함수 호출로 들어가는 단계).
Step over	F8	현재의 스코프 안에서 수행돼야 하는 다음 동작으로 들어간다(함수 호출은 건너뛴다).
Trace into	Ctrl + F11	트레이스를 수행해 현재 수행되고 있는 모든 동작을 트레이싱한다.

(이어짐)

버튼	단축키	기능
Trace over	Ctrl + F12	현재 스코프 안의 동작만 추적하는 패시브 트레이스(passive trace)를 수행한다.
Execute until return	Ctrl + F9	현재 스코프 안에서 반환 동작이 생길 때까지 실행한다.
	Ctrl + F7	디스어셈블리 창 실행을 따라 자동으로 모든 동작에서 Step into 작업을 수행한다.
	Ctrl + F8	Step into 작업 대신 Step over 기능을 수행하면서 실행한다.
	Esc	애니메이션을 멈추고 현재 동작하고 있는 수행을 정지한다.

Go to 버튼을 통해 16진법으로 표시된 메모리 주소를 묻는 대화창을 열 수 있다. 주소를 입력하면 OllyDbg는 CPU 창을 오픈하고 특정 주소의 디스어셈블리를 보여준다. CPU 창이 활성화된 상태에서 단축키 **Ctrl + G**를 통해서도 정보를 볼 수 있다.

컨트롤 창 버튼을 통해 현재 디버깅 중인 프로세스의 다양한 정보를 보여주는 **컨트롤 창**control window을 열 수 있다. 또한 브레이크포인트를 설정하는 것과 같은 추가적인 디버깅 기능도 제공한다. OllyDbg는 모두 13개의 컨트롤 창을 제공하며, 여러 개의 창 인터페이스를 통해 한꺼번에 모든 창을 열 수도 있다. 표 2-2는 이 창들을 툴바에 보이는 순서대로 설명하고 있다.

표 2-2 OllyDbg의 컨트롤 창

창	단축키	기능
Log	Alt + L	디버그 프린트, 스레드 이벤트, 디버거 이벤트, 모듈 로드를 포함하는 다양한 로그 메시지 리스트를 보여준다.
Modules	Alt + E	프로세스상에서 로드되어 있는 모든 수행 가능한 모듈을 보여준다. 모듈을 더블클릭해 CPU 창을 열 수 있다.
Memory map	Alt + M	프로세스에 의해 할당된 모든 메모리 블록을 보여준다. 리스트의 블록을 더블클릭하면 해당 메모리 블록의 덤프 창이 열린다.
Threads		프로세스에서 구동 중인 스레드의 리스트를 보여준다. 리스트상의 각 스레드에서 프로세스는 TIB(Thread Information Block)를 갖고 있다. OllyDbg를 통해 각 스레드의 TIB를 볼 수 있다. 해당 스레드를 우클릭해 덤프 스레드 데이터 블록을 선택하면 된다.

창	단축키	기능
Windows		해당 프로세스에서 일어나는 이벤트를 보여주는 창 핸들의 리스트를 표시한다. 창을 우클릭해 클래스 프로시저에 브레이크포인트를 설정하거나 브레이크포인트로 이동이 가능하다(메시지가 창으로 보내지면 함수가 호출된다).
Handles		프로세스상의 핸들 리스트를 보여준다(이후 3장에서 다룰 프로세스 익스플로러(Process Explorer)가 OllyDbg보다 더 나은 핸들 리스트를 보여준다).
CPU	Alt + C	메인 디스어셈블러 인터페이스를 표시하고 주요 디버거 기능을 제어한다.
Patches	Ctrl + P	지금까지 프로세스상에서 가해진 어셈블리 코드 수정 리스트를 보여준다.
Call stack	Alt + K	액티브 스레드의 콜 스택을 보여준다. 프로세스가 중단되면 창이 업데이트된다.
Breakpoint	Alt + B	액티브 디버거 브레이크포인트를 표시한다. 토글을 통해 온/오프를 선택할 수 있다.
References		레퍼런스 리스트를 보여주며, 다양한 형태의 검색 결과를 나타낸다. 검색을 실행하면 자동으로 팝업된다.
Run trace		디버거 트레이스에 의해 로그된 연산 리스트를 보여준다.
Source		프로그램 디버그 데이터베이스가 존재한다면 디스어셈블링된 모듈의 소스 코드를 보여준다.

마지막으로, 세팅 버튼은 OllyDbg의 설정 창을 열어준다. 일단은 기본 설정을 유지하자.

지금까지 OllyDbg의 주요 창을 둘러봤다. 이제 CPU, Patches, Run trace 창을 좀 더 자세하게 살펴보겠다. OllyDbg에서 게임 해커들에게 가장 유용한 부분이라고 해도 과언이 아니므로 이 창들을 제대로 활용하는 것이야말로 게임 해킹의 핵심이라고 할 수 있다.

OllyDbg의 CPU 창

그림 2-2의 CPU 창은 디버깅 기능을 사용하고 제어할 수 있는 가장 주된 창으로, 게임 해커들이 OllyDbg를 사용할 때 가장 많은 시간을 보내는 곳이다.

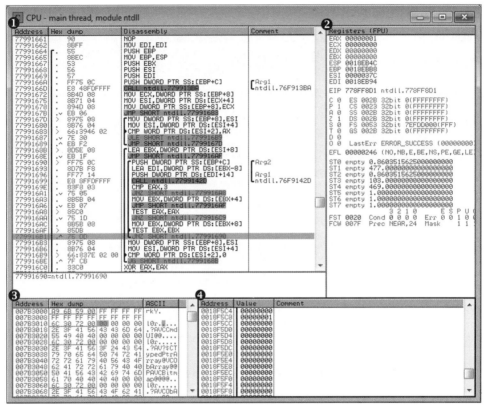

그림 2-2 OllyDbg CPU 창

CPU 창은 크게 ❶ 디스어셈블러 패널, ❷ 레지스터 패널, ❸ 덤프 패널, ❹ 스택 패널이라는 4개의 패널로 구성되어 있다. 이 4개의 패널로 OllyDbg의 주요한 디버거 기능이 구성된다. 따라서 그 기능을 속속들이 아는 것이야말로 OllyDbg를 활용하는 핵심이라고 할 수 있다.

게임 어셈블리 코드 표시하고 탐색하기

OllyDbg의 디스어셈블러 패널은 게임 코드를 탐색하고 디버깅하는 일을 제어하는 주요한 무대라고 할 수 있다. 이 패널은 현재 모듈의 어셈블리 코드를 표시하며 관련된 데이터를 4개의 열, 즉 Address, Hex dump, Disassembly, Comment 열로 보여준다.

Address 열은 현재 어태치된 게임 프로세스상에서 수행되는 각 연산의 메모리 주소를 표시해준다. 이 열의 주소를 더블클릭해 표시 방식을 변경할 수 있다. 주소를 디스플레이 기반 display base 방식으로 표시하면, Address 열의 다른 모든 주소가 상대적 오프셋으로 표시된다.

Hex dump 열은 각 연산의 바이트 코드와 관련된 그룹 연산, 그리고 각각의 파라미터를 표시해준다. 화면 왼쪽에 보이는 검은색 대괄호들은 함수 범위를 표시해준다. 점프를 수행하는 연산은 대괄호의 안쪽에서 오른쪽 화살표로 표시된다. 점프를 수행하는 연산은 점프하는 방향에 따라 위쪽 혹은 아래쪽 화살표로 표시된다. 예를 들어, 그림 2-2에서는 회색으로 하이라이트된 0x779916B1 주소에 위쪽 화살표 표시가 되어 있는데 이는 위 방향으로 점프를 한다는 뜻이다. 여기서 말하는 점프는 goto 명령어와 유사한 의미로 사용된다.

Disassembly 열은 게임이 수행하는 각 연산의 어셈블리 코드를 보여준다. 예를 들어, 그림 2-2에서와 같이 0x779916B1은 어셈블리 코드에서 보이는 바와 같이 JNZ$^{jump\ if\ nonzero}$ 명령어를 갖는 점프임을 알 수 있다. 이 열의 검은색 대괄호는 루프의 범위를 표시하는 것이다. 가운데에 오른쪽 화살표가 표시된 대괄호들은 조건 구문을 가리키는데, 이 조건 구문은 루프를 계속 수행할지 혹은 중단할지를 결정한다. 그림 2-2에서 확인할 수 있듯이 이 열 안에 보이는 3개의 오른쪽 화살표는 CMP와 TEST 인스트럭션을 가리키고 있다. 이들은 어셈블리 코드에서 값을 비교할 때 사용되는 명령어들이다.

Comment 열은 게임이 수행하는 각 연산에 대해 사람이 읽을 수 있는 문장으로 표시해준다. OllyDbg가 사전에 인지하고 있는 API 함수라면 자동적으로 함수의 이름으로 코멘트를 달아준다. 아울러 함수에 의해 처리된 인수를 발견한다면 Arg1, Arg2, ... , Arg$N$과 같이 레이블을 붙여준다. Comment 열을 더블클릭해서 코멘트를 추가할 수도 있다. 이 열 안에 보이는 검은색 대괄호는 파라미터를 호출하는 함수의 범위를 표시해주는 것이다.

NOTE   OllyDbg는 코드를 분석해 함수의 범위, 점프의 방향, 루프 구조, 함수의 파라미터 등을 추정하는 것이다. 따라서 열에 경계선이나 점프를 표시하는 화살표 등이 표시되지 않는다면 Ctrl + A를 눌러 바이너리상에서 코드 분석을 수행해보자.

디스어셈블러 패널이 활성화된 상태에서 단축키를 활용해 손쉽게 코드를 분석하고 디버거를 제어할 수 있다. F2를 사용해 브레이크포인트를 설정할 수 있으며, Shift + F12를 통해 조건부 브레이크포인트conditional breakpoint로 이동할 수 있다. −(하이픈) 키와 +(플러스) 키를 통해 웹 브라우저와 비슷하게 앞으로 가기와 뒤로 가기를 선택할 수 있다. 또한 *(별표) 키를 통해 EIPExecution Instruction Pointer(x86 아키텍처의 실행 명령 포인터)로 이동할 수 있으며, Ctrl + −(하이픈) 키를 통해 앞선 함수로, Ctrl + +(플러스) 키를 통해 다음 함수로 이동이 가능하다.

디스어셈블러 패널에서는 각기 다른 유형의 검색 결과를 레퍼런스 창을 통해 표시할 수도 있다. 레퍼런스 창의 내용을 변경하고 싶다면 디스어셈블러 패널을 우클릭한 다음, Search for 메뉴 아래의 옵션을 선택하면 된다.

- All intermodular calls: 원격 모듈의 함수에 대한 모든 호출을 탐색한다. 이 옵션을 사용하면 게임에서 Sleep( ), PeekMessage( ) 같은 함수뿐만 아니라 그 밖의 윈도우 API 함수를 호출하는 모든 경우를 탐색하고, 이 호출에 브레이크포인트를 설정할 수도 있다.

- All commands: 어셈블리로 입력되는 명령어와 일치하는 경우, 특히 뒷부분의 CONST와 R32에 대응하는 각각의 상숫값 혹은 레지스터에 대응하는 경우를 모두 보여준다. 예를 들어, MOV [0xDEADBEEF], CONST; MOV [0xDEADBEEF], R32;와 같이 사용할 수 있다. 플레이어의 체력을 수정하기 위해 주소 0xDEADBEEF에서 메모리를 수정하는 모든 명령어를 보고 싶다면, MOV [0xDEADBEEF], [R32+CONST]와 같이 입력하면 된다.

- All sequences: 입력되는 일련의 명령어와 일치하는 경우를 보여준다. 앞선 All commands 옵션과 비슷한 기능을 수행하지만 이 옵션은 여러 가지 명령어를 한꺼번에 탐색할 수 있다.

- All constants: 입력하는 16진 상수와 일치하는 모든 경우를 보여준다. 예를 들어, 캐릭터의 체력에 해당하는 메모리 주소를 입력하면 바로 액세스가 가능한 모든 명령어의 리스트를 보여줄 것이다.

- All switches: 모든 스위치 구문 블록을 보여준다.
- All referenced text strings: 코드와 연관된 모든 텍스트를 보여준다. 이 옵션을 사용해 관련된 모든 스트링을 검색하고, 어떤 코드가 여기에 액세스하는지를 살펴볼 수 있다. 이를 통해 텍스트를 게임 내 화면에 표시해주는 코드를 파악할 수 있는 것이다. 또한 코드의 용도를 파악하는 데 큰 도움이 되는 디버그 어설션^{debug assertion}이나 로깅 스트링^{logging string}의 위치를 파악하는 데도 유용하다.

디스어셈블러에서 Ctrl + N 키를 눌러 현재 모듈의 모든 레이블을 표시하는 Names 창을 띄울 수도 있다. 또한 Search for > Name in all modules 옵션을 선택해 전체 모듈 안에 존재하는 모든 레이블을 표시할 수도 있다. 이미 알고 있는 API 함수의 경우는 자동으로 그 이름이 표기된다. 단축키 Shift + ;을 눌러 레이블을 추가할 수도 있다. 코드에서 레이블이 추가된 명령어가 참조되면 해당 레이블이 주소의 위치에서 표시된다. 함수의 첫 번째 명령어에 레이블을 설정함으로써 분석한 함수에 개별적인 이름을 부여하고, 이 함수들이 호출되는 경우 그 이름을 확인할 수 있게 되는 것이다.

레지스터 내용 표시하고 편집하기

레지스터 패널에는 8개의 프로세서 레지스터, 8개의 플래그 비트, 6개의 세그먼트 레지스터, 가장 최근의 윈도우 에러 코드, EIP 등이 표시된다. 이러한 값들이 표시되는 영역 아래로 FPU^{Floating-Point Unit} 레지스터 혹은 디버그 레지스터가 표시된다. 패널의 헤더 부분을 클릭해 어떤 레지스터를 표시할지 결정할 수 있다. 이 패널에 표시되는 값들은 프로세스를 중지했을 때만 표시된다. 붉은색으로 표시되는 값들은 앞서 프로세스를 중지한 이후에 변경된 값들이다. 값을 더블클릭해 편집할 수도 있다.

게임 메모리 표시하고 탐색하기

덤프 패널은 특정 주소의 메모리 덤프를 표시해준다. 주소로 점프해 메모리 내용을 보고 싶다면 Ctrl + G 키를 눌러 표시되는 박스에 주소를 입력한다. 혹은 CPU 창의 Address 열에서 우클릭해 Follow in dump 메뉴를 선택해도 된다.

덤프 패널에는 3개의 열이 표시된다. Address 열은 항상 표시되는 열이며, 디스어셈블러 패널의 Address 열과 비슷한 기능을 수행한다. 나머지 두 열은 어떤 형식의 데이터를 표시할지 결정하는 것에 따라 그 내용이 다르게 표시된다. 덤프 패널을 우클릭해 디스플레이 유형을 바꿀 수 있다. 그림 2-2에서도 보이듯이 Hex를 Hex/ASCII(8바이트)로 변경할 수 있다.

덤프 패널에서 우클릭을 통해 브레이크포인트 서브메뉴를 띄워 주소상에서 메모리 브레이크포인트를 설정할 수도 있다. Breakpoint > Memory, on access 옵션을 통해 해당 주소를 사용하는 코드에 브레이크포인트를 설정할 수 있다. 또한 Breakpoint > Memory, on write 옵션을 통해 해당 주소 공간에 무언가를 기록하려고 할 때 브레이크포인트를 설정할 수도 있다. 메모리 브레이크포인트를 제거하기 위해서는 Remove memory breakpoint 옵션을 선택하면 된다. 이 메뉴는 브레이크포인트가 설정되어 있을 때만 활성화된다.

덤프 패널에서 하나 혹은 그 이상의 값을 선택한 다음 Ctrl + R을 눌러 선택한 값의 주소를 참조하는 모듈의 코드를 찾아볼 수 있다. 그 결과는 바로 레퍼런스 창에 표시된다. 또한 Ctrl + B를 눌러 덤프 패널 안에서 특정한 바이너리 스트링을 찾아볼 수도 있다. Ctrl + L을 누르면 동일한 바이너리 스트링을 사용하는 다음 결과로 바로 이동할 수 있다. Ctrl + E를 통해 선택한 값을 편집하는 것도 가능하다.

NOTE   메모리 창을 통해 열 수 있는 덤프 창은 덤프 패널과 동일한 역할을 수행한다.

게임 콜 스택 표시하기

마지막 CPU 패널은 스택을 표시하며 이름 그대로 콜 스택을 보여준다. 덤프 패널이나 디스어셈블러 패널과 마찬가지로 스택 패널에서도 Address 열을 확인할 수 있다. 또한 Address

열 외에 별도의 값을 보여주는 2개의 열이 존재하는데, 하나는 32비트 정수 배열로 스택을 표시해주는 것이며 다른 하나는 반환되는 주솟값이나 함수명, 그 밖의 정보들을 나열해주는 Comment 열이다. 스택 패널에서도 덤프 패널과 동일한 단축키를 사용할 수 있다. 단, Ctrl + N 키는 동작하지 않는다.

멀티클라이언트 패치

멀티클라이언트 패치^{multiclient patch}라고 부르는 해킹 기법은 하나의 인스턴스만 수행 가능하도록 작성된 게임 바이너리에 추가적인 코드 작성 없이 인스턴스를 오버라이트하는 것으로, 이를 통해 사용자는 동시에 여러 개의 클라이언트를 실행하는 것이 금지된 게임에서도 이를 가능하게 만들 수 있다. 여러 개의 인스턴스를 허용하지 않는 코드는 게임 클라이언트가 실행된 다음 그 즉시 수행되므로, 봇을 사용해 패치를 제때에 수행하는 것은 거의 불가능에 가깝다. 가장 쉬운 우회 방법은 OllyDbg를 사용해 멀티클라이언트 패치를 게임 실행과 동시에 지속적으로 수행하도록 게임 바이너리에 직접 저장하는 것이다.

코드 패치 제작하기

OllyDbg의 코드 패치^{code patch}로 어셈블리 코드를 수정해 게임을 해킹할 수 있다. 별도의 인력과 비용을 들이지 않고도 게임을 해킹할 수 있는 것이다. 다양한 게임 디자인 플로우와 x86 어셈블리 프로토콜, 일반적인 바이너리 구조를 조합해 게임 기능을 조작하는 컨트롤 플로우 핵^{control flow hack}을 좀 더 손쉽게 프로토타이핑할 수 있게 되는 것이다.

일반적으로 게임 해커들은 봇 툴 스위트의 선택적인 기능 중 하나로 패치를 포함시킨다. 하지만 엔드 유저들이 이 기능을 지속적으로 사용할 수 있다면 더욱 편리할 것이다. 다행히도 OllyDbg에서는 자체적으로 패치를 설계하고 테스트하는 기능을 제공할 뿐만 아니라, 수정된 코드를 실행 가능한 바이너리로 저장하는 것도 가능하다.

패치를 적용하기 위해 우선 CPU 창에서 패치가 필요한 어셈블리 코드 라인을 찾아내야 한다. Disassembly 열의 해당 항목을 더블클릭한 다음, 팝업된 프롬프트 창에 새로운 명령어를 입력하고 Assemble 버튼을 클릭한다. 그림 2-3에서 이 과정을 보여준다.

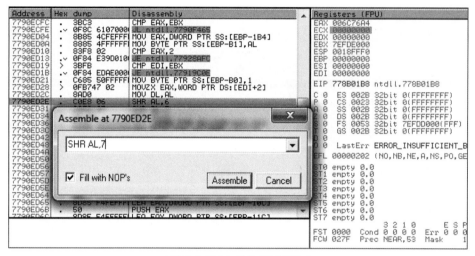

그림 2-3 OllyDbg에서 패치 적용하기

패치의 크기에도 주의를 기울여야 한다. 한 번 패치를 제작하면 그 크기를 재조정할 수 없으며 코드를 수정하는 것도 불가능하다. 패치의 크기가 대체하고자 하는 코드의 크기보다 크다면, 이어서 수행되는 연산에 오버플로우overflow를 유발할 수도 있고 궁극적으로는 패치를 통해 구현하고자 하는 기능 자체가 수행 불가능해질 수도 있다. 패치가 대체하고자 하는 코드보다 작다면, Fill with NOP 항목이 체크되어 있는 한 안전하다고 가정할 수 있다. 이 옵션은 남는 바이트를 NOPno-operation 명령어로 채우는 것으로, 이 명령어는 실행돼도 아무 일이 일어나지 않는 1바이트 명령어다.

패치 창 안에는 주소, 크기, 상태, 이전 코드, 새 코드, 그리고 코멘트에 따라 패치들이 나열된다. 표 2-3의 강력한 단축키들을 활용해 리스트에서 패치를 선택해 활용할 수 있다.

표 2-3 패치 창 단축키

키	기능
Enter	디스어셈블러의 패치로 점프
Spacebar	패치 활성화 혹은 비활성화 토글
F2	패치에 브레이크포인트 설정
Shift + F2	패치에 조건부 브레이크포인트 설정
Shift + F4	패치에 조건부 로그 브레이크포인트 설정
Del	리스트에서 패치 엔트리 제거

OllyDbg에서는 패치를 직접 바이너리로 저장하는 것도 가능하다. 우선 디스어셈블러 창을 우클릭한 다음, Copy to executable ➤ All modifications를 선택한다. 특정한 패치만 복사하고 싶다면 디스어셈블리 패널에서 이를 하이라이트한 다음 Copy to executable ➤ Selection을 선택한다.

패치 크기 정하기

원래의 코드 크기와 패치의 크기가 달라지는 경우가 있다. 그림 2-3에서도 볼 수 있듯이, 0x7790ED2E의 명령어가 SHR AL, 6에서 SHR AL, 7로 변경됐다. 명령어의 왼편으로 3바이트 길이의 명령어 메모리를 표시하는 것이 보일 것이다. 이는 곧 새로운 명령어가 3바이트이거나, 혹은 3바이트가 아닐 경우 그 나머지가 NOP로 채워졌음을 의미한다. 이 3바이트 길이 표시는 크게 2개의 줄로 표시되어 있다. 첫 번째 줄에는 0xC0과 0x08이 포함되어 있으며, 이는 명령어 SHR과 이의 첫 번째 피연산자인 AL을 의미한다. 두 번째 줄에는 0x06이 포함되어 있으며, 이는 원래의 피연산자를 보여준다. 두 번째 줄은 1바이트로 표시되므로 대체되는 모든 피연산자는 반드시 1바이트(0x00과 0xFF 사이의 값)여야 한다. 만약 이 줄에서 0x00000006이 표시됐다면, 대체되는 피연산자의 길이 역시 4바이트였을 것이다.

일반적인 코드 패치는 명령어를 완벽하게 제거하기 위해 모두 NOP로 대체하는 옵션을 선택하거나 1바이트 피연산자로 이전 값을 대체한다. 이런 방법을 통해 패치의 크기를 효과적으로 확인해볼 수 있다.

어셈블리 코드를 통해 트레이싱하기

OllyDbg를 사용한다면 수행되는 연산을 각 단계별로 나누고 각 단계마다 데이터를 저장하면서 트레이스를 수행하는 것이 가능해진다. 트레이스가 완료되면 기록에 남은 데이터들이 그림 2-4와 같이 Run trace 창에 표시된다.

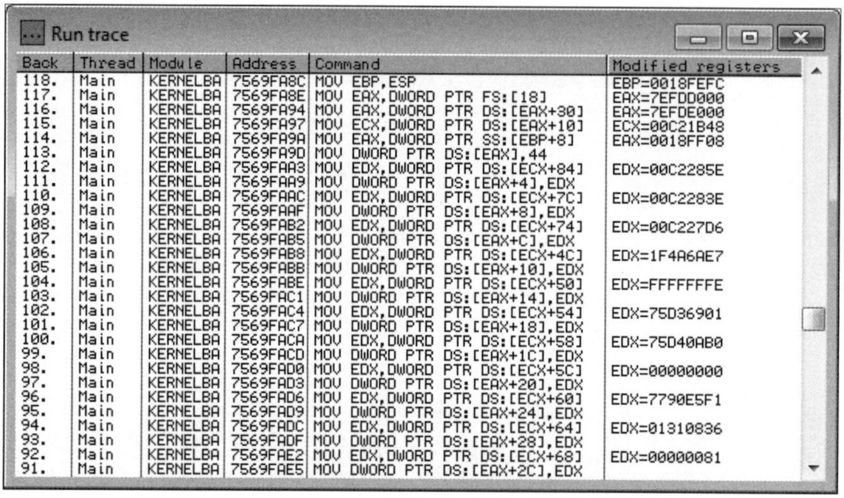
Run trace

Back	Thread	Module	Address	Command	Modified registers
118.	Main	KERNELBA	7569FA8C	MOV EBP,ESP	EBP=0018FEFC
117.	Main	KERNELBA	7569FA8E	MOV EAX,DWORD PTR FS:[18]	EAX=7EFDD000
116.	Main	KERNELBA	7569FA94	MOV EAX,DWORD PTR DS:[EAX+30]	EAX=7EFDE000
115.	Main	KERNELBA	7569FA97	MOV ECX,DWORD PTR DS:[EAX+10]	ECX=00C21B48
114.	Main	KERNELBA	7569FA9A	MOV EAX,DWORD PTR SS:[EBP+8]	EAX=0018FF08
113.	Main	KERNELBA	7569FA9D	MOV DWORD PTR DS:[EAX],44	
112.	Main	KERNELBA	7569FAA3	MOV EDX,DWORD PTR DS:[ECX+84]	EDX=00C2285E
111.	Main	KERNELBA	7569FAA9	MOV DWORD PTR DS:[EAX+4],EDX	
110.	Main	KERNELBA	7569FAAC	MOV EDX,DWORD PTR DS:[ECX+7C]	EDX=00C2283E
109.	Main	KERNELBA	7569FAAF	MOV DWORD PTR DS:[EAX+8],EDX	
108.	Main	KERNELBA	7569FAB2	MOV EDX,DWORD PTR DS:[ECX+74]	EDX=00C227D6
107.	Main	KERNELBA	7569FAB5	MOV DWORD PTR DS:[EAX+C],EDX	
106.	Main	KERNELBA	7569FAB8	MOV EDX,DWORD PTR DS:[ECX+4C]	EDX=1F4A6AE7
105.	Main	KERNELBA	7569FABB	MOV DWORD PTR DS:[EAX+10],EDX	
104.	Main	KERNELBA	7569FABE	MOV EDX,DWORD PTR DS:[ECX+50]	EDX=FFFFFFFE
103.	Main	KERNELBA	7569FAC1	MOV DWORD PTR DS:[EAX+14],EDX	
102.	Main	KERNELBA	7569FAC4	MOV EDX,DWORD PTR DS:[ECX+54]	EDX=75D36901
101.	Main	KERNELBA	7569FAC7	MOV DWORD PTR DS:[EAX+18],EDX	
100.	Main	KERNELBA	7569FACA	MOV EDX,DWORD PTR DS:[ECX+58]	EDX=75D40AB0
99.	Main	KERNELBA	7569FACD	MOV DWORD PTR DS:[EAX+1C],EDX	
98.	Main	KERNELBA	7569FAD0	MOV EDX,DWORD PTR DS:[ECX+5C]	EDX=00000000
97.	Main	KERNELBA	7569FAD3	MOV DWORD PTR DS:[EAX+20],EDX	
96.	Main	KERNELBA	7569FAD6	MOV EDX,DWORD PTR DS:[ECX+60]	EDX=7790E5F1
95.	Main	KERNELBA	7569FAD9	MOV DWORD PTR DS:[EAX+24],EDX	
94.	Main	KERNELBA	7569FADC	MOV EDX,DWORD PTR DS:[ECX+64]	EDX=01310836
93.	Main	KERNELBA	7569FADF	MOV DWORD PTR DS:[EAX+28],EDX	
92.	Main	KERNELBA	7569FAE2	MOV EDX,DWORD PTR DS:[ECX+68]	EDX=00000081
91.	Main	KERNELBA	7569FAE5	MOV DWORD PTR DS:[EAX+2C],EDX	

그림 2-4 Run trace 창

Run trace 창은 다음과 같은 6개의 항목으로 구성된다.

- Back: 연산과 현재 수행 상태에 이르기까지 기록된 연산의 수
- Thread: 연산에 의해 수행된 스레드
- Module: 연산이 수행되고 있는 곳의 모듈
- Address: 연산이 수행되고 있는 곳의 주소
- Command: 수행되고 있는 연산
- Modified registers: 연산에 의해 변경된 레지스터와 새로운 값

게임을 해킹하면서 동적 메모리의 포인터 경로를 찾아야 한다면 치트 엔진 스캔보다 OllyDbg의 트레이 기능을 사용하는 것이 더욱 효과적이다. 이는 Run trace 창을 통해 메모

리가 정적 주소로부터 변환되는 시점부터 기록된 모든 로그를 각각 분석할 수 있기 때문에
가능한 일이다.

이런 강력하고 유용한 기능은 단지 해커가 어느 정도 활용할 수 있느냐에 따라 제약이 정해
질 뿐이다. 개인적으로는 이 기능을 단순히 포인터 경로를 찾는 데만 사용하고 있지만 훨씬
더 다양하고 유용하게 활용할 수 있다. 79페이지의 'OllyDbg 표현식 실제로 활용하기' 절에
서 어떻게 이 강력한 트레이싱 기능을 활용할 수 있는지에 대해 설명한다.

OllyDbg 표현식 엔진

OllyDbg는 간단한 구문만으로도 고급 표현식을 컴파일하고 활용할 수 있는 표현식 엔
진expression engine의 대표 주자라고 할 수 있다. 표현식 엔진은 놀라울 정도로 강력하므로 이를
적절하게 사용할 수 있다면 일반적인 OllyDbg 사용자의 수준을 훨씬 뛰어넘게 될 것이다.
조건부 브레이크포인트, 조건부 트레이스나 명령줄 플러그인처럼 엔진을 활용해 다양한 기
능을 수행하는 표현식을 명세하는 것이 가능하다. 여기서는 표현식 엔진과 그 옵션들에 대해
알아볼 것이다.

> **NOTE** 여기서 다루는 표현식은 공식 표현식 문서(http://www.ollydbg.de/Help/i_Expressions.htm)에
> 기반한다. 하지만 최소한 OllyDbg v1.10에서는 일부 표현식이 정상적으로 동작하지 않는다는 사실
> 을 알 수 있었다. 예를 들어, INT와 ASCII 데이터 유형의 경우는 LONG과 STRING으로 대체돼야
> 한다. 따라서 여기서는 개인적으로 테스트를 수행해 정상 동작을 확인한 부분들만 다룰 것이다.

표현식으로 브레이크포인트 만들기

조건부 브레이크포인트conditional breakpoint가 토글되어 활성화되면, OllyDbg는 조건에 맞는 표현
식을 입력할 창을 띄운다. 브레이크포인트가 수행되면 OllyDbg는 잠깐 작업을 멈추고 표현
식을 검사한다. 검사 결과가 0이 아니라면, 작업은 계속 멈춘 채로 유지되며 브레이크포인트
가 동작할 것이다. 하지만 검사 결과가 0으로 도출된다면, OllyDbg는 작업을 계속하고 아무

런 일도 발생하지 않을 것이다.

게임에서는 매 순간 수많은 내부 작업들이 수행된다. 브레이크포인트를 사용해 원하는 데이터를 효율적으로 찾아내기에는 너무나 많은 코드가 수행되고 있는 것이다. 코드에 대한 정확한 이해와 아울러 조건부 브레이크포인트를 함께 사용하는 것이야말로 이런 상황을 극복할 수 있는 유용한 방법이 될 것이다.

표현식 엔진에서 연산자 사용하기

OllyDbg에서는 표 2-4와 같이 수치형 데이터를 처리하기 위해 C 스타일의 연산자를 지원한다. 연산자 우선순위가 명확하게 정리되어 있는 문서는 없지만 OllyDbg는 C 스타일의 연산자 우선순위와 괄호 사용법을 따른다.

표 2-4 OllyDbg 수치 연산자

연산자	기능
a == b	a가 b와 같을 경우 1을 반환하고, 그렇지 않을 경우 0을 반환한다.
a != b	a가 b와 같지 않을 경우 1을 반환하고, 그렇지 않을 경우 0을 반환한다.
a > b	a가 b보다 크면 1을 반환하고, 그렇지 않을 경우 0을 반환한다.
a < b	a가 b보다 작으면 1을 반환하고, 그렇지 않을 경우 0을 반환한다.
a >= b	a가 b보다 크거나 같으면 1을 반환하고, 그렇지 않을 경우 0을 반환한다.
a <= b	a가 b보다 작거나 같으면 1을 반환하고, 그렇지 않을 경우 0을 반환한다.
a && b	a와 b가 모두 0이 아니라면 1을 반환하고, 그렇지 않을 경우 0을 반환한다.
a || b	a와 b 중 하나가 0이 아니라면 1을 반환하고, 그렇지 않을 경우 0을 반환한다.
a ^ b	XOR(a, b)의 결과를 반환한다.
a % b	MODULUS(a, b)의 결과를 반환한다.
a & b	AND(a, b)의 결과를 반환한다.
a | b	OR(a, b)의 결과를 반환한다.
a << b	b비트만큼 왼쪽으로 시프트된 a를 반환한다.

연산자	기능
a 〉〉 b	b비트만큼 오른쪽으로 시프트된 a를 반환한다.
a + b	a와 b를 합한 값을 반환한다.
a − b	a에서 b를 뺀 값을 반환한다.
a / b	a를 b로 나눈 값을 반환한다.
a * b	a를 b만큼 곱한 값을 반환한다.
+a	a의 부호 값을 반환한다.
−a	a*−1을 반환한다.
!a	a가 0이라면 1을 반환하고, 그렇지 않을 경우 0을 반환한다.

스트링에 적용될 수 있는 연산자는 ==와 !=뿐이다. 이 두 연산자는 다음 규칙을 따른다.

- 대소문자를 구별하지 않는다.
- 만약 피연산자 중 하나가 문자형 상수라면, 이 비교는 상수의 끝에 다다르면 종료된다. 예를 들어, [STRING EAX] == "ABC123"의 경우 EAX는 스트링 ABC123XYZ의 포인터이므로 0 대신 1을 반환할 것이다.
- 스트링을 비교할 때 데이터의 유형이 명시되어 있지 않은 상태에서 다른 피연산자가 "MyString"!=EAX와 같이 문자형 상수라면, 처음에는 상수형이 아닌 피연산자를 우선 아스키[ASCII] 스트링으로 간주하며 그 결괏값으로 0을 반환할 것이다. 두 번째 비교를 할 때는 피연산자를 유니코드[Unicode] 스트링으로 간주한다.

물론, 피연산자가 없는 연산자는 활용도가 그다지 높지 않다. 표현식을 통해 평가할 수 있는 데이터에는 어떤 것들이 있는지 살펴보자.

기본 표현식 활용하기

다음과 같이 다양한 항목들에 표현식을 활용할 수 있다.

- **CPU 레지스터**: EAX, EBX, ECX, EDX, ESP, EBP, ESI, EDI. 하위 바이트를 가리키는 AL, EAX의 하위 레지스터를 가리키는 AX 같은 1바이트 혹은 2바이트 레지스터도 사용이 가능하다. EIP도 사용이 가능하다.
- **세그먼트 레지스터**: CS, DS, ES, SS, FS, GS
- **FPU 레지스터**: ST0, ST1, ST2, ST3, ST4, ST5, ST6, ST7
- **간단한 레이블**: GetModuleHandle처럼 API 함수 이름으로 활용되는 간단한 레이블들, 그리고 사용자가 정의한 레이블들
- **윈도우 상수**: ERROR_SUCCESS와 같은 상수들
- **정수**: 예를 들어 FFFF 혹은 65535.과 같은 16진수 혹은 소수점을 동반하는 10진수로 표시되는 수치들
- **부동소수점 수**: 654.123e-5와 같이 지수를 포함하는 10진수 형식
- **스트링 상수**: "my string"과 같이 따옴표로 둘러싸인 스트링 상수

표현식 엔진은 위에 나열한 순서에 따라 각 항목들을 살펴본다. 예를 들어 윈도우 상수 이름과 일치하는 레이블을 갖고 있다면 엔진은 상숫값을 취하는 게 아니라 레이블의 주소를 사용하게 된다. 예를 들어 EAX와 같이 레지스터와 동일한 이름을 가진 레이블이 있다면, 엔진은 레이블 값이 아닌 레지스터 값을 사용한다.

표현식을 사용해 메모리 콘텐츠에 접근하기

OllyDbg 표현식에서는 대괄호로 메모리 주소를 감싸는 방식으로 메모리의 내용을 읽어낼 수 있다. 예를 들어, [EAX+C]와 [401000]은 EAX+C와 401000 주소의 내용을 표시하는 것이다. 메모리를 DWARD형이 아닌 다른 형태로 읽기 위해서는 BYTE [EAX]와 같이 대괄호 앞에 원하는 데이터 유형을 명시하거나, [STRING ESP+C]와 같이 괄호 안의 첫 번째 토큰으로 데이터 유형을 명시한다. 지원하는 데이터 유형은 표 2-5와 같다.

표 2-5 OllyDbg 데이터 유형

데이터 유형	설명
BYTE	(부호 없는) 8비트 정수
CHAR	(부호 있는) 8비트 정수
WORD	(부호 없는) 16비트 정수
SHORT	(부호 있는) 16비트 정수
DWORD	(부호 없는) 32비트 정수
LONG	(부호 있는) 32비트 정수
FLOAT	32비트 부동소수점 수
DOUBLE	64비트 부동소수점 수
STRING	아스키 스트링 포인터(널 종료(null-terminated))
UNICODE	유니코드 스트링 포인터(널 종료)

메모리의 내용을 OllyDbg 표현식에 바로 사용할 수 있다는 것은 게임 해킹에 있어서 OllyDbg가 갖는 독자적이면서도 탁월한 장점이라고 할 수 있다. 메모리를 해킹하기 전에 디버거가 직접 캐릭터의 체력, 이름, 골드 등의 다양한 정보를 액세스할 수 있기 때문이다. 80페이지의 '특정한 플레이어 이름이 출력되면 연산 중단하기' 절에서 이 예제를 확인해볼 수 있을 것이다.

OllyDbg 표현식 실제로 활용하기

OllyDbg 표현식 역시 대부분의 프로그래밍 언어와 유사한 구문을 사용한다. 심지어는 여러 표현식을 한꺼번에 사용하거나 일부를 다른 표현식에 끼워 넣는 것도 가능하다. 75페이지의 '표현식으로 브레이크포인트 만들기' 절에서 설명했듯이, 대부분의 게임 해커들이 표현식을 사용해 가장 많이 수행하는 작업은 조건부 브레이크포인트를 만드는 것이다. 하지만 원한다면 얼마든지 다양한 작업에 OllyDbg의 표현식을 활용할 수 있다. 예를 들어 OllyDbg의 명령줄 플러그인을 적절하게 사용해 표현식을 평가하고 그 결과를 표시할 수도 있으며, 임의의 메모리를 읽고 어셈블리 코드로 계산되는 값을 검사하거나, 혹은 수학 방정식의 결과를 빠르게 얻어낼 수도 있다. 여기에 더해 다양한 표현식과 트레이스 기능을 결합한다면 훨씬 지능적이고 위치에 상관없이 작동하는 브레이크포인트를 만들어낼 수도 있다.

이 절에서는 개인적으로 표현식 엔진을 유용하게 썼던 사례를 소개하고자 한다. 개인적으로 수행했던 디버깅 세션을 찬찬히 돌아보면서 사고의 과정을 설명하고, 각 과정에서 사용했던 표현식을 컴포넌트 단위로 쪼개어 OllyDbg 표현식을 실제 게임 해킹에서 활용할 수 있는 방법에 대해 다루고자 한다.

> **NOTE** 여기서 다루는 예제에는 어셈블리 코드가 포함되어 있다. 하지만 어셈블리 코드를 잘 알지 못한다고 해서 걱정할 필요는 없다. 세세한 부분까지 알 필요는 없고 ECX, EAX, ESP 같은 값들이 69페이지의 '레지스터 내용 표시하고 편집하기' 절에서 다뤘던 프로세스 레지스터의 하나라는 정도만 알면 된다. 이후에 이 부분에 대해 좀 더 자세하게 설명할 것이다.

예제 안에 포함된 표현식에서 사용되는 연산자나 요소, 혹은 데이터 유형이 헷갈린다면 75페이지의 'OllyDbg 표현식 엔진' 절을 참조하라.

특정한 플레이어 이름이 출력되면 연산 중단하기

때로는 게임에서 플레이어 이름이 화면에 표시될 때 실제로 어떤 일들이 일어나는지 알 필요가 있다. 예를 들어, 다른 모든 이름은 무시해도 상관없지만 오직 '플레이어 1'이라는 이름만을 인지해 이 이름이 화면에 표시되기 전에 브레이크포인트를 활성화해야 한다면 그 과정을 자세하게 알아둘 필요가 있을 것이다.

중단 지점 파악하기

첫 단계는 치트 엔진을 사용해 플레이어 1의 이름이 저장되어 있는 메모리의 주소를 찾는 것이다. 주소를 찾은 다음, OllyDbg를 사용해 스트링의 첫 번째 바이트에 브레이크포인트를 설정한다. 이 브레이크포인트를 지날 때마다 플레이어 1의 이름이 어떻게 사용되는지 파악하기 위해 재빨리 어셈블리 코드를 검사한다. 마지막으로 액세스되는 이름이 미리 설정된 printText( )라는 함수에 의해 직접 호출되는 경우를 찾는다. 이 과정을 거쳐 이름을 표시하는 코드를 발견하게 되는 것이다.

나는 메모리 브레이크포인트를 제거하고 이를 printText( )를 호출하는 코드 브레이크포인트로 대체했다. 하지만 여기서 문제가 발생했다. printText( )를 호출하는 과정에서 내부 루프가 발생하면서 게임 내부의 모든 플레이어를 대상으로 무한 반복이 발생한 것이었다. 그러자 새롭게 만든 브레이크포인트가 매번 이름을 출력하기 시작했다. 이 과정이 너무 자주 발생한 것이다. 각 플레이어에게 한 번씩만 이 과정이 수행되도록 수정할 필요가 있었다.

앞서 내가 만든 메모리 브레이크포인트의 어셈블리 코드를 조사해보니, 다음과 같은 어셈블리 코드를 통해 매번 각 플레이어의 이름에 액세스하도록 작성되어 있었다.

```
PUSH DWORD PTR DS:[EAX+ECX*90+50]
```

EAX 레지스터에는 플레이어 데이터 행렬 주소가 포함되어 있었다. playerStruct를 통해 이를 호출하도록 수정할 것이다. playerStruct의 크기는 0x90바이트로, ECX 레지스터에는 이터레이션 인덱스(그 유명한 변수인 i)와 각각의 playerStruct 시작점 이후에 0x50바이트 크기로 각 플레이어의 이름이 기록되어 있다. 이는 PUSH 인스트럭션이 EAX[ECX].name(인덱스 i의 플레이어 이름)을 printText( ) 함수 호출에 대한 인자로 스택에 저장한다는 뜻이다. 루프의 세부 항목은 다음 의사코드와 같다.

```
playerStruct EAX[MAX_PLAYERS]; // 다른 곳에서 채워진다.
for (int ❶ECX = 0; ECX < MAX_PLAYERS; ECX++) {
    char* name = ❷EAX[ECX].name;
    breakpoint(); // 내가 작성한 코드 브레이크포인트의 위치는 여기임
    printText(name);
}
```

간단한 분석을 수행한 다음, playerStruct() 함수가 모든 플레이어의 데이터를 포함하고, ECX를 통해❶ 계산된 모든 플레이어의 숫자만큼 루프를 돈 다음, 각 인덱스에서 캐릭터 이름을 꺼내와❷ 이를 출력하게 만들었다.

조건부 브레이크포인트 가다듬기

'플레이어 1'을 출력한 다음 코드 수행을 멈추려면 브레이크포인트를 수행하기 전에 현재 플레이어의 이름만 체크해보면 된다. 새로운 브레이크포인트는 다음 의사코드와 같을 것이다.

```
if (EAX[ECX].name == "Player 1") breakpoint();
```

새로운 브레이크포인트를 작성한 다음 루프 안에서 EAX[ECX].name에 액세스해볼 필요가 있다. 바로 OllyDbg의 표현식 엔진이 활약해야 하는 시점이다. 어셈블리 코드가 사용된 표현식을 조금 수정함으로써 내가 원하는 바를 얻을 수 있었다. 코드는 다음과 같다.

```
[STRING EAX + ECX*0x90 + 0x50] == "Player 1"
```

이제 printText()의 브레이크포인트를 제거하고 이를 조건부 브레이크포인트로 대체한다. 여기에는 EAX + ECX*0x90 + 0x50에 저장된 스트링 값이 플레이어 1의 이름과 동일할 경우에만 브레이크가 수행되게 하는 표현식이 사용된다. 이 브레이크포인트는 '플레이어 1'이 출력될 때만 수행된다.

이런 방식으로 브레이크포인트를 설계하고 작성하는 작업이 오래 걸리고 어려워 보일 수도 있지만, 꾸준한 연습을 거친다면 코드를 작성하는 것처럼 좀 더 직관적으로 수행이 가능할 것이다. 숙련된 해커라면 단 몇 분 만에 이런 과정을 완수할 수 있을 것이다.

실제로 이 코드를 통해 '플레이어 1'이 화면에 나타나자마자 playerStruct() 함수에 포함되는 특정한 값들을 살펴볼 수 있었다. 플레이어가 화면에 나타나고 나서 처음 몇 프레임 동안에만 이 값들의 상태가 유효하다는 점을 주의해야 한다. 이와 같이 브레이크포인트를 창조적으로 활용함으로써 온갖 종류의 복잡한 게임 동작을 분석할 수 있게 된다.

캐릭터의 체력이 떨어졌을 때 수행 멈추기

때로는 캐릭터의 체력이 일정 수치 이하로 떨어졌을 때 프로세스를 멈출 필요도 있다. 크게 두 가지 방법으로 이 문제를 해결할 수 있다.

- 체력값에 접근하는 모든 코드를 조사하고 접근하는 모든 경우에 맞게 조건부 브레이크포인트를 위치시킨다. 다음 함수가 호출되기 전까지 한 단계 더 깊게 코드를 조사해본다.
- OllyDbg의 트레이스 기능을 활용해 동적 브레이크포인트를 만든다. 이를 통해 의도한 지점에서 정확하게 프로세스 수행을 멈출 수 있게 된다.

첫 번째 방법을 사용하기 위해서는 수많은 브레이크포인트에 맞는 다양한 사전 준비가 필요하고, 아울러 이를 반복해서 사용하기 힘들다는 단점이 있다. 또한 수동으로 그때그때 코드를 조사해야 하는 불편함도 수반한다. 반면 두 번째 방법은 빠르게 설정이 가능하고 거의 대부분의 작업을 자동으로 수행할 수 있으며 반복 수행도 가능하다. 트레이스 기능을 사용하면 게임이 심각할 정도로 느려질 수 있다는 단점이 있지만(모든 연산이 트레이스에 의해 캡처됨), 개인적으로는 두 번째 방법을 사용하길 권장한다.

체력 체크하는 표현식 작성하기

다시 한번 치트 엔진을 사용해 체력이 저장되어 있는 주소를 찾아낸다. 이 방법은 34페이지의 '치트 엔진 메모리 스캐너' 절에서도 설명했으므로, 자세한 내용은 생략하겠다. 그 결과 치트 엔진으로 찾아낸 주소는 0x40A000이었다.

그다음으로 체력이 일정치 이하로 내려갔을 때는 1을, 그렇지 않은 경우에는 0을 반환하는 표현식을 작성한다. 체력이 0x40A000에 저장된다는 사실과 체력의 최댓값이 500이라는 사실을 알고 있기 때문에, 최초로 작성한 표현식은 다음과 같았다.

```
[0x40A000] < 500.
```

이 표현식으로 체력이 500 이하일 때 브레이크를 활성화할 수 있다(10진수로 숫자를 표현할 땐 끝에 마침표를 찍어야 한다는 사실을 유의해야 한다). 하지만 함수가 호출되기 전에 브레이크가 바로 활성화돼버린다. 함수가 호출될 때까지 기다렸다가 브레이크를 활성화하기 위해 && 연산자를 포함하는 표현식을 추가했다.

```
[0x40A000] < 500. && [❶BYTE EIP] == 0xE8
```

---

x86 프로세서에서 현재 수행되고 있는 연산의 주소는 EIP 레지스터에 저장되므로, 이 값이 0xE8과 동일한지 체크하기 위해 EIP의 첫 번째 바이트를 체크한다❶. 이 값은 프로세서가 근접한 함수를 호출하게 만들어준다.

트레이스를 시작하기 전에 마지막으로 해야 할 일이 하나 더 있다. 트레이스 기능은 싱글 스텝이 반복되는 과정이므로(62페이지의 'OllyDbg 사용자 인터페이스 살펴보기' 절에서 알아봤듯이 Trace into는 Step into를, Trace over는 Step over를 활용한다), 체력값을 업데이트할 수 있는 코드 레벨이나 그 이상의 로케이션에서 트레이스를 시작할 필요가 있다.

트레이스 시작 지점 설정하기

적합한 위치를 찾기 위해 게임의 메인 모듈을 OllyDbg의 CPU 창에서 열고, 디스어셈블러 패널을 우클릭한 다음, Search for ➤ All intermodular calls를 선택한다. 레퍼런스 창이 팝업되고 게임이 호출하는 외부 API 함수의 리스트가 표시될 것이다. 거의 대부분의 게임 소프트웨어가 윈도우의 USER32.PeekMessage( ) 함수를 사용해 메시지를 표시한다. 그런 다음 Destination 열에서 PEEK를 입력해(창을 활성화하고 아무 곳에서나 해당 이름을 입력함으로써 검색할수 있음) USER32.PeekMessage( )를 처음 호출하는 경우를 찾는다.

Destination 검색 결과, 해당 함수를 호출하는 모든 경우가 그림 2-5와 같이 근접한 순서에 따라 나열될 것이다. 이 결과 중 하나를 선택하고 F2를 눌러 브레이크포인트를 설정할 수 있다.

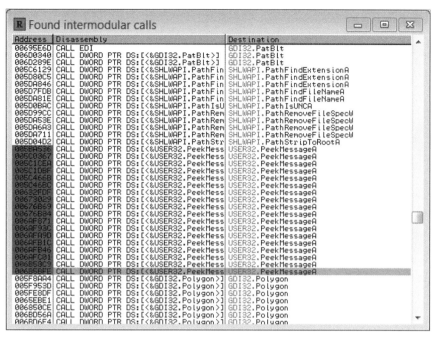

그림 2-5 OllyDbg에서 intermodular calls 검색 결과를 보여주는 창

비록 수십 개의 USER32.PeekMessage( ) 호출이 리스트에 나열되지만, 오직 2개의 경우에만 브레이크포인트를 설정했다. 조건 없는 루프 안에서 바로 옆의 액티브 콜을 확인할 수 있다는 것도 또 다른 장점이다. 이 루프의 마지막 부분에서 여러 개의 내부 함수 호출이 발생한다. 이 부분이 게임의 주요 루프와 유사해 보일 것이다.

트레이스 활성화하기

트레이스를 설정하는 마지막 단계로, 앞서 설정한 모든 브레이크포인트를 제거하고 메인 루프의 첫 부분에 다른 브레이크포인트를 설정한다. 해당 브레이크포인트가 활성화되자마자 그 브레이크포인트도 제거한다. 그런 다음 CPU 창에서 Ctrl + T를 눌러 그림 2-6과 같이 트레이스 수행을 중단할 조건을 입력하는 대화창을 띄운다. 이 창에서 Condition is TRUE 옵션을 활성화한 다음, 그 옆에 표현식을 붙여넣고 OK를 누른다. 다시 CPU 창으로 돌아가 Ctrl + F11을 눌러 트레이스를 시작한다.

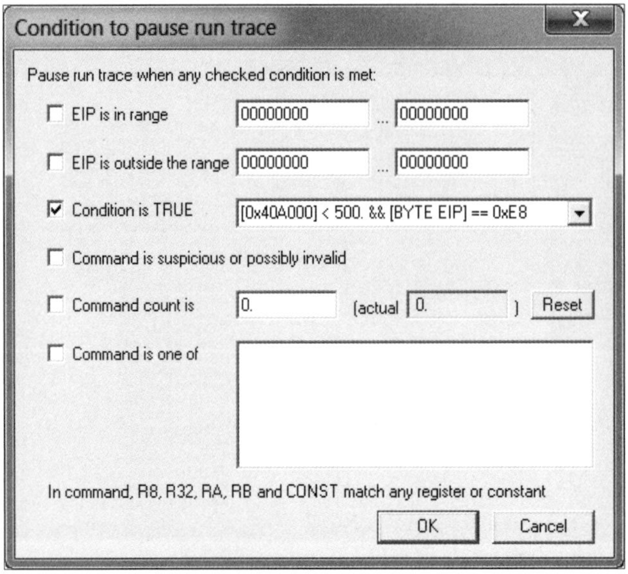

그림 2-6 수행 중인 트레이스를 중단하기 위한 조건을 입력하는 대화창

다시 트레이스가 수행되면 플레이가 불가능할 정도로 게임이 느려질 수 있다. 테스트하는 캐릭터의 체력을 떨어뜨리기 위해 동일한 게임을 하나 더 띄운 다음 다른 캐릭터로 로그인해 첫 번째 테스트 캐릭터를 공격한다. 실시간으로 트레이스가 수행된다면 OllyDbg를 통해 내 캐릭터의 체력이 떨어지고 특정 수치에 이르면 다음과 같은 함수 호출상에서 브레이크포인트가 활성화되는 것을 확인할 수 있을 것이다.

예제의 게임에서는 체력값을 수정하는 코드의 대부분이 네트워크 코드로부터 직접 호출된다. 트레이스를 수행한 다음 네트워크 패킷으로 체력값을 바꾼다. 그런 다음, 네트워크 모듈이 직접 호출하는 함수를 찾을 수 있었다. 해당 의사코드는 다음과 같다.

```
void network::check() {
    while (this->hasPacket()) {
        packet = this->getPacket();
        if (packet.type == UPDATE_HEALTH) {
            oldHealth = player->health;
            player->health = packet.getInteger();
```

```
❶                 observe(HEALTH_CHANGE, oldHealth, player->health);
            }
        }
    }
```

플레이어의 체력이 변경될 때만 수행되는 코드가 게임에 포함되어 있다는 사실을 알고 있으므로, 그러한 변화가 발생했을 때 동일하게 반응하는 코드를 추가할 필요가 있다. 모든 코드 구조를 알아야 할 필요는 없어 보인다. health가 업데이트된 이후에 직접 함수를 호출하는 코드들이 체력과 관련되어 있다는 사실을 쉽게 눈치챌 수 있기 때문이다. observe( ) 함수에서 바로 브레이크포인트가 수행되기 때문에❶, 충분히 이 점을 확인할 수 있었다. 이런 과정을 거쳐 해당 함수에 훅^hook을 설치하고(함수 호출을 가로채는 것으로 후킹^hooking이라고 부른다. 238 페이지의 '게임 실행 변경을 위해 후킹하기' 절에서 좀 더 자세하게 설명한다). 플레이어의 체력이 변경됐을 때 직접 작성한 코드를 수행할 수 있었다.

게임 해커를 위한 OllyDbg 플러그인

다재다능한 플러그인 시스템은 OllyDbg가 자랑하는 강력한 기능 중의 하나다. 숙련된 해커들은 공개되어 있거나 혹은 스스로 만든 유용한 플러그인을 활용해 OllyDbg의 환경을 커스터마이징한다.

OpenRCE(http://www.openrce.org/downloads/browse/OllyDbg_Plugins)와 tuts4you(https://tuts4you.com/download.php?list.9/)의 플러그인 저장소에서 인기 있는 플러그인을 내려받을 수 있다. 설치하는 방법 역시 무척 간단하다. 플러그인 파일의 압축을 해제하고 OllyDbg의 설치 폴더로 옮기면 설치가 완료된다.

설치가 완료되면 OllyDbg의 플러그인 메뉴 아이템을 통해 이 플러그인을 사용할 수 있다. 일부 플러그인은 OllyDbg 인터페이스를 통해 특정한 위치에서만 사용이 가능하다.

온라인에서 다양한 플러그인을 내려받아 사용할 수 있지만 이 플러그인으로 자기만의 무기를 만들기 위해서는 세심한 주의가 필요하다. 사용하지도 않는 플러그인을 잔뜩 설치해놓는다면 생산성에 부정적인 영향을 미칠 수도 있다. 이 장에서는 게임 해커들에게 필수적이면서도 환경에 부정적인 영향을 미치지 않는 네 가지 플러그인을 선정해 알아보기로 한다.

Asm2Clipboard를 사용해 어셈블리 코드 복사하기

Asm2Clipboard는 OpenRCE 저장소에서 다운로드 가능한 소규모의 플러그인으로, 디스어셈블러 패널에서 어셈블리 코드를 복사해 클립보드에 붙여넣는 기능을 제공한다. 이후 5장과 7장에서 깊이 있게 다룰 핵심적인 게임 해킹 기법인 주소 오프셋 업데이트와 코드 케이브 code caves 수정에 유용하게 쓸 수 있는 기능이다.

Asm2Clipboard를 설치하면 디스어셈블러 창의 어셈블리 코드를 우클릭해 나오는 Asm2Clipboard를 선택하고 2개의 서브메뉴를 적절하게 선택해 사용하면 된다. Copy fixed Asm code to clipboard 메뉴가 단순히 코드만을 복사해 붙여넣는 반면, Copy Asm code to clipboard 메뉴는 각 인스트럭션의 코드 주소를 코멘트 형식으로 앞에 붙여 표시해준다.

치트 유틸리티로 OllyDbg에 치트 엔진 추가하기

tuts4you에서 다운로드 가능한 치트 유틸리티 플러그인은 OllyDbg에서 사용할 수 있도록 치트 엔진을 경량화한 버전이라고 할 수 있다. 사실 치트 유틸리티를 통해서는 아주 제한된 데이터 유형에서 정확한 값만 스캔할 수 있지만 치트 엔진이 제공하는 모든 기능을 사용할 필요 없이 간단한 스캔 기능만 필요한 경우에는 아주 유용하게 쓸 수 있다. 치트 유틸리티를 설치하고 나면 그림 2-7과 같이 Plugins > Cheat utility > Start를 통해 치트 유틸리티를 사용할 수 있다.

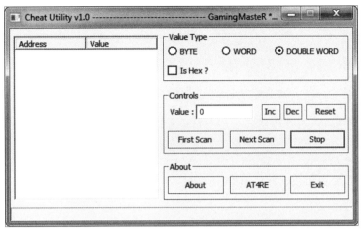

그림 2-7 치트 유틸리티 인터페이스

치트 유틸리티의 사용자 인터페이스는 치트 엔진과 거의 유사하므로 1장으로 돌아가 내용을 다시 복습해보는 것도 좋을 것이다.

NOTE　치트 유틸리티를 기반으로 업데이트된 Games Invader는 더 다양한 기능을 제공한다. 하지만 그리 안정적이지 않은 데다가 개인적으로 고급 스캔 기능이 필요할 땐 치트 엔진을 사용하고 있으므로 여기서는 치트 유틸리티를 다뤘다.

명령줄 플러그인을 통해 OllyDbg 제어하기

명령줄 플러그인을 활용하면 작은 명령줄 인터페이스를 통해 OllyDbg를 제어할 수 있게 된다. 플러그인을 사용하기 위해서는 단축키 Alt + F1을 누르거나, Plugins > Command line > Command line을 선택하면 된다. 그림 2-8에 보이는 것과 같은 명령줄 인터페이스를 확인할 수 있을 것이다.

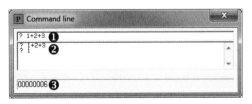

그림 2-8 명령줄 인터페이스

명령어를 실행하기 위해서는 입력 박스 ❶에 명령어를 입력하고 엔터를 누르면 된다. 가운데 의 ❷번 창을 통해 세션 레벨에서 수행된 명령어 히스토리를 확인할 수 있으며, 가장 아래의 ❸번 창을 통해 명령어가 반환하는 값을 확인할 수 있다.

활용할 수 있는 다양한 명령어가 존재하지만 이 중 일부는 활용 빈도가 상당히 떨어진다. 개인적으로는 표현식이 기대한 대로 잘 파싱되고 있는지 확인하기 위해, 혹은 간단한 계산기로 이 플러그인을 사용하고 있지만 사람에 따라 더 많은 용도로 이 플러그인을 활용할 수 있다. 표 2-6에서 주로 사용되는 명령어들을 정리했다.

표 2-6 명령줄 플러그인 명령어

명령어	기능
BC identifier	코드 주소나 API 함수 같은 식별자를 통해 구별되는 모든 브레이크포인트를 제거한다. 코드 주소나 API 함수 이름이 여기에 속한다.
BP identifier [,condition]	코드 주소나 API 함수 같은 식별자에 디버거 브레이크포인트를 위치시킨다. 식별자가 API 함수라면 브레이크포인트는 함수의 엔트리 포인트에 위치한다. condition 파라미터를 통해 브레이크포인트의 컨디션을 설정할 수 있다.
BPX label	현재 디스어셈블링되고 있는 모듈 안에서 label의 모든 인스턴스에 디버거 브레이크포인트를 위치시킨다. 여기서 말하는 레이블은 일반적으로 API 함수 이름을 가리킨다.
CALC expression ? expression	expression을 검사하고 그 결과를 보여준다.
HD address	address에 표시된 모든 하드웨어 브레이크포인트를 제거한다.
HE address	address에 하드웨어 on-execute 브레이크포인트를 위치시킨다.
HR address	address에 하드웨어 on-access 브레이크포인트를 위치시킨다. 한 번에 오직 4개의 하드웨어 브레이크포인트만 존재할 수 있다.
HW address	address에 하드웨어 on-write 브레이크포인트를 위치시킨다.
MD	존재하는 모든 메모리 브레이크포인트를 제거한다.
MR address1, address2	address1에서 시작해 address2까지 메모리 on-access 브레이크포인트를 위치시킨다. 이전에 존재하던 모든 메모리 브레이크포인트를 대체한다.
MW address1, address2	address1에서 시작해 address2까지 메모리 on-write 브레이크포인트를 위치시킨다. 이전에 존재하던 모든 메모리 브레이크포인트를 대체한다.
WATCH expression W expression	Watches 창을 열고 expression을 리스트에 추가한다. 리스트에 추가된 표현식은 프로세스가 메시지를 받을 때마다 다시 검사를 수행하며 검사 결과를 함께 표시한다.

명령줄 플러그인을 개발한 사람은 다름 아닌 OllyDbg 개발자 자신이다. 따라서 OllyDbg의 다음 버전에 하나의 기능으로 포함될 가능성이 높아 보인다.

OllyFlow를 활용해 컨트롤 플로우 시각화하기

OpenRCE의 플러그인 저장소에서 다운로드가 가능한 OllyFlow는 시각화 기능을 제공하는 플러그인으로, 그림 2-9에 보이는 것과 같이 Wingraph32를 활용해 코드 그래프를 만드는 기능을 제공한다.

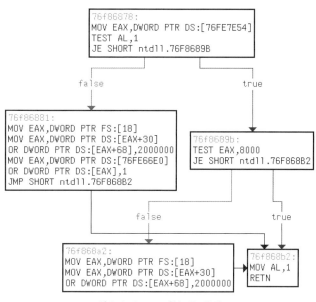

그림 2-9 OllyFlow 함수 플로우차트

`NOTE` OllyFlow에서 Wingraph32를 함께 제공하지 않으므로, https://www.hex-rays.com/products/ida/에서 무료 버전 IDA를 내려받아 설치해야 한다. .exe 파일을 OllyDbg의 설치 폴더로 옮기면 된다.

인터랙티브한 그래프라고 이야기하기는 힘들지만 컨트롤 플로우 분석에서 가장 중요한 루프나 if( ) 구문의 구조를 쉽게 판별할 수 있을 것이다. OllyFlow를 설치하고 나면 **Plugins >**

OllyFlow(디스어셈블러 패널에서 우클릭한 메뉴에서 바로 선택 가능)를 선택하고 다음 옵션 중 하나를 선택한다.

- Generate function flowchart: 현재 선택된 함수의 각 코드 블록과 점프 경로를 보여주는 그래프를 생성한다. 그림 2-9가 함수의 플로우차트를 잘 보여준다. OllyFlow의 가장 유용한 기능이라고 할 수 있다.
- Generate xrefs from graph: 현재 선택된 함수에 의해 호출되는 모든 함수의 그래프를 생성한다.
- Generate xrefs to graph: 현재 선택된 함수를 호출하는 모든 함수의 그래프를 생성한다.
- Generate call stack graph: 엔트리 포인트 프로세스에서부터 현재 선택된 함수로 연결되는 호출 경로를 표시하는 그래프를 생성한다.
- Generate module graph: 이론상 전체 모듈에서 호출하는 모든 함수 그래프를 생성한다. 실제로 실행되는 경우는 드물다.

그림 2-9와 이를 생성한 아래 어셈블리 코드를 비교해보면 OllyFlow가 얼마나 유용한지 알 수 있을 것이다.

```
   76f86878:
❶     MOV EAX,DWORD PTR DS:[76FE7E54]
      TEST AL,1
      JE ntdll.76F8689B
   76f86881:
❷     MOV EAX,DWORD PTR FS:[18]
      MOV EAX,DWORD PTR DS:[EAX+30]
      OR DWORD PTR DS:[EAX+68],2000000
      MOV EAX,DWORD PTR DS:[76FE66E0]
      OR DWORD PTR DS:[EAX],1
      JMP ntdll.76F868B2
   76f8689b:
❸     TEST EAX,8000
      JE ntdll.76F868B2
   76f868a2:
```

```
❹     MOV EAX,DWORD PTR FS:[18]
      MOV EAX,DWORD PTR DS:[EAX+30]
      OR DWORD PTR DS:[EAX+68],2000000
  76f868b2:
❺     MOV AL,1
      RETN
```

그림 2-9에는 5개의 박스가 있으며, 각각 이 함수의 5개 부분과 연결된다. 함수는 ❶번에서 시작하며 브랜치가 false로 판정되면 ❷번으로, true로 판정되면 ❸번으로 진행한다. ❷번이 수행된 다음 바로 ❺번으로 진행해 함수의 결과를 반환한다. ❸번이 수행되고 나면 그 결과에 따라 ❹번 혹은 ❺번으로 진행한다. ❹번이 수행되면 그 결과와 상관없이 무조건 ❺번이 수행된다. 이 함수가 어떤 일을 수행하는지 파악하는 것은 OllyFlow를 이해하는 것과 아무런 관련이 없다. 코드가 그래프와 어떻게 대응되는지만을 살펴보면 된다.

---

if() 구문 패치하기

본격적으로 OllyDbg를 사용해보고 싶다면 이 장의 뒷부분을 계속 읽어볼 필요가 있다. https://www.nostarch.com/gamehacking/에서 책의 리소스 파일을 내려받은 다음 BasicDebugging.exe를 실행해보라. 고전 게임인 퐁^{Pong}과 비슷한 게임을 볼 수 있을 것이다. 이 버전의 퐁에서는 상대편 화면에 볼이 있다면 보이지 않을 것이다. 당신의 목표는 이 기능을 무력화해 볼을 언제든지 볼 수 있게 만드는 것이다. 게임이 자동으로 수행되도록 만들었기 때문에 굳이 플레이를 하지 않고 해킹에만 전념할 수 있을 것이다.

OllyDbg에 게임을 어태치하는 것부터 시작해보자. 그런 다음 메인 모듈의 CPU 창으로 이동해(모듈 리스트에서 .exe를 찾아 이를 더블클릭한다), 볼이 숨어 있는 영역에 있을 때 표시되는 스트링의 위치를 파악하기 위해 텍스트 스트링을 찾는 기능을 활용한다. 그런 다음 해당 스트링을 더블클릭해 해당 코드 부분을 표시하고 볼을 숨길지 말지를 결정하는 if() 구문을 찾을 때까지 코드를 분석한다. 마지막으로, 코드 패칭$^{code-patching}$ 기능을 사용해 볼이 항상 보일 수 있도록 if() 구문을 패치한다. OllyFlow를 사용해 이 기능과 관련된 그래프를 그려 이 부분이 어떻게 수행되는지를 좀 더 자세하게 이해할 수도 있을 것이다(힌트: if() 구문은 볼의 x 좌표가 0x140 이하인지 체크한다. 만약 그렇다면 볼을 표시하는 부분으로 이동하고, 그렇지 않다면 볼이 표시되지 않게 한다. 0x140 값을 0xFFFF로 변경할 수 있다면 언제든지 볼을 볼 수 있을 것이다).

마치며

OllyDbg는 치트 엔진보다 복잡한 툴이지만, 이를 제대로 활용한다면 최고의 해킹 툴을 경험할 수 있을 것이다. 좀 더 깊이 살펴보고 활용하는 법을 연마할 필요가 있다. 이 장에서 살펴본 기법들을 통해 디버깅 스킬이 향상되도록 연습하고 실제 게임에도 적용해보라. 아직 실제 게임을 해킹해볼 만한 준비가 되지 않았다면 'if( ) 구문 패치하기' 연습문제부터 시작해보라. 성공적으로 연습문제를 풀 수 있었다면, 곧 다음 장으로 넘어가 게임 해킹에 있어 필수적인 프로세스 모니터와 프로세스 익스플로러에 대해 알아보자.

CHAPTER 3

프로세스 모니터와
프로세스 익스플로러 살펴보기

치트 엔진과 OllyDbg를 통해 게임 메모리와 코드를 분해하고 분석할 수 있지만, 이에 더해 게임이 어떻게 파일이나 레지스트리 값, 네트워크, 혹은 여타 프로세스와 상호작용하는지도 이해할 필요가 있다. 이런 상호작용이 어떻게 동작하는지 이해하기 위해서는, 프로세스의 외부 동작을 모니터링하는 데 탁월한 툴인 프로세스 모니터^{Process Monitor}와 프로세스 익스플로러^{Process Explorer}를 활용할 수 있어야 한다. 게임 맵을 완벽하게 파악하고, 세이브 파일을 찾아내고, 설정값을 저장하는 데 사용되는 레지스트리 키 값을 확인하고, 리모트 게임 서버의 주소를 알아내는 데 이 툴들을 유용하게 쓸 수 있다.

이 장에서는 프로세스 모니터와 프로세스 익스플로러를 사용해 시스템 이벤트를 로그로 남기고, 이 로그를 조사해 게임과 어떤 관련이 있는지 파악하는 방법을 알아볼 것이다. 본격적으로 살펴보기에 앞서 가볍게 둘러만 봐도 이 툴들이 게임과 시스템의 상호작용을 전체적으로 명확한 그림을 통해 보여주는 탁월한 툴임을 알게 될 것이다. 이 툴들은 윈도우 시스인터널Sysinternals 웹사이트(https://technet.microsoft.com/en-us/sysinternals)에서 내려받을 수 있다.

프로세스 모니터

게임이 레지스트리나 파일시스템, 네트워크와 상호작용하는 방법을 연구해본다면 게임에 대해 정말 많은 것을 알 수 있다. 프로세스 모니터는 다양한 이벤트를 실시간으로 기록하는 강력한 모니터링 툴일 뿐만 아니라, 데이터와 디버깅 세션을 완벽하게 통합해주는 기능을 제공하는 툴이기도 하다. 이 툴을 통해 게임이 외부 환경과 상호작용하는 데 관련된 다양하고 유용한 데이터를 얻을 수 있다. 이 데이터를 체계적으로 리뷰하고 직관적으로 통찰함으로써 데이터 파일이나 네트워크 접속, 레지스트리 이벤트의 상세한 내역을 파악할 수 있고, 이를 통해 게임이 어떻게 동작하는지를 살펴보고 조작하는 데 큰 도움을 얻을 수 있을 것이다.

이 장에서는 데이터를 기록하고 분석하기 위해 프로세스 모니터를 사용하는 방법, 경험을 기반으로 게임과 파일들이 어떻게 상호작용하는지 추측하는 방법을 알아볼 것이다. 이 장의 여정을 마치고 나면 스스로 프로세스 모니터를 사용해 103페이지의 '하이스코어 파일 찾아내기'를 수행해본다.

인게임 이벤트 로그 남기기

프로세스 모니터는 유용하게 쓰일 가능성이 있는 모든 이벤트를 저장할 수 있다. 하지만 가장 실용적인 활용법은 인게임 아이템 파일 같은 데이터 파일이 어디에 저장되는지 파악하는 데 사용하는 것이다. 프로세스 모니터를 처음 실행하면 그림 3-1과 같은 프로세스 모니터 필터 대화창을 마주할 수 있을 것이다.

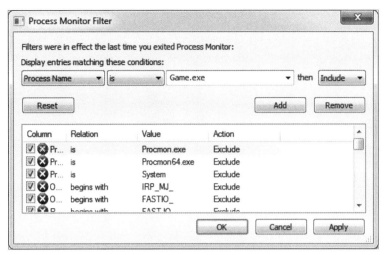

그림 3-1 프로세스 모니터 필터 대화창

이 대화창을 통해 프로세스가 처리하고 있는 동적 특성^{dynamic properties}에 따라 이벤트를 보여주거나 감출 수 있다. 모니터링 프로세스를 시작하기 위해 Process Name ➤ Is ➤ *YourGameFilename.exe* ➤ Include를 선택하고 Add, Apply, OK를 순서대로 누른다. 이 과정을 통해 *YourGameFilename.exe*가 생성하는 모든 이벤트를 볼 수 있게 된다. 필터가 적절하게 설정됐다면 그림 3-2와 같은 메인 창을 볼 수 있을 것이다.

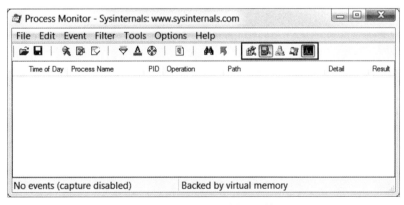

그림 3-2 프로세스 모니터 메인 창

프로세스 모니터 로그 영역에 보이는 내용을 설정하려면 창 헤더 부분을 우클릭한 다음, Select Columns를 선택한다. 다양한 옵션 항목이 눈에 띄는데 개인적으로 아래 7개의 항목을 추천한다.

- Time of Day: 액션이 발생하는 시간을 확인할 수 있다.
- Process Name: 여러 개의 프로세스를 동시에 모니터링할 때 유용하게 쓸 수 있다. 단일 프로세스를 모니터링한다면 이 항목은 일반적으로 게임 프로세스 이름이 표시될 것이다. 이 항목을 선택하지 않는다면 어느 정도의 공간을 절약할 수 있다.
- Process ID: Process Name과 유사하며, 이름 대신 ID를 보여준다.
- Operation: 어떤 액션이 수행되는지 표시해준다. 따라서 거의 필수적으로 선택해야 하는 항목이다.
- Path: 액션이 목표로 하는 타깃을 보여준다. 이 또한 필수적인 항목이다.
- Detail: 이 항목은 몇몇 경우에만 유용하다. 하지만 활성화한다고 해서 손해 볼 일은 없다.
- Result: 액션이 수행된 다음 그 결과를 보여준다.

더 많은 열을 활성화할 수도 있지만 로그 창이 복잡해 보일 수 있으므로 가급적이면 앞서 살펴본 옵션들만 활성화해 간단 명료하게 결과들을 살펴볼 것을 권장한다.

표시될 열을 설정한 다음 모니터를 수행하면 그림 3-2에서 검은색으로 표시된 부분처럼 5개의 이벤트 클래스 필터를 확인할 수 있다. 이벤트 클래스 필터를 통해 로그를 유형별로 나눠볼 수도 있다. 왼쪽에서부터 오른쪽으로, 5개의 이벤트 클래스 필터는 다음과 같다.

- Registry: 모든 레지스트리 액션을 보여준다. 프로세스가 생성되는 것에 따라 레지스트리상에는 방대한 양의 화이트 노이즈가 발생한다. 윈도우 라이브러리는 항상 레지스트리를 사용하는 반면, 게임이 이를 사용하는 경우는 드물다. 이 필터를 사용하지 않는다면 로그의 많은 공간을 절약할 수 있다.
- Filesystem: 모든 파일시스템 액션을 보여준다. 어디에 원하는 데이터 파일이 저장

됐는지, 그리고 어떤 방식으로 접근 가능한지를 파악할 수 있는 가장 중요한 이벤트 클래스 필터다.

- **Network**: 모든 네트워크 액션을 보여준다. 네트워크 이벤트에서 발생하는 콜 스택을 통해 게임 안에서 네트워크와 관련된 코드를 쉽게 찾아볼 수 있다.
- **Process and thread activity**: 모든 프로세스와 스레드 관련 액션을 보여준다. 이런 이벤트에서 발생한 콜 스택을 통해 게임 안에서 스레드를 어떻게 처리하는지 알아낼 수 있다.
- **Process profiling**: 주기적으로 수행 중인 각 프로세스의 메모리와 CPU 사용에 관한 정보를 보여준다. 게임 해커가 이를 활용하는 경우는 드물다.

클래스 레벨의 필터링을 통해 로그에서 원하는 이벤트를 걸러낼 수 없다면 특정한 이벤트를 우클릭해 이벤트 필터링 옵션을 적용할 수도 있다. 이벤트 필터링을 통해 원하는 로그를 얻을 수 있게 됐다면 이제 로그를 탐색해볼 준비가 된 것이다. 표 3-1은 로그를 제어하는 데 유용한 단축키를 보여준다.

표 3-1 프로세스 모니터 단축키

단축키	액션
Ctrl + E	로그 캡처 수행 여부를 결정한다.
Ctrl + A	자동 스크롤(Autoscroll) 기능을 결정한다.
Ctrl + X	표시되는 모든 로그를 화면에서 지운다.
Ctrl + L	필터 대화창을 띄운다.
Ctrl + H	하이라이트된 대화창 표시하기. 이 대화창은 필터 대화창과 유사해 보이지만, 이 기능을 사용하면 하이라이트된 이벤트만 표시된다.
Ctrl + F	탐색 대화창을 띄운다.
Ctrl + P	선택된 이벤트의 이벤트 속성 대화창을 띄운다.

로그를 탐색하면서 기록된 연산을 조사함으로써 각 이벤트와 연관된 상세한 정보를 얻을 수 있게 된다.

프로세스 모니터 로그의 이벤트 조사하기

프로세스 모니터는 이벤트와 관련된 가능한 모든 데이터 포인트를 기록한다. 따라서 이벤트와 관련된 파일을 통해 얻는 것보다 더 많은 것을 배울 수 있다. Result와 Detail 열을 포함하는 다양한 데이터 열을 조사함으로써 아주 흥미로운 정보를 얻을 수 있을 것이다.

게임이 파일에서 직접 구성요소 단위로 데이터 구조를 읽는다는 사실도 이런 과정을 통해 알 수 있다. 한 파일에서 읽어오는 대량의 정보가 로그에 포함되어 있고, 이런 과정이 순차적으로 연결되어 있는 오프셋에서 발생하면서 각기 다른 길이의 로그를 남기고 있다면 게임에서 데이터 구조를 읽어오는 순간이라고 봐도 무방할 것이다. 표 3-2와 같은 가상의 이벤트 로그가 이 과정에서 발생한다고 가정할 수 있다.

표 3-2 이벤트 로그 예제

연산	경로	설명
Create File	C:\file.dat	Desired Access: Read
Read File	C:\file.dat	Offset: 0 Size: 4
Read File	C:\file.dat	Offset: 4 Size: 2
Read File	C:\file.dat	Offset: 6 Size: 2
Read File	C:\file.dat	Offset: 8 Size: 4
Read File	C:\file.dat	Offset: 12 Size: 4
...	...	... 계속 4바이트 크기를 읽음

이 로그를 통해 게임이 파일에서부터 데이터 구조를 작은 조각 단위로 읽어온다는 사실을 알 수 있다. 이렇게 조금씩 드러나는 정보를 통해 구조를 파악할 수 있게 되는 것이다. 앞서 살펴본 로그가 다음과 같은 구조를 반영하는 것일 수 있다.

```
struct myDataFile
{
    int header;        // 4바이트(오프셋 0)
    short effectCount; // 2바이트(오프셋 4)
    short itemCount;   // 2바이트(오프셋 6)
```

```
    int* effects;
    int* items;
};
```

앞서 얻은 표 3-2의 로그와 이 코드 구조를 비교해보자. 게임이 4바이트의 헤더를 읽는 것이 가장 먼저다. 그런 다음, 게임은 각 2바이트의 값을 읽어온다. 여기서는 effectCount와 itemCount가 이에 속한다. 다음으로 effectCount와 itemCount의 크기에 상응하는 effects와 items라는 2개의 정수 배열을 만든다. 게임은 이 배열에 파일에서 읽어온 값을 기록하며, 4바이트인 effectCount + itemCount 크기만큼 데이터를 읽어온다.

> **NOTE** 모든 개발자가 데이터를 읽고 쓰는 구조를 이런 방식으로 작성하지는 않는다. 하지만 데이터를 읽고 쓰는 경우는 놀라울 만큼 자주 발생한다. 앞서 살펴본 것과 같은 간단한 경우라 할지라도 분석에는 큰 도움이 될 것이다.

이 경우 이벤트 로그를 통해 파일 안에 포함된 일정 규모의 정보를 분석해볼 수 있다. 이미 알고 있는 구조를 읽어와 분석하는 것은 어려운 일이 아니지만, 리버스 엔지니어링^{reverse engineering}처럼 이벤트 로그를 제외하고는 전혀 사전 지식이 없는 상태에서 구조를 파악하는 것은 결코 쉽지 않은 일임을 다시 한번 상기할 필요가 있다. 일반적으로 게임 해커들은 분석하려는 이벤트와 관련된 정보를 수집하기 위해 디버거를 사용한다. 프로세스 모니터를 통해 얻을 수 있는 데이터들이 이런 디버깅 작업에 충분히 활용될 수 있으며, 이 두 가지를 효율적으로 혼합한다면 강력한 리버스 엔지니어링 패러다임을 완성할 수 있다.

더 많은 데이터를 얻기 위해 게임 디버깅하기

어떻게 파일에서 필요한 정보를 얻는지 이론적으로 알아보는 작업에서 한 발짝 물러나 프로세스 모니터를 통해 수행하는 디버깅 작업에 대해 알아보자. 프로세스 모니터는 각 이벤트의 모든 스택 트레이스를 완벽하게 저장하며, 이벤트를 발생시키는 모든 연결된 실행 과정을 보여준다. 스택 트레이스는 그림 3-3과 같이 이벤트 속성 창의 Stack 탭에서 확인할 수 있다(이벤트를 더블클릭하거나 Ctrl + P를 누른다).

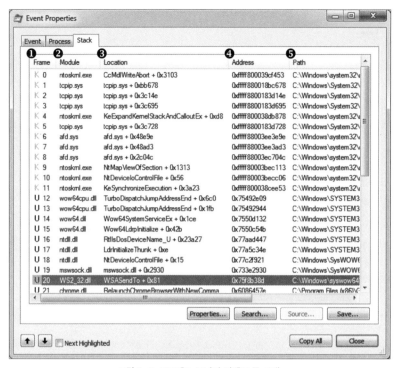

그림 3-3 프로세스 모니터 이벤트 콜 스택

그림에서 확인할 수 있듯이 스택 트레이스는 5개의 열로 구성된다. ❶ Frame 컬럼에서는 실행 모드와 스택 프레임 인덱스를 확인할 수 있다. 이 열의 분홍색 K는 커널 모드에서 호출이 발생한다는 뜻이며, 파란색의 U는 사용자 모드에서 호출이 발생한다는 뜻이다. 일반적으로 게임 해커들은 사용자 모드에서 작업을 수행하므로 커널 모드로 표시되는 항목들은 큰 의미를 갖지 못한다.

❷ Module 열은 호출을 수행하는 코드를 포함하고 있는 실행 가능한 모듈을 보여준다. 각 모듈은 호출을 수행하는 바이너리의 이름을 표시해준다. 이를 통해 게임 바이너리에서 실제로 어떤 호출이 발생하는지 좀 더 쉽게 식별할 수 있게 된다.

❸ Location 열은 각 호출을 수행하는 함수의 이름과 콜 오프셋을 보여준다. 여기서 표시되는 함수 이름들은 모듈의 익스포트 테이블에서 추출된 것이며 일반적으로 게임 바이너리 안에 존재하는 함수들은 아닌 경우가 많다. 함수 이름이 표시되지 않는다면 모듈의 기본 주소에서

모듈의 이름과 콜 오프셋(호출이 발생한 장소가 원래 주소로부터 몇 바이트 떨어져 있는지를 보여줌)을 추출해서 보여준다.

❹ Address 열은 호출이 발생하는 코드의 주소를 보여준다. OllyDbg의 디스어셈블러를 활용해 이 주소로 바로 점프할 수 있으므로 해킹에서 매우 유용하게 쓰이는 정보다. 마지막으로, ❺ Path 열은 호출이 발생하는 모듈의 경로를 표시해준다.

스택 트레이스야말로 프로세스 모니터가 제공하는 가장 강력한 기능이다. 스택 트레이스를 통해 이벤트가 발생하게 되는 상황을 파악하고 게임을 디버깅할 때 이 정보를 유용하게 활용할 수 있기 때문이다. 이벤트의 트리거가 되는 코드를 정확하게 찾아내고, 연쇄적으로 발생하는 콜 체인을 거슬러 추적할 수 있으며, 각 액션을 완성하기 위해 어떤 라이브러리가 필요한지까지도 알아낼 수 있다.

프로세스 모니터와 비슷한 기능을 수행하는 애플리케이션인 프로세스 익스플로러는 앞서 살펴본 프로세스 모니터나 OllyDbg만큼 강력한 기능을 제공하지는 않지만 일부 기능들은 훨씬 효율적으로 수행한다. 이로 인해 프로세스 익스플로러가 최선의 선택이 되는 상황도 더러 발생한다.

하이스코어 파일 찾아내기

프로세스 모니터를 사용하는 연습을 하고 싶다면 아주 제대로 찾아왔다. GameHacking Examples/Chapter3_FindignFiles 디렉토리로 이동해 FindingFiles.exe를 실행한다. 93페이지의 'if( ) 구문 패치하기'에서 봤던 퐁과 유사한 게임이 실행되는 모습을 확인할 수 있을 것이다. 2장에서와는 다르게 실제 게임을 플레이할 수가 있다. 현재 점수와 지금까지의 최고 점수를 볼 수 있는 기능도 제공한다.

프로세스 모니터를 수행한 다음 게임을 재시작한다. 파일 시스템 액티비티를 필터링하고 필요하다면 필터를 추가해 하이스코어 파일이 어디에 저장되는지를 찾아내 보라. 가능하다면 이 파일을 조작해 게임이 표시할 수 있는 가장 높은 점수를 표시해보라.

프로세스 익스플로러

프로세스 익스플로러는 좀 더 발전한 형태의 작업 관리자(심지어 이를 디폴트 작업 관리자로 설정 가능한 버튼도 제공한다)이며, 게임이 어떻게 동작하는지 이해하기 위해 필요한 첫 번째 툴이라고 할 수 있다. 부모 프로세스와 자식 프로세스를 포함한 실행 중인 프로세스, CPU 사용량, 메모리 사용량, 로딩된 모듈, 오픈 핸들, 명령줄 인수 같은 다양한 정보를 보여주며 이런 프로세스들을 조작하는 것도 가능하다. 프로세스 트리나 메모리 사용량, 파일 접근 그리고 프로세스 ID 같은 고급 정보를 표시하는 것 이상의 기능을 제공하는 매우 유용한 툴인 것이다.

물론 이런 데이터가 그 자체만으로 특별히 유용한 정보라고 볼 수는 없다. 하지만 이들의 상관관계를 더 자세하게 살펴본다면 파일이나 뮤텍스^{mutex}, 공유 메모리 세그먼트$^{shared memory segments}$와 같이 게임과 밀접한 관계를 가진 전역 객체들에 대한 유용한 정보를 얻어낼 수 있을 것이다. 프로세스 익스플로러를 통해 얻을 수 있는 데이터가 디버깅 세션에서 얻어진 데이터와 함께 분석된다면 더욱 유용한 결과를 얻을 수 있을 것이다.

이 장에서는 프로세스 익스플로러의 인터페이스와 각 속성을 소개하고, 이를 이용해 시스템 리소스와 관련된 핸들을 조작하는 방법을 알아본다. 이 장을 마치고 나면 111페이지의 '뮤텍스 찾아내고 닫기'로 이동해 관련 스킬을 연마하기를 권장한다.

프로세스 익스플로러의 사용자 인터페이스와 제어

프로세스 익스플로러를 실행하면 그림 3-4와 같이 크게 세 가지 구역으로 나뉜 화면을 볼 수 있을 것이다.

이 세 가지 구역은 ❶ 툴바, ❷ 상단 영역, ❸ 하단 영역으로 구분된다. 상단 영역은 부모/자식 관계의 프로세스 리스트를 트리 구조로 보여준다. 이 프로세스들은 각기 다른 컬러로 하이라이트되어 구별된다. 만약 현재의 컬러가 마음에 들지 않는다면, Options > Configure Colors로 이동해 조정할 수 있다.

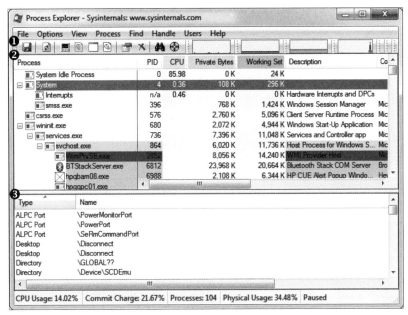

그림 3-4 프로세스 익스플로러 메인 창

프로세스 모니터와 마찬가지로 이 영역에서 표시되는 정보는 활용도가 매우 높으며, 단순히 테이블 헤더를 우클릭하고 메뉴를 선택함으로써 간단하게 이를 커스터마이징할 수 있다. 100개 이상의 커스터마이징 가능한 옵션을 제공하고 있다. 개인적으로는 기본 옵션에 ASLR Enabled 열만 추가[1]해도 사용하기에는 충분했다.

> **NOTE** ASLR(Address Space Layout Randomization)은 윈도우 보안 기능의 하나로, 실행 가능한 이미지들을 예상하지 못한 장소에 배치함으로써 메모리의 게임 상탯값을 변경하려 할 때 그 위치를 알 수 없게 하는 기법이다.

하단 영역은 Hidden, DLLs, Handles라는 세 가지 형태로 표현될 수 있다. Hidden 옵션을 선택하면 하단 영역이 표시되지 않으며, DLLs를 선택하면 현재 프로세스상에서 로드되는 DLL$^{\text{Dynamic Link Libraries}}$의 리스트를 표시해준다. Handles를 선택하면 그림 3-4와 같이 프로세

1　열을 우클릭해 Select columns > Process Images > ASLR Enabled를 선택해 기존 열에 ASLR 열을 추가할 수 있다. - 옮긴이

스상의 핸들을 보여준다. View > Show Lower Pane을 선택하면 하단 영역 전체가 보이지 않는다. 하단 영역을 표시한 상태에서 View > Lower Pane View > Dlls 혹은 Handles를 선택해 원하는 정보를 표시할 수 있다.

단축키를 사용해 상단 영역의 프로세스에 영향을 미치지 않으면서도 하단 영역에서 표시하는 정보를 변경할 수도 있다. 단축키는 표 3-3과 같다.

표 3-3 프로세스 익스플로러 단축키

단축키	액션
Ctrl + F	하단 영역 데이터 중에서 원하는 값을 찾는다.
Ctrl + L	하단 영역을 표시하거나 숨긴다.
Ctrl + D	DLL을 표시하거나 숨긴다.
Ctrl + H	핸들을 표시하거나 숨긴다.
Spacebar	프로세스 리스트를 갱신한다.
Enter	선택된 프로세스의 속성 대화창을 출력한다.
Del	선택된 프로세스를 종료한다.
Shift + Del	선택된 프로세스와 모든 자식 프로세스를 한 번에 종료한다.

GUI 혹은 단축키를 사용해 자유롭게 모드를 변경할 수 있도록 연습을 계속해야 한다. 이런 과정을 거쳐 어느 정도 메인 창을 다루는 데 익숙해졌다면 프로세스 익스플로러의 또 다른 핵심인 속성 대화창에 대해 알아보자.

프로세스 속성 조사하기

프로세스 익스플로러 역시 프로세스 모니터처럼 동적인 방식으로 데이터를 수집한다. 따라서 최종적으로 수집된 데이터는 그 범위가 광범위하고 다양한 종류의 정보가 혼재되어 있다. 그림 3-5와 같이 속성 대화창을 열어보면 10개 이상의 다양한 탭을 마주할 수 있을 것이다.

그림 3-5와 같이 대화창을 열면 기본적으로 보이는 Image 탭은 실행 가능한 파일의 이름,

버전, 빌드 날짜와 경로 등을 보여준다. 또한 현재 작업 중인 디렉토리와 ASLR 상태 정보도 함께 표시해준다. ASLR 상태는 게임에서 봇이 메모리를 읽는 방법에 영향을 미치므로 이 장에서 다루는 가장 중요한 정보라고 할 수 있다. 다음 6장에서 이 부분을 좀 더 자세하게 살펴볼 것이다.

그림 3-5 프로세스 익스플로러 속성 대화창

Performance, Performance Graph, Disk and Network, GPU Graph 탭에서 CPU, 메모리, 디스크, 네트워크와 GPU 사용량 등의 다양한 정보를 파악할 수 있다. 게임 안에서 동작하는 봇을 만들었다면 이런 봇들이 게임에 얼마나 많은 영향을 미치는지 파악하기 위해 이 정보를 유용하게 쓸 수 있을 것이다.

TCP/IP 탭은 활성화되어 있는 TCP 커넥션 리스트를 표시해준다. 이 정보를 활용해 게임 서버의 IP 주소를 파악할 수 있다. 네트워크의 속도를 측정하고 접속을 종료하는 테스트, 게임이 사용하는 네트워크 프로토콜 조사에도 이 정보들이 유용하게 쓰인다.

Strings 탭은 프로세스의 바이너리 혹은 메모리상에서 발견되는 스트링 리스트를 표시해준다. OllyDbg의 스트링과는 달리 어셈블리와 관련된 스트링만 표시된다. 리스트에는 널 터미네이터$^{null\ terminator}$에 이어지는 서너 글자의 문자들이 포함되어 있다. 게임 바이너리가 업데이트되면 차이점을 비교해주는 툴을 사용해 어떤 스트링들이 변경되거나 추가됐는지 살펴볼 수 있다.

Threads 탭은 프로세스 안에서 수행되고 있는 스레드의 리스트를 표시해준다. 스레드를 멈추거나 다시 수행할 수도 있으며, 스레드 수행을 아예 정지시킬 수도 있다. Security 탭은 각 프로세스의 보안 관련 권한을 보여주며, Environment 탭은 프로세스와 연관된 환경 변수를 보여준다.

> **NOTE** 닷넷 프로세스의 속성 대화창에는 .NET Assemblies와 .NET Performance라는 2개의 탭이 추가되어 있다. 이 탭 안에 포함된 정보는 굳이 따로 설명이 필요 없을 것이다. 이 책에서 주로 다루는 내용들이 닷넷으로 개발된 게임에는 거의 적용되지 않는다는 사실을 잊지 말아야 한다.

핸들 조작 옵션

앞서 살펴본 것처럼 프로세스 익스플로러를 통해 프로세스와 관련된 다양한 정보를 얻을 수 있다. 프로세스 익스플로러가 제공하는 장점은 이게 다가 아니다. 프로세스의 일부를 조작할 수 있다는 부가적인 장점이야말로 프로세스 익스플로러를 특별한 툴로 만들어주는 기능이라고 할 수 있겠다. 그림 3-4에서 보이는 프로세스 익스플로러의 하단 영역에서 손쉽게 핸들을 오픈하고 이를 조작할 수 있다. 핸들을 닫는 동작 역시 아주 간단한데, 우클릭으로 메뉴를 띄우고 Close Handle을 선택하기만 하면 된다. 또한 뮤텍스를 닫을 때와 같이 사용자가 원하기만 한다면 간단하게 수행이 가능하며, 이는 게임 해킹에서도 유용하게 활용될 수 있다.

하단 영역의 헤더를 우클릭한 다음 표시되는 부분을 커스터마이징할 수도 있다. Handle Value 열은 가장 유용한 열 중 하나로, OllyDbg를 통해 추출된 핸들들을 더 깊이 조사해 어떤 기능을 수행하는지 알고자 할 때 매우 유용하게 쓸 수 있다.

뮤텍스 닫기

한 번에 하나의 게임 클라이언트만 실행되게 하는 것이 일반적이다. 이를 단일 인스턴스 제약 single instance limitation 이라고 한다. 다양한 방법으로 단일 인스턴스 제약을 구현할 수 있지만 뮤텍스 시스템을 사용하는 것이 가장 일반적이다. 현재 이 분야에서 가장 널리 활용되고 있는 기법이며, 간단한 이름만으로도 접근이 가능하다는 장점을 제공한다. 뮤텍스로 인스턴스의 제한을 거는 방법이 간단한 만큼, 프로세스 익스플로러를 통해 중복 인스턴스를 동시에 수행하게 하는 방법도 간단하다.

다음과 같은 코드를 사용해 뮤텍스로 인스턴스 제한을 걸었다고 가정해보자.

```
int main(int argc, char *argv[]) {
    // 뮤텍스 생성
    HANDLE mutex = CreateMutex(NULL, FALSE, "onlyoneplease");
    if (GetLastError() == ERROR_ALREADY_EXISTS) {
        // 뮤텍스가 이미 존재하므로 나감
        ErrorBox("An instance is already running.");
        return 0;
    }
    // 뮤텍스가 존재하지 않으므로 생성하고 게임을 실행함
    RunGame();
    // 게임이 끝나면 뮤텍스를 닫고 이후 수행될 인스턴스를 위해 대기 상태로 변환
    if (mutex)
        CloseHandle(mutex);
    return 0;
}
```

예제 코드는 onlyoneplease라는 뮤텍스를 생성한다. 그런 다음, 함수 GetLastError( )로 뮤텍스가 이미 생성되어 있는지를 체크하고 만약 그렇다면 게임을 종료한다. 뮤텍스가 존재하지 않는다면 게임은 첫 번째 인스턴스를 생성하고 이후 게임 클라이언트가 수행되는 것을 막는다. 이 예제에서는 한 번 게임이 수행되고 종료되면 CloseHandle( ) 함수가 호출되어 뮤텍스를 닫고 이후에 게임 인스턴스가 수행될 수 있게 한다.

프로세스 익스플로러를 사용해 인스턴스의 제약이 있는 뮤텍스를 닫고 한 번에 많은 게임 인스턴스를 수행할 수 있다. 이를 위해 하단 영역을 핸들 뷰로 바꾸고 Mutant 유형의 모든 핸들을 검색한 다음, 제약을 받는 게임 인스턴스를 찾아내고 이를 닫는다.

WARNING 뮤텍스는 스레드와 프로세스의 데이터 싱크에도 사용된다. 이를 감안해 게임을 종료해도 무방한 경우에만 사용하기를 권장한다.

멀티클라이언트 해킹은 가장 빈번하게 수행되는 해킹 기법 중 하나다. 시장에 봇을 판매하는 개발자들이라면 새로운 게임이 출시될 때마다 이에 대응하는 기법을 적절하게 개발해야 할 것이다. 뮤텍스를 활용해 단일 인스턴스 제약을 극복하는 것이 가장 널리 사용되는 방법이다. 따라서 프로세스 익스플로러는 이런 종류의 해킹을 프로토타이핑할 수 있는 최적의 툴이라고 할 수 있다.

파일 접근 조사하기

프로세스 모니터와 달리 프로세스 익스플로러는 파일시스템 호출 리스트를 보여주지 않는다. 그 대신 프로세스 익스플로러 하단 영역의 핸들 뷰에서 지금까지 게임이 오픈한 모든 파일 핸들을 보여주고 어떤 파일들이 지속적으로 사용되고 있는지 정확하게 보여준다. 프로세스 모니터처럼 복잡한 필터를 만들 필요가 없는 것이다. File 유형의 핸들을 조사하는 것만으로도 현재 게임이 사용하고 있는 파일이 어떤 것인지 파악이 가능하다.

이 기능은 로그 파일이나 세이브 파일을 찾는 데 유용하게 쓰인다. IPC^inter-process communication에 사용되는 파이프의 위치를 파악하는 데도 도움이 된다. 이 파일들은 \Device\NamedPipe\

형식으로 표시될 것이다. 이러한 파이프가 노출된다는 것은 곧 게임이 다른 프로세스와 커뮤니케이션 중임을 암시하는 것이다.

뮤텍스 찾아내고 닫기

실제로 프로세스 익스플로러 스킬을 사용할 정도까지 숙련시켜보자. GameHackingExamples/Chapter3_CloseMutex 디렉토리로 이동한 다음 CloseMutex.exe를 실행한다. 이 게임은 앞서 103페이지의 '하이스코어 파일 찾아내기'에서 살펴봤던 게임과 거의 동일하다. 다만 이번에는 한 번에 여러 개의 인스턴스를 수행하는 것을 막고 있다는 점이 다를 뿐이다. 추측하고 있는 대로, 이 게임은 단일 인스턴스 제약 뮤텍스를 사용하고 있다. 프로세스 익스플로러 하단 영역의 핸들 뷰를 사용해 이 제약 기능을 실행하고 있는 뮤텍스를 찾아내고 이를 닫아보라. 성공한다면 게임의 두 번째 인스턴스를 실행할 수 있을 것이다.

마치며

프로세스 모니터와 프로세스 익스플로러를 효과적으로 활용하기 위해서는 무엇보다도 이 애플리케이션이 표현해주는 데이터를 능숙하게 다루고 이 데이터를 표현하기 위해 사용되는 인터페이스에 익숙해질 필요가 있다. 이 장을 통해 살펴본 내용이 그 기본이 될 수 있겠지만 이 애플리케이션들의 핵심은 오직 경험을 통해서만 얻을 수 있는 것들이다. 직접 이 툴로 여러분의 시스템을 살펴보길 바란다.

이 툴을 정기적으로 사용하지는 않는다고 하더라도 언젠가는 이 툴을 사용해 곤경을 면할 수 있을 것이다. 코드가 동작하는 법을 알아내기 위해 전력을 다하다 보면 앞서 살펴본 프로세스 모니터 혹은 프로세스 익스플로러의 내용이 필요하다고 느낄 때가 올 것이다. 그 순간이야말로 이 툴이 가장 유용하게 쓰일 때다.

PART 2

게임 해부

CHAPTER 4

코드에서 메모리로:
기본 원리

근본적으로 게임 코드, 데이터, 입력값과 출력값 같은 개념들은 메모리 바이트를 변형시킨 복잡한 추상적 관념들이다. 이들 대부분은 변수를 표현하는 바이트 혹은 게임 소스 코드에 기반한 컴파일러에서 생성된 기계어들이다. 이들은 또한 이미지나 모델, 혹은 사운드로 표현된다. 컴퓨터 하드웨어에서 입력이 발생하면 동시에 생겨났다가 게임에서 이를 처리하고 바로 사라지는 것들도 존재한다. 그보다 더 오랫동안 존재하는 바이트들은 플레이어에게 게임의 내부 상태를 알려주는 용도로 사용되고는 한다. 하지만 사람이 바이트 단위로 사고할 수는 없기 때문에 컴퓨터가 이를 사람이 이해할 수 있는 것으로 바꿔줘야 한다.

이런 관점에서 본다면 양방향 커뮤니케이션이 단절되는 부분이 상당하다. 컴퓨터는 하이 레벨 코드나 게임 내부의 콘텐츠를 바로 이해할 수 없다. 따라서 이들 추상적 관념 역시 바이트로 변형될 필요가 있다. 이미지, 사운드, 텍스트 같은 게임 콘텐츠는 손실 없이 저장되고 적절한 시점에 한 치의 오차도 없이 플레이어에게 노출돼야 한다. 한편 게임 코드와 로직, 변수 같은 것들은 사람이 읽을 수도 없고 컴퓨터가 이를 이해하기 위해서는 기계어로 다시 번역돼야 한다.

게임 해커들은 게임 데이터를 조작함으로써 게임에서 사람에게 도움이 되는 이득을 얻을 수 있다. 이를 위해서는 개발자의 코드가 컴파일되고 실행될 때 사람이 인지할 수 있는 영역에 어떤 영향을 미치는지를 반드시 이해하고 있어야 한다. 즉, 해커들은 컴퓨터와 같은 사고방식을 갖고 있어야 한다는 이야기다.

컴퓨터처럼 사고하기 위해 우선 이 장에서는 숫자와 텍스트, 간단한 구조체와 이들의 복합체들이 어떻게 메모리에서 바이트 단위로 표시되는지 가르쳐줄 것이다. 그런 다음 좀 더 심화된 학습 주제인 클래스 인스턴스가 어떻게 메모리에 저장되는지, 또 실시간으로 인스턴스에서 어떤 함수를 호출할지 알 수 있는 방법들을 알아볼 것이다. 이 장의 나머지 부분에서는 문법과 레지스터, 피연산자, 콜 스택, 산술 연산, 브랜치 연산, 함수 호출, 호출 규칙 등에 대해 알아본다.

이 장에서는 일반적인 기술 내용을 깊고 자세하게 다룰 것이다. 게임을 해킹하는 것과 직접적인 연관은 없지만, 이 장에서 배우는 지식들은 나머지 장에서 살펴볼 메모리에서 프로그램 읽고 쓰기, 코드 인젝션, 컨트롤 플로우 조작 같은 내용을 살펴보기 위해 사전에 꼭 알고 있어야 하는 사항들이다.

게임 개발과 봇 개발의 두 방면에서 C++가 사실상의 표준이라고 볼 수 있으므로, 이 장에서는 C++ 코드와 메모리의 상관관계를 설명하고자 한다. 대부분의 원시 언어는 유사하거나 동일한 기반 구조체와 기능을 갖고 있으므로 이 장에서 배운 내용의 대부분을 다른 소프트웨어에도 반영할 수 있을 것이다.

이 장의 모든 예제 코드는 책에 포함된 소스 파일의 GameHackingExamples/Chapter4_CodeToMemory 디렉토리에서 확인할 수 있다. 여기에 포함된 프로젝트는 비주얼 스튜디오 2010으로 컴파일됐으며 여타 C++ 컴파일러와도 호환이 가능하다. https://www.nostarch.com/gamehacking/에서 다운로드 가능하다.

변수와 그 밖의 데이터가 메모리에 저장되는 방법

게임 상태를 변경하고 데이터를 제어하는 것은 결코 쉬운 일이 아니다. 단순히 Next Scan 을 클릭한다고 해서 되는 것도 아니고 치트 엔진을 통해 수행하는 작업이 항상 성공하는 것도 아니다. 사실 대부분의 해킹은 연관된 다양한 데이터를 변경해보고 나서야 정상적으로 수행된다. 결정적인 값과 관련된 값을 찾아내기 위해서는 구조체와 패턴을 치밀하게 분석할 필요가 있다. 게임 핵을 개발한다는 것은 봇 코드 안에서 게임의 원래 구조체를 재창조한다는 뜻이다.

이를 위해서는 변수와 데이터가 게임 메모리에 어떤 방식으로 저장되는지 심도 있게 이해할 필요가 있다. 이 장에서는 예제 코드와 OllyDbg 메모리 덤프, 다양한 정보가 표시되는 표를 활용해 데이터가 메모리에 저장되는 방식을 설명해줄 것이다.

숫자 데이터

플레이어의 체력, 마나, 플레이어가 위치한 장소나 레벨처럼 게임 해커에게 필요한 대부분의 값은 숫자 데이터로 표시된다. 숫자 데이터 유형 역시 다른 데이터 유형에 대해 빌딩 블록 방식을 사용하기 때문에 이를 이해하는 것이 무척 중요하다. 그나마 숫자 데이터는 다른 유형의 데이터에 비해 메모리에서 직관적으로 표시된다. 사전에 배열과 위치가 정해져 있고, 고정된 비트 너비bit width를 갖는다. 표 4-1은 윈도우 게임에서 찾아볼 수 있는 다섯 가지 데이터 유형의 숫자 데이터를 크기와 범위에 따라 보여준다.

표 4-1 숫자 데이터 유형

데이터 유형	크기	부호 있는 범위	부호 없는 범위
char, BYTE	8비트	−128 ~ 127	0 ~ 255
short, WORD, wchar_t	16비트	−32,768 ~ −32,767	0 ~ 65535
int, long, DWORD	32비트	−2,147,483,648 ~ 2,147,483,647	0 ~ 4,294,967,295
long long	64비트	−9,223,372,036,854,775,808 ~ 9,223,372,036,854,775,807	0 ~ 18,446,744,073,709,551,615
float	32비트	$+/-1.17549 \times 10^{-38} \sim +/-3.40282 \times 10^{38}$	N/A

숫자 데이터 유형의 크기는 각 구조체나 컴파일러에 따라서 달라질 수 있다. 이 책은 주로 윈도우 x86 게임의 해킹에 초점을 맞추고 있으므로, 마이크로소프트가 사용하는 표준에 따라 데이터 유형의 이름과 크기를 정의했다. float의 경우를 제외하고 표 4-1의 데이터 유형들은 리틀 엔디안 방식little-endian ordering으로 저장된다. 즉, 가장 낮은 정수부터 가장 낮은 주소에 저장되는 방식이다. 예를 들어, 표 4-1에서 보이는 DWORD 0x0A0B0C0D는 0x0D 0x0C 0x0B 0x0A와 같이 표시된다.

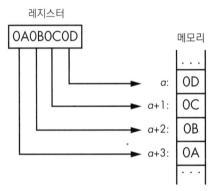

그림 4-1 리틀 엔디안 방식 다이어그램

float 데이터 유형은 숫자가 혼합된 형태로 나타나므로 메모리에서 이를 표시하는 방식도 여타 데이터 유형에 비해 간단하지 않은 편이다. 예를 들어, 메모리에 0x0D 0x0C 0x0B 0x0A라고 표시되고 이 값이 float 데이터 유형이라면 이를 단순히 0x0A0B0C0D로 변환해서는 안 된다. float 데이터 유형은 부호부sign(0비트), 지수부exponent(1~8비트), 가수부mantissa(9~31비트)로 구성된다.

부호부는 숫자가 음수인지 혹은 양수인지를 결정한다. 지수부는 소수점을 얼마나 이동해야 하는지를 결정하며, 가수부는 값의 근사치를 저장한다. 저장된 값은 가수부 × 10^n(n은 지수부) 표현식을 통해 검색이 가능하며, 부호부가 설정됐다면 결과에 −1을 곱하면 된다.

이제 메모리에 저장된 숫자 데이터를 살펴보자. 코드 4-1에는 9개의 변수가 초기화되어 있다.

```
unsigned char ubyteValue = 0xFF;
char byteValue = 0xFE;
unsigned short uwordValue = 0x4142;
short wordValue = 0x4344;
unsigned int udwordValue = 0xDEADBEEF;
int dwordValue = 0xDEADBEEF;
unsigned long long ulongLongValue = 0xEFCDAB8967452301;
long long longLongValue = 0xEFCDAB8967452301;
float floatValue = 1337.7331;
```

코드의 변수들은 맨 위에서부터 char, short, int, long long, float 형식으로 나열되어 있다. 이 중 4개는 부호 없는unsigned 형식이고, 5개는 부호 있는signed 형식이다(C++에서 float 는 unsigned로 지정될 수 없다). 지금까지 배운 내용을 고려해 코드 4-1에 나열된 변수들과 그림 4-2에 보이는 메모리 덤프를 연관 지어 살펴보자. 여기서 변수는 전역 변수로 설정됐다고 가정한다.

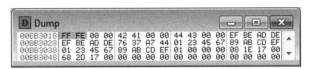

그림 4-2 숫자 데이터 유형의 OllyDbg 메모리 덤프

일부 변수들이 제대로 처리되지 못하고 있다는 것에 주의할 필요가 있다. 프로세서가 주소 크기의 배가 되는 주소에 있는 값(x86의 경우 32비트)을 액세스하는 것이 훨씬 빠르므로, 컴파일러는 이 값을 이런 주소에 나열하기 위해 0으로 값을 에워싼다(패딩padding). 이런 이유로 이 과정을 정렬alignment이라고 부른다. 싱글 바이트 값은 이런 과정을 거치지 않는다. 이 값에 액세스해서 수행되는 연산은 정렬과 상관없이 수행되기 때문이다.

이를 염두에 두고 표 4-2를 살펴보자. 여기서는 그림 4-2의 메모리 덤프와 코드 4-1에서 선언된 변수 간의 관계를 보여준다.

표 4-2 코드 4-1과 그림 4-2의 관계

주소	크기	데이터	객체
0x00BB3018	1바이트	0xFF	ubyteValue
0x00BB3019	1바이트	0xFE	byteValue
0x00BB301A	2바이트	0x00 0x00	uwordValue 이전을 패딩
0x00BB301C	2바이트	0x42 0x41	uwordValue
0x00BB301E	2바이트	0x00 0x00	wordValue 이전을 패딩
0x00BB3020	2바이트	0x44 0x43	wordValue
0x00BB3022	2바이트	0x00 0x00	udwordValue 이전을 패딩
0x00BB3024	4바이트	0xEF 0xBE 0xAD 0xDE	udwordValue
0x00BB3028	4바이트	0xEF 0xBE 0xAD 0xDE	dwordValue
0x00BB302C	4바이트	0x76 0x37 0xA7 0x44	floatValue
0x00BB3030	8바이트	0x01 0x23 0x45 0x67 0x89 0xAB 0xCD 0xEF	ulongLongValue
0x00BB3038	8바이트	0x01 0x23 0x45 0x67 0x89 0xAB 0xCD 0xEF	LongLongValue

Address 열은 메모리상의 위치를 보여주며, Data 열은 정확하게 그 장소에 무엇이 저장되어 있는지를 보여준다. Object 열은 코드 4-1에 표시된 변수 중에서 각 데이터와 연관이 있는 변수가 어떤 것인지를 보여준다. 코드 4-1의 맨 마지막에 선언된 floatValue가 메모리에서 ulongLongValue 이전에 위치하고 있다는 점을 유의하자. 이 변수는 전역 변수로 선언됐으므로 컴파일러는 원한다면 어디에나 이를 배치할 수 있다. 이런 특정한 움직임은 정렬 혹은 최적화의 결과로 수행된다.

스트링 데이터

대부분의 개발자들은 스트링^{string}이라는 단어를 텍스트^{text}와 비슷한 의미로 사용한다. 하지만 텍스트는 스트링의 가장 일반적인 유형의 하나일 뿐이다. 스트링은 사실 메모리상에 임의로 나열된 숫자 객체에 불과하다. 코드 4-2는 4개의 텍스트 스트링 선언 유형을 보여준다.

코드 4-2 C++에서 다양한 스트링 데이터 유형 선언

```cpp
// char은 각 문자마다 1바이트 할당
char* thinStringP = "my_thin_terminated_value_pointer";
char thinStringA[40] = "my_thin_terminated_value_array";

// wchar_t는 각 문자마다 2바이트 할당
wchar_t* wideStringP = L"my_wide_terminated_value_pointer";
wchar_t wideStringA[40] = L"my_wide_terminated_value_array";
```

스트링에는 문자 객체(8비트로 인코딩된 char와 16비트로 인코딩된 wchar_t)가 포함되며, 모든 스트링의 마지막 부분에는 0x0과 동일한 문자인 널 터미네이터null terminator가 포함된다. 이제 이 변수들이 메모리의 어느 부분에 저장되는지 살펴보자. 그림 4-3에 보이는 2개의 메모리 덤프가 이를 보여준다.

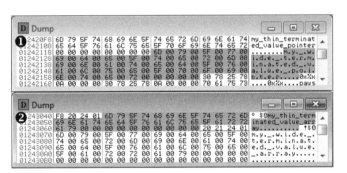

그림 4-3 스트링 데이터를 보여주는 OllyDbg의 메모리 덤프. ASCII 열에서 사람이 읽을 수 있는 텍스트는 코드 4-2에서 저장한 텍스트다.

리딩 메모리를 사용하지 않는다면 이 시점에서 OllyDbg 덤프를 분석하는 것이 어려워 보일 수도 있다. 표 4-3은 코드 4-2의 코드와 그림 4-3에 보이는 메모리의 관계를 보여준다.

표 4-3 코드 4-2와 표 4-3의 관계

주소	크기	데이터	객체
		❶번 칸	
0x012420F8	32바이트	0x6D 0x79 0x5F {···} 0x74 0x65 0x72	thinStringP 문자
0x01242118	4바이트	0x00 0x00 0x00 0x00	thinStringP 터미네이터와 패딩
0x0124211C	4바이트	0x00 0x00 0x00 0x00	연관 없는 데이터
0x01242120	64바이트	0x6D 0x00 0x79 {···} 0x00 0x72 0x00	wideStringP 문자
0x01242160	4바이트	0x00 0x00 0x00 0x00	wideStringP 터미네이터와 패딩
{...}			연관 없는 데이터
		❷번 칸	
0x01243040	4바이트	0xF8 0x20 0x24 0x01	0x012420F8의 thinStringP 포인터
0x01243044	30바이트	0x6D 0x79 0x5F {···} 0x72 0x61 0x79	thinStringA 문자
0x01243062	10바이트	0x00 10회 반복	thinStringA 터미네이터와 배열 채우기
0x0124306C	4바이트	0x20 0x21 0x24 0x01	0x01242120의 wideStringP 포인터
0x01243070	60바이트	0x6D 0x00 0x79 {···} 0x00 0x79 0x00	wideStringA 문자
0x012430AC	20바이트	0x00 10회 반복	wideStringA 터미네이터와 배열 채우기

그림 4-3의 ❶번 칸을 보면 thinStringP(주소 0x01243040)와 wideStringP(주소 0x0124306C)에 저장된 값들은 단지 4바이트 long뿐이며 아무런 스트링 데이터도 포함되어 있지 않음을 알 수 있다. 그 이유는 이 변수들이 사실은 배열의 첫 글자를 가리키는 포인터이기 때문이다. 0x012420F8에서 thingStringP를 확인할 수 있으며, 그림 4-3의 ❷번 칸에서 0x012420F8 주소에 위치하고 있는 "my_thin_terminated_value_pointer"를 확인할 수 있다.

❶번 칸에서 이들 포인터 사이에 위치한 데이터를 살펴보자. 텍스트가 thinStringA와 wideStringA에 저장되어 있다는 사실을 알 수 있을 것이다. thinStringA와 wideStringA가 널 터미네이터까지 포함해 패딩되어 있다는 사실에 주의하자. 이 변수들은 길이가 40인 배열에 의해 정의되며, 이는 곧 40개의 문자를 저장할 수 있음을 의미한다.

데이터 구조체

앞서 살펴본 데이터 유형과는 다르게 데이터 구조체는 상대적으로 간단하고 적은 양의 데이터를 포함하고 있는 컨테이너와 같다고 할 수 있다. 메모리의 구조체를 파악하고 있는 게임 해커라면 그들의 코드에 이런 구조체를 모방해 구현할 수 있을 것이다. 즉, 모든 개별 아이템마다 주소를 할당하는 것이 아니라 구조체의 처음에만 주소를 할당함으로써 사용하는 주소의 양을 획기적으로 줄일 수 있을 것이다.

NOTE 여기서 다루는 구조체는 멤버 함수(member function)[1]를 제외하고 단순히 데이터만 포함한 간단한 컨테이너라고 정의한다. 이 제약을 벗어나는 객체는 이후 128페이지의 '클래스와 VF 테이블' 절에서 다룬다.

데이터 구조체의 순서와 정렬

데이터 구조체는 간단하게 말해 객체를 종류별로 정리해 표현한 것으로, 메모리 덤프에서 시각적으로 확인할 수 있는 존재는 아니다. 대신 데이터 구조체의 메모리 덤프를 살펴보면 이 데이터 구조체 안에 포함되어 있는 객체를 확인할 수 있다. 덤프는 지금까지 살펴본 덤프와 크게 다르지 않지만 순서와 정렬이라는 측면에서 데이터 구조체의 메모리 덤프는 다른 덤프와 구별된다.

코드 4-3에서 그 차이점을 살펴보자.

코드 4-3 C++ 구조체와 이를 이용한 코드

```
struct MyStruct {
    unsigned char ubyteValue;
    char byteValue;
    unsigned short uwordValue;
    short wordValue;
    unsigned int udwordValue;
    int dwordValue;
```

---

1 일반적으로 메소드(method)라고 부르는 서브루틴을 말한다. – 옮긴이

```
    unsigned long long ulongLongValue;
    long long longLongValue;
    float floatValue;
};
MyStruct& m = 0;
printf("Offsets: %d,%d,%d,%d,%d,%d,%d,%d,%d\n",
    &m->ubyteValue, &m->byteValue,
    &m->uwordValue, &m->wordValue,
    &m->udwordValue, &m->dwordValue,
    &m->ulongLongValue, &m->longLongValue,
    &m->floatValue);
```

이 코드는 MyStruct라는 이름의 데이터 구조체를 선언하고 주소 0에 위치한 데이터 구조체의 인스턴스를 가리키는 변수 m을 생성하고 있다. 사실 주소 0에는 구조체의 인스턴스가 존재하지 않지만 이를 통해 printf() 함수에서 앰퍼샌드 연산자(&)를 사용해 구조체에 포함되어 있는 각 멤버의 주소를 얻어올 수 있다. 구조체가 주소 0에 위치하므로, 각 멤버의 주소는 구조체가 시작하는 곳의 오프셋과 동일하다.

이 예제를 통해 구조체에 따라 멤버가 위치하는 법을 뚜렷하게 파악할 수 있을 것이다. 위의 코드를 실행한다면 다음과 같은 결과물을 볼 수 있을 것이다.

```
Offsets: 0,1,2,4,8,12,16,24,32
```

결과에서도 확인할 수 있듯이 MyStruct의 변수들은 정확하게 코드에서 나열된 순서에 따라 출력된다. 이렇게 나열되는 멤버 레이아웃은 구조체의 필수 속성이다. 코드 4-1에서 선언된 일부 변수들이 그림 4-2의 메모리 덤프에서 누락되어 있음을 확인할 수 있다.

또한 코드 4-1 안의 전역 변수 같은 멤버들이 정렬되지 않았다는 점에도 주의를 기울일 필요가 있다. 만약 정렬됐다면 uwordValue 이전에 2 패딩 바이트가 있었을 것이다. 구조체 멤버는 **구조체 멤버 맞춤**structure member alignment(1, 2, 4, 8 혹은 16바이트로 설정되는 컴파일러 옵션. 이 예제에서는 4) 혹은 이보다 작은 멤버의 크기대로 메모리에 배치된다. MyStruct의 멤버들 역시 구조체 멤버 맞춤이 적용되어 배치됐으므로 컴파일러에서 값에 대한 패드를 설정할 필요가 없는 것이다.

ulongLongValue 바로 다음에 char을 배치했으므로 printf( )를 통해 다음과 같이 출력될 것이다.

```
Offsets: 0,1,2,4,8,12,16,28,36
```

이제 처음 출력된 결과와 수정된 결과를 비교해보자.

```
원래 버전: Offsets: 0,1,2,4,8,12,16,24,32
수정된 버전: Offsets: 0,1,2,4,8,12,16,28,36
```

수정된 버전에서는 마지막 2개의 값이 원래의 값과 다름을 알 수 있다. 이 값들은 구조체가 시작하는 부분에서 찾을 수 있는 longLongValue와 floatValue의 오프셋으로 이 값들이 변경된 것이다. 구조체 멤버 맞춤 덕분에 longLongValue 변수가 4바이트 이동해(char 값을 위해 1바이트 이동하고 이로 인해 3바이트가 추가 이동됨) 4로 나뉘는 주소에 위치한다는 사실을 확인할 수 있다.

구조체는 어떻게 동작하는가

구조체가 어떻게 정렬되고 이들이 어떻게 표현되는지 이해해두면 게임 해킹에도 매우 유용하다. 예를 들어, 게임 구조를 복제해 코드에 구현할 수 있다면 단 하나의 연산을 통해 메모리에서 전체 구조를 읽어오거나 쓸 수 있다. 플레이어의 최대 체력을 다음과 같이 선언하는 게임이 있다고 가정해보자.

```
struct {
    int current;
    int max;
} vital;
vital health;
```

만약 경험이 풍부하지 못한 해커가 메모리에서 이 정보를 읽어오려고 한다면 아마 다음과 같이 체력값을 가져오는 코드를 작성하려고 할 것이다.

```
int currentHealth = readIntegerFromMemory(currentHealthAddress);
int maxHealth = readIntegerFromMemory(maxHealthAddress);
```

아마 이 해커는 이 값들이 메모리상에서 서로 붙어서 존재하며 이는 정말 크나큰 행운이라는 사실을 잘 모르고 있을 것이다. 별도로 구별된 2개의 변수를 선언하는 것이 바로 그 증명이라고 할 수 있다. 하지만 구조체에 대한 지식이 있는 해커라면 이 두 값이 메모리상에서 서로 근접하게 배치되어 있다는 사실을 인지하고 있을 것이며, 따라서 다음과 같이 구조체를 활용할 수 있을 것이다.

```
  struct {
      int current;
      int max;
  } _vital;
❶ _vital health = readTypeFromMemory<_vital>(healthStructureAddress);
```

이 코드는 구조체가 정상적으로 사용되고 있다는 가정하에 ❶번 라인 한 줄로 체력과 최대 체력의 두 값을 동시에 읽어올 수가 있다. 6장에서 메모리를 읽기 위해 어떻게 코드를 작성해야 하는지 좀 더 깊게 살펴볼 것이다.

유니온

연관된 데이터 조각들을 캡슐화하는 구조체와는 달리, 유니온^{union}은 단 하나의 데이터만 포함하며, 다양한 변수를 통해 이를 표시한다. 유니온은 다음과 같은 세 가지 규칙을 따른다.

- 메모리상에서 유니온의 크기는 그 안에 포함되는 가장 큰 멤버의 크기와 같다.
- 유니온의 멤버는 동일한 메모리 레퍼런스를 갖는다.
- 하나의 유니온은 가장 큰 멤버의 정렬을 상속받는다.

다음 코드의 printf( ) 호출을 통해 처음 2개의 규칙을 설명할 수 있다.

```
union {
    BYTE byteValue;
    struct {
        WORD first;
        WORD second;
    } words;
    DWORD value;
} dwValue;
dwValue.value = 0xDEADBEEF;
printf("Size %d\nAddresses 0x%x,0x%x\nValues 0x%x,0x%x\n",
    sizeof(dwValue), &dwValue.value, &dwValue.words,
    dwValue.words.first, dwValue.words.second);
```

printf( ) 호출의 결과는 다음과 같다.

```
Size 4
Addresses 0x2efda8,0x2efda8
Values 0xbeef,0xdead
```

첫 줄에 출력된 Size 값을 통해 첫 번째 규칙을 설명할 수 있다. dwValue가 총 9바이트를 점유하는 3개의 멤버를 갖고 있음에도 불구하고 단지 그 결괏값은 4바이트에 지나지 않는다. 이 값은 결과적으로 두 번째 규칙도 입증하고 있다. Addresses라는 글자 다음에 출력되고 있는 값에서도 알 수 있듯이 dwValue.value와 dwValue.words가 모두 주소 0x2efda8을 가리키고 있다. Values 다음으로 출력되는 값에서도 보이듯이 dwValue.workds.first와 dwValue.workds.second가 0xbeef와 0xdead를 저장하고 있으며 이를 통해 dwValue.value가 0xdeadbeef임을 알 수 있다. 충분한 메모리 컨텍스트를 갖고 있는 상황이 아니므로 세 번째 규칙은 이 예제를 통해 설명하기 힘들다. 하지만 유니온을 구조체 안에서 구현하고 이를 어떤 자료형으로 감싼다면 DWORD와 동일한 형태로 정렬될 것이다.

클래스와 VF 테이블

구조체와 유사하게 클래스는 그 안에 독립된 다양한 데이터를 포함한다. 하지만 클래스는 이와 함께 함수 정의도 포함하고 있다.

간단한 클래스

코드 4-4에 보이는 bar 같은 일반적인 함수를 가진 클래스는 구조체와 동일한 메모리 레이아웃을 갖는다.

코드 4-4 C++ 클래스

```
class bar {
public:
    bar() : bar1(0x898989), bar2(0x10203040) {}
    void myfunction() { bar1++; }
    int bar1, bar2;
};

bar _bar = bar();
printf("Size %d; Address 0x%x : _bar\n", sizeof(_bar), &_bar);
```

코드 4-4에서 printf() 호출의 결과는 다음과 같다.

```
Size 8; Address 0x2efd80 : _bar
```

bar가 2개의 멤버 함수를 갖고 있지만 이 결과물은 오직 8바이트만으로 bar1과 bar2를 저장할 수 있음을 보여준다. bar 클래스에는 멤버 함수의 추상화abstraction가 포함되지 않으므로 프로그램에서 이를 직접 호출할 수 있다.

NOTE 접근 수준(access level)을 결정하는 public, private, protected 같은 변경자(modifier)는 메모리에 어떤 영향도 미치지 않는다. 변경자가 무엇이든 상관없이 클래스 멤버들은 사전에 정의된 대로 배치된다.

가상 함수가 포함된 클래스

종종 가상 함수^{virtual function}라고도 부르는 추상 함수^{abstract function}가 포함된 클래스에서는 프로그램에서 어떤 함수가 호출되는지 정확하게 알고 있어야 한다. 코드 4-5와 같은 클래스 정의를 살펴보자.

코드 4-5 foo, fooa, foob 클래스

```
class foo {
public:
foo() : myValue1(0xDEADBEEF), myValue2(0xBABABABA) {}
    int myValue1;
    static int myStaticValue;
    virtual void bar() { printf("call foo::bar()\n"); }
    virtual void baz() { printf("call foo::baz()\n"); }
    virtual void barbaz() {}
    int myValue2;
};

int foo::myStaticValue = 0x12121212;

class fooa : public foo {
public:
    fooa() : foo() {}
    virtual void bar() { printf("call fooa::bar()\n"); }
    virtual void baz() { printf("call fooa::baz()\n"); }
};

class foob : public foo {
public:
    foob() : foo() {}
    virtual void bar() { printf("call foob::bar()\n"); }
    virtual void baz() { printf("call foob::baz()\n"); }
};
```

foo 클래스는 bar, baz, barbaz라는 3개의 가상 함수를 포함하고 있다. fooa와 foob 클래스는 foo 클래스를 상속하며 bar와 baz를 오버로드한다. fooa와 foob가 foo의 퍼블릭 베이스 클래스를 갖고 있기 때문에 foo 포인터는 이들을 가리키지만, 프로그램은 여전히 정확한 버전의 bar와 baz를 호출한다. 다음 코드를 실행해보자.

```
foo* _testfoo = (foo*)new fooa();
_testfoo->bar(); // fooa::bar()를 호출한다.
```

결과물은 다음과 같다.

```
call fooa::bar()
```

결과물에서는 _testfoo가 foo 포인터임에도 불구하고 fooa::bar()를 호출하는 것처럼 보인다. _testfoo의 메모리에 있는 VF^{virtual function} 테이블이 컴파일러에 포함되어 있으므로 프로그램은 이미 어떤 버전의 함수를 호출해야 할지 알고 있는 상태다. VF 테이블은 함수 주소의 배열이라고 볼 수 있으며 추상화 클래스 인스턴스가 프로그램에게 오버로드된 함수가 어디에 위치해 있는지를 알려줄 때 사용된다.

클래스 인스턴스와 가상 함수 테이블

클래스 인스턴스와 VF 테이블의 관계를 이해하기 위해 아래에서 선언된 3개의 객체 메모리 덤프를 살펴보자.

```
foo _foo = foo();
fooa _fooa = fooa();
foob _foob = foob();
```

이 객체들은 코드 4-5에서 정의된 유형들이다. 그림 4-4를 통해 메모리에서 이들을 찾아볼 수 있다.

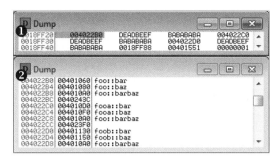

그림 4-4 클래스 데이터의 OllyDbg 메모리 덤프

❶번 칸은 각각의 클래스 인스턴스가 마치 구조체처럼 이들의 멤버를 저장하고 있음을 보여준다. 또한 클래스 인스턴스의 VF 테이블을 가리키는 DWORD 값보다 앞서 위치한다는 사실도 알 수 있다. ❷번 칸은 세 가지 클래스 인스턴스의 VF 테이블을 보여준다. 메모리와 코드의 상관관계를 보여주는 표 4-4를 통해 이들의 관계를 설명할 수 있을 것이다.

표 4-4 코드 4-5와 그림 4-4의 관계

주소	크기	데이터	객체
❶번 칸			
0x0018FF20	4바이트	0x004022B0	_foo 시작과 foo VF 테이블 포인터
0x0018FF24	8바이트	0xDEADBEEF 0xBABABABA	_foo.myValue1과 _foo.myValue2
0x0018FF2C	4바이트	0x004022C0	_fooa 시작과 fooa VF 테이블 포인터
0x0018FF30	8바이트	0xDEADBEEF 0xBABABABA	_fooa.myValue1과 _fooa.myValue2
0x0018FF38	4바이트	0x004022D0	_foob 시작과 foob VF 테이블 포인터
0x0018FF3C	8바이트	0xDEADBEEF 0xBABABABA	_foob.myValue1과 _foob.myValue2
{...}			관계없는 데이터
❷번 칸			
0x004022B0	4바이트	0x00401060	foo VF 테이블 시작; foo::bar의 주소
0x004022B4	4바이트	0x00401080	foo::baz의 주소

(이어짐)

주소	크기	데이터	객체
0x004022B8	4바이트	0x004010A0	foo::barbaz의 주소
0x004022BC	4바이트	0x0040243C	관계없는 데이터
0x004022C0	4바이트	0x004010D0	fooa VF 테이블의 시작; fooa::bar의 주소
0x004022C4	4바이트	0x004010F0	fooa::baz의 주소
0x004022C8	4바이트	0x004010A0	foo::barbaz의 주소
0x004022CC	4바이트	0x004023F0	관계없는 데이터
0x004022D0	4바이트	0x00401130	foob VF 테이블의 시작; foob::bar의 주소
0x004022D4	4바이트	0x00401150	foob::baz의 주소
0x004022D8	4바이트	0x004010A0	foo::barbaz의 주소

이 표를 통해 코드 4-5에서 정의된 VF 테이블이 메모리에서 어떻게 배치되어 있는지 알 수 있다. 각각의 VF 테이블은 바이너리가 생성될 때 컴파일러에 의해 생성되며 테이블은 지속적으로 유지된다. 공간을 절약하기 위해 동일한 클래스의 인스턴스들은 모두 동일한 VF 테이블을 가리키며 이것이야말로 VF 테이블이 클래스의 내부에 위치하지 않는 이유다.

클래스 인스턴스가 어떻게 3개의 VF 테이블 중에서 사용할 VF 테이블을 구별하는지 궁금할 것이다. 컴파일러는 어셈블리처럼 보이는 다음과 같은 코드를 각각의 가상 클래스 생성자에 포함시킨다.

```
MOV DWORD PTR DS:[EAX], VFADDR
```

이 예제 코드를 통해 VF 테이블의 정적 주소(VFADDR)를 가져오게 되며, 이를 클래스의 첫 멤버로 메모리에 배치하게 되는 것이다.

이제 표 4-4의 주소 0x004022B0, 0x004022C0, 0x004022D0에 대해 살펴보자. 이 주소들은 foo, fooa, foob VF 테이블의 시작부를 포함하고 있다. foo::barbaz가 모든 VF 테이블에 포함되어 있다는 사실에 주의하자. 이는 다른 서브클래스에 의해 함수가 오버로드되지 않았기 때문이며 이는 각 서브클래스의 인스턴스가 원래의 함수 실행을 직접 호출하고 있음을 뜻한다.

또한 foo::myStaticValue가 이 표에서 등장하지 않는다는 사실도 유의해야 한다. 사실 이 값 자체가 스태틱이므로 foo 클래스의 일부분으로 존재할 필요가 없지만, 다만 더 나은 코드 구성을 위해 이 클래스의 내부에 존재하고 있는 것이다. 실제로 이 값은 전역 변수처럼 다뤄지므로 어느 곳에든 존재할 수 있다.

VF 테이블과 치트 엔진

47페이지의 그림 1-4에 나타난 포인터 스캔 옵션 중 First element of pointerstruct must point to module이 있음을 상기해볼 필요가 있다. 앞서 VF 테이블에 대해 살펴봤으므로 이 옵션이 어떤 기능을 수행하는지 짐작 가능할 것이다. 이 옵션은 첫 번째 멤버가 유효한 VF 테이블의 포인터가 아닌 경우, 치트 엔진으로 하여금 모든 힙 청크를 무시하게 만드는 기능이다. 이를 통해 스캔의 속도를 높일 수 있지만 포인터 경로의 모든 스텝이 추상화 클래스 인스턴스의 일부일 경우에만 선택이 가능하다.

메모리를 살펴본 여정은 이제 여기서 마무리된다. 이후에도 데이터를 식별하는 데 어려움을 겪는다면 이 장으로 돌아와 내용을 다시 한번 살펴보기 바란다. 다음에는 어떻게 컴퓨터가 게임의 수준 높은 소스 코드를 이해할 수 있는지에 대해 알아본다.

x86 어셈블리 크래시 코스

프로그램의 소스 코드가 바이너리로 컴파일될 때 불필요한 모든 부분이 제거되고 기계어 machine code 로 바뀐다. 기계어는 오직 바이트로만 구성된다(명령어 바이트를 옵코드 opcode 라고 부르며, 피연산자를 표시하는 바이트가 존재한다). 기계어는 프로세서에 직접 피드백을 제공하고 프로세서가 어떤 행동을 취해야 할지를 직접 명령한다. 연산을 제어하기 위해 0과 1로 트랜지스터의 상태를 변경하는데 이 과정을 자세하게 이해하기란 매우 어려운 일이다. 컴퓨터와 좀 더 쉽게 대화하기 위해 엔지니어들은 어셈블리^{assembly} 같은 기계어로 작업을 수행한다. 어셈블리는 니모닉스^{mnemonics}라고 부르는 짧은 형태의 명령어와 피연산자로 표시되며, 문법이 아주 간단하다.

게임 해커에게 가장 중요한 프로그램 언어는 바로 이 어셈블리다. 대다수의 강력한 해킹 툴과 기법이 NOP^{no operation}를 활용하는 기법이나 후킹^{hooking}처럼 게임의 어셈블리 코드를 직접 조작함으로써 수행되기 때문이다. 이 절에서는 x86 어셈블리 언어의 기본을 배우고, 32비트 프로세서에서 사용되는 어셈블리의 독특한 부분도 함께 살펴보겠다. 어셈블리는 적용 범위가 광범위한 언어이므로 이 절에서는 게임 해커들에게 유용한 부분만을 간추려서 살펴볼 것이다.[2]

> **NOTE** 이 절에서 다루는 어셈블리 코드에서는 좀 더 자세한 설명을 추가하기 위해 세미콜론(;)으로 구별된 코멘트를 사용한다.

명령어

어셈블리 언어는 기계 코드를 설명하기 위해 사용되므로 그 문법이 아주 간단하다. 개별 명령어(연산^{operation}이라고도 부름)들은 아주 이해하기 쉬운 반면에, 이들로 구성된 복잡한 코드 블록은 이해하기 쉽지 않은 편이다. 심지어 가독성이 좋은 하이 레벨 코드로 작성된 알고리즘조차도 어셈블리로 작성하면 애매모호한 것처럼 보이기 일쑤다. 다음 예제의 의사코드를 살펴보자.

```
if (EBX > EAX)
    ECX = EDX
else
    ECX = 0
```

---

2 렌달 하이드(Randall Hyde)의 『The Art of Assembly Language』 2판(No Starch Press, 2010)은 그야말로 어셈블리에 대해 알아야 할 모든 것을 알려주는 끝내주는 책이다.

이런 간단한 코드가 어셈블리로 변환되면 코드 4-6과 같이 보인다.

코드 4-6 x86 어셈블리 코드 일부

```
    CMP EBX, EAX
    JG label1
    MOV ECX, 0
    JMP label2
label1:
    MOV ECX, EDX
label2:
```

어셈블리의 세세한 기능을 파악하기 위해서는 꾸준한 연습이 필요하다. 개별 명령어를 이해하는 것은 간단하지만, 이 장의 마지막 부분에서는 어떻게 이들을 문법적으로 분석할 수 있는지 알게 될 것이다.

어셈블리 인스트럭션

어셈블리 명령어 중 가장 처음으로 다룰 부분은 인스트럭션instruction이라고 부르는 것이다. 어셈블리 명령어를 터미널 명령어와 동일한 것으로 간주한다면, 인스트럭션은 실행해야 하는 프로그램이라고 볼 수 있다. 기계어에서 인스트럭션은 명령어의 첫 바이트를 의미한다.[3] 2바이트 크기의 인스트럭션도 존재하는데 이 경우는 첫 번째 바이트가 0x0F 값을 갖는다. 크기와 상관없이 인스트럭션은 프로세서에게 직접 어떤 일을 해야 할지 지시한다. 코드 4-6에서 CMP, JG, MOV, JMP는 모두 인스트럭션이다.

피연산자

일부 인스트럭션은 그 자체로 완전한 명령어처럼 쓰이기도 하지만 대부분의 경우는 그다음에 따라오는 피연산자operand 혹은 파라미터와 함께 설정돼야 한다. 코드 4-6의 모든 명령어는 EBX, EAX, label1과 같이 하나 이상의 피연산자를 갖고 있다.

---

3   각 명령어는 15바이트보다 작은 크기여야 한다. 대부분의 명령어는 6바이트 혹은 그보다 작다.

어셈블리에서 피연산자는 크게 세 가지 형식으로 구분된다.

- **즉싯값**immediate value : 그때그때 선언되는 정숫값을 의미한다(마지막이 h로 표시되는 16 진수).
- **레지스터**: 프로세스 레지스터의 이름
- **메모리 오프셋**: 값의 메모리 위치를 표현하는 것이며 대괄호 안에 위치한다. 이 값은 즉싯값 혹은 레지스터일 수 있다. 또한 2개의 즉싯값이나 레지스터의 합을 보여주 거나 두 값의 차이를 보여주기도 한다([REG+Ah]나 [REG-10h]와 같이 표현할 수 있는 것 이다).

x86 어셈블리에서 각 인스트럭션은 피연산자를 하나도 갖지 않을 수도 있고 최대 3개까 지 가질 수도 있다. 여러 개의 피연산자를 가질 경우에는 콤마(,)로 이를 구분한다. 일반적 으로 2개의 피연산자를 갖는 경우가 대부분인데, 첫 번째 피연산자를 출발지 피연산자source operand라고 부르며 두 번째 피연산자를 목적지 피연산자destination operand라고 부른다. 피연산자 는 어셈블리 문법에 맞춰 순서가 결정된다. 예를 들어, 코드 4-7은 윈도우에서 사용되는 인 텔 문법에 맞게 작성된 명령어를 보여준다.

코드 4-7 인텔 문법 예제

```
  MOV R1, 1              ; R1(레지스터)을 1(즉싯값)로 설정함
❶ MOV R1, [BADF00Dh]     ; R1의 값을 [BADF00Dh](메모리 오프셋)에 위치한 값으로 설정함
  MOV R1, [R2+10h]       ; R1의 값을 [R2+10h](메모리 오프셋)에 위치한 값으로 설정함
  MOV R1, [R2-20h]       ; R1의 값을 [R2+20h](메모리 오프셋)에 위치한 값으로 설정함
```

인텔 문법에서는 목적지 피연산자가 먼저 배치되고 그다음에 출발지 피연산자가 배치된다. 따라서 ❶에서 R1은 목적지 피연산자가 되고, [BADF00Dh]는 출발지 피연산자가 된다. 반면 GCC 같은 컴파일러는 AT&T 혹은 유닉스UNIX 문법을 사용한다. 다음 예제에서도 보이듯이 이 문법은 사용할 때 약간의 차이가 존재한다.

```
MOV $1, %R1          ; R1(레지스터)을 1(즉싯값)로 설정함
MOV 0xBADF00D, %R1   ; R1을 0xBADF00D(메모리 오프셋)에 위치한 값으로 설정함
MOV 0x10(%R2), %R1   ; R1을 0x10(%R2)(메모리 오프셋)에 위치한 값으로 설정함
MOV -0x20(%R2), %R1  ; R1을 -0x20(%R2)(메모리 오프셋)에 위치한 값으로 설정함
```

이 코드는 코드 4-7의 AT&T 버전이다. AT&T 문법은 피연산자의 순서가 뒤바뀔 뿐만 아니라 피연산자에 접두어가 붙고 메모리 오프셋 피연산자처럼 다른 포맷을 갖기도 한다.

어셈블리 명령어

어셈블리 인스트럭션과 그들의 피연산자를 어떻게 구성할 것인지 이해했다면 이제 명령어를 작성할 수 있을 것이다. 다음 코드를 통해 일반적인 명령어로 구성된 어셈블리 함수를 살펴보자. 이 코드는 특별한 기능을 수행하지는 않는다.

```
PUSH EBP        ; EBP(레지스터)를 스택에 넣음
MOV EBP, ESP    ; ESP(레지스터, 스택의 최상부) 값으로 EBP를 설정함
PUSH -1         ; 스택에 -1(즉싯값)을 넣음
ADD ESP, 4      ; ESP를 원래로 되돌리기 위해 'PUSH -1'을 무효화한다(스택이
                ; 증가했으므로 PUSH는 ESP에서 4를 뺀다).
MOV ESP, EBP    ; ESP에 EBP의 값을 설정한다(ESP가 동일한 위치에 있기 때문에
                ; 결과적으로는 동일하다).
POP EBP         ; EBP에 스택의 최상위에 위치한 값을 설정한다(실제로 EBP가
                ; 시작되는 지점이며 PUSH EBP를 통해 스택에 올라간다).
XOR EAX, EAX    ; EAX(레지스터)를 피연산자로 갖는 배타적 논리합('MOV EAX, 0'과
                ; 같은 효과를 얻지만 더 빠르다).
RETN            ; 함수로부터 0값을 반환한다(일반적으로 EAX가 반환값을 갖고 있다).
```

처음 2개의 라인에는 PUSH 명령어와 MOV 명령어를 사용해 스택 프레임을 설정했다. 세 번째 라인에서는 스택에 -1을 넣는다. 하지만 ADD ESP, 4 명령어로 인해 스택은 원래의 포지션으로 돌아간다. 그 뒤를 이어 바로 스택 프레임이 제거되며, XOR 인스트럭션과 함께 EAX에 저장되어 있던 반환값이 0으로 설정되고 함수가 반환된다.

145페이지의 '콜 스택' 절과 156페이지의 '함수 호출' 절에서 스택 프레임과 함수에 대해 더 많은 내용을 배울 수 있을 것이다. 자, 이제 코드의 상수 부분에 주의를 기울여보자. EBP, ESP, EAX라고 이름 붙여진 피연산자들이 자주 눈에 띌 것이다. 이 값들은 프로세서 레지스터라고 부르는 값들이며 이들을 제대로 이해하는 것이야말로 스택과 함수 호출, 그리고 로우 레벨의 어셈블리 코드를 이해하는 데 있어 핵심적인 사항이다.

프로세서 레지스터

하이 레벨 프로그래밍 언어와 달리 어셈블리 언어에서는 사용자 지정 변수 이름을 사용하지 않는다. 대신 메모리 주소를 레퍼런스함으로써 직접 데이터에 접근한다. 집중적으로 연산이 수행되는 동안에는 램^{RAM}의 데이터를 읽고 쓰는 오버헤드를 지속적으로 처리하는 데 상당한 비용이 발생한다. x86 프로세서에서는 이러한 비용 발생을 완화하기 위해 임시 변수들을 제공하고 있는데, 이것이 바로 **프로세서 레지스터**$^{processor\ register}$이며 프로세서 자체의 조그만 저장 공간에 저장된다. 램에 바로 접근하는 것보다 프로세서 레지스터에 접근하는 것이 오버헤드를 덜 발생시키므로 어셈블리에서는 이 방법을 사용해 내부 상태를 설명하고, 휘발성 데이터를 처리하며, 민감한 변수들을 저장한다.

범용 레지스터

임의의 데이터를 저장하거나 연산할 필요가 있는 경우, 어셈블리에서는 **범용 레지스터**$^{general\ register}$라고 부르는 프로세스 레지스터의 서브셋을 활용한다. 이 레지스터들은 오로지 프로세스에 특화된 데이터, 즉 함수의 로컬 변수 같은 데이터를 저장하는 목적에만 사용된다. 모든 범용 레지스터는 32비트이며, DWORD 변수로 처리된다. 범용 레지스터는 다음과 같은 목적에 최적화되어 있다.

- EAX(누산기^{accumulator}): 이 레지스터는 수학 연산에 최적화되어 있다. 곱셈이나 나눗셈 같은 연산이 대부분 EAX에서 수행된다.

- **EBX**(베이스 레지스터^{base register}): 이 레지스터는 특정한 목적의 추가 저장 공간이다. BX는 16비트로 구성되며, 메모리 주소의 레퍼런스로 사용된다. EBX는 RAM의 레퍼런스로 사용된다. X86 어셈블리에서는 모든 레지스터가 주소 참조될 수 있으므로 EBX는 원래 그 목적을 상실하게 된다.
- **ECX**(카운터^{counter}): 이 레지스터는 종종 하이 레벨 언어에서 i로 표시되는 루프의 카운터 변수로 동작하는 데 최적화되어 있다.
- **EDX**(데이터 레지스터^{data register}): 이 레지스터는 EAX를 보조하는 역할을 수행한다. 예를 들어, 64비트 연산을 수행할 때 EAX는 0에서 31비트 사이의 연산을 수행하고, EDX는 32비트에서 63비트 사이의 연산을 수행한다.

이 레지스터들은 8비트와 16비트 서브레지스터들을 통해 일부 데이터에 접근이 가능하다. 모든 범용 레지스터들을 하나의 유니온이라고 간주한다면, 레지스터 이름은 32비트 멤버를 표시하고 서브레지스터들은 레지스터의 더 작은 부분에 접근할 수 있게 해주는 다른 멤버들이라고 볼 수 있다. 다음 코드는 EAX처럼 보이는 유니온을 보여준다.

```
union {
    DWORD EAX;
    WORD AX;
    struct {
        BYTE L;
        BYTE H;
    } A;
} EAX;
```

AL이 AX의 낮은 부분의 바이트와 AH의 높은 부분의 바이트에 접근하게 하는 반면, 이 예제에서 사용된 AX는 EAX의 낮은 WORD에 접근 가능하게 해준다. 모든 범용 레지스터가 이러한 구조를 갖고 있다. 그림 4-5에서 레지스터와 서브레지스터의 구조를 확인할 수 있다.

그림 4-5 x86 레지스터와 서브레지스터

EAX, EBC, ECX와 EDX 모두 8비트 더 높은 워드를 갖고 있다. 하지만 컴파일러에서는 이 부분에 접근하지 않으며 저장 공간으로 더 낮은 워드만을 사용한다.

인덱스 레지스터

x86 어셈블리에는 데이터 스트림에 접근하고, 콜 스택을 레퍼런스하고, 또한 로컬 정보를 저장하고 있는 4개의 인덱스 레지스터index register가 존재한다. 범용 레지스터와 마찬가지로 인덱스 레지스터 역시 32비트로 구성되어 있다. 하지만 다음과 같이 범용 레지스터에 비해 제한된 목적으로만 사용된다.

- **EDI**(목적지 인덱스): 이 레지스터는 쓰기의 대상이 되는 메모리를 인덱싱하는 데 사용된다. 코드상에서 쓰기 작업이 발생하지 않는다면 컴파일러는 이를 임의의 저장 공간으로 활용한다.
- **ESI**(출발지 인덱스): 이 레지스터는 읽기의 대상이 되는 메모리를 인덱싱하는 데 사용된다. 이것 역시 임의로 사용이 가능하다.
- **ESP**(스택 포인터): 이 레지스터는 콜 스택의 가장 윗부분을 가리킬 때 사용된다. 모든 스택 연산은 이 레지스터를 직접 액세스한다. 스택과 관련된 작업에서만 ESP를 사용해야 하며, 항상 스택의 최상부를 가리킨다.

- **EBP**(스택 베이스 포인터): 이 레지스터는 스택 프레임의 가장 낮은 부분을 가리킨다. 이 레지스터를 사용해 함수의 로컬 변수와 파라미터를 참조한다. 이 기능을 수행하지 않도록 설정한다면 EBP 역시 임의의 저장 공간으로 사용된다.

범용 레지스터와 마찬가지로 각각의 인덱스 레지스터들은 2개의 16비트로 구성된다. 각각 DI, SI, SP, BP가 16비트로 구성되는 것이다. 하지만 인덱스 레지스터는 8비트 서브레지스터를 갖지 않는다는 점에 유의해야 한다.

왜 일부 x86 레지스터만 서브레지스터를 갖는가?

범용 레지스터와 인덱스 레지스터가 2개의 16비트로 구성된 데는 역사적인 이유가 있다. 원래 x86 아키텍처는 AX, BX, CX, DX, DI, SI, SP, BP 같은 16비트 아키텍처에 기반을 두고 있다. 이러한 구조가 확장됐다는 의미에서 'extend'의 가장 앞 글자인 'E'가 각 레지스터의 앞에 붙게 된 것이다. 16비트 버전은 하위 호환성을 갖게 됐다. 인덱스 레지스터가 8비트의 서브레지스터를 갖지 않는 이유도 설명이 가능하다. 메모리 주소 오프셋으로 사용될 목적으로 설계됐기 때문에 일부의 바이트 값을 굳이 알아낼 필요가 없기 때문이다.

명령어 인덱스 레지스터

명령어 인덱스 레지스터[Execution Index register]는 EIP라고 줄여서 부르며, 아주 확고한 목적을 가진 레지스터다. 프로세서에 의해 현재 실행되고 있는 코드의 주소를 가리키는 것이다. 실행 플로우를 제어할 수 있기 때문에 프로세스에 의해 직접 메모리 양이 증가하며, 어셈블리 코드에서도 제어가 한정적이다. 어셈블리 코드상에서 EIP를 수정하기 위해서는 CALL, JMP, RETN 같은 명령어를 사용해 간접적으로 접근해야 한다.

EFLAGS 레지스터

하이 레벨 언어로 작성된 코드와 다르게 어셈블리 언어에는 ==, >, < 같은 비교 연산자가 없다. 그 대신 CMP 명령어를 사용해 2개의 값을 비교하고 그 결과를 EFLAGS 레지스터에 저장한다. 그런 다음 코드는 EFLAGS에 저장된 값에 따라 연산의 컨트롤 플로우를 변경한다.

비교 명령어를 통해 EFLAGS에 접근할 수 있으며 이 명령어는 레지스터의 상태 비트[status bit], 즉 0, 2, 4, 6, 7, 11비트를 사용한다. 8~10비트까지는 제어 플래그로, 12~14비트와 16~21비트는 시스템 플래그로 사용되며, 나머지 비트들은 프로세서에 의해 예약된다. 표 4-5는 EFLAGS 비트의 각 유형과 이름, 간단한 설명을 보여준다.

표 4-5 EFLAGS 비트

비트	유형	이름	설명
0	상태	Carry	이전 명령이 수행되는 동안 최상위 비트에서 올림수(carry) 혹은 빌림수(borrow)가 발생할 경우 설정된다.
2	상태	Parity	이전 명령으로 인해 생성된 최소 유효 바이트가 짝수의 비트 세트를 가질 경우 설정된다.
4	상태	Adjust	캐리 플래그와 동일하게 설정되지만, 다만 최하위 4비트의 상황만 고려한다.
6	상태	Zero	이전 명령의 결과로 0과 동일한 값이 나올 경우 설정된다.
7	상태	Sign	이전 명령의 결과로 최상위 비트가 양수 혹은 음수 부호를 갖느냐에 따라 설정된다.
8	제어	Trap	이 플래그가 설정되면 프로세서에서 다음 명령어를 수행한 다음 운영체제 커널에 인터럽트를 보낸다.
9	제어	Interrupt	이 플래그가 설정되지 않은 상태라면 시스템은 마스크 가능한 인터럽트를 무시한다.
10	제어	Direction	이 플래그가 설정되면 자동으로 ESI와 EDI를 수정하는 연산으로 인해 ESI와 EDI가 감소한다. 설정되지 않은 상태라면 증가한다.
11	상태	overflow	이전 명령어 수행으로 인해 오버플로우가 발생하는 경우 설정된다. 예를 들어, 양수의 값에 ADD를 수행했는데 그 결과로 음수가 나오는 경우에 설정된다.

EFLAGS 레지스터에는 일부 시스템 비트와 예비 목적으로 비어 있는 비트도 포함되어 있다. 하지만 이 부분은 어셈블리 사용자가 제어할 수 없을뿐더러, 게임 해킹과는 큰 관련이 없으므로 위의 표에서는 다루지 않았다. 게임 코드를 디버깅할 때 그 동작 방식을 제대로 파악하기 위해서라도 EFLAGS를 충분히 이해할 필요가 있다. 예를 들어 JE[jump if equal] 인스트럭션에 브레이크포인트를 설정한다면, 점프가 수행됐는지 확인하기 위해 EFLAGS의 0비트 부분을 살펴봐야 할 것이다.

세그먼트 레지스터

마지막으로 살펴볼 어셈블리 레지스터는 16비트 레지스터인 세그먼트 레지스터^{segment register} 다. 여타 레지스터와 달리 세그먼트 레지스터는 데이터를 저장하는 목적에 사용되지 않는다. 이들은 그 장소를 가리키는 목적으로 사용된다. 이론적으로 이들은 독립된 메모리의 세그먼트를 가리키고, 그 안에 있는 다양한 유형의 데이터에 접근할 수 있다. 이러한 세그먼테이션의 구현은 OS가 담당한다. 아래에서 x86 세그먼트 레지스터와 그 사용 목적을 확인할 수 있을 것이다.

- CS^{code segment} : 이 레지스터는 애플리케이션 코드가 저장되어 있는 메모리 영역을 가리킨다.
- DS^{data segment} : 이 레지스터는 애플리케이션 데이터가 저장되어 있는 메모리 영역을 가리킨다.
- ES, FS, GS: 엑스트라 세그먼트^{extra segment}라고도 하며 이 레지스터들은 OS에 사용하는 메모리 세그먼트를 가리킨다.
- SS^{stack segment} : 이 레지스터는 콜 스택에 할당되어 있는 메모리 영역을 가리킨다.

어셈블리 코드에서 세그먼트 레지스터는 메모리 오프셋 피연산자의 접두어로 사용된다. 세그먼트 레지스터가 명시되지 않을 경우에는 일반적으로 DS가 사용된다. 이는 명령어 PUSH [EBP] 가 PUSH DS:[EBP]와 동일한 결과를 가져온다는 것을 의미한다. 하지만 명령어 PUSH FS:[EBP] 는 이와 다르다. 이 경우는 DS 세그먼트가 아닌 FS 세그먼트의 메모리를 읽어들인다.

윈도우 x86의 메모리 세그먼테이션에 대해 좀 더 깊이 살펴보자. 때로는 세그먼트 레지스터들이 원래 의도한 목적대로 사용되지 않는 경우도 있음을 알 수 있을 것이다. OllyDbg에서 임의의 프로세스를 중단하고 어태치한 다음, OllyDbg 명령줄 플러그인에서 다음과 같이 명령어를 실행해본다면 이 증상을 살펴볼 수 있을 것이다.

```
? CALC (DS==SS && SS==GS && GS==ES)
? 1
? CALC DS-CS
```

```
? 8
? CALC FS-DS
; 0이 아닌 값을 반환한다(그리고 스레드를 변경한다).
```

이 결과를 통해 다음과 같은 사실을 알 수 있다. 첫째, 윈도우는 단지 3 종류의 세그먼트만 사용한다. FS, CS 그리고 그 밖의 것이다. 이는 곧 DS, SS, GS, ES가 동일하게 취급된다는 것을 의미한다. 이 코드의 결과에서도 보여주듯이, DS, SS, GS, ES가 동일한 메모리 세그먼트를 가리키면서 서로 교체되면서 사용이 가능한 것이다. 마지막으로, FS는 스레드에 따라 변경되기 때문에 위 코드의 결과는 스레드에 따라 달라진다. FS는 특정한 스레드와 관련된 데이터를 가리키는 흥미로운 레지스터라고 할 수 있다. 205페이지의 '보호 모드에서 ASLR 우회하기' 절에서 ASLR을 우회하기 위해 FS 레지스터에 저장된 데이터를 활용하는 방법에 대해 알아볼 것이다(이 작업을 위해 다수의 봇이 필요하다).

윈도우 컴파일러에 의해 생성된 대부분의 어셈블리 코드에서는 아마 DS, FS, SS 세그먼트만 관찰할 수 있을 것이다. CS가 DS의 상수 오프셋을 제공하는 것처럼 보임에도 불구하고 사용자 모드에서는 사용되지 않는다. 이런 모든 사실을 종합해볼 때 윈도우에서는 FS와 그 나머지 종류 오직 두 가지의 세그먼트만 사용한다는 결론을 내릴 수 있을 것이다.

이 두 가지 종류의 세그먼트는 동일한 메모리의 각기 다른 부분을 가리킨다. 이 사실을 입증하기는 쉽지 않다. 결과적으로 윈도우는 실제로 모든 메모리 세그먼트를 사용하는 것은 아니라는 사실을 알 수 있다. 대신 윈도우는 세그먼트 레지스터와 거의 상관이 없는 평면 메모리 모델[flat memory model]을 사용한다. 모든 세그먼트 레지스터가 동일한 메모리를 가리키지만 오직 FS와 CS만 다른 곳을 가리키며, CS는 사용되지 않는 것이다.

결론적으로, 윈도우의 x86 어셈블리에서 세그먼트 레지스터를 다룰 때는 다음 세 가지만 기억하면 된다. 첫째, DS, SS, GS, ES는 상호 교환이 가능하지만, DS는 데이터 접근에 사용되고 SS는 콜 스택 접근에 사용돼야 한다. 둘째, CS는 안전하게 삭제가 가능하다. 셋째, 특정한 목적으로 사용되는 레지스터는 FS가 유일하다.

콜 스택

레지스터는 강력한 기능을 제공하지만 사용에는 제약이 따른다. 다양한 로컬 데이터에 어셈블리 코드를 효율적으로 저장하기 위해서는 **콜 스택**^{call stack}을 사용해야 한다. 콜 스택은 함수의 파라미터, 반환되는 주솟값, 그리고 일부 로컬 변수를 포함하는 다양한 종류의 값을 저장할 수 있다.

콜 스택의 입출력을 이해하는 것은 게임 리버스 엔지니어링을 수행하는 데 큰 도움이 된다. 그뿐 아니라 8장에서 다룰 컨트롤 플로우의 조작에서도 콜 스택의 입출력을 이해하는 것이 반드시 필요하다.

구조

콜 스택을 쉽게 설명하자면 어셈블리 코드가 직접 접근하고 조작할 수 있는 DWORD 값의 FILO^{first-in last-out} 리스트라고 할 수 있다. '쌓는다' 혹은 '무더기'라는 뜻인 스택^{stack}이라는 단어가 사용됐는데 이는 콜 스택의 구조가 종이가 쌓여 있는 더미와 비슷하기 때문이다. PUSH라는 피연산자 명령어를 사용해 데이터가 추가되며, 레지스터에 위치한 데이터는 POP이라는 레지스터 명령어를 통해 제거된다. 그림 4-6은 이 과정이 어떻게 진행되는지를 보여준다.

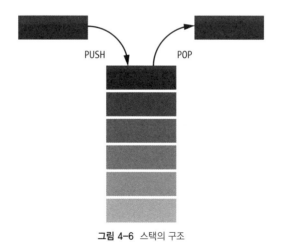

그림 4-6 스택의 구조

윈도우에서 스택은 높은 메모리 주소에서부터 낮은 메모리 주소를 향해 커져간다. 스택은 메모리에서 일정한 부분을 차지하며, 가장 낮은 주소 n부터 가장 높은 주소 0x00000000까지 쌓일 수 있다. 이는 스택의 가장 높은 부분을 가리키는 ESP는 아이템이 추가될수록 그 값이 감소하며, 아이템이 제거될수록 그 값이 증가한다는 뜻이다.

스택 프레임

어셈블리에서 스택을 사용해 데이터를 저장해야 하는 경우에는 스택 프레임$^{stack\ frame}$을 생성해 데이터를 참조한다. EBP에 ESP를 저장한 다음, ESP에서 n바이트만큼을 빼서 EBP 레지스터와 ESP 간의 차이를 활용할 수 있게 되는 것이다. 이를 좀 더 잘 이해하기 위해 그림 4-7의 이미지를 참조하자. 여기서 로컬 저장 공간에 0x0C바이트를 요구하는 함수가 그림의 스택을 활용한다고 가정해보자.

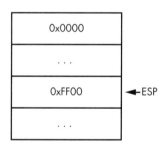

그림 4-7 스택 예제의 최초 상태(아래에서부터 위로 읽어감)

이 예제에서 주소 0x0000은 스택의 가장 높은 부분이다. 주소 0x0000에서부터 0xFF00 − 4에 이르기까지는 사용하지 않는 메모리 영역이다. 함수 호출이 발생했을 때 0xFF00이 스택의 가장 높은 부분이 된다. ESP는 이 주소를 가리킨다. 0xFF00 이후의 스택 메모리 0xFF04에서 0xFFFF까지는 콜 체인의 선행 함수에 의해 사용된다. 함수가 호출되고 나면 가장 먼저 수행되는 일은 다음과 같이 0x0C(십진수 12)바이트만큼의 스택 프레임을 생성하는 어셈블리 코드를 수행하는 것이다.

```
PUSH EBP        ; 스택 프레임의 가장 낮은 지점을 저장한다.
MOV EBP, ESP    ; 현재 스택 프레임의 가장 낮은 지점을 EBP에 저장한다(가장 낮은 스택 프레임 위의 4바이트).
SUB ESP, 0x0C   ; ESP에서 0x0C바이트를 뺀다. 스택 프레임의 최상단을 확인하기 위해 스택 상단으로 이동
한다.
```

이 코드가 수행되고 나면 스택은 그림 4-8과 같을 것이다. 이 스택을 생성한 다음, 함수는 스택상에 0x0C바이트를 할당하고 그 위에서 동작할 수 있을 것이다.

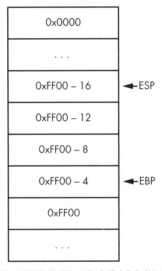

그림 4-8 스택 프레임이 설정된 스택 예제(아래에서부터 위로 읽어감)

0x0000이 여전히 스택의 가장 높은 부분이다. 0x0000부터 0xFF00 − 20까지는 사용되지 않는 공간이며, 주소 0xFF00 − 16의 메모리는 [EBP-Ch]에 의해 참조되는 마지막 4바이트의 로컬 저장 공간을 포함하고 있다. 이 부분이 현재 스택 프레임의 가장 높은 부분이므로, ESP 는 이 부분을 가리킨다. 0xFF00 − 12에는 중간의 4바이트를 포함하고 있으며 이는 [EBP-8h]에 의해 참조된다. 0xFF00 − 8에는 최초의 4바이트가 포함되어 있으며 이는 [EBP-4h]에 의해 참조된다. EBP는 0xFF00 − 4를 가리키는데 이는 현재 스택 프레임의 가장 낮은 지점 이다. 이 주소에는 EBP의 원래 값이 저장되어 있다. 0xFF00은 낮은 스택 프레임에서 가장

높은 부분이며, 그림 4-7에 나오는 최초의 ESP가 이 부분을 가리키고 있는 것이다. 마지막으로, 0xFF04에서 0xFFFF까지 콜 체인의 선행 함수 스택 메모리를 확인할 수 있을 것이다.

이 상태의 스택에서 함수는 원하는 로컬 데이터를 마음대로 사용할 수 있다. 이 함수가 다른 함수를 호출한다면, 새로운 함수 역시 동일한 기법으로 스택 프레임을 만들어 사용할 것이다 (스택 프레임도 실제로 쌓인다). 함수가 스택 프레임을 사용하고 나면 스택을 앞선 상태로 되돌린다. 앞서 살핀 예제의 경우에는 그림 4-7과 같은 상태로 되돌린다는 것을 의미한다. 두 번째 함수가 끝나면 첫 번째 함수는 아래의 두 명령어를 사용해 스택을 초기화한다.

```
MOV ESP, EBP    ; ESP를 4바이트 위로 이동해 원래의 값(0xFF00-4)으로 이동한 다음 스택 프레임을 제거한다.
POP EBP         ; 'PUSH EBP'를 통해 저장된 이전 스택 프레임의 가장 낮은 값을 불러온다.
                ; 또한 ESP에 4바이트를 더하고, 원래의 값을 이로 대체한다.
```

게임에서 사용되는 함수의 파라미터를 변경하길 원한다면 이들을 함수의 스택 프레임 안에서 찾으려고 해서는 안 된다. 함수의 파라미터는 해당 함수를 호출한 함수의 스택 프레임에 저장되며, 이들은 [EBP+8h], [EBP+Ch]를 통해 참조될 뿐이다. 이들은 [EBP+8h]에서부터 시작하는데, [EBP+4h]에는 함수의 반환 주소가 저장되어 있기 때문이다. 이 부분은 156페이지의 '함수 호출' 절에서 더 자세하게 다루기로 한다.

NOTE 스택 프레임을 사용하는 코드가 컴파일되지 않는 경우도 있다. 이 경우 함수가 PUSH EBP를 수행하지 않는지, 그리고 ESP가 아닌 다른 것들을 참조하고 있는 건 아닌지 확인할 필요가 있다. 하지만 대부분의 게임 코드에서 스택 프레임은 컴파일이 가능하다.

이제 어셈블리 코드의 가장 기본적인 사항들을 살펴봤으니 게임 해킹에 도움이 될 만한 실전 기법들을 알아보자.

게임 해킹에서 중요한 x86 인스트럭션

어셈블리 인스트럭션은 수백 가지에 달한다. 능수능란한 게임 해커라고 하더라도 이들 모두를 이해하고 사용한다는 건 거의 불가능에 가까운 일이며, 숙달된 해커들 역시 자신이 자주 사용하는 서브셋은 몇 가지에 지나지 않는다. 여기서는 해커들이 자주 사용하는 서브셋들을 살펴볼 것이다. 우리가 살펴볼 서브셋들은 일반적으로 데이터를 수정하고, 함수를 호출하고, 값을 비교하고 코드를 점프하는 데 사용되는 인스트럭션을 캡슐화한 것이다.

데이터 수정

데이터를 수정하는 작업은 어셈블리의 여러 연산을 통해 수행되며 대부분 그 결과는 메모리 혹은 레지스터에 저장된다. MOV 인스트럭션은 가장 대표적인 경우라고 할 수 있다. MOV 연산은 2개의 피연산자를 필요로 하는데, 하나는 목적지이며 다른 하나는 데이터를 읽어들이는 곳이다. 표 4–6에서는 일련의 MOV 피연산자와 연산의 결과를 보여준다.

표 4–6 MOV 인스트럭션과 피연산자

인스트럭션 형식	결과
MOV R1, R2	R2 값을 R1에 복사한다.
MOV R1, [R2]	R2가 참조하고 있는 메모리의 값을 R1에 복사한다.
MOV R1, [R2+Ah]	R2+0xA가 참조하고 있는 메모리의 값을 R1에 복사한다.
MOV R1, [DEADBEEFh]	0xDEADBEEF 주소에 있는 메모리의 값을 R1에 복사한다.
MOV R1, BADF00Dh	0xBADF00D 값을 R1에 복사한다.
MOV [R1], R2	R2 값을 R1이 참조하고 있는 메모리에 복사한다.
MOV [R1], BADF00Dh	0xBADF00D 값을 R1이 참조하고 있는 메모리에 복사한다.
MOV [R1+4h], R2	R2 값을 R1+0x4가 참조하는 메모리에 복사한다.
MOV [R1+4h], BADF00Dh	0xBADF00D 값을 R1+0x4가 참조하고 있는 메모리에 복사한다.
MOV [DEADBEEFh], R1	R1의 값을 0xDEADBEEF 메모리에 복사한다.
MOV [DEADBEEFh], BADF00Dh	0xBADF00D 값을 0xDEADBEEF 메모리에 복사한다.

MOV 인스트럭션은 다양한 피연산자 조합을 가질 수 있지만 허용되지 않는 피연산자 조합도 존재한다. 첫째, 목적지 피연산자에 즉싯값은 사용될 수 없다. 반드시 레지스터 혹은 메모리 주소가 사용돼야 한다. 즉싯값은 수정될 수 없기 때문이다. 두 번째, 메모리에서 직접 값을 읽거나 기록할 수 없다. 메모리에서 직접 값을 복사하기 위해서는 2개의 연산이 필요하다.

```
MOV EAX, [EBP+10h]    ; EBP+0x10이 참조하고 있는 메모리의 값을 EAX에 복사한다.
MOV [DEADBEEFh], EAX  ; 복사된 메모리의 값을 0xDEADBEEF가 참조로 하는 메모리로 복사한다.
```

이 과정을 통해 EBP+0x10에 저장되어 있는 값을 0xDEADBEEF로 복사할 수 있다.

산술 연산

여타 하이 레벨 언어와 마찬가지로 어셈블리 역시 단항 연산과 바이너리 연산으로 연산이 구분된다. 단항 연산 인스트럭션은 하나의 피연산자를 가지며, 이 피연산자가 목적지와 출발지 피연산자로서의 역할을 동시에 수행한다. 레지스터 혹은 메모리 주소가 피연산자로 설정된다. 표 4-7은 일반적으로 사용되는 x86 단항 연산 인스트럭션을 보여준다.

표 4-7 단항 연산 인스트럭션

인스트럭션 형식	결과
INC 피연산자	피연산자 값에 1을 더한다.
DEC 피연산자	피연산자 값에서 1을 뺀다.
NOT 피연산자	논리적으로 피연산자 값을 반전한다(모든 비트를 반대로 설정한다).
NEG 피연산자	2의 보수로 변환한다(모든 비트를 반대로 설정하고 여기에 1을 더한다. 근본적으로 −1을 곱하는 것과 같다).

반면에 x86 산술 연산의 대부분을 차지하는 바이너리 인스트럭션은 MOV 인스트럭션과 비슷하게 사용된다. 2개의 피연산자가 필요하며, 피연산자의 사용에 비슷한 제약이 있다. 반면 목적지 피연산자가 계산에 필요한 왼쪽 값의 역할도 수행하는 것이 MOV와 다른 점이기도 하다. 예를 들어 ADD EAX, EBX는 C++에서 EAX = EAX + EBX 혹은 EAX += EBX로 해석된다. 표 4-8은 x86 바이너리 연산 인스트럭션을 보여준다.

표 4-8 바이너리 연산 인스트럭션

인스트럭션 형식	기능	피연산자
ADD 목적지, 출발지	목적지 += 출발지	
SUB 목적지, 출발지	목적지 −= 출발지	
AND 목적지, 출발지	목적지 &= 출발지	
OR 목적지, 출발지	목적지 |= 출발지	
XOR 목적지, 출발지	목적지 ^= 출발지	
SHL 목적지, 출발지	목적지 = 목적지 《 출발지	출발지는 CL 혹은 8비트 즉싯값이어야 한다.
SHR 목적지, 출발지	목적지 = 목적지 》 출발지	출발지는 CL 혹은 8비트 즉싯값이어야 한다.
IMUL 목적지, 출발지	목적지 *= 출발지	목적지는 레지스터여야 한다. 출발지는 즉싯값이어서는 안 된다.

IMUL은 세 번째 피연산자를 쓸 수 있다는 점에서 산술 연산 중에서도 특이한 형태라고 할 수 있다. 이 세 번째 피연산자는 즉싯값의 형태여야 한다. 이 경우 목적지 피연산자는 연산에 포함되지 않으며 나머지 피연산자들로 연산이 수행된다. 예를 들어 IMUL EAX, EBX, 4h라는 어셈블리 코드가 C++에서 수행된다면 이는 EAX = EBX * 0x4로 수행된다.

IMUL 인스트럭션도 하나의 피연산자를 사용하는 경우가 있다.[4] 이 경우 피연산자는 출발지를 의미하며, 메모리 주소나 레지스터가 사용된다. 출발지 피연산자의 크기에 따라 명령어는 EAX 레지스터의 다른 부분을 입력과 출력에 할당하게 된다. 표 4-9를 참조하자.

표 4-9 IMUL 레지스터 피연산자 유형

출발지 크기	입력	출력
8비트	AL	16비트, AH:AL에 저장한다.
16비트	AX	32비트, DX:AX에 저장한다(AX의 0~15비트, DX의 16~31비트).
32비트	EAX	64비트, EDX:EAX에 저장한다(EAX의 0~31비트, EDX의 32~64비트).

---

4   부호 없는 곱셈 명령어인 MUL의 경우에는 하나의 피연산자만 필요하다.

하나의 레지스터가 입력된다고 하더라도 각 출력에 2개의 레지스터가 사용된다는 점을 유의해야 한다. 그 이유는 곱셈 연산을 수행하므로 입력값보다 출력값이 크기 때문이다.

하나의 32비트 피연산자를 사용하는 IMUL 연산의 예를 들어보자.

```
IMUL [BADF00Dh]  ; 주소 0xBADF00D의 32비트 피연산자
```

이 명령어는 다음과 같은 의사코드와 동일하게 작동한다.

```
EDX:EAX = EAX * [BADF00Dh]
```

16비트 피연산자를 사용하는 경우도 유사하게 동작한다.

```
IMUL CX  ; CX에 저장된 16비트 피연산자
```

이에 대응하는 의사코드는 다음과 같다.

```
DX:AX = AX * CX
```

마지막으로, 하나의 8비트 피연산자를 사용하는 경우는 다음과 같다.

```
IMUL CL  ; CL에 저장된 8비트 피연산자
```

그리고 이에 대응하는 의사코드는 다음과 같다.

```
AX = AL * CL
```

당연히 x86 어셈블리 언어에도 나눗셈을 위한 명령어가 존재한다. IDIV 인스트럭션[5]은 하나의 출발지 피연산자를 필요로 하며 IMUL과 유사한 레지스터 규칙을 준수한다. 표 4–10에서도 알 수 있듯이, IDIV 연산은 2개의 입력과 2개의 출력으로 구성된다.

표 4-10 IDIV 레지스터 피연산자

출발지 크기	입력	출력
8비트	AH:AL에 저장된 16비트	나머지는 AH에, 몫은 AL에 저장한다.
16비트	DX:AX에 저장된 32비트	나머지는 DX에, 몫은 AX에 저장한다.
32비트	EDX:EAX에 저장된 64비트	나머지는 EDX에, 몫은 EAX에 저장한다.

일반적으로 나눗셈에서는 입력되는 값이 출력되는 값보다 크기 마련이다. 이 연산에서 입력은 2개의 레지스터를 사용한다. 나눗셈 연산에서는 그 나머지도 저장해야 한다. 일반적으로 나머지는 첫 번째 입력 레지스터에 저장된다. 다음과 같이 32비트 IDIV 계산이 수행되는 과정을 살펴보자.

```
MOV EDX, 0          ; 고차 언어인 DWORD가 아니므로, EDX는 0이 된다.
MOV EAX, inputValue ; 32비트 입력값
IDIV ECX            ; EDX:EAX를 ECX로 나눔
```

그리고 실제로 일어나는 동작은 다음 의사코드와 같다.

```
EAX = EDX:EAX / ECX ; 몫
EDX = EDX:EAX % ECX ; 나머지
```

IDIV와 IMUL은 반드시 기억해야 하는 중요한 명령어이므로 좀 더 자세하게 파악하고 배우길 권장한다.

---

5   MUL과 IMUL처럼, DIV는 부호 없는 IDIV라고 보면 된다.

브랜칭

표현식을 평가하고 나면 프로그램은 그 결과에 기반해 그다음에 어떤 행동을 수행할지 결정한다. 일반적으로 if( ) 구문이나 switch( ) 구문이 자주 사용된다. 하지만 어셈블리에는 이렇게 플로우를 제어할 수 있는 구문들이 존재하지 않는다. 대신 어셈블리 코드에서는 EFLAGS 레지스터를 사용해 의사결정을 수행하고 점프 연산을 통해 다른 블록을 수행한다. 이러한 프로세스를 브랜칭branching이라고 부른다.

어셈블리 코드는 EFLAGS로부터 값을 획득하기 위해 TEST 혹은 CMP 인스트럭션 중의 하나를 사용한다. 이 두 인스트럭션은 모두 2개의 피연산자 값을 비교하고, EFLAGS의 상태 비트를 설정하며, 이후 모든 결과를 제거한다. TEST는 논리적 AND를 사용해 피연산자인 두 값을 비교하는 반면, CMP는 부호가 있는 뺄셈을 사용해 앞의 피연산자에서 뒤의 피연산자를 뺀다.

적절하게 브랜칭을 수행하기 위해서는 비교 즉시 점프가 가능한 명령어가 코드상에 존재해야 한다. 다양한 유형의 점프 인스트럭션은 하나의 피연산자를 가지며, 이 피연산자는 점프의 목적지가 되는 주소를 알려준다. 특정한 점프 인스트럭션이 어떻게 동작하느냐는 EFLAGS의 상태 비트에 따라 달라진다. 표 4-11은 x86 점프 인스트럭션을 보여준다.

표 4-11 일반적인 x86 점프 인스트럭션

인스트럭션	개요	동작
JMP dest	무조건 점프	dest로 점프한다(EIP를 dest로 설정한다).
JE dest	동등하면 점프	ZF(zero flag)가 1이면 점프한다.
JNE dest	동등하지 않으면 점프	ZF가 0이면 점프한다.
JG dest	크면 점프	ZF가 0이고 SF(sign flag)가 OF(overflow flag)와 동일하면 점프한다.
JGE dest	크거나 동등하면 점프	SF가 OF와 동일하면 점프한다.
JA dest	부호 없는 JG	CF(carry flag)가 0이고 ZF가 0이면 점프한다.
JAE dest	부호 없는 JGE	CF가 0이면 점프한다.
JL dest	적으면 점프	SF가 OF와 동일하지 않으면 점프한다.

인스트럭션	개요	동작
JLE dest	적거나 동등하지 않으면 점프	ZF가 1이거나 SF가 OF와 동일하지 않으면 점프한다.
JB dest	부호 없는 JL	CF가 1이라면 점프한다.
JBE dest	부호 없는 JLE	CF가 1이거나 ZF가 1이면 점프한다.
JO dest	오버플로우 발생 시 점프	OF가 1이면 점프한다.
JNO dest	오버플로우 미발생 시 점프	OF가 0이면 점프한다.
JZ dest	0일 경우 점프	ZF가 1이면 점프한다(JE와 동일함).
JNZ dest	0이 아닐 경우 점프	ZF가 0이면 점프한다(JNE와 동일함).

모든 플래그 컨트롤과 점프 인스트럭션을 외운다는 건 쉬운 일이 아니다. 하지만 각 인스트럭션의 명칭에 그 목적이 명백하게 잘 드러나고 있다. 이를 외울 수 있는 팁 중 하나는 CMP가 선행하는 점프의 경우 이와 대응하는 연산자와 동일한 동작을 한다는 것이다. 표 4-11에 정리되어 있는 JE, 즉 '동등하면 점프'의 경우, CMP 연산 이후 JE가 나온다면 == 연산자와 동일한 기능을 수행한다고 보면 된다. JGE는 >=와 동등한 기능을, JLE는 <=와 같은 기능을 수행한다고 보면 된다.

코드 4-8과 같은 하이 레벨 언어로 작성된 코드가 있다고 가정해보자.

코드 4-8 간단한 조건 구문

```
if (EBX > EAX)
    ECX = EDX;
else
    ECX = 0;
```

이 if( ) 구문은 EBX가 EAX보다 큰지 확인하고 그 결과에 따라 ECX 값을 설정한다. 어셈블리에서는 같은 기능을 다음과 같이 작성할 수 있다.

```
    CMP EBX, EAX   ; if (EBX > EAX)
    JG label1      ; EBX가 EAX보다 크면 label1으로 점프
```

```
        MOV ECX, 0      ; ECX를 0으로 설정(else 블록)
        JMP label2      ; if 블록을 넘어서 점프
    label1:
❶       MOV ECX, EDX    ; ECX를 EDX와 동일하게 설정(if 블록)
    label2:
```

코드 4-8의 if( ) 구문을 어셈블리로 표현하는 경우, CMP 인스트럭션으로 시작하며 EBX가 EAX보다 큰 경우로 브랜칭이 시작된다. 브랜치가 설정되면 EIP는 JG 인스트럭션에 따라 ❶ 번 경로의 if 블록으로 설정된다. 만약 브랜치가 설정되지 않는다면 코드 수행이 이어지고 JG 인스트럭션에 뒤따라 나오는 else 블록에 도달하게 된다. else 블록이 종료되면 조건과 상관없이 JMP는 EIP를 0x7로 설정하고 if 블록을 건너뛴다.

함수 호출

어셈블리 코드에서 함수는 CALL 인스트럭션을 통해 수행되는 독립된 명령어 블록이라고 할 수 있다. CALL 인스트럭션은 함수 주소를 피연산자로 가지며 반환 주소를 스택에 넣고 EIP를 이의 연산자 값으로 설정한다. 다음 의사코드에서 CALL 인스트럭션과 왼쪽의 16진수 메모리 주소를 확인할 수 있다.

```
0x1:  CALL EAX
0X2:  ...
```

CALL EAX가 실행되면 다음 주소가 스택에 들어가고 EIP는 EAX로 설정된다. CALL의 핵심은 PUSH와 JMP이다. 다음 의사코드를 통해 이 내용을 확인할 수 있을 것이다.

```
0x1:  PUSH 3h
0x2:  JMP EAX
0x3:  ...
```

PUSH 인스트럭션과 수행되는 코드 사이에 추가적인 주소가 존재하지만 결과는 동일하다.

EAX에 저장되어 있는 코드 블록이 수행되기 이전에 브랜치 다음 코드의 주소가 스택에 들어간다. 호출되는 함수인 콜리^{callee}는 반환될 때 호출하는 함수인 콜러^{caller}의 어느 지점으로 점프해야 하는지 알고 있는 것이다.

파라미터가 없는 함수가 호출되면 CALL 명령어만으로도 충분하다. 콜리가 파라미터를 갖고 있다면, 역순으로 파라미터가 가장 먼저 스택에 올라가야 한다. 다음 의사코드는 3개의 파라미터를 가진 함수 호출이 어떻게 수행되는지를 보여준다.

```
PUSH 300h    ; arg3
PUSH 200h    ; arg2
PUSH 100h    ; arg1
CALL ECX     ; call
```

콜리가 수행되면 스택의 가장 높은 부분에는 호출된 다음 수행돼야 하는 코드를 가리키는 반환 주소가 저장된다. 첫 번째 파라미터인 0x100은 스택에서 이 반환 주소 다음에 저장된다. 두 번째 파라미터인 0x200은 그다음에, 세 번째 파라미터인 0x300은 두 번째 파라미터 다음에 저장된다. 콜리가 스택 프레임을 설정하고 EBP의 메모리 오프셋을 사용해 각 파라미터를 참조한다. 콜리의 수행이 완료되면 콜러의 스택 프레임을 다시 설정하고 스택에서 반환 주소를 꺼내어 이 주소로 점프하는 RET 인스트럭션을 수행한다.

파라미터는 콜리의 스택 프레임에 속하지 않기 때문에, 이들은 RET가 수행되고 나서도 여전히 스택에 남아 있게 된다. 콜러로 인해 스택이 정리되면 CALL ECX가 완료된 다음 ESP에 12(각 4바이트마다 3개의 파라미터)를 더한다. 콜리가 스택을 정리한다면 RET가 수행되는 게 아니라 RET 12가 수행된다. 어떤 것이 스택을 정리하는지는 콜리의 호출 규약^{calling convention}에 의해 결정된다.

함수의 호출 규약을 통해 파라미터를 승계하고, 인스턴스 포인터를 저장하고, 반환값을 주고받고, 스택을 정리하는 방법을 알 수 있다. 다양한 컴파일러가 다양한 호출 규약을 갖고 있다. 표 4-12는 게임 해커들이 쉽게 관찰할 수 있는 4개의 호출 규약을 보여준다.

표 4-12 게임 해킹에 필요한 호출 규약

지시어	스택 클리너	참고
__cdecl	콜러	비주얼 스튜디오의 기본 규약
__stdcall	콜리	Win32 API 함수가 사용하는 규약
__fastcall	콜리	ECX와 EDX에 의해 처리되는 처음 2개의 DWORD(혹은 그보다 작은) 파라미터
__thiscall	콜리	멤버 함수에 의해 사용되는 규약. 클래스 인스턴스에 대한 포인터는 ECX에 의해 처리된다.

표 4-12의 '지시어' 열은 호출 규약의 이름을 말해주며, '스택 클리너' 열은 해당 지시어에서 콜러나 콜리 중 어떤 것이 스택을 정리하는지를 알려준다. 이 4개의 호출 규약에서 파라미터는 항상 오른쪽에서 왼쪽으로 저장되며, 반환값은 항상 EAX에 저장된다. 이 방식이 표준이기는 하지만 그렇다고 모든 규약이 표준을 따르는 것은 아니다. 다른 호출 규약에서는 또 다른 방식이 사용될 수 있다.

마치며

이 장을 쓴 이유는 어셈블리와 메모리에 대한 폭넓은 이해를 위해서다. 또한 이 부분은 본격적으로 게임 해킹을 공부하기 전에 반드시 이해가 필요한 부분이다. 이 장을 읽고 컴퓨터처럼 사고할 수 있는 능력을 갖게 됐으니 이제 좀 더 고급 기술인 메모리 포렌식 기법을 공부할 차례다. 만약 지금까지 배운 내용을 실전에 어떻게 활용할 수 있는지 궁금하다면, 263페이지의 '어도비 AIR에 콜 훅 적용하기' 절이나 273페이지의 '다이렉트3D에 점프 훅과 VF 훅 적용하기' 절을 미리 살펴보자.

메모리에 대해 좀 더 많은 것을 알고 싶다면 이 장의 예제 코드를 컴파일하고 치트 엔진과 OllyDbg를 사용해 요령을 알 때까지 면밀하게 살펴보라. 다음 장에서 좀 더 고급 기술인 메모리 포렌식 기법을 다뤄야 하므로 반드시 이 장에서 배운 부분들을 확실히 인지하고 넘어가야 할 것이다.

고급 메모리 포렌식

게임 해킹을 취미로 즐기든 혹은 직업으로 삼든 언젠가는 이
해할 수 없는 메모리 덤프와 마주하는 자신을 발견하게 될 것
이다. 라이벌 봇 개발자와 경쟁하기 위해, 혹은 게임 개발사의
지속적인 업데이트를 통한 해킹 방어에 대응하기 위해, 혹은 메
모리의 복잡한 데이터 구조를 파악하고 특정한 데이터의 위치를
찾아내기 위해, 최고 수준의 메모리 포렌식^{forensics} 기법을 배워야 한다.

성공적인 봇 개발자라면 개발 속도와 기법의 균형을 찾아야 하며, 근성 있는 해커라면 게임
업데이트에 발맞추어 핵심적인 기능을 빠르게 개발하고 찾기 어려운 데이터도 능숙하고 빠
르게 찾아내야 하는 숙제를 안고 살 것이다. 이를 위해서는 메모리에 대한 광범위한 이해와
데이터 구조에 대한 풍부한 지식, 그리고 다양한 데이터의 사용 목적에 대한 이해가 필수적
이다.

메모리 포렌식의 이 세 가지 측면이야말로 해커가 가질 수 있는 가장 강력한 무기가 될 것이다. 이 장에서는 이런 기법들을 어떻게 구사할 수 있는지를 알아보려 한다. 우선, 데이터 검색에 초점을 맞춘 고급 메모리 스캐닝 기법의 목적과 사용 방법에 대해 알아볼 것이다. 그런 다음, 게임 업데이트를 무력화하고 메모리 주소를 재배치할 필요 없이 봇을 수정하기 위해 메모리 패턴을 사용하는 방법에 대해 알아볼 것이다. 마지막으로, C++ 표준 라이브러리에서 가장 많이 사용되는 네 가지 데이터 구조체인 std::string, std::vector, std::list, std::map에 대해 살펴볼 것이다. 메모리에서 이 유형들을 파악하고 데이터 구조를 면밀하게 조사해볼 것이다. 이 장의 마지막 부분에 이르면 모든 독자가 메모리 포렌식을 깊이 있게 이해하고 메모리 스캐닝과 관련된 어떠한 문제든 해결할 수 있게 되길 바란다.

고급 메모리 스캐닝

게임 소스 코드에서 모든 데이터는 사전에 정의되고 계산된다. 게임 플레이가 시작되면 이 모든 데이터가 합쳐져 새로운 무언가를 만들어낸다. 멋진 장관과 사운드를 연출하고 인상적인 모험을 구현해내는 것이다. 마치 데이터는 이런 게임 속 경험들과는 무관한 것처럼 보인다.

A라는 해커가 자동화 봇을 만들 목적으로 게임을 분석한다고 가정해보자. 아직 메모리에 대해 깊이 알지 못한다면 그에게 메모리는 한낱 가정의 대상일 뿐이다. 아마 '캐릭터의 체력이 500이니까, 치트 엔진으로 4바이트 정수 형태로 500인 값을 찾으면 그게 체력값이겠지?'라고 생각할지도 모르겠다. 그는 데이터 유형에 대해서는 정확하게 이해하고 있다. 사전에 정의된 구조(유형)에 맞게 정해진 위치(주소)에 적절한 정보(값)가 저장되어 있다는 사실을 알고 있는 것이다.

게임을 속속들이 이해하고 있는 해커 B의 경우를 가정해보자. 그는 게임을 플레이하는 도중에 메모리에서 어떤 상태 변화가 생기는지, 그리고 데이터의 변화에 대해서도 속속들이 알고 있다. 또한 사전에 정의된 모든 데이터의 속성이 고유한 목적을 갖고 있다는 사실도 알고 있다. 해커 A와 달리 해커 B는 데이터가 사전에 만들어진 정의를 벗어나 다른 유형이 될 수 있다는 사실을 인지하고 있다. 데이터의 **목적**과 **사용법**을 숙지하고 있는 것이다. 이 장에서는 이 두 가지 유형의 해킹 기법을 모두 살펴볼 것이다.

게임 내에 존재하는 모든 데이터는 나름의 목적이 있다. 게임 내에 존재하는 어셈블리 코드들은 그 목적을 달성하기 위해 어떤 형태로든 데이터를 참조한다. 어떤 데이터를 사용하는 특정 코드를 발견한다는 건 곧 데이터가 제거되거나 혹은 그 목적이 변경될 때까지 버전과 상관없이 게임의 업데이트 내내 지속되는 마커를 찾아낸다는 뜻이다. 왜 이것이 중요한 의미를 지니는지 앞으로 살펴보겠다.

목적 추론하기

지금까지는 데이터가 어떻게 사용되는지 그 용도와 목적에 상관없이 맹목적으로 해당 데이터가 저장된 메모리를 찾는 데 중점을 두었다. 이 방법이 효과적일지도 모르지만 늘 효율적인 방법이라고는 할 수 없다. 사실 이 방법을 통한다면 데이터의 목적을 추론하고, 데이터가 어떤 코드를 사용하는지 찾아내고, 코드를 사용해 데이터 주소를 찾아내는 것보다 훨씬 빠르게 원래의 목적을 달성할 수 있다.

이것도 쉬운 방법이라고는 할 수 없지만, 그래도 지금까지 배워온 '특정한 데이터 유형의 특정한 값을 게임 메모리에서 찾아내고 이를 변경된 기준에 근거해 결과 리스트를 지속적으로 필터링하는' 작업은 수행하지 않아도 된다. 자, 이제 코드 5-1을 통해 앞서 언급했던 캐릭터의 체력값을 찾는 방법을 알아보자.

코드 5-1 플레이어의 체력과 해당 정보를 표시하는 함수가 포함된 구조

```
struct PlayerVital {
    int current, maximum;
};
PlayerVital health;
--생략--
printString("Health: %d of %d\n", health.current, health.maximum);
```

printString( ) 함수가 인게임 인터페이스에서 텍스트를 출력하는 함수라고 한다면 게임 내에서 찾아야 하는 함수와 가까운 것이라고 가정이 가능하다. 이 PlayerVital 구조는 current와 maximum이라는 두 가지 속성을 갖고 있다. health 값은 PlayerVital 구조에 속하기 때문에 이 값도 동일하게 두 가지의 속성을 갖는다. 그 이름에 근거해 health 값이 플레이어의 체력 정보를 표시한다고 가정할 수 있을 것이다. 이는 printString( ) 함수가 데이터를 사용해 동작할 때 그 목적에 맞게 수행되고 있음을 확인할 수 있다.

이런 코드를 보지 않더라도 게임 안에서 표시되는 체력 정보를 직접 본다면 아마 비슷한 결론에 다다를 수 있을 것이다. 결국 컴퓨터는 코드 없이는 선 하나도 그리지 못한다. health 변수 외에도 플레이어에게 이 텍스트를 표시해주기 위해서는 일련의 코드 요소들이 필요하다. 우선 텍스트를 출력하는 함수가 필요하며, Health와 of라는 텍스트가 서로 붙어서 출력이 돼야 한다.

> **NOTE** 왜 하나의 텍스트가 아니라 2개로 분리된 것이라고 가정해야 하는가? 게임 인터페이스에서 현재의 체력값이 이 두 스트링의 가운데에 표시돼야 한다. 이를 구현할 수 있는 방법은 매우 다양하다. strcat( ) 같은 포맷 스트링을 사용하거나 다중 디스플레이 텍스트 콜을 사용해 텍스트를 정렬할 수도 있다. 데이터를 분석할 때는 모든 가능성을 염두에 두고 작업을 진행하는 것이 좋다.

메모리 스캐너를 사용하지 않고 health 값을 찾으려면 이 분리된 2개의 스트링을 활용해야 한다. 대부분의 경우 텍스트가 어떤 모습일지, 어디에 출력될지, 그리고 얼마나 자주 호출되어 표시될지에 대한 정보를 얻기 힘들 것이다. 현실적으로 이 2개의 스트링만이 우리가 알 수 있는 전부이며, 이것만으로도 충분하다. 어떻게 이 문제를 해결할 수 있을지 한번 살펴보자.

OllyDbg로 플레이어의 체력 확인하기

이 절에서는 health 구조를 찬찬히 살펴볼 것이다. 아울러 이 책의 리소스 파일에 포함되어 있는 바이너리도 함께 분석해본다. Chapter5_AdvancedMemoryForensics_Scanning.exe 파일을 활용하길 바란다.

우선 OllyDbg를 실행하고 해당 파일을 어태치한다. 그런 다음 OllyDbg의 실행 모듈 창을 열고 메인 모듈을 더블클릭한다. 이 경우 모듈 창에서 메인 모듈은 .exe 하나다. CPU 창이 팝업될 것이다. 이제 디스어셈블러 패널을 우클릭하고 Search for > All referenced text strings를 선택한다. 그림 5-1과 같은 레퍼런스 창이 출력될 것이다.

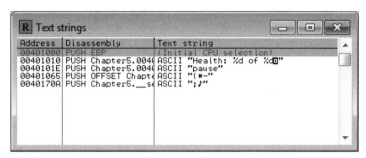

그림 5-1 스트링 리스트만을 보여주는 OllyDbg의 레퍼런스 창. 실제 게임에서는 훨씬 많은 텍스트 리스트가 출력된다.

이 창을 우클릭하고 Search for text를 선택한다. 대화창이 뜨면 그림 5-2와 같이 찾고자 하는 텍스트를 입력한다. Case sensitive를 비활성화하고 Entire scope를 활성화해 좀 더 많은 결과를 얻을 수 있게 한다.

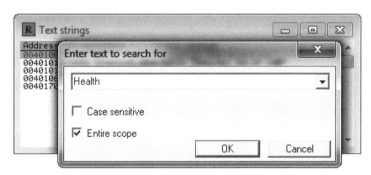

그림 5-2 OllyDbg의 스트링 검색

OK를 클릭해 검색을 수행한다. 레퍼런스 창이 다시 활성화되며 매칭되는 가장 첫 번째 경우가 하이라이트된다. 검색과 매칭된 결과를 더블클릭해 CPU 창 안에서 해당 스트링을 사용하는 어셈블리 코드를 검색한다. 디스어셈블러 패널에서 0x401030의 코드를 확인할 수 있을 것이다. 이 코드는 printString() 함수에 포맷 스트링 파라미터를 전달해준다. 그림 5-3에서 이 콜 블록을 확인할 수 있을 것이다.

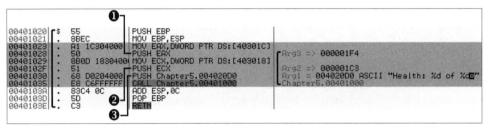

그림 5-3 CPU 창의 디스어셈블러 패널에서 printString() 호출 살펴보기

어셈블리 코드를 읽어 게임에서 실제 수행되고 있는 일들을 정확하게 파악할 수 있다. 왼쪽의 검은색 대괄호는 스트링 Health가 함수 호출 내부에 있음을 보여준다. 해당 함수의 인자들을 눈여겨볼 필요가 있다. 순서대로 ❶ EAX, ❷ ECX, 그리고 ❸ 0x4020D0의 포맷 스트링을 확인할 수 있다. EAX는 0x40301C에 위치하는 값이며, 포맷 스트링에 Health가 포함되어 있다. 스트링에 2개의 포맷 플레이스홀더placeholder가 포함되어 있으므로 남아 있는 2개의 파라미터가 이 플레이스홀더의 인수가 된다는 사실을 알 수 있을 것이다.

인자가 무엇인지, 그리고 그것들이 역순으로 대입된다는 사실을 알고 있으므로 작업을 거꾸로 돌려본다면 원래의 코드가 코드 5-2와 같을 것이라고 가정할 수 있다.

코드 5-2 그림 5-3의 어셈블리 코드를 게임 해커가 해석하는 법

```
int currentHealth; // 0x403018에 위치한 값
int maxHealth;     // 0x40301C에 위치한 값
--생략--
someFunction("Health: %d of %d\n",
    currentHealth, maxHealth);
```

EAX와 ECX에 저장된 값은 메모리에 인접해 있으며, 이는 곧 이들이 구조의 일부임을 의미한다. 이 예제에서는 변수 정의와 같은 방식으로 간단하게 보여주고 있다. 이 2개의 숫자들

이 플레이어의 체력을 보여주는 데 사용된다. 이 두 값이 게임 UI에서도 표시가 되므로, 이들을 표시하게 하는 코드가 있을 것이라고 자연스럽게 가정할 수 있다. 데이터가 어떤 목적으로 사용되는지를 알 수 있다면, 이 기능을 수행하는 코드를 훨씬 빨리 찾아낼 수 있다. 이경우, 이런 방법을 통해 2개의 주소를 쉽게 찾아낼 수 있었던 것이다.

대부분의 경우 예제처럼 쉽게 주소를 찾아낼 수 있지만 그 목적을 찾아내기 힘든 복잡한 데이터도 존재한다. OllyDbg를 사용해 맵 데이터나 캐릭터 위치를 찾아내는 일은 결코 쉬운작업이 아니다.

게임에서 무언가를 변경하고자 할 때 스트링만 사용하는 것은 아니지만 가장 쉽게 배울 수있는 예라고 할 수 있다. 일부 게임에서는 코드에 로그 혹은 에러 스트링을 남기도록 설계되어 있으므로 OllyDbg의 텍스트 스트링 창을 참조해 여기저기를 찔러보는 것은 원하는 스트링의 흔적을 찾는 가장 빠른 방법이 될 수 있다. 게임 로그를 좀 더 익숙하게 다룰 수 있다면원하는 값을 더 쉽게 찾아낼 수 있을 것이다.

게임 업데이트 이후 새로운 주소 찾아내기

애플리케이션의 코드가 수정되고 다시 컴파일되면 이런 변경사항을 반영하는 새로운 바이너리 코드가 생성된다. 이 바이너리는 앞서 생성된 것들과 유사할 수도 있고, 완전히 다른 것처럼 보일 수도 있다. 이 두 바이너리 버전의 차이야말로 얼마나 복잡한 변경이 있었는지 직접 보여주고 있는 것이다. 일부 스트링의 수정이나 상수 업데이트 같은 소규모의 변경만 발생한다면 바이너리는 거의 동일하거나 코드 혹은 데이터에 미치는 영향이 거의 없을 것이다. 하지만 새로운 기능이나 유저 인터페이스가 추가되거나, 내부 코드가 리팩토링되거나, 새로운 인게임 콘텐츠가 추가된다면 중요한 메모리의 위치가 변경될 수도 있다.

자동으로 currentHealth와 maxHealth 찾아내기

54페이지의 '어셈블리 패턴 찾기' 절과 57페이지의 '스트링 찾기' 절에서 치트 엔진의 루아 스크립트와 그 작동 방식에 대해 알아봤다. 이 예제에서는 findString() 함수를 사용해 OllyDbg에서 수동으로 찾아냈던 포맷 스트링의 주소를 치트 엔진에서 자동으로 찾도록 만들 수 있다. 그런 다음, 이 주소를 스택으로 입력하는 코드의 주소를 찾아내기 위해 0x68바이트의 주소를 찾아내는 함수를 작성한다(0x68바이트는 그림 5-3에서도 확인할 수 있듯이 0x401030 옆의 PUSH 명령어 바이트를 의미한다). 그런 다음, pushAddress - 5와 pushAddress - 12에서부터 4바이트를 읽어와 currentHealth와 maxHealth의 위치를 각각 찾아낼 수 있을 것이다.

이미 주소를 알고 있기 때문에 이 방법이 그리 유용하게 보이지 않을 수도 있다. 실제 게임에서라면 업데이트가 된 다음 이 주소가 바뀔 가능성도 높다. 그럼에도 불구하고 자동으로 주소를 찾는 것은 매우 유용한 방법이라고 할 수 있다. 좀 더 개선하고 도전하고 싶은 것이 있다면 얼마든지 도전해보라.

끊임없는 버그 수정과 콘텐츠 개선, 기능 추가로 인해 온라인 게임은 가장 빠르게 진화하는 소프트웨어라고 할 수 있다. 1주일에 한 번 정도로 자주 업데이트를 수행하는 게임들도 존재한다. 이런 경우 게임 해커들은 새로운 바이너리에 맞춰 이전에 작성된 봇을 업데이트하는 리버스 엔지니어링에 대부분의 시간을 할애하게 된다.

메모리에 대한 기본 지식을 갖추고 있다면 좀 더 개선된 봇을 만드는 데 많은 도움을 받을 수 있을 것이다. 업데이트가 수행되면 자연히 변경된 값과 기능의 주소를 파악하는 데 많은 시간을 뺏길 수밖에 없다. 167페이지의 '업데이트 경쟁에서 이기는 방법'에서 다루는 내용이 매우 도움이 되겠지만, 실제로 업데이트된 주소를 찾아내는 데는 도움이 되지 않을 수도 있다. 치트 엔진 스크립트를 활용해 자동으로 업데이트된 주소를 알아낼 수도 있지만, 이 또한 항상 정상적으로 동작한다고 보장할 수는 없다. 때로는 어쩔 수 없이 하나하나 수작업으로 메모리의 위치를 파악해야 한다.

방법을 바꾸지 않고 단지 새로운 스크립트만을 작성해 새로운 메모리 주소를 파악하고자 하는 것은 시간 낭비에 지나지 않는다. 우리의 가장 큰 무기는 다름 아닌 기존의 바이너리와 메모리 주소다. 이 두 가지를 활용해 허용된 시간 안에 원하는 주소를 찾아내는 것이 가능하다.

그림 5-4에서 2개의 각기 다른 디스어셈블리 창을 볼 수 있다. 왼쪽은 업데이트된 게임의 디스어셈블리 창이며, 오른쪽은 이전 버전의 디스어셈블리 창이다. 실제 게임을 대상으로 수행한 결과를 캡처한 것이다.

```
0047B653  .  57             PUSH EDI                                0047B523  .  57             PUSH EDI
0047B654  .  50             PUSH EAX                                0047B524  .  50             PUSH EAX
0047B655  .  8D45 F4        LEA EAX,DWORD PTR SS:[EBP-C]            0047B525  .  8D45 F4        LEA EAX,DWORD PTR SS:[EBP-C]
0047B658  .  64:A3 000000(  MOV DWORD PTR FS:[0],EAX               0047B528  .  64:A3 000000(  MOV DWORD PTR FS:[0],EAX
0047B65E  .  8965 F0        MOV DWORD PTR SS:[EBP-10],ESP           0047B52E  .  8965 F0        MOV DWORD PTR SS:[EBP-10],ESP
0047B661  .  C785 E0FDFFF(  MOV DWORD PTR SS:[EBP-220],-1           0047B531  .  C785 E0FDFFF(  MOV DWORD PTR SS:[EBP-220],-1
0047B66B  .  C745 FC 0000(  MOV DWORD PTR SS:[EBP-4],0              0047B53B  .  C745 FC 0000(  MOV DWORD PTR SS:[EBP-4],0
0047B672  >  E8 298A0B00    CALL        005340A0                    0047B542  >  E8 D9890B00    CALL        00533F20
0047B677  .  8BF8           MOV EDI,EAX                             0047B547  .  8BF8           MOV EDI,EAX
0047B679  .  89BD E0FDFFF(  MOV DWORD PTR SS:[EBP-220],EDI          0047B549  .  89BD E0FDFFF(  MOV DWORD PTR SS:[EBP-220],EDI
0047B67F  .  83FF FF        CMP EDI,-1                              0047B54F  .  83FF FF        CMP EDI,-1
0047B682  .v 75 1F          JNZ SHORT    0047B6A3                   0047B552  .v 75 1F          JNZ SHORT    0047B573
```

그림 5-4 동일 게임의 각기 다른 2개 버전의 디스어셈블리 창

내가 만든 봇은 오른쪽 창의 0x047B542 코드를 수정했었다. 새로운 버전에서 이에 대응하는 코드를 찾아낼 필요가 있는데, 나는 이를 왼쪽 창에서 보이는 0x047B672에서 찾아냈다. 이 함수 호출은 패킷이 수신됐을 때 패킷 파싱 기능을 호출하는 것이다. 원래 주소를 찾기 위해서는 우선 게임 네트워크 프로토콜이 어떻게 동작하는지, 메모리 관련 API 호출에 어떻게 브레이크포인트를 설정하는지, 어떤 단계를 거쳐 실행이 되는지 이해하고 사전에 갖고 있던 프로토콜에 대한 지식에 기반해 내가 찾고자 하는 것과 가장 유사해 보이는 데이터를 스택에서 찾아낼 때까지 데이터를 살펴볼 필요가 있다.

업데이트 경쟁에서 이기는 방법

경쟁이 격화되고 있는 시장에서 가장 안정적인 봇을 배포할 수 있는 첫 번째 개발자가 되는 것이야말로 성공의 지름길이라고 할 수 있다. 게임이 업데이트되는 순간 경쟁은 시작되고, 해커들은 수많은 시간을 할애해 가장 빨리 대응할 수 있는 해커가 되고자 할 것이다. 최고가 되기 위한 일반적인 팁은 다음과 같다.

• **업데이트 알람 만들기**: 게임 패치가 되자마자 알려주는 소프트웨어를 만든다면 가장 빠르게 업데이트에 대응할 수 있을 것이다.

(이어짐)

- **자동으로 봇 설치하기**: 대부분의 게임들이 온라인상에 유저들이 가장 적을 때 업데이트를 수행한다. 봇 제작자라고 해서 봇을 제대로 만들기도 전에 한밤중에 일어나 게임 패치부터 내려받는 것이 좋을 리 만무하다. 게임 패치가 진행되는 동안 조용히 봇이 설치되게 만드는 편이 백 번 낫다.
- **최소한의 주소만 사용하기**: 업데이트할 내용이 적을수록 좋다. 데이터를 통합하고 불필요한 주소 사용을 최소화하는 것만으로도 상당한 시간을 절약할 수 있다.
- **탁월한 테스트 케이스 작성하기**: 데이터가 변경이 잦을수록 해커들도 실수할 가능성이 커진다. 모든 기능을 신속하게 테스트할 수 있다면 크래시가 나거나 캐릭터를 죽게 만들고, 때로는 계정에 대한 제재를 받을 가능성을 줄일 수 있을 것이다.

이런 방법들로 업데이트에 대응할 수 있다면 상당히 유리한 고지를 점할 수 있을 것이다. 그렇다고 이 방법들이 항상 통하는 것은 아니다. 가능한 한 리버스 엔지니어링에 대한 지식을 많이 쌓을 수 있도록 노력해야 한다.

100번이 넘는 업데이트가 수행되는 동안 나는 늘 동일한 과정을 수행해왔다. 하지만 이런 과정은 결국 불필요한 것들이었다. 상대적으로 코드는 수년이 지났음에도 불구하고 거의 변경되는 부분이 없으며, 오래된 코드에서 만든 패턴과 동일한 패턴을 계속 사용해 새로운 코드에서 함수 호출과 관련된 주소를 찾아낼 수 있었다.

아래 어셈블리 코드를 살펴보자.

```
PUSH EDI
PUSH EAX
LEA EAX,DWORD PTR SS:[EBP-C]
MOV DWORD PTR FS:[0],EAX
MOV DWORD PTR SS:[EBP-10],ESP
MOV DWORD PTR SS:[EBP-220],-1
MOV DWORD PTR SS:[EBP-4],0
```

어디선가 한 번 본 듯한 코드다. 그림 5-4를 다시 살펴보면서 기억을 되살려보자. 해당 그림의 오래된 버전과 새 버전에 상관없이 하이라이트 표시된 함수 호출의 윗부분에 존재하는 바로 그 코드임을 알 수 있을 것이다. 코드가 어떤 기능을 하는지와는 상관없이, 연산의 조합이 매우 독특해 보인다. 각기 다른 다양한 오프셋 코드가 각기 다른 EBP를 사용하고 있다. 바이너리 안의 다른 부분에서 비슷한 코드가 있을 가능성은 거의 없어 보인다.

주소를 업데이트해야 할 때마다 OllyDbg를 사용해 이전 바이너리를 오픈하고 이 연산 부분을 찾아서 하이라이트한 다음, 우클릭하고 Asm2Clipboard > Copy fixed asm to clipboard를 선택한다. 그런 다음 새로운 바이너리를 OllyDbg로 열고 CPU 창을 연다. Ctrl + S를 눌러 어셈블리 코드를 붙여넣고 Find를 선택한다. 십중팔구는 이 방법을 통해 새로운 버전에서 원하는 함수 호출 부근을 바로 탐색할 수 있게 된다.

이 방법을 통해 이미 위치를 알고 있는 주소의 새로운 버전을 쉽게 찾아낼 수 있다. 어셈블리 코드상에서 쉽게 찾아낼 수 있는 주소라면 이 방법이 충분히 작동할 것이다. 다만 몇 가지 주의할 사항이 있다.

- OllyDbg의 검색은 8개의 연산으로 한정되므로 그 크기 이하의 코드 마커만을 찾아낼 수 있다.
- 해당 주소가 변경될 가능성이 있으므로 사용하는 연산에 다른 주소를 포함할 수 없다.
- 검색하려는 주소를 사용하는 게임의 일부가 변경된다면 코드도 달라질 것이다.
- 게임으로 인해 컴파일러나 스위치 최적화 설정이 변경된다면 거의 모든 코드가 변경될 것이다.

166페이지의 '자동으로 currentHealth와 maxHealth 찾아내기'에서 다룬 것처럼 이런 일들을 수행하는 스크립트를 작성할 수 있다면 여러모로 좋을 것이다. 역량 있는 해커라면 가능한 한 많은 메모리 주소를 자동으로 찾을 수 있게 하는 데 많은 시간을 할애할 것이다. 또한 잘 만들어진 봇 중에서는 수행될 때마다 매번 그들의 주소를 검색하도록 설계된 것들도 있다. 이런 기능을 처음 만들 때는 상당한 시간을 투자해야 하지만, 결국은 그 보상을 확실하게 받을 수 있을 것이다.

복잡한 게임 데이터 식별하기

앞서 4장에서는 게임이 정적 구조에 데이터를 저장하는 방법에 대해 알아봤다. 간단한 데이터를 검색하는 경우라면 이 정도 지식으로도 충분하겠지만 동적 구조에 저장된 데이터를 찾아볼 때는 좀 더 깊은 지식을 필요로 한다. 동적 구조는 각기 다른 메모리 주소에 흩어져서 구성되며, 상대적으로 긴 포인터 체인을 갖는다. 또한 데이터를 추출해내기 위해 좀 더 복잡한 알고리즘이 필요하다.

이 절에서는 게임에서 찾아볼 수 있는 동적 구조와 여기서 데이터를 읽어오는 방법을 알아볼 것이다. 우선 동적 구조의 가장 기본적인 구성요소들부터 살펴보기로 한다. 그런 다음 이 구조에서 데이터를 읽어오는 데 필요한 알고리즘을 간단하게 파악해본다(각 알고리즘을 좀 더 간단하게 살펴보기 위해 메모리에서 데이터를 읽어오는 방법이 존재할 뿐만 아니라 해당 구조의 인스턴스에 대한 포인터를 갖고 있다고 가정할 것이다). 마지막으로, 찾으려는 값이 구조 안에서 캡슐화되어 있을 때 활용할 수 있는 팁에 대해 알아본다. 대부분의 구조에서 사용될 뿐만 아니라 근본적으로 객체 지향적이고 표준 라이브러리에서도 자주 사용되는 C++에 초점을 맞출 것이다.

> **NOTE** 컴파일러나 최적화 설정, 표준 라이브러리 구현 여부에 따라 시스템에 따라 구조의 차이가 발생할 수 있다. 하지만 근본적인 개념 자체는 동일하다. 좀 더 간단하게 살펴보기 위해 커스텀 할당자(custom allocator)나 비교 함수(comparison function)처럼 구조와 상관없는 부분은 그냥 넘어갈 것이다. 관련된 예제 코드는 https://www.nostarch.com/gamehacking/ 페이지의 5장 리소스 파일을 참조하면 된다.

std::string 클래스

std::string의 인스턴스는 동적 저장공간에서 문제를 일으키는 주된 장본인이기도 하다. C++ 표준 템플릿 라이브러리$^{STL, Standard Template Library}$에 속하는 이 클래스는 효율성을 유지하면서 스트링 연산을 이끌어낼 수 있으므로 다양한 유형의 소프트웨어에서 사용된다. 비디오 게임에서는 게임 내에 등장하는 피조물의 이름 같은 거의 모든 스트링 데이터 구조에 std::string을 사용할 수 있다.

std::string 구조 살펴보기

std::string 클래스에서 멤버 함수와 데이터가 아닌 컴포넌트를 제거한다면, 그 구조는 아마 다음과 같을 것이다.

```
class string {
    union {
        char* dataP;
        char dataA[16];
    };
    int length;
};

// 메모리 안의 스트링 가리키기
string* _str = (string*)stringAddress;
```

이 클래스는 스트링을 저장하기 위해 16개의 문자를 사용한다. 또한 처음 4바이트는 문자의 포인터로 활용한다. 약간 이상해 보일 수는 있지만 이는 최적화의 결과라고 할 수 있다. 15개의 문자와 하나의 널 터미네이터를 포함하는 것이 적당하다. 메모리의 16바이트를 미리 확보함으로써 이를 메모리 할당과 해제에 사용할 수 있다. 이보다 긴 스트링을 저장하기 위해 처음 4바이트가 이 스트링 문자들의 포인터로 사용될 수도 있다.

> **NOTE** 코드가 64비트로 컴파일됐다면 처음 4바이트가 아닌 8바이트가 문자 포인터로 활용될 것이다. 이 책에서는 대부분의 예제가 32비트 주소를 사용하므로, int가 주소의 크기라고 가정하면 된다.

이런 방식으로 스트링 데이터에 접근하면 오버헤드가 발생한다. 적합한 버퍼를 할당하는 함수는 다음과 같다.

```
const char* c_str() {
    if (_str->length <= 15)
        return (const char*)&_str->dataA[0];
    else
        return (const char*)_str->dataP;
}
```

std::string이 스트링도 다룰 수 있고 또한 긴 스트링의 포인터로도 활용이 가능하다는 점은 게임 해킹의 측면에서 본다면 매우 흥미로운 요소라고 할 수 있다. 일부 게임에서는 15글자를 넘지 않는 스트링을 저장하기 위해 std::string을 사용한다. 이 경우라면 기본 구조에 대해 더 깊은 지식을 갖고 있지 않더라도 이런 스트링에 기반해 봇을 구현할 수 있을 것이다.

std::string으로 실패하는 경우

데이터를 포함하고 있는 구조의 본질적인 특성들을 속속들이 알지 못하는 상태에서 봇을 만들면 어떤 경우에는 동작하지만 또 어떤 경우에는 심각한 문제를 마주할 수도 있다. 크리처creature 데이터를 게임에서 어떻게 저장하는지 조사한다고 가정해보자. 이론상으로는 코드 5-3에 보이는 것처럼 구조 배열 안에 게임에 등장하는 모든 크리처가 저장되어 있어야 할 것이다.

코드 5-3 메모리에서 찾아볼 수 있는 크리처 정보 해석 방법

```
struct creatureInfo {
    int uniqueID;
    char name[16];
    int nameLength;
    int healthPercent;
    int xPosition;
    int yPosition;
    int modelID;
    int creatureType;
};
```

메모리에서 크리처 데이터를 스캔한 다음 각 크리처마다 고유한 가장 앞부분의 4바이트를 주의해서 살펴봐야 한다. 이 바이트들을 uniqueID라고 부르며 하나의 int 속성으로 볼수 있다. 메모리를 좀 더 깊이 살펴보면 크리처들의 name이 바로 이 uniqueID 뒤에 저장되어 있음을 알 수 있을 것이다. 여기서 좀 더 머리를 굴려보면 이름이 16바이트 롱 타입임을 알 수 있다. 메모리에서 그다음으로 볼 수 있는 값은 nameLength일 것이다. 널 종료 문자nullterminated string가 문자 길이에 포함된다는 것이 약간 이상해 보일 수도 있지만, 이는 무시하고 진행해도 무방하다. 좀 더 분석해보면 코드 5-3의 나머지 값들이 무엇을 의미하는지 파악하고, 이를 이용해 봇이 자동으로 특정한 이름을 가진 크리처를 공격하게 만들 수 있을 것이다.

드래곤^{Dragon}, 사이클롭스^{Cyclops}, 자이언트^{Giant}, 하운드^{Hound} 같은 이름을 가진 괴물들을 사냥하도록 만든 봇을 테스트하다 보면 만들어진 봇을 동료들과 함께 시험해봐야 할 때가 올 것이다. 맨 처음 봇을 사용하기 위해 다같이 모여 슈퍼 보스맨 수프림^{Super Bossman Supreme}이라는 이름의 보스를 처리해보자. 팀 전체가 우선 보스를 공격하고, 보스가 공격 범위를 벗어나면 그때 데몬^{Demon}이나 리퍼^{Reaper} 같은 몬스터를 잡도록 설정하자.

자, 이제 당신 팀이 보스 던전에 도착하면… 아마 모든 봇이 천천히 술 취한 듯이 움직일 것이다.

이 시나리오에서 대체 뭐가 잘못됐을까? 아마 테스트한 게임에서는 크리처의 이름을 단순한 문자 배열이 아닌 std::string 형태로 저장했을 것이다. creatureInfo 안의 name과 nameLength는 이 std::string의 일부이며, name 문자 배열은 dataA와 dataP 멤버의 유니온이다. 슈퍼 보스맨 수프림^{Super Bossman Supreme}은 15개 문자보다 길기 때문에, 그리고 봇은 그 자체로 std::string을 인식할 수 없기 때문에, 아마 잡고자 하는 보스를 인지하지 못했을 것이다. 대신 계속 소환되는 데몬을 타깃으로 삼아 공격을 수행하면서 캐릭터의 체력과 아이템을 조금씩 소진하고 있을 것이다.

std::string에 데이터 저장 장소 결정하기

std::string이 어떻게 구성되어 있는지 알 수 없다면 아마 앞서 설명했던 난관에 봉착할 가능성이 높을 것이다. 하지만 이제 살펴볼 내용을 배우고 익힌 다음 충분한 경험을 쌓는다면 이런 문제에 쉽게 대처해나갈 수 있을 것이다. 메모리에서 name 같은 스트링을 발견한다면 이를 간단한 배열로 가정해서는 안 된다. 스트링이 std::string인지 아닌지를 판단하기 위해 다음과 같은 질문을 던져볼 필요가 있다.

- 왜 널 종료 문자가 스트링의 길이에 포함되는가? 만일 적합한 이유를 찾지 못했다면 std::string일 수 있다.
- 일부 크리처의 이름(혹은 찾으려는 그 어떤 게임 내 대상의 이름)을 16자 이상으로 설정했는데 메모리에서 오직 16개의 문자만 찾을 수 있는가? 만약 그렇다면 데이터는 거의 모두 std::string에 저장된 것이다.
- 이름이 적절하게 저장됐다면 개발자가 strcpy( )를 사용해 이를 수정할 것인가? 원시 C 스트링을 이런 방식으로 작업하는 것은 그리 좋지 않은 결과를 불러오므로 std::string이라고 간주해야 한다.

마지막으로, 와이드 스트링wide string을 저장하는 데 사용되는 std::wstring도 존재한다는 사실을 잊지 말자. 이를 사용하는 방법도 많이 유사하지만, 각 char에 대해 wchar_t가 사용된다는 점이 다르다는 사실을 기억해두자.

std::vector 클래스

게임 내부에는 다양한 데이터의 동적 배열이 존재한다. 하지만 이 배열의 크기를 동적으로 관리하는 건 결코 쉬운 일이 아니다. 신속함과 효율을 위해 게임 개발자들은 간단한 배열 대신 STL 클래스 템플릿을 사용하는 std::vector를 사용해 데이터를 저장하고는 한다.

std::vector 구조 살펴보기

이 클래스의 선언은 코드 5-4와 같다.

코드 5-4 추상화된 std::vector 객체

```
template<typename T>
class vector {
    T* begin;
    T* end;
    T* reservationEnd;
};
```

이 템플릿을 통해 추상화 레이어를 하나 더 추가할 수 있다. 여기서는 DWORD 유형으로 선언된 std::vector를 사용해 설명을 계속한다. 게임 안에서 벡터를 선언하는 방법은 다음과 같다.

```
std::vector<DWORD> _vec;
```

자, 이제 메모리에서 DWORD 유형의 std::vector가 어떻게 나타나는지 살펴보자. _vec의 주소를 이미 알고 있고 동일한 메모리 공간을 공유할 수 있다면, 다음과 같이 클래스의 구조를 다시 만들어 _vec에 접근할 수 있을 것이다. 코드 5-5를 참조하자.

코드 5-5 DWORD std::vector 객체

```
class vector {
    DWORD* begin;
    DWORD* end;
    DWORD* tail;
};
// 메모리 안의 벡터를 가리킴
vector* _vec = (vector*)vectorAddress;
```

begin이 std::vector 객체의 첫 번째 요소를 가리키므로, 이 멤버들을 순수한 배열만으로 처리할 수도 있다. 배열의 길이와 관련된 멤버가 없기 때문에 벡터의 길이를 begin과 end를 가지고 직접 계산해야 한다. 이 과정에서 배열의 마지막 객체 다음에 비어 있는 객체가 배치된다는 사실도 염두에 두어야 한다. 길이를 계산하는 코드는 다음과 같다.

```
int length() {
    return ((DWORD)_vec->end - (DWORD)_vec->begin) / sizeof(DWORD);
}
```

이 함수의 기능은 단순히 end가 저장되어 있는 주소에서 begin이 저장된 주소를 빼서 둘 사이의 바이트 차이를 찾아내는 것이다. 그런 다음 객체의 수를 계산하고 바이트 수를 객체당 바이트 수로 나눈다.

begin과 length( ) 함수를 사용해 _vec의 요소들에 안전하게 접근할 수 있다. 코드로 표현하면 다음과 같다.

```
DWORD at(int index) {
    if (index >= _vec->length())
        throw new std::out_of_range();
    return _vec->begin[index];
}
```

주어진 인덱스에 따라 이 코드는 벡터로부터 아이템을 추출하는 기능을 수행한다. 인덱스가 벡터의 길이보다 큰 경우, std::out_of_range 예외가 수행된다. std::vector에 값을 추가하는 작업은 클래스가 예약되어 있지 않거나 메모리를 재사용하지 않는 한 비용이 상대적으로 많이 드는 작업이 될 수밖에 없다. 이 문제를 해결하기 위해 클래스에 reserve( ) 함수가 구현되어 있으며 이를 통해 벡터에 얼마나 많은 객체가 남아 있는지를 파악할 수 있다.

std::vector의 절대 크기$^{absolute\ size}$(용량)는 재생성해서 사용하는 벡터 클래스의 tail 같은 추가 포인터를 통해 결정된다. 크기를 계산하는 코드는 길이를 계산하는 코드와 유사하다.

```
int capacity() {
    return ((DWORD)_vec->tail - (DWORD)_vec->begin) / sizeof(DWORD);
}
```

std::vector의 길이를 계산할 때 end 주소에서 begin 주소를 빼는 작업을 수행했던 반면, 크기를 구하기 위해서는 tail의 주소에서 begin의 주소를 뺀다. tail과 end를 사용해 벡터에서 사용되지 않은 요소의 개수를 구할 수도 있다.

```
int freeSpace() {
    return ((DWORD)_vec->tail - (DWORD)_vec->end) / sizeof(DWORD);
}
```

적절하게 메모리를 읽고 쓰는 함수를 사용하면 코드 5-4의 선언을 활용할 수 있고, 또한 게임 내 메모리의 벡터에 접근하고 이를 조작할 수 있다. 6장에서는 메모리를 읽는 과정을 좀 더 자세하게 알아볼 것이다. 하지만 지금 단계에서는 std::vector에 저장할 수 있는 데이터에 대해서만 알아보자.

std::vector에 저장할 수 있는 데이터

게임 메모리에서 데이터로 구성된 배열을 찾아냈다면, 어떤 데이터가 std::vector에 저장될 수 있는지 판단해야 한다. 우선, 정적 주소를 가진 배열은 std::vector에 저장될 수 없다. std::vector 객체는 근본적으로 배열에 접근하기 위해 포인터 경로가 필요하기 때문이다. 만약 배열에 포인터 경로가 필요하다면 0의 마지막 오프셋이 std::vector를 가리킬 것이다. 마지막 오프셋을 4로 변경하고 이것이 배열의 첫 번째 객체가 아닌 마지막 객체를 가리키는지 확인해보자. 만약 마지막 객체를 가리킨다면 begin과 end 포인터를 포함해 벡터에 관한 거의 모든 것을 알게 된 셈이다.

std::list 클래스

std::vector와 유사하게, std::list 역시 연결 리스트^{linked list} 안에 아이템들을 저장할 때 사용할 수 있는 클래스다. std::list는 요소와 근접한 공간이 필요 없고, 인덱스를 사용해 요소에 직접 접근할 수 없으며, 앞선 요소에 아무런 영향을 미치지 않으면서 크기를 증가시킬 수 있다는 점이 다르다. 아이템에 접근해야 할 때 오버헤드가 발생하므로 사실 이 클래스는 게임에서 많이 사용되지는 않는다. std::list 클래스가 사용되는 특별한 경우도 이 장에서 함께 살펴볼 것이다.

std::list의 구조 살펴보기

std::list 클래스는 코드 5-6과 같이 구성된다.

```
template<typename T>
class listItem {
    listItem<T>* next;
    listItem<T>* prev;
    T value;
};

template<typename T>
class list {
    listItem<T>* root;
    int size;
};
```

listItem과 list라는 2개의 클래스가 눈에 띈다. 너무 추상적인 설명을 피하기 위해 객체를 DWORD 유형으로 설정하기로 한다. DWORD 유형의 std::list는 다음과 같이 선언된다.

```
std::list<DWORD> _lst;
```

이 선언이 반영된다면 코드는 다음 코드 5-7과 같을 것이다.

코드 5-7 DWORD std::list 객체

```
class listItem {
    listItem* next;
    listItem* prev;
    DWORD value;
};
class list {
    listItem* root;
    int size;
};
// list를 가리킴
list* _lst = (list*)listAddress;
```

list 클래스는 리스트 헤더를 표시하며, listItem은 해당 리스트에 저장되어 있는 값들을 표시한다. 각 값들은 인접해서 저장되는 것이 아니라 독립적으로 저장된다. 각 아이템들은 다음에 올 아이템(next)과 그 앞의 아이템(prev)에 대한 포인터를 포함하고 있으며 이 포인터들을 활용해 리스트 안에 아이템이 어디에 위치하고 있는지 알 수 있다. root 아이템은 이 리스트의 가장 마지막 마커 역할을 수행한다. 가장 마지막에 위치한 아이템의 next 포인터는 바로 이 root 아이템을 가리키며, 가장 첫 번째 아이템의 prev 포인터도 root 아이템을 가리킨다. 또한 root 아이템의 next와 prev 포인터 역시 첫 번째 아이템과 가장 마지막 아이템을 가리킨다. 그림 5-5를 통해 이를 확인할 수 있다.

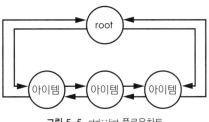

그림 5-5 std::list 플로우차트

이런 구조에서라면 다음과 같은 코드를 사용해 std::list 객체를 반복 처리할 수 있다.

```
// 순방향 반복
listItem* it = _lst->root->next;
for (; it != _lst->root; it = it->next)
    printf("Value is %d\n", it->value);

// 역방향 반복
listItem* it = _lst->root->prev;
for (; it != _lst->root; it = it->prev)
    printf("Value is %d\n", it->value);
```

첫 번째 루프는 첫 번째 아이템에서부터 시작되며(root->next) 엔드 마커인 root에 도달할 때까지 순방향 반복(it = it->next)을 계속한다. 두 번째 루프는 마지막 아이템에서부터 시작되며(root->pres) 역시 엔드 마커인 root에 도달할 때까지 역방향 반복(it = it->prev)을 계속한다. next와 prev에 따라 반복의 결과가 달라진다. 배열 안에 위치하는 객체와 달리, std::list 안에 위치하는 객체들은 서로 연결되어 있지 않기 때문이다. 즉, std::list 안의 각 객체 메모리들이 순차적으로 위치하고 있지 않기 때문에 간단하고 빠르게 크기를 계산하는 것은 불가능하다. 그 대신 클래스 안에서 size 멤버를 정의해 활용한다. 새로운 객체를 위해 공간을 미리 예약해놓는다는 개념 역시 리스트에는 적용이 불가능하다. 따라서 리스트의 용량을 결정하기 위한 변수나 계산 과정이 불필요해진다.

게임 데이터가 std::list에 저장됐는지 살펴보기

std::list 클래스 안에 어떤 객체들이 위치하고 있는지 살펴보는 것은 쉬운 일은 아니다. 하지만 이를 가능하게 만드는 몇 가지 힌트가 존재한다. 우선 std::list 안에 위치한 객체들은 정적 주소를 가질 수 없다. 따라서 만약 찾으려는 주소가 정적 주소를 갖고 있다면 탐색 대상에서 배제돼야 한다. 컬렉션의 일부인 아이템들이라고 하더라도 메모리에서 연속적으로 배치되어 있지 않다면 std::list에 포함될 수 있다.

std::list 안의 객체들이 아주 긴 포인터 체인(it->prev->next->prev->next->prev ...)을 갖고 있고, 이를 대상으로 치트 엔진에서 포인터 스캐닝을 수행한다고 가정해보자. No Looping Pointers 옵션이 활성화되어 있지 있다면 그 결과가 상당히 복잡할 것이다.

연결 리스트에 값이 저장되는 경우 이를 알려주는 스크립트를 작성해 활용할 수도 있다. 코드 5-8은 이런 기능을 수행하는 치트 엔진 스크립트를 보여준다.

코드 5-8 치트 엔진 루아 스크립트를 활용해 std::list에 데이터가 있는지 알아보기

```
function _verifyLinkedList(address)
    local nextItem = readInteger(address) or 0
    local previousItem = readInteger(address + 4) or 0
    local nextItemBack = readInteger(nextItem + 4)
    local previousItemForward = readInteger(previousItem)

    return (address == nextItemBack
```

```
        and address == previousItemForward)
end

function isValueInLinkedList(valueAddress)
    for address = valueAddress - 8, valueAddress - 48, -4 do
        if (_verifyLinkedList(address)) then
            return address
        end
    end
    return 0
end

local node = isValueInLinkedList(addressOfSomeValue)
if (node > 0) then
    print(string.format("Value in LL, top of node at 0x0%x", node))
end
```

코드가 조금 복잡해 보이기는 하지만, 이 코드가 수행하는 기능은 매우 단순하다. isValueInLinkedList( ) 함수는 특정 값의 주소를 가져온 다음, 해당 주소의 8바이트(각 4바이트 크기의 2개 포인터) 앞부분에서 시작해 40바이트(10개의 정수 객체, 일부 대형 구조의 경우)를 조사한다. 메모리 정렬로 인해 이 루프는 4바이트 단위로 반복되기 때문이다.

각 반복이 수행될 때마다 주소가 _verifyLinkedList( ) 함수에 대입되는데 바로 이 과정에서 놀라운 결과가 도출되는 것이다. 연결 리스트 구조의 관점에서 본다면 이 함수는 간단하게 다음 일을 수행하는 것이다.

```
return (node->next->prev == node && node->prev->next == node)
```

기본적으로 메모리 주소가 연결 리스트를 가리키고 해당 노드는 유효한 다음[next] 노드와 이전[previous] 노드를 갖는다고 가정한 것이다. 노드가 유효하다면 이 가정이 정확한 것이고 주소는 연결 리스트 노드와 일치할 것이다. 만약 노드가 존재하지 않거나 정확한 위치를 가리키지 않는다면 이 가정은 틀린 것이 되고 주소는 연결 리스트에 포함되지 않을 것이다.

이 스크립트를 통해 리스트의 루트 노드에 대한 주소를 알 수 있는 것은 아니다. 노드의 주소에는 주어진 값만 포함되어 있다. 링크된 리스트에 정확하게 도달하기 위해서는 루트 노드에이르는 유효한 포인터 경로를 스캔해야 하기 때문에 그 주소가 필요하다.

이 주소를 찾기 위해서는 메모리 덤프를 찾아봐야 한다. 수많은 시도와 착오를 거쳐야 하겠지만 그렇다고 이 일이 완전히 불가능한 것은 아니다. 데이터가 비어 있거나, 비정상적이거나, 혹은 0xBAADF00D(모두는 아니지만 일부 표준 라이브러리에서는 루트 노드를 표시하기 위해 이 값을 사용한다) 같은 값들로 채워진 데이터를 가진 노드를 찾을 때까지 prev와 next 노드 체인을검색해보는 것도 좋은 방법이다.

리스트 안에 얼마나 많은 노드가 존재하는지 미리 알고 있다면 더 쉽게 조사를 수행할 수있다. 리스트 헤더가 없더라도 시작 노드로 돌아올 때까지 다음 포인터를 따라가다 보면 노드의 양이 어느 정도인지 알 수 있을 것이다. 코드 5-9에서 이 방법을 확인할 수 있다.

코드 5-9 치트 엔진의 루아 스크립트를 활용해 임의의 std::list 크기 구하기

```
function countLinkedListNodes(nodeAddress)
    local counter = 0
    local next = readInteger(nodeAddress)
    while (next ~= nodeAddress) do
        counter = counter + 1
        next = readInteger(next)
    end
    return counter
end
```

우선 이 함수는 노드의 숫자를 저장하기 위한 카운터와 다음 노드의 주소를 저장하기 위한 변수를 생성한다. 그런 다음, 최초의 노드에 이를 때까지 while 루프가 반복적으로 수행된다. 마지막으로, 루프를 돌 때마다 수가 증가한 카운터 변수를 반환한다.

스크립트를 작성해 루트 노드를 찾아내는 것도 가능하다. 이 책에서는 이를 다루지 않고 개인적으로 이 방법을 찾고 연마해보길 권장한다. 어떤 방법으로 구현이 가능할까? 루트 노드는 반드시 노드 체인상에 존재하기 때문에 리스트 헤더가 루트를 가리킨다. 또한 리스트의 크기는 메모리의 루트 바로 다음에 나온다. 이런 정보를 알고 있다면 리스트의 크기 다음에 위치하며 리스트의 노드를 가리키는 포인터가 포함된 메모리를 찾는 스크립트를 작성할 수 있을 것이다. 대개 이 메모리의 일부는 리스트 헤더이며 포인터가 가리키는 노드가 루트 노드인 경우가 많다.

std::map 클래스

std::list와 유사하게 std::map도 구조를 형성하기 위해 요소 간의 링크를 사용한다. std::map에서만 각 요소들은 키와 값의 두 가지 데이터 유형으로 저장되며 요소를 분류하는 것은 데이터 구조, 즉 레드 블랙 트리$^{red-black\ tree}$의 속성과 동일하다. 다음 코드에서 std::map의 구조를 확인할 수 있다.

```
template<typename keyT, typename valT>
struct mapItem {
    mapItem<keyT, valT>* left;
    mapItem<keyT, valT>* parent;
    mapItem<keyT, valT>* right;
    keyT key;
    valT value;
};

template<typename keyT, typename valT>
struct map {
    DWORD irrelevant;
    mapItem<keyT, valT>* rootNode;
    int size;
}
```

레드 블랙 트리는 자체적으로 균형이 잡힌 이진 탐색 트리로서, std::map 역시 동일한 구조를 갖고 있다. STL에서 std::map을 구현할 때 트리 안의 각 요소 혹은 노드는 3개의 포인터, 즉 left, parent, right 포인터를 갖게 된다. 포인터에 더해 각 노드 역시 key와 value를 갖는다. 트리 구조를 기반으로 정렬된 노드는 그들의 키와 비교된다. 노드의 left 포인터는 그보다 작은 키를 가진 노드를 가리키며, right 포인터는 더 큰 키를 가진 노드를 가리킨다. parent는 상위 노드를 가리킨다. 트리의 첫 번째 노드는 rootNode라고 부르며, 이를 자식으로 갖는 노드는 존재하지 않는다.

std::map 시각화하기

그림 5-6은 1, 6, 8, 11, 13, 15, 17, 22, 25, 27이라는 키를 갖는 std::map을 보여준다.

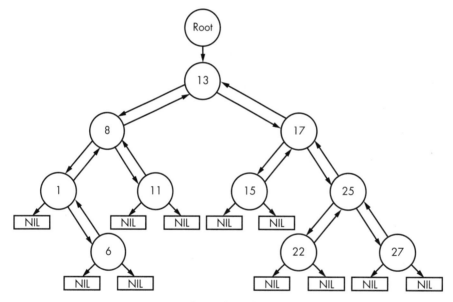

그림 5-6 레드 블랙 트리

값 13을 갖고 있는 노드는 rootNode의 parent이다. 왼쪽에 위치한 노드는 좀 더 작은 키를 갖고 있는 것이고, 오른쪽에 위치한 노드는 좀 더 큰 키를 갖고 있는 것이다. 이는 트리 내의 모든 노드에 적용되는 규칙이다. 이 규칙을 기반으로 좀 더 효율적인 키 기반 검색이 가능해진다. 그림에 표시되지는 않았지만, 루트 노드의 left 포인터는 가장 왼쪽에 있는 1 노드를 가리킬 것이며, right 포인터는 가장 오른쪽의 27 노드를 가리킬 것이다.

std::map의 데이터 액세스

구조에서 데이터를 추출하는 방법을 논하기 위해 다시 한번 정적인 std::map 정의를 사용할 것이다. 템플릿에 2개의 유형이 있으므로 의사타입을 사용해 이를 좀 더 명확하게 만들 것이다. 이 장의 나머지 부분에서 사용할 std::map 객체의 선언은 다음과 같다.

```
typedef int keyInt;
typedef int valInt;
std::map<keyInt, valInt> myMap;
```

이 선언을 통해 myMap 구조는 다음과 같이 만들어진다.

```
struct mapItem {
    mapItem* left;
    mapItem* parent;
    mapItem* right;
    keyInt key;
    valInt value;
};
struct map {
    DWORD irrelevant;
    mapItem* rootNode;
    int size;
}
map* _map = (map*)mapAddress;
```

게임 안에서 std::map 구조 안에 존재하는 데이터에 접근하기 위해서는 몇 가지 중요한 알고리즘을 인지하고 있어야만 한다. 우선 모든 데이터를 보고자 한다면 맵 안의 모든 아이템을 무조건 반복해 조사하는 것도 유용할 수 있다. 이를 연속적으로 수행하기 위해 다음과 같은 함수를 작성할 수 있다.

```
void iterateMap(mapItem* node) {
    if (node == _map->rootNode) return;
    iterateMap(node->left);
    printNode(node);
    iterateMap(node->right);
}
```

전체 맵을 반복해서 도는 함수는 우선 첫 번째 노드를 읽고 이 노드가 rootNode인지 확인한다. rootNode가 아니라면 왼쪽으로 회귀해 노드를 프린트하고, 그런 다음 오른쪽으로 회귀한다.

이 함수를 호출하기 위해서는 다음과 같이 rootNode의 포인터를 지나가야 한다.

```
iterateMap(_map->rootNode->parent);
```

std::map을 사용하는 이유는 키로 저장된 데이터를 빠르게 검색하기 위한 것이다. 특정한 key를 가진 노드를 배치하기 위해 모든 트리를 검색하는 것보다는 내부 검색 알고리즘을 모방하는 것이 더 효율적인 방법이다. std::map을 검색하는 기능을 구현한 코드는 다음과 같을 것이다.

```
mapItem* findItem(keyInt key, mapItem* node) {
    if (node != _map->rootNode) {
        if (key == node->key)
            return node;
        else if (key < node->key)
            return findItem(key, node->left);
        else
            return findItem(key, node->right);
    } else return NULL;
}
```

트리의 가장 꼭대기에서부터 시작해 현재 키가 검색하는 키보다 크다면 왼쪽으로 회귀하고, 작다면 오른쪽으로 회귀하는 구조를 갖고 있다. 만약 키가 동일하다면 현재의 노드를 반환한다. 키를 찾지 못한 채 트리의 바닥에 닿으면 해당 키가 맵에 저장되어 있지 않다고 판단하고 NULL을 반환한다.

findItem() 함수를 활용해 다음과 같이 구현할 수 있다.

```
mapItem* ret = findItem(someKey, _map->rootNode->parent);
if (ret)
    printNode(ret);
```

이 코드를 사용하면 findItem() 함수가 NULL을 반환하지 않는 이상 _map으로부터 노드를 읽어와 출력해줄 것이다.

게임 데이터가 std::map에 저장됐는지 살펴보기

개인적으로는 컬렉션이 배열의 형태인지, 혹은 std::vector나 std::list의 형태인지 파악하기 전에는 굳이 데이터가 std::map에 저장되어 있는지 여부를 신경 쓰지 않는다. 이 세 가지 옵션을 모두 배제한다면 std::list와 마찬가지로 값 앞의 정숫값 3개를 살펴보고 이들이 다른 맵 노드의 메모리를 가리키는지 확인해봐야 한다.

이 모든 동작이 치트 엔진의 루아 스크립트를 통해 작성 가능하다. 이 코드는 값 이전에 유효한 노드 구조가 있는지 알아보기 위해 메모리를 검색해봤던 이전의 리스트 코드와 유사할 것이다. 리스트 코드보다 노드를 검색하는 함수가 좀 더 복잡할 뿐이다. 코드 5-10을 살펴보자.

코드 5-10 치트 엔진 루아 스크립트를 활용해 std::map에 데이터가 있는지 살펴보기

```
function _verifyMap(address)
    local parentItem = readInteger(address + 4) or 0

    local parentLeftItem = readInteger(parentItem + 0) or 0
    local parentRightItem = readInteger(parentItem + 8) or 0
```

```
❶      local validParent =
           parentLeftItem == address
           or parentRightItem == address
       if (not validParent) then return false end

       local tries = 0
       local lastChecked = parentItem
       local parentsParent = readInteger(parentItem + 4) or 0
❷      while (readInteger(parentsParent + 4) ~= lastChecked and tries < 200) do
           tries = tries + 1
           lastChecked = parentsParent
           parentsParent = readInteger(parentsParent + 4) or 0
       end

       return readInteger(parentsParent + 4) == lastChecked
   end
```

이 함수는 address를 인자로 받아 해당 address가 맵 구조 안에 위치하는지 살펴보는 기능을 수행한다. 우선 유효한 부모 노드가 있는지 살펴보고, 만일 그렇다면 ❶과 같이 해당 부모 노드가 다른 반대쪽의 address를 가리키는지 확인한다. 하지만 이 체크만으로는 충분하지 않다. 이 체크를 통과하고 나면 함수는 ❷와 같이 부모 노드의 부모 노드에 이를 때까지 200번을 반복하면서 부모 노드를 거슬러 올라간다. 만일 조부모 노드를 찾는 데 성공한다면 address는 성공적으로 맵 노드를 가리키게 되는 것이다. 184페이지의 'std::map 시각화하기' 절에서도 살펴봤듯이 모든 맵의 최상단에는 루트 노드가 존재하고 이 노드는 다시 트리의 첫 번째 노드를 가리키기 때문에, 노드의 부모 노드는 다시 루트 노드를 가리키게 되는 것이다.

| NOTE | 게임 해킹 책을 읽으면서 할아버지 패러독스에 빠져 너무 많은 시간을 소비하지 않기를 바란다!

이 함수를 사용하고 코드 5-8에서 사용한 백트래킹 루프 코드를 조금 손본다면 맵 안에서 특정 값을 자동으로 찾아낼 수 있을 것이다.

```
function isValueInMap(valueAddress)
    for address = valueAddress - 12, valueAddress - 52, -4 do
        if (_verifyMap(address)) then
            return address
        end
    end
    return 0
end

local node = isValueInMap(addressOfSomeValue)
if (node > 0) then
    print(string.format("Value in map, top of node at 0x0%x", node))
end
```

함수 이름은 일단 논외로 하고 코드 5-8의 코드에서 바뀐 부분은 값의 8바이트 이전이 아닌 12바이트 이전에서 루프가 시작된다는 뜻이다. 맵이 리스트 안에서 2개가 아닌 3개의 포인터를 갖고 있기 때문이다. 맵 구조의 장점 중 하나는 루트 노드를 쉽게 파악할 수 있다는 것이다. _veryfyMap 함수가 참을 반환한다면 parentsParent 변수에는 루트 노드의 주소가 포함되어 있을 것이다. 조금만 수정한다면 이를 기본 호출로 반환하고 std::map에서 데이터를 읽어오는 데 필요한 모든 것을 갖출 수 있다.

마치며

메모리 포렌식은 게임 해킹에서도 시간을 가장 많이 써야 하는 부분이며 다양한 장애물이 시간과 장소를 가리지 않고 나타날 수 있는 작업이다. 목적을 잘 이해하고 패턴과 복잡한 데이터 구조를 좀 더 심층적으로 이해함으로써 이런 장애물을 극복할 수 있을 것이다. 아직도 어떤 이야기인지 잘 이해가 되지 않는다면 제공되는 예제 코드를 내려받아 연구해보자. 해당 코드에는 이 장에서 다뤘던 모든 개념의 알고리즘이 포함되어 있다.

6장에서는 직접 작성한 프로그램의 메모리를 읽고 쓰는 데 필요한 코드를 작성해볼 것이다. 지금까지 메모리 구조와 주소, 데이터에 대해 배운 내용을 직접 구현해보는 첫 단계인 셈이다.

CHAPTER 6

게임 메모리 읽고 쓰기

앞 장에서는 메모리의 구조를 살펴보고 치트 엔진과 OllyDbg를 사용해 메모리를 검색 및 수정하는 방법을 알아봤다. 메모리를 대상으로 어떤 작업을 수행하는 것은 봇을 만드는 과정에서도 핵심적인 과정이다. 그뿐 아니라 코드를 작성할 때도 메모리가 어떻게 동작하는지를 늘 염두에 두고 있어야 한다.

6장에서는 메모리를 조작하는 방법을 코드 레벨에서 살펴보고자 한다. 우선 게임 프로세스의 위치를 파악하고 제어 권한을 확보하기 위해 필요한 코드 사용법을 배울 것이다. 그다음으로 원격 프로세스와 주입된 코드에서부터 메모리를 읽고 쓰는 권한을 획득하는 방법에 대해 알아본다. 마지막으로, 메모리 보호 기술을 우회하는 방법을 알아보고 코드 인젝션 예제를 살펴보면서 마무리한다. 이 장에서 다루는 예제 코드는 책의 소스 파일 중 GameHackingExamples/Chapter6_AccessingMemory 디렉토리에서 찾아볼 수 있다.

NOTE 이 장에서 API 함수에 대해 논할 때 별다른 언급이 없다면 윈도우 API를 말하는 것이다. 라이브러리의 헤더 파일에 대한 별도의 언급이 없다면 Windows.h에 대해 언급하고 있다고 생각하면 된다.

게임 프로세스 식별자 알아내기

게임 메모리에 무언가를 읽고 쓰기 위해서는 우선 프로세스 식별자$^{PID, process identifier}$를 알아낼 필요가 있다. PID는 활성화된 프로세스를 구별할 수 있는 고유의 숫자다. 시각적으로 확인이 가능한 창을 갖고 있는 게임이라면 GetWindowThreadProcessId( )를 호출함으로써 창을 만들어내는 프로세스의 PID를 확인할 수 있을 것이다. 이 함수는 첫 번째 파라미터로 창의 핸들을, 두 번째 파라미터로 출력되는 PID를 갖는다. 코드 6-1에 보이는 것과 같이 FindWindow( )의 두 번째 파라미터에 타이틀(태스크바에 표시되는 텍스트)을 입력함으로써 창 핸들을 찾을 수 있다.

코드 6-1 PID를 알아내 창 핸들 획득하기

```
HWND myWindow =
    FindWindow(NULL, "게임 윈도우의 타이틀이 여기 위치한다");
DWORD PID;
GetWindowThreadProcessId(myWindow, &PID);
```

창 핸들을 확보한 다음에 필요한 것은 예제에서도 보이는 바와 같이 PID를 저장할 공간을 만들고 GetWindowThreadProcessId( )를 호출하는 것이다.

게임이 창으로 표시되지 않거나 창 이름을 알 수 없다면 모든 프로세스를 하나하나 살펴보고 게임 바이너리의 이름을 찾아야 한다. tlhelp32.h의 API 함수 CreateToolhelp32Snapshot( ), Process32First( ), Process32Next( )를 사용해 이를 수행하는 과정을 코드 6-2에서 보여준다.

코드 6-2 창 이름 없이 게임 PID 획득하기

```
#include <tlhelp32.h>

PROCESSENTRY32 entry;
entry.dwSize = sizeof(PROCESSENTRY32);
HANDLE snapshot =
    CreateToolhelp32Snapshot(TH32CS_SNAPPROCESS, NULL);
```

```
if (Process32First(snapshot, &entry) == TRUE) {
    while (Process32Next(snapshot, &entry) == TRUE) {
        wstring binPath = entry.szExeFile;
        if (binPath.find(L"game.exe") != wstring::npos) {
            printf("game pid is %d\n", entry.th32ProcessID);
            break;
        }
    }
}
CloseHandle(snapshot);
```

코드 6-2가 코드 6-1보다 좀 더 복잡해 보이지만 기본적으로 for (반복자; 비교기; 증가) 루프를 도는 함수가 동작한다는 면에서는 매우 유사하다. CreateToolhelp32Snapshot( ) 함수가 snapshot이라고 이름 붙여진 프로세스의 리스트를 획득하고 entry가 이런 리스트에 대한 반복자^{iterator} 역할을 수행한다. Process32First( ) 함수가 반환한 값이 반복자를 초기화하고 그동안 Process32Next( )가 이를 증가^{increment}시킨다. 마지막으로, Process32Next( )의 불린^{Boolean} 반환값이 비교기^{comparator}로 동작한다. 이 코드는 동작하는 모든 프로세스의 스냅샷을 반복하면서 수행되며 game.exe라는 텍스트가 포함된 바이너리 경로를 찾고 그 PID를 출력하는 기능을 수행한다.

프로세스 핸들 획득하기

게임의 PID를 알아냈다면 OpenProcess( )라는 API 함수를 사용하는 프로세스의 핸들을 획득할 수 있을 것이다. 이 함수를 사용하면 메모리를 읽고 쓰는 데 필요한 접근 수준의 핸들을 가져올 수 있다. 프로세스상에서 수행되는 모든 함수는 적절하게 접근할 수 있는 핸들을 요구하기 때문에 게임 해킹에 있어서 이 부분은 아주 핵심적인 부분 중 하나다.

OpenProcess( )의 프로토타입은 다음과 같다.

```
HANDLE OpenProcess(DWORD DesiredAccess, BOOL InheritHandle, DWORD ProcessId);
```

첫 번째 파라미터인 DesiredAccess는 하나 혹은 그 이상이 조합된 프로세스 액세스 플래그로, OpenProcess( ) 반환에 대한 핸들을 설정하기 위해 사용된다. 다양한 플래그를 사용할 수 있으며 게임 해킹에서 자주 사용되는 플래그는 다음과 같다.

- PROCESS_VM_OPERATION: 반환되는 핸들은 일련의 메모리를 할당하고, 이를 해제하고, 보호하기 위해 각각 VirtualAllocEx( ), VirtualFreeEx( ), VirtualProtectEx( )와 함께 사용될 수 있다.

- PROCESS_VM_READ: 반환되는 핸들은 ReadProcessMemory( )와 함께 사용될 수 있다.

- PROCESS_VM_WRITE: 반환되는 핸들은 WriteProcessMemory( )와 함께 사용될 수 있다. 하지만 이 경우 반드시 PROCESS_VM_OPERATION 권한을 갖고 있어야 한다. DesiredAccess 파라미터로 PROCESS_VM_OPERATION | PROCESS_VM_WRITE를 패싱해 2개의 플래그를 설정할 수도 있다.

- PROCESS_CREATE_THREAD: 반환되는 핸들은 CreateRemoteThread( )와 함께 사용될 수 있다.

- PROCESS_ALL_ACCESS: 반환되는 핸들로 모든 일이 가능하다. 디버그 권한이 활성화된 프로세스에서만 사용할 수 있다. 하지만 이전 버전의 윈도우와 호환성 문제가 있으므로 이 플래그를 사용하지 않는 것이 좋다.

게임에서 핸들을 알아내려 할 때 일반적으로 OpenProcess( ) 함수의 두 번째 파라미터로 InheritHandle을 false로 설정한다. 세 번째 파라미터인 ProcessId는 열리는 프로세스의 PID로 설정된다.

OpenProcess( )로 작업하기

이제 OpenProcess( )를 호출하는 예제를 살펴보자. OpenProcess( )는 액세스 권한을 가진 핸들을 사용하며 이를 통해 메모리를 읽고 쓸 수 있다.

```
    DWORD PID = getGamePID( );
    HANDLE process = OpenProcess(
        PROCESS_VM_OPERATION |
            PROCESS_VM_READ |
            PROCESS_VM_WRITE,
        FALSE,
        PID
    );
❶ if (process == INVALID_HANDLE_VALUE) {
        printf("Failed to open PID %d, error code %d",
            PID, GetLastError( ));
    }
```

우선 getGamePID( )를 호출해 찾고자 하는 PID를 알아낸다. 이 함수는 앞서 살펴본 코드 6-1과 코드 6-2의 코드 일부를 활용해 살을 붙여가면서 직접 작성이 가능하다. OpenProcess( )를 호출하는 코드는 3개의 플래그를 갖는다. PROCESS_VM_OPERATION 플래그는 메모리 액세스에 필요한 권한을 부여한다. 다른 두 가지를 조합해 읽고 쓰는 권한을 가져올 수 있다. 이 예제에는 에러 핸들링도 포함되어 있다❶. 하지만 정확한 PID를 가져오고, 유효한 액세스 플래그를 갖고 있으며, 관리자 권한으로 봇이 실행되는 것과 같이 작성한 코드가 게임이 허용한 것과 동일하거나 혹은 그보다 높은 권한을 갖고 실행된다면 이 호출이 실패로 귀결되지는 않을 것이다.

핸들을 사용한 작업이 완료되면 다음과 같이 CloseHandle( )을 사용해 깔끔하게 마무리한다.

```
CloseHandle(process);
```

원한다면 얼마든지 핸들을 재사용할 수 있다. 작업을 모두 종료할 때까지 혹은 봇이 종료될 때까지 하나의 핸들을 계속 오픈 상태로 유지할 수도 있다.

지금까지 게임 메모리를 조작하기 위해 어떻게 프로세스 핸들을 오픈하는지에 대해 살펴봤다. 이제 프로세스와 관련된 메모리에 직접 접근하는 방법을 알아보자.

메모리 접근

윈도우 API에는 메모리 접근에 핵심적인 2개의 함수가 존재하는데, 바로 ReadProcessMemory( )
와 WriteProcessMemory( )이다. 이 두 함수를 사용해 게임의 메모리를 조작할 수 있다.

ReadProcessMemory( )와 WriteProcessMemory( )로 작업하기

코드 6-3에 볼 수 있듯이 이 두 함수의 프로토타입은 서로 매우 닮아 있다. 따라서 이들을
활용하는 작업 역시 거의 동일한 과정을 거쳐서 진행된다.

코드 6-3 ReadProcessMemory()와 WriteProcessMemory()의 **프로토타입**

```
BOOL ReadProcessMemory(
    HANDLE Process, LPVOID Address,
    LPVOID Buffer, DWORD Size,
    DWORD *NumberOfBytesRead
);
BOOL WriteProcessMemory(
    HANDLE Process, LPVOID Address,
    LPCVOID Buffer, DWORD Size,
    DWORD *NumberOfBytesWritten
);
```

두 함수 모두 공통적으로 첫 번째 파라미터인 Process는 프로세스 핸들을 의미하고, 두 번째
파라미터인 Address는 타깃 메모리의 주소를 의미한다. 함수가 메모리를 읽을 경우 Buffer
는 읽어온 데이터를 보유하고 있는 객체를 가리켜야 한다. 함수가 메모리를 쓰고 있을 경우
Buffer는 쓰고 있는 데이터를 가리킨다. 이 두 경우 모두 Size는 Buffer의 크기를 바이트 단
위로 정의한다. 이 두 함수의 마지막 파라미터는 선택적으로 액세스된 바이트의 규모를 반환
하는 데 사용된다. 이 값을 NULL로 적용하는 것도 가능하다. 함수가 실패하지 않는 한, 마지
막 파라미터로 반환되는 값은 Size와 동일해야 한다.

ReadProcessMemory( )와 WriteProcessMemory( )로 메모리의 값 읽어오기

코드 6-4의 코드를 통해 이 함수들을 사용해 메모리의 값을 읽어오는 방법을 알 수 있다.

코드 6-4 윈도우 API를 사용해 프로세스 메모리 읽고 쓰기

```
DWORD val;
ReadProcessMemory(proc, adr, &val, sizeof(DWORD), 0);
printf("Current mem value is %d\n", val);

val++;

WriteProcessMemory(proc, adr, &val, sizeof(DWORD), 0);
ReadProcessMemory(proc, adr, &val, sizeof(DWORD), 0);
printf("New mem value is confirmed as %d\n", val);
```

이와 같은 코드를 작성하기 전에, 192페이지의 '게임 프로세스 식별자 알아내기' 절에서 설명한 것과 같이 PID(proc)뿐만 아니라 읽고 쓰고자 하는 메모리의 주소(adr)를 미리 알아낼 필요가 있다. 이 값들이 제대로 배치되면 ReadProcessMemory( ) 함수는 메모리로부터 읽어온 값을 val 유형으로 저장한다. 그런 다음 코드는 val을 증가시키고 WriteProcessMemory( )를 호출해 원래의 값을 대체한다. 적절한 장소에 쓰기 작업이 완료된 다음 새로운 메모리 값을 확인하기 위해 동일한 주소에서 ReadProcessMemory( ) 호출이 수행된다. val이 실제로는 버퍼가 아니라는 점을 유의해야 한다. &val을 Buffer 파라미터로 처리할 수 있다. Size가 일치하는 한, 정적 메모리 구조를 가리키는 포인터로 사용될 수 있기 때문이다.

정형화된 메모리 액세스 함수 작성하기

코드 6-4는 어떤 유형의 메모리를 다룰 것인지를 알고 있으며, 코드가 DWORD 같은 유형으로 하드코딩되어 있다고 가정하고 있다. 다재다능한 게임 해커가 되려면 각기 다른 유형의 코드를 중복 작성하지 않기 위해 범용 코드에 익숙해지는 것이 좋다. 메모리를 읽고 쓰기 위한 범용 코드는 코드 6-5와 같이 다양한 유형을 지원한다.

```cpp
template<typename T>
T readMemory(HANDLE proc, LPVOID adr) {
    T val;
    ReadProcessMemory(proc, adr, &val, sizeof(T), NULL);
    return val;
}

template<typename T>
void writeMemory(HANDLE proc, LPVOID adr, T val) {
    WriteProcessMemory(proc, adr, &val, sizeof(T), NULL);
}
```

이 함수는 인자로 모든 유형을 받아들이기 위해 C++ 템플릿을 사용하고 있다. 이를 통해 어떤 유형을 사용하더라도 확실하게 메모리에 액세스하는 것이 가능해진다. 예를 들어, 코드에서 보이는 것과 같은 readMemory( )와 writeMemory( ) 템플릿을 사용해 코드 6-6과 같은 호출을 만들 수 있다.

코드 6-6 메모리 액세스 함수 템플릿 호출

```cpp
DWORD value = readMemory<DWORD>(proc, adr); // 읽고
writeMemory<DWORD>(proc, adr, value++);    // 증가시키고 쓴다.
```

이 코드를 코드 6-4의 WriteProcessMemory( )와 ReadProcessMemory( )를 호출하는 코드와 비교해보자. 이 코드는 여전히 값을 읽고, 이를 증가시키고, 새로운 값을 메모리에 쓴다. 하지만 템플릿을 활용해 호출할 유형을 명시할 수 있으므로 모든 데이터에 대해 일일이 새로운 readMemory( )와 writeMemory( ) 함수를 작성할 필요가 없다는 장점이 있다. 다양한 데이터를 다룰 필요가 있기 때문에 이 방법이 좀 더 명확하고 효율적이라고 할 수 있다.

메모리 보호

메모리가 게임이나 여타 일반적인 프로그램에 할당되면 페이지^{page} 안에 위치하게 된다. x86 윈도우에서 페이지는 4,096바이트의 데이터 저장소로 설정된다. 모든 메모리가 페이지 안에 위치해야 하므로 할당할 수 있는 최소한의 할당량은 4,096바이트가 된다. 운영체제상에서는 새롭게 페이지가 할당되거나 혹은 동일한 속성을 가진 2개의 페이지가 이어지는 경우처럼 커밋되지 않은 충분한 공간이 있는 경우 4,096바이트보다 적은 메모리를 설정할 수도 있다.

메모리가 4,096바이트보다 큰 경우 n페이지가 할당돼야 하며, n은 다음과 같이 결정된다.

$$\frac{\text{메모리 크기}}{4,096}$$

운영체제에서 메모리를 할당하는 경우 우선 현재 존재하는 페이지에 여유 공간이 있는지부터 살펴본다. 필요하다면 새로운 페이지를 할당하게 된다.

> **NOTE** 메모리가 페이지의 첫 부분부터 시작한다는 보장이 없기 때문에, $n + 1$ 페이지까지 메모리를 할당하는 것도 가능하다.

메모리 페이지를 이해하는 데 있어 가장 중요한 사실은 각 페이지가 일련의 독특한 속성을 갖고 있다는 점이다. 이런 속성들의 대부분은 사용자 모드로 상속된다. 메모리에 관한 작업을 수행할 때 특별히 신경 써야 할 속성이 바로 보호^{protection} 속성이다.

x86 윈도우 메모리 보호 속성 구별하기

지금까지 우리가 배워온 메모리를 읽는 기술은 아주 기본적인 것에 불과하다. 지금까지 우리가 살펴본 메모리는 PAGE_READWRITE 속성에 의해 보호받고 있다고 간주된 것이다. 일부 유효한 데이터에는 이런 가정이 잘 적용되지만 실제 페이지상에 존재하는 데이터 중에는 다양한 보호 속성을 가진 데이터도 존재한다. 표 6-1에서 X86 윈도우에서 사용되는 다양한 보호 모드를 살펴볼 수 있다.

표 6-1 메모리 보호 유형

보호 유형	값	읽기 권한	쓰기 권한	실행 권한	특수 권한
PAGE_NOACCESS	0x01	없음	없음	없음	
PAGE_READONLY	0x02	있음	없음	없음	
PAGE_READWRITE	0x04	있음	없음	없음	
PAGE_WRITECOPY	0x08	있음	있음	없음	있음. 가상 메모리 쓰기 시 복사(copy on write)
PAGE_EXECUTE	0x10	없음	없음	있음	
PAGE_EXECUTE_READ	0x20	있음	없음	있음	
PAGE_EXECUTE_READWRITE	0x40	있음	있음	있음	
PAGE_EXECUTE_WRITECOPY	0x80	있음	있음	있음	있음. 가상 메모리 쓰기 시 복사
PAGE_GUARD	0x100	없음	없음	없음	있음. 가드 페이지

표 6-1에 보이는 보호 유형의 권한 관련 열에서 '있음'으로 표시된 항목들은 열 제목에 있는 행동들이 메모리 페이지에서 수행이 가능함을 의미한다. 예를 들어, PAGE_READONLY 페이지라면 프로그램이 해당 페이지의 메모리를 읽을 수는 있지만 쓸 수는 없다는 뜻이다.

상수열$^{constant string}$은 일반적으로 PAGE_READONLY 보호 모드를 사용해 저장된다. 가상 함수 테이블이나 모듈의 PE$^{Portable Executable}$ 헤더[1]들 역시 읽기만 가능한 페이지에 저장된다. 반면 어셈블리 코드는 PAGE_EXECUTE_READ 권한으로 보호되는 페이지에 저장된다.

대부분의 보호 유형이 읽기와 쓰기, 실행 권한이 조합되어 있다. 이제 특정한 경우에만 사용되는 보호 유형들은 고려하지 않아도 무방하다. 궁금하다면 201페이지의 '특수한 보호 유형'을 미리 살펴보기를 권장한다. 기본적인 보호 유형만으로도 충분히 게임 해킹을 수행할 수 있다.

---

1 어떤 종류의 애플리케이션인지, 어떤 라이브러리 함수를 사용하는지, 크기는 어느 정도인지와 같은 다양한 프로그램 정보가 여기에 포함되어 있다.

표 6-1에서 오직 2개의 보호 유형만이 가상 메모리 쓰기 시 복사 권한이 있음을 알 수 있다. 중복으로 수행되는 프로세스들이 시스템 DLL을 매핑한 페이지와 같이 동일한 메모리 페이지를 갖고 있다면 이 가상 메모리 쓰기 시 복사 권한이 메모리를 보호하기 위해 사용된다. 실제 데이터는 오직 한 군데의 물리적 장소에 저장되지만 운영체제는 이 물리적 장소의 데이터를 포함하는 모든 메모리 페이지를 가상으로 매핑해 사용한다. 만약 프로세스가 변경된 메모리를 공유한다면 물리적 메모리상에서도 데이터의 여벌이 만들어지고 변경사항도 동일하게 적용된다. 또한 해당 프로세스의 메모리 페이지는 새로운 물리적 메모리에 대해 다시 매핑된다. 가상 메모리 쓰기 시 복사가 수행되면 영향을 받는 모든 페이지에 대한 보호 모드가 순차적으로 변경된다. PAGE_WRITECOPY는 PAGE_READWRITE로, PAGE_EXECUTE_WRITECOPY는 PAGE_EXECUTE_READWRITE로 변경된다. 사실 게임 해킹에서 직접 이런 부분을 활용하는 사례를 발견하지는 못했지만 이해하고 넘어가는 편이 도움이 되리라 생각한다.

페이지는 가드 ^{guard} 보호 속성을 가질 수도 있다. 이 속성을 갖는 페이지는 PAGE_GUARD | PAGE_READONLY 같은 부(副) 보호 속성을 가질 수 있다. 프로그램에서 가드 모드의 페이지에 접근하려 하면 운영체제에서 STATUS_GUARD_PAGE_VIOLATION 예외를 발생시킨다. 이 예외가 처리된 다음 해당 가드 보호 모드가 페이지에서 제거되며, 부 보호 모드만을 남겨놓게 된다. 운영체제에서 이런 보호 모드를 활용할 수 있는 방법 중 하나는 가드 처리된 페이지를 메모리의 최상단에 배치하고 가드 페이지가 활성화될 때마다 콜 스택을 동적으로 확장하는 것이다. 어떤 메모리 분석 툴은 힙 메모리 뒤에 가드 페이지를 배치해 힙 커럽션 $^{heap\ corruption}$ 버그를 감지해내기도 한다. 게임 해킹에서는 게임이 메모리 안에서 활동하는 코드를 감지해내려고 시도할 때 이를 알려주는 인계철선 역할로 활용될 수 있다.

메모리 보호 변경

게임을 해킹할 때 가끔은 메모리 페이지 보호로 접근이 금지된 메모리를 액세스해야 하는 경우가 발생할 수 있다. 이런 경우를 대비해 메모리 보호 모드를 마음대로 변경할 수 있어야 한다. 윈도우 API에서 제공하는 VirtualProtectEx() 함수를 통해 이런 목적을 달성할 수 있다. 다음은 해당 함수의 프로토타입이다.

```
BOOL VirtualProtectEx(
    HANDLE Process, LPVOID Address,
    DWORD Size, DWORD NewProtect,
    PDWORD OldProtect
);
```

함수의 인자인 Process, Address, Size는 ReadProcessMemory( )와 WriteProcessMemory( ) 함수의 입력값과 동일한 형태의 입력값을 갖는다. NewProtect 인자를 통해 새로운 메모리 보호 플래그를 명시할 수 있으며, OldProtect 인자를 통해 이전의 보호 모드를 DWORD 형태로 표시할 수 있다. 대부분의 메모리 보호는 페이지 단위로 수행되며 이는 곧 VirtualProtectEx( )를 통해 새로운 보호 모드가 Address와 Address + Size - 1 사이의 모든 페이지 단위로 설정돼야 한다는 뜻이다.

NOTE VirtualProtectEx() 함수는 VirtualProtect()라는 자매 함수를 갖고 있다. 이 두 함수는 동일한 방식으로 동작하지만 VirtualProtect()는 현재 호출되어 있는 프로세스상에서만 동작하므로 프로세스 핸들 파라미터를 갖지 않는다.

메모리 보호 모드를 변경하기 위한 코드를 작성할 때 템플릿을 만들어 유연하게 작성하는 것이 효율적이다. 코드 6-7은 VirtualProtectEx( ) 함수를 래핑하고 있는 함수를 보여준다.

코드 6-7 메모리 보호 모드를 변경하는 제네릭 함수

```
template<typename T>
DWORD protectMemory(HANDLE proc, LPVOID adr, DWORD prot) {
    DWORD oldProt;
    VirtualProtectEx(proc, adr, sizeof(T), prot, &oldProt);
    return oldProt;
}
```

이 템플릿을 적재적소에 활용한다면 쓰기 권한 없이도 DWORD를 메모리 페이지에 작성할 수 있으며 다음과 같이 활용할 수 있을 것이다.

```
protectMemory<DWORD>(process, address, PAGE_READWRITE)
writeMemory<DWORD>(process, address, newValue)
```

우선 이 코드는 메모리 보호 모드를 PAGE_READWRITE로 변경하도록 설정한다. 쓰기 권한이 승인되면 writeMemory() 함수를 호출해 address에 있는 데이터를 변경할 수 있는 문이 열리는 것과 마찬가지다.

메모리 보호 모드를 변경하는 경우 가급적이면 변경된 모드를 필요한 최소 기간만큼만 유지하고 최대한 빨리 이전의 보호 모드를 복구하는 것이 좋다. 사실 이 방법이 그리 효율적이지는 않지만 게임이 봇을 감지하지 않게 만드는 효과적인 방법이기도 하다.

읽기 전용 메모리에 수행되는 전형적인 쓰기 작업은 다음과 같이 수행된다.

```
DWORD oldProt =
    protectMemory<DWORD>(process, address, PAGE_READWRITE);
writeMemory<DWORD>(process, address, newValue);
protectMemory<DWORD>(process, address, oldProt);
```

이 코드는 코드 6-7의 protectMemory() 함수를 호출해 보호 모드를 PAGE_READWRITE로 변경한다. 또한 보호 모드를 이전 모드인 oldProt[2]로 복구하기 전에 메모리에 newValue를 쓴다. 여기서 사용된 writeMemory() 함수는 앞서 코드 6-5에서 살펴본 것과 동일하다.

마지막으로 가장 중요한 사실 중의 하나는 게임의 메모리를 조작하고 있을 때 게임에서도 동일한 메모리에 접근할 수 있다는 점이다. 만약 새롭게 설정한 보호 모드가 원래의 보호 모드와 호환되지 않는다면 게임 프로세스는 이를 ACCESS_VIOLATION 예외로 처리하고 이로 인해 크래시[crash]가 발생할 것이다. 예를 들어, PAGE_EXECUTE를 PAGE_READWRITE로 변경했다면 게임은 페이지상의 코드를 실행하려 하지만 메모리는 실행되지 않는 상태로 남아 있을 것이다. 이런 경우 PAGE_EXECUTE_READWRITE로 변경한다면 게임이 이를 실행하는 와중에도 메모리상의 정보를 변경할 수 있을 것이다.

---

2   protectMemory()를 최초 호출하면서 페이지의 원래 보호 모드를 읽어온다. - 옮긴이

주소 공간 배치 난수화

지금까지는 메모리 주소를 바이너리 변환만 가능한 정숫값으로 설정했다. 이 모델은 윈도우 XP와 그 이전 모델에는 여전히 유효하다. 하지만 그 이후의 윈도우 시스템에서는 ASLR^{address space layer randomization}이라는 기능을 사용할 수 있으므로 게임 바이너리의 기본 주소에 대해 일부의 경우에만 정적이다. 바이너리가 ASLR을 지원하는 기능을 가지고 컴파일된다면(MSVC++ 2010과 다수의 컴파일러에서 이를 기본 설정으로 제공하고 있다) 바이너리가 수행될 때마다 기본 주소가 달라진다. 이와 반대로 ASLR을 지원하지 않는 바이너리는 항상 기본 주소로 0x400000을 갖는다.

NOTE   XP에서는 ASLR이 동작하지 않으므로 0x400000을 호출할 것이다.

간편한 봇 개발을 위해 ASLR 비활성화하기

개발 과정을 좀 더 간단하게 만들기 위해 ASLR을 비활성화하고 XP 기반으로 사용되는 고정 주소를 활용할 수 있다. 이를 위해 다음과 같이 비주얼 스튜디오 명령 프롬프트를 실행한다.

```
> editbin /DYNAMICBASE:NO "C:\path\to\game.exe"
```

다시 활성화하려면 다음과 같이 입력한다.

```
> editbin /DYNAMICBASE "C:\path\to\game.exe"
```

보호 모드에서 ASLR 우회하기

봇을 개발할 때는 ASLR을 비활성화하는 것이 합리적이지만 제품을 배포할 땐 절대 해서는 안 되는 일이기도 하다. 엔드 유저가 ASLR을 비활성화해서는 안 된다. 대신 실시간으로 기본 주소를 동적으로 변경해주는 함수를 작성해 사용할 수 있다. XP 기반의 주소를 사용한다면 기본 주소를 다시 설정해주는 코드는 다음과 같이 작성될 수 있을 것이다.

```
DWORD rebase(DWORD address, DWORD newBase) {
    DWORD diff = address - 0x400000;
    return diff + newBase;
}
```

게임의 기본 주소를 알고 있다면(newBase), 이 함수를 통해 address를 재설정하고 ASLR을 우회할 수 있을 것이다.

newBase를 찾아내기 위해 GetModuleHandle() 함수를 사용할 필요가 있다. GetModuleHandle()의 파라미터가 NULL일 경우 이 함수는 항상 프로세스의 메인 바이너리 핸들을 반환한다. 함수가 반환하는 값의 유형이 HMODULE이기는 하지만 실제로 이 값은 바이너리가 매핑된 주소를 표현하는 것이다. 이 값이 기본 주소이므로 이를 DWORD로 설정해 newBase를 얻을 수 있게 되는 것이다. 실제로 다른 프로세스의 기본 주소를 찾고 있는 것이므로 해당 프로세스의 상황에 걸맞은 함수를 수행할 수 있는 방법을 찾아야 하는 것이다.

이를 위해 CreateRemoteThread() API 함수를 사용하는 GetModuleHandle() 함수를 호출한다. CreateRemoteThread() API 함수를 통해 스레드를 생성하고 원격 프로세스상의 코드를 수행할 수 있다. 코드 6-8과 같은 프로토타입을 만들 수 있는 것이다.

코드 6-8 스레드를 생성하는 함수

```
HANDLE CreateRemoteThread(
    HANDLE Process,
    LPSECURITY_ATTRIBUTES ThreadAttributes,
    DWORD StackSize,
    LPTHREAD_START_ROUTINE StartAddress,
    LPVOID Param,
    DWORD CreationFlags,
    LPDWORD ThreadId
);
```

생성된 스레드는 StartAddress를 통해 시작된다. Param이라는 입력값을 하나의 파라미터로 가진 함수처럼 동작하며 스레드 종료 코드로 값을 반환하도록 설정한다. 스레드가 GetModuleHandle( ) 주소를 가리키는 StartAddress에서 시작하고 Param이 NULL로 설정된다면 가장 이상적일 것이다. 그런 다음 WaitForSingleObject( ) API 함수를 사용해 스레드 실행이 종료될 때까지 기다렸다가 GetExitCodeThread( ) API 함수를 사용해 반환되는 기본 주소를 얻을 수 있다.

이 모든 내용을 종합해 외부에서 수행되는 봇에서부터 newBase를 얻을 수 있는 코드는 코드 6-9와 같을 것이다.

코드 6-9 API 함수를 사용해 게임의 기본 주소 알아내기

```
DWORD newBase;

// kernel32.dll의 주소를 획득함
HMODULE k32 = GetModuleHandle("kernel32.dll");

// GetModuleHandle( )의 주소를 획득함
LPVOID funcAdr = GetProcAddress(k32, "GetModuleHandleA");
if (!funcAdr)
    funcAdr = GetProcAddress(k32, "GetModuleHandleW");

// 스레드 생성
HANDLE thread =
    CreateRemoteThread(process, NULL, NULL,
    (LPTHREAD_START_ROUTINE)funcAdr,
    NULL, NULL, NULL);

// 스레드를 마치게 함
WaitForSingleObject(thread, INFINITE);

// 엑시트 코드 획득
GetExitCodeThread(thread, &newBase);
```

```
// 스레드 핸들 종료
CloseHandle(thread);
```

GetModuleHandle( ) 함수는 모든 프로세스에서 동일한 기본 주소를 갖는 kernel32.dll
에 포함되어 있다. 따라서 이 코드는 처음에 kernel32.dll의 주소를 얻게 된다. kernel32.
dll의 주소는 모든 프로세스에서 동일하기 때문에 게임에서와 마찬가지로 외부 봇에서도
GetModuleHandle( )의 주소가 동일해야 한다. kernel32.dll의 주소를 알고 있기 때문에 이
코드는 API 함수인 GetProcAddress( )를 사용해 손쉽게 GetModuleHandle( )의 주소를 알
아낼 수 있다. 이 시점에서 코드 6-8에서 보이는 CreateRemoteThread( ) 함수를 호출하고,
해당 스레드의 수행이 종료되면 newBase를 얻기 위한 엑시트[exit] 코드를 추출할 수 있는 것
이다.

마치며

지금까지 코드를 통해 메모리를 조작하는 방법을 배워봤다. 다음에는 여기서 배운 내용을
1부와 2부의 게임에 적용해볼 것이다. 이 장에서 배운 기법들은 이 책의 나머지 장에서 다룰
내용을 익히기 위해서도 꼭 알고 있어야 하는 개념이므로 확실히 이해하고 넘어가야 한다.
문제가 있다면 예제 코드를 통해 개념을 다시 파악해보자. 다양한 테스트와 조작이 가능하도
록 안전한 샌드박스가 제공되고 있으니 6장과 이전 장들에서 배운 내용을 충분히 시험해볼
수 있을 것이다.

코드 6-9에서 GetModuleHandle( )을 실행할 수 있도록 게임을 속이는 것은 일종의 코드 인
젝션이라고 볼 수 있다. 이를 통해 인젝션이 어떤 것인지 살짝 맛볼 수 있었을 것이다. 좀 더
자세히 알고 싶다면 7장을 통해 이 주제를 좀 더 깊이 살펴보자.

PART 3

인형 가지고 놀기

CHAPTER **7**

코드 인젝션

 자, 자기가 마음만 먹으면 게임 회사 안으로 들어가 프로그래머의 자리에 앉아서 게임 클라이언트를 마음대로 주무를 수 있다고 상상해보자. 원한다면 아무 게임이나, 언제라도 원하는 기능을 추가할 수 있다고 생각해보자. 거의 모든 게이머가 어떻게 하면 좀 더 나은 게임을 만들 수 있을까 생각해보지만 대부분은 그저 몽상에 그칠 뿐이다. 하지만 꿈은 언젠간 이뤄지는 법이다. 지금까지 메모리가 어떻게 동작하는지에 대해 배웠으니 이제 당신은 기존의 법칙에서 벗어날 준비가 된 셈이다. 코드 인젝션을 사용하면 그 어느 게임 개발자 못지않게 강력해질 것이다.

코드 인젝션^{code injection}이란 원래의 프로세스가 수행되는 메모리 공간과 실행 환경 안에서 외부 코드를 수행하도록 강제하는 것을 의미한다. 사실 이 주제는 이미 205페이지의 '보호 모드에서 ASLR 우회하기' 절에서 한 번 다룬 적이 있다. 앞서의 내용에서는 CreateRemoteThread( )

를 활용해 ASLR을 원격에서 무력화하는 방법을 알아봤다. 하지만 이는 단지 시작에 불과하다. 이 장의 첫 번째 부분에서는 코드 케이브를 만들고 새로운 스레드를 주입하는 방법, 실행되고 있는 스레드를 하이재킹해 게임이 소규모 어셈블리 코드를 실행하도록 만드는 방법을 배워볼 것이다. 두 번째 부분에서는 게임에 직접 외부 바이너리를 이식하는 방법과 게임이 새롭게 만든 프로그램을 실행하도록 하는 방법을 알아본다.

스레드 인젝션으로 코드 케이브 주입하기

다른 프로세스에 코드를 주입하는 첫 번째 단계는 셸코드 shellcode, 즉 위치와 상관없이 수행이 가능한 어셈블리 코드를 바이트 배열 형태로 작성하는 것이다. 원격에서 셸코드를 작성해 코드 케이브 code cave 를 만들 수 있다. 이렇게 만들어진 코드 케이브는 새로운 스레드의 엔트리 포인트로서 역할을 수행할 것이다. 코드 케이브가 만들어지면 스레드 인젝션 thread injection 이나 스레드 하이재킹 thread hijacking 을 통해 이를 실행할 수 있다. 스레드 인젝션 예제는 이 절에서 바로 살펴볼 것이며, 218페이지의 '코드 케이브를 실행하기 위해 게임 메인 스레드 하이재킹하기' 절에서 스레드 하이재킹에 대해 알아본다.

이 장의 예제 코드는 GameHackingExamples/Chapter7_CodeInjection 디렉토리에서 찾을 수 있다. main-codeInjection.cpp를 열어 해당 파일을 활용해 `injectCodeUsingThread Injection()` 함수를 간단하게 만드는 작업을 설명할 것이다.

어셈블리 코드 케이브 만들기

205페이지의 '보호 모드에서 ASLR 우회하기' 절에서는 `CreateRemoteThread()`를 사용해 프로세스 핸들을 획득하고 이를 통해 `GetModuleHandle()` 함수를 호출함으로써 스레드 인젝션을 수행했다. 이 경우 `GetModuleHandle()`이 코드 케이브의 역할을 수행한 것이다. 새로운 스레드를 위한 엔트리 포인트로서의 역할을 충분히 수행할 수 있는 적절한 코드 구조를 갖고 있었던 것이다. 하지만 스레드 인젝션이 늘 지금처럼 쉬운 건 아니다.

예를 들어, 외부에서 동작하는 봇이 게임 안에서 함수를 원격에서 호출하기를 원한다면 해당 함수는 다음과 같은 프로토타입을 가질 것이다.

```
DWORD __cdecl someFunction(int times, const char* string);
```

원격에서 이 함수를 호출하기 위해서는 몇 가지 문제를 풀어낼 필요가 있다. 우선, 이 함수는 2개의 파라미터를 갖는데 이를 위해 생성해야 하는 코드 케이브는 스택을 설정함과 동시에 이를 적절하게 호출할 수 있어야 한다. CreateRemoteThread()를 통해 하나의 인자를 코드 케이브에 전달할 수 있으며 이를 통해 ESP에 상대적인 인자에 접근이 가능하지만, 나머지 하나는 여전히 코드 케이브 안에 하드코딩돼야 한다. 첫 번째 인자인 times를 하드코딩하는 것이 가장 쉬울 것이다. 케이브가 스택을 적절하게 정리하도록 만들 필요도 있다.

> **NOTE** 6장에서 ASLR 우회를 다룰 때 CreateRemoteThread()를 사용해 이미 알고 있는 주소에서 임의의 코드를 수행하고 단일 파라미터로 코드를 우회함으로써 새로운 스레드를 시작했다는 사실을 상기하자. 여기서 살펴보는 예제들이 스택을 사용하는 하나의 파라미터를 통과할 수 있는 이유가 바로 이것이다.

실행 중인 게임 프로세스에 someFunction 함수를 호출하는 코드 케이브를 주입하는 의사코드는 다음과 같다.

```
PUSH DWORD PTR:[ESP+0x4] // 스택에서 두 번째 인자를 가져옴
PUSH times
CALL someFunction
ADD ESP, 0x8
RETN
```

이 코드만으로도 거의 충분히 의도한 기능을 수행할 수 있지만 이를 좀 더 간단하게 만들 수도 있다. CALL 연산은 2개 중 1개의 피연산자를 필요로 한다. 이 피연산자는 절댓값 함수 주소를 갖고 있는 레지스터이거나 혹은 반환되는 주소에 따라 달라지는 함수의 오프셋을 포함

하고 있는 정수형 즉싯값이어야 한다. 이는 곧 싫증이 날 정도로 많은 양의 오프셋 계산 작업을 수행해야 한다는 뜻이다.

어떤 환경에서도 코드 케이브가 동작할 수 있도록 만들기 위해 코드 7-1과 같이 레지스터를 사용해 수정한다.

코드 7-1 someFunction을 호출하는 코드 케이브

```
PUSH DWORD PTR:[ESP+0x4] // 스택에서 두 번째 인자를 가져옴
PUSH times
MOV EAX, someFunction
CALL EAX
ADD ESP, 0x8
RETN
```

호출되는 함수가 반환되는 값으로 EAX를 덮어쓴다는 사실을 알 수 있으므로 EAX에 중요한 데이터가 저장되지 않게 할 필요가 있다. EAX에 someFunction의 절대 주소를 저장할 수 있는 이유이기도 하다.

어셈블리를 셸코드로 변환하기

코드 케이브는 다른 프로세스의 메모리상에서 작성돼야 하기 때문에 어셈블리로 직접 작성될 수 없다. 대신 일일이 바이트 단위마다 작성이 돼야 한다. 어떤 바이트가 어떤 어셈블리 코드를 표시한다는 표준은 정해져 있지 않지만 간단한 해결책은 존재하기 마련이다. 나는 개인적으로 함수 단위로 비어 있는 C++ 애플리케이션을 어셈블리 코드로 컴파일하고 OllyDbg를 사용해 이 함수를 조사하는 방법을 선호한다. 임의의 프로세스상에서 OllyDbg를 수행하고 필요한 모든 연산의 바이트를 찾아낼 때까지 디스어셈블리 코드를 찾아보는 것도 방법이다. 코드 케이브를 최대한 간단하게 작성하고 싶다면 이 방법도 나쁘지 않다. 하지만 그러기 위해서는 사용하려는 연산들이 모두 일반적인 것이어야 한다는 제약이 따른다. 인터넷에서 어셈블리 옵코드 차트를 찾아볼 수도 있다. 하지만 대부분 가독성이 떨어진다. 내가 선호하는 방법이 상대적으로 가장 쉬워 보인다.

바이트에 대한 파악이 끝났다면 C++를 사용해 손쉽게 적합한 셸코드를 만들 수 있다. 코드 7-2에서 코드 7-1의 어셈블리 코드로 만든 셸코드 스켈리톤을 확인할 수 있다.

코드 7-2 셸코드 스켈리톤

```
BYTE codeCave[20] = {
    0xFF, 0x74, 0x24, 0x04,         // PUSH DWORD PTR:[ESP+0x4]
    0x68, 0x00, 0x00, 0x00, 0x00,   // PUSH 0
    0xB8, 0x00, 0x00, 0x00, 0x00,   // MOV EAX, 0x0
    0xFF, 0xD0,                     // CALL EAX
    0x83, 0xC4, 0x08,               // ADD ESP, 0x08
    0xC3                            // RETN
};
```

이 예제는 셸코드에 필요한 바이트가 포함된 BYTE 배열을 생성한다. times 인자는 동적으로 변경돼야 하는데 컴파일할 때는 someFunction의 주소를 알 수 없다. 셸코드가 우선 스켈리톤 형태로 작성돼야 하는 이유가 바로 이것이다. 4개의 이어지는 0x00바이트로 구성된 두 그룹은 times와 someFuntion 주소가 위치하는 곳이다. 여기에 코드 7-3에서 보이는 코드 스니팻을 추가해 memcpy( )를 호출함으로써 실시간으로 코드 케이브에 실제 값을 주입할 수 있게 되는 것이다.

코드 7-3 코드 케이브에 times와 someFunction 주소 주입하기

```
memcpy(&codeCave[5], &times, 4);
memcpy(&codeCave[10], &addressOfSomeFunc, 4);
```

times와 someFunction의 주소는 모두 4바이트 크기[1]에 해당하며, 이들은 각각 codeCave[5-8]과 codeCave[10-13]에 속하게 된다. memcpy( )를 두 번 호출함으로써 이 정보들을 인자로 전달받아 codeCave 배열 안에 저장하게 되는 것이다.

---

1   times가 int 형태이며 주소는 32비트 값임을 상기하자. – 옮긴이

메모리에 코드 케이브 작성하기

셀코드가 적절하게 작성됐다면 VirtualAllocEx( )와 WriteProcessMemory( )를 사용해 목표로 하는 프로세스 안에 이를 주입할 수 있다. 코드 7-4는 이 방법을 보여준다.

코드 7-4 코드 케이브 메모리에 최종 셀코드 작성하기

```
  int stringlen = strlen(string) + 1; // 널 터미네이터를 포함하기 위해 +1
  int cavelen = sizeof(codeCave);
❶ int fulllen = stringlen + cavelen;
  auto remoteString = // EXECUTE 권한으로 메모리 할당
❷     VirtualAllocEx(process, 0, fulllen, MEM_COMMIT, PAGE_EXECUTE);

  auto remoteCave = // 코드 케이브가 어디로 가야 할지 기록함
❸     (LPVOID)((DWORD)remoteString + stringlen);

  // 스트링을 먼저 작성하고
❹ WriteProcessMemory(process, remoteString, string, stringlen, NULL);

  // 그다음 코드 케이브를 작성함
❺ WriteProcessMemory(process, remoteCave, codeCave, cavelen, NULL);
```

우선 이 코드를 통해 string 인자와 코드 케이브를 게임 메모리에 쓰기 위해 정확하게 얼마나 많은 메모리가 필요한지 결정한 다음 그 값을 fulllen에 저장한다❶. 그런 다음 API 함수인 VirtualAllocEx( )를 호출해 fulllen바이트를 PAGE_EXECUTE 보호 모드로 프로세스 내부에 할당하고(0과 MEM_COMMIT을 각각 두 번째와 네 번째 파라미터에 적용할 수 있다), remoteString 메모리의 주소를 저장한다❷. 또한 stringlen바이트만큼 remoteString을 증가시키고 그 결과를 remoteCave에 저장한다❸. 셀코드는 string 인자 다음에 이어지는 메모리에 직접 기록돼야 한다. 마지막으로, WriteProcessMemory( )를 사용해 할당된 버퍼를 ❹ string과 ❺ codeCave에 저장된 어셈블리 바이트로 채운다.

표 7-1은 코드 케이브의 메모리 덤프가 어떤 식으로 보이는지를 알려준다. 0x030000에 할당됐으며 someFunction은 0xDEADBEEF에, times는 5로 설정되어 있고 string은 injected! 텍스트를 가리킨다.

표 7-1 코드 케이브 메모리 덤프

주소	코드 표현	로(raw) 데이터	데이터 의미
0x030000	remoteString[0-4]	0x69 0x6E 0x6A 0x65 0x63	injec
0x030005	remoteString[5-9]	0x74 0x65 0x64 0x0A 0x00	ted! \0
0x03000A	remoteCave[0-3]	0xFF 0x74 0x24 0x04	PUSH DWORD PTR [ESP+0x4]
0x03000E	remoteCave[4-8]	0x68 0x05 0x00 0x00 0x00	PUSH 0x05
0x030013	remoteCave[9-13]	0xB8 0xEF 0xBE 0xAD 0xDE	MOV EAX, 0xDEADEEF
0x030018	remoteCave[14-15]	0xFF 0xD0	CALL EAX
0x03001A	remoteCave[16-18]	0x83 0XC4 0x08	ADD ESP, 0x08
0x03001D	remoteCave[19]	0Xc3	RETN

'주소' 열은 코드 케이브의 각 부분들이 메모리상에서 어느 부분에 위치해야 하는지를 보여준다. '코드 표현' 열은 '로 데이터' 열의 바이트에 대응하는 remoteString과 remoteCave의 인덱스를 보여준다. '데이터 의미' 열은 각 바이트들을 사람이 인지할 수 있는 형태로 보여준다. 0x030000에서 injedted! 스트링을 관찰할 수 있으며 0x03000E에서 times의 값을, 0x030014에서 someFunction의 주소를 확인할 수 있다.

스레드 인젝션을 활용해 코드 케이브 수행하기

메모리에 코드 케이브를 작성하면 이제 수행하는 일만 남았다. 이 예제는 다음과 같은 코드를 사용해 코드 케이브를 수행할 수 있다.

```
HANDLE thread = CreateRemoteThread(process, NULL, NULL,
                (LPTHREAD_START_ROUTINE)remoteCave,
                remoteString, NULL, NULL);
WaitForSingleObject(thread, INFINITE);
CloseHandle(thread);
VirtualFreeEx(process, remoteString, fulllen, MEM_RELEASE)
```

코드 케이브를 주입하고 수행하기 위해 CreateRemoteThread( ), WaitForSingleObject( ), CloseHandle( )이 호출되며, VirtalFreeEx( )를 사용해 코드 7-4에 보이는 것처럼 할당된 메모리를 해제함으로써 봇 추적을 수행한다. 여기서는 가장 간단한 형태로 코드 케이브가 게임에 주입되어 수행되는 예를 보여준 것이다. 실제로는 VirtualAllocEx( ), WriteProcessMemory( ), CreateRemoteThread( )를 호출한 다음 반환값에 대해서도 많은 신경을 써야 한다.

예를 들어, VirtualAllocEx( )가 0x00000000을 반환한다면 메모리 할당이 실패했음을 의미한다. 이 실패를 적절하게 조치하지 않는다면 WriteProcessMemory( ) 역시 실패할 것이며 CreateRemoteThread( ) 역시 0x00000000의 엔트리 포인트를 가지고 수행될 것이다. 이로 인해 결국 게임에서 크래시가 발생하는 것이다. WriteProcessMemory( )와 CreateRemoteThread( )에서도 반환값이 동일하다면 같은 증상이 발생하게 된다. 대부분의 함수가 적절한 액세스 플래그 없이 프로세스 핸들이 오픈될 때 정상적으로 동작하지 않기 마련이다.

코드 케이브를 실행하기 위해 게임 메인 스레드 하이재킹하기

주입된 코드 케이브와 게임 프로세스의 메인 스레드가 싱크돼야 한다면 이는 쉬운 문제가 아니다. 외부 프로세스상에 존재하는 스레드를 마음대로 제어할 수 있어야 하기 때문이다.

단순하게 코드 케이브의 수행이 끝나는 시점까지 메인 스레드의 수행을 지연시킬 수도 있지만 이 방법은 매우 느리다는 단점이 있다. 코드 케이브 수행이 완료되는 시점까지 기다리면서 오버헤드가 가중되고 이후 스레드가 다시 시작되면 아주 무겁게 움직일 수도 있다. 좀 더 빠른 대안은 스레드로 하여금 코드를 실행하게 만드는 것인데 이 프로세스를 스레드 하이재킹thread hijacking이라고 한다.

책의 소스 코드 파일에서 main-codeInjection.cpp 파일을 열고 스레드 하이재킹 예제를 따라 해 보라. 이 예제는 injectCodeUsingThreadHijacking()을 간단하게 만든 버전이다.

어셈블리 코드 케이브 만들기

스레드 인젝션과 마찬가지로 스레드 하이재킹을 수행할 때 가장 먼저 해야 하는 일은 코드 케이브에서 어떤 일이 발생하는지 파악하는 것이다. 이번에는 어떤 스레드가 수행되는지, 어떤 스레드를 하이재킹해야 하는지 알 수 없으므로 코드 케이브가 시작될 때 스레드 상태를 저장하고 하이재킹이 완료됐을 때 이를 다시 불러올 필요가 있다. 이는 곧 셸코드가 어셈블리 코드로 래핑돼야 한다는 뜻이다. 코드 7-5에서 이를 보여준다.

코드 7-5 스레드 하이재킹 코드 케이브 프레임워크

```
PUSHAD // 범용 레지스터를 스택에 넣음
PUSHFD // EFLAGS를 스택에 넣음

// 셸코드는 여기에 위치함

POPFD // 스택에서 EFLAGS를 불러옴
POPAD // 스택에서 범용 레지스터를 불러옴

// 레지스터를 사용하지 않고 스레드를 재실행
```

스레드 인젝션에서 작업했던 someFunction을 호출한다면 코드 7-2와 유사한 셸코드를 사용할 수 있을 것이다. 앞서 살펴본 셸코드와 단 하나의 차이점은 스택을 활용하는 봇에 두 번째 파라미터를 전달할 수 없다는 것이다. 이번 예제에서는 CreateRemoteThread()를 사용하지 않기 때문이다. 하지만 전혀 문제될 것은 없다. 첫 번째 파라미터를 처리했던 것과 동일한 방식으로 두 번째 파라미터를 전달할 수 있기 때문이다. 호출하려는 함수를 실행하도록 만드는 코드 케이브는 코드 7-6과 같을 것이다.

someFunction을 호출하는 어셈블리 스켈리톤

```
PUSH string
PUSH times
MOV EAX, someFunction
CALL EAX
ADD ESP, 0x8
```

코드 7-1에서 달라진 점은 string을 명쾌하게 한 번에 이동한다는 점과 RETN이 없다는 것이다. 어떤 것을 하이재킹하든지 상관없이 게임 스레드는 항상 복원돼야 하기 때문에 RETN을 호출할 필요가 없다.

스레드를 정상적으로 다시 수행하기 위해서는 레지스터를 사용하지 않고 코드 케이브가 스레드의 원래 EIP로 점프할 필요가 있다. GetThreadContext( )를 사용해 EIP를 가져온 다음 이를 활용해 C++로 작성된 셸코드 스켈리톤을 완성할 수 있을 것이다. 그런 다음 이를 코드 케이브 안의 스택에 넣고 반환한다. 코드 7-7에서 코드 케이브의 마지막 부분을 확인할 수 있다.

코드 7-7 EIP로 우회해서 점핑하기

```
PUSH originalEIP
RETN
```

반환을 통해 스택의 가장 높은 부분에 위치한 값으로 점프하게 되는데 EIP를 넣고 나서 바로 이 작업을 수행함으로써 효과를 거둘 수 있게 된다. 점프 대신 이 방법을 사용하기를 권장한다. 점프를 사용하면 오프셋 계산을 해야 할 뿐만 아니라 이로 인해 셸코드가 좀 더 복잡해지기 때문이다. 코드 7-5와 코드 7-7을 합치면 다음과 같은 코드 케이브를 만들 수 있다.

```
// 상태 저장
PUSHAD      // 범용 레지스터를 스택에 넣음
PUSHFD      // EFLAGS를 스택에 넣음
```

```
// 셸코드 작업
PUSH string
PUSH times
MOV EAX, someFunction
CALL EAX
ADD ESP, 0x8


// 상태를 원상 복귀함
POPFD          // 스택에서 EFLAGS를 불러옴
POPAD          // 스택에서 범용 레지스터를 불러옴


// 언하이잭(un-hijack): 레지스터를 사용하지 않고 스레드를 다시 수행함
PUSH originalEIP
RETN
```

그런 다음 214페이지 '어셈블리를 셸코드로 변환하기' 절의 내용에 따라 해당 바이트를 코드 케이브를 표시하는 배열에 연결한다.

스켈리톤 셸코드를 작성하고 메모리 할당하기

코드 7-2에서 살펴본 것과 동일한 방법으로 코드 7-8과 같이 코드 케이브를 위한 셸코드를 작성할 수 있다.

코드 7-8 스레드 하이재킹 셸코드 배열 생성

```
BYTE codeCave[31] = {
    0x60,                               // PUSHAD
    0x9C,                               // PUSHFD
    0x68, 0x00, 0x00, 0x00, 0x00, // PUSH 0
    0x68, 0x00, 0x00, 0x00, 0x00, // PUSH 0
    0xB8, 0x00, 0x00, 0x00, 0x00, // MOV EAX, 0x0
    0xFF, 0xD0,                         // CALL EAX
    0x83, 0xC4, 0x08,                   // ADD ESP, 0x08
    0x9D,                               // POPFD
```

```
    0x61,                         // POPAD
    0x68, 0x00, 0x00, 0x00, 0x00, // PUSH 0
    0xC3                          // RETN
};

// 스레드의 EIP를 threadContext.Eip에 위치시키기 위해 필요한 코드

memcpy(&codeCave[3], &remoteString, 4);
memcpy(&codeCave[8], &times, 4);
memcpy(&codeCave[13], &func, 4);
memcpy(&codeCave[25], &threadContext.Eip, 4);
```

코드 7-3에서와 같이 memcpy( )는 변수를 스켈리톤에 삽입하기 위해 사용된다. 앞서 사용
된 것과는 달리 여기서는 2개의 변수를 바로 복사하는 것은 불가능하다. 변수 중에서 times
와 func는 바로 파악이 가능하지만 remoteString은 메모리 할당이 완료돼야 알 수 있고
threadContext.Eip는 스레드가 정지됐을 때만 알 수 있다. 계속 스레드가 정지한 상태로 있
는 것은 바람직하지 않으므로 스레드를 정지하기 전에 메모리를 할당하는 것이 합리적이다.
코드는 다음과 같다.

```
int stringlen = strlen(string) + 1;
int cavelen = sizeof(codeCave);
int fulllen = stringlen + cavelen;

auto remoteString =
    VirtualAllocEx(process, 0, fulllen, MEM_COMMIT, PAGE_EXECUTE);
auto remoteCave =
    (LPVOID)((DWORD)remoteString + stringlen);
```

메모리 할당 코드는 스레드 인젝션에서 사용됐던 것과 동일하므로 이전 코드를 그대로 사용
할 수 있다.

메인 스레드 찾고 멈추기

메인 스레드를 멈추는 코드는 조금 복잡하고 까다로운 편이다. 우선 스레드의 고유한 식별자를 알아내야 한다. 이 작업은 PID를 획득하는 작업과 유사하다. TlHelp32.h의 CreateToolhelp32Snapshot( ), Thread32First( ), Thread32Next( )를 활용해 이 작업을 수행할 수 있다. 192페이지의 '게임 프로세스 식별자 알아내기' 절에서도 알아본 바와 같이 이 함수들은 기본적으로 리스트를 대상으로 순차적으로 반복하면서 수행된다. 하나의 프로세스에서 여러 스레드가 수행될 수도 있다. 다음 예제에서는 게임 프로세스가 생성한 첫 번째 스레드를 하이재킹한다고 가정한다.

```
DWORD GetProcessThreadID(HANDLE Process) {
    THREADENTRY32 entry;
    entry.dwSize = sizeof(THREADENTRY32);
    HANDLE snapshot = CreateToolhelp32Snapshot(TH32CS_SNAPTHREAD, 0);

    if (Thread32First(snapshot, &entry) == TRUE) {
        DWORD PID = GetProcessId(Process);
        while (Thread32Next(snapshot, &entry) == TRUE) {
            if (entry.th32OwnerProcessID == PID) {
                CloseHandle(snapshot);
                return entry.th32ThreadID;
            }
        }
    }
    CloseHandle(snapshot);
    return NULL;
}
```

이 코드는 시스템의 모든 스레드상에 존재하는 리스트를 대상으로 게임 PID와 일치하는 첫 번째 스레드를 반복적으로 찾아보는 기능을 구현했다. 그런 다음 스냅샷 엔트리로부터 스레드 식별자를 얻어온다. 스레드 식별자를 인지하고 나면 해당 스레드의 현재 레지스터 상태를 다음과 같이 읽어온다.

```
HANDLE thread = OpenThread(
    (THREAD_GET_CONTEXT | THREAD_SUSPEND_RESUME | THREAD_SET_CONTEXT),
    false, threadID);
SuspendThread(thread);
142 Chapter 7
CONTEXT threadContext;
threadContext.ContextFlags = CONTEXT_CONTROL;
GetThreadContext(thread, &threadContext);
```

이 코드에서는 스레드 핸들을 얻기 위해 OpenThread( )를 사용하고 있다. 그런 다음
SuspendThread( )를 사용해 스레드를 지연시키고 GetThreadContext( )를 사용해 해당 스
레드의 레지스터 값을 획득한다. 이 과정이 완료되면 코드 7-8에서 살펴본 것과 같이
memcpy( ) 코드를 사용해 셸코드 작성에 필요한 모든 변수를 읽어온다.

셸코드가 생성되면 코드 7-4와 동일한 방식으로 할당된 메모리에 코드 케이브를 작성할 수
있다.

```
WriteProcessMemory(process, remoteString, string, stringlen, NULL);
WriteProcessMemory(process, remoteCave, codeCave, cavelen, NULL);
```

케이브가 메모리상에서 실행될 준비가 끝났다면 이제 남은 일은 코드 케이브의 주소에 스레
드의 EIP를 설정하고 스레드를 다시 수행하는 것뿐이다.

```
threadContext.Eip = (DWORD)remoteCave;
threadContext.ContextFlags = CONTEXT_CONTROL;
SetThreadContext(thread, &threadContext);
ResumeThread(thread);
```

이 코드를 통해 코드 케이브의 주소에서 스레드를 다시 실행할 수 있다. 스레드는 변경될 여
지가 없는데 이는 코드 케이브가 작성되는 방식에 기인한다. 케이브에는 스레드의 원래 상태

가 저장되고 케이브 안의 내용이 수행된 다음, 스레드의 원래 상태가 다시 복구되고 원래 코드의 모든 것이 이전 상태로 돌아가기 때문이다.

코드 인젝션을 사용할 때 코드 케이브가 어떤 데이터에 접근하는지 파악하는 일이 매우 중요하다. 예를 들어, 게임 내부에서 네트워크 패킷을 생성하고 보내는 기능을 수행하는 코드 케이브를 작성했다면 패킷 버퍼, 패킷 포지션 마커와 같이 해당 함수가 사용하는 모든 전역 변수가 해당 기능이 수행된 다음 정상적으로 복원되게 해야 한다. 코드 케이브가 수행되는 동안 게임에서 어떤 일이 진행되는지는 아무도 모를 일이다. 당신이 사용하는 것과 동일한 함수를 호출할 수도 있다.

완벽한 제어를 위해 DLL 주입하기

코드 케이브는 자체로 막강한 툴이다. 어셈블리 셸코드를 사용해 게임이 원하는 동작을 수행하도록 만드는 일이 불가능하지 않다. 하지만 이 코드를 일일이 수작업으로 작성하는 것은 실용적이지 않다. 만약 C++ 코드로 케이브를 작성해 주입할 수 있다면 훨씬 편리하지 않을까? 불가능한 일은 아니지만 과정은 훨씬 복잡하다. 코드는 반드시 어셈블리로 컴파일돼야 하며 플랫폼에 상관없이 구동될 수 있도록 패키징돼야 하고 외부 의존성도 반드시 사전에 인지돼야 한다. 그뿐 아니라 메모리 매핑이 완벽하게 구현돼야 하고 엔트리 포인트에서 구동이 가능해야 한다.

다행히도 이 모든 일이 윈도우에서 손쉽게 수행 가능하다. C++ 프로젝트를 컴파일해 동적 라이브러리로 바꾸는 것만으로도 플랫폼에 종속되지 않고 독립적인 DLL^{dynamic link library}을 만들어낼 수 있다. 그런 다음 스레드 인젝션과 하이재킹, 혹은 LoadLibrary( ) API 함수의 조합을 사용해 DLL 파일을 게임 메모리에 매핑할 수 있다.

GameHackingExamples/Chapter7_CodeInjection 디렉토리에 위치한 main-codeInjection.cpp 파일과 GameHackingExamples/Chapter7_CodeInjection_DLL 디렉

토리에 위치한 dllmain.cpp 파일을 열어 예제를 따라 해보자. 특히 main-codeInjection. cpp에서 LoadDLL( ) 함수를 눈여겨보자.

DLL 로딩을 위해 프로세스 속이기

코드 케이브를 사용하면 원격 프로세스를 속여 DLL상에서 LoadLibrary( )를 호출하고 이를 통해 메모리 공간에서 효과적으로 외부 코드를 로딩할 수 있다. LoadLibrary( ) 함수는 하나의 파라미터만을 취하므로 이를 호출하는 코드 케이브를 다음과 같이 작성할 수 있다.

```
// 메모리에 DLL 이름 쓰기
wchar_t* dllName = "c:\\something.dll";
int namelen = wcslen(dllName) + 1;
LPVOID remoteString =
    VirtualAllocEx(process, NULL, namelen * 2, MEM_COMMIT, PAGE_EXECUTE);
WriteProcessMemory(process, remoteString, dllName, namelen * 2, NULL);

// LoadLibraryW( ) 주소 가져오기
HMODULE k32 = GetModuleHandleA("kernel32.dll");
LPVOID funcAdr = GetProcAddress(k32, "LoadLibraryW");

// LoadLibraryW(dllName)을 호출하는 스레드 생성하기
HANDLE thread =
    CreateRemoteThread(process, NULL, NULL,
    (LPTHREAD_START_ROUTINE)funcAdr,
    remoteString, NULL, NULL);

// 스레드 마치고 종료하기
WaitForSingleObject(thread, INFINITE);
CloseHandle(thread);
```

이 예제 코드는 205페이지의 '보호 모드에서 ASLR 우회하기' 절에서 살펴본 스레드 인젝션 코드 일부와 코드 7-2 및 코드 7-3에서 someFunction을 호출하기 위해 작성된 코드 케이브

의 일부가 혼합되어 있다. 앞의 부분은 LoadLibrary라고 이름 붙여진 단일 파라미터 API 함수의 바디를 사용하고 있으며, 이 부분이 코드 케이브의 주축을 이루고 있다. 후자와 마찬가지로 LoadLibrary가 스트링 포인터를 첫 번째 인자로 갖기 때문에 스트링을 메모리에 삽입한다. 스레드가 주입되면 LoadLibrary가 메모리에 주입된 이름을 가진 DLL을 로딩하고, 효과적으로 외부 코드를 게임에 삽입하게 된다.

NOTE 주입하고자 하는 DLL의 이름은 MySuperBotV2Hook.dll처럼 반드시 고유한 것이어야 한다. Hook.dll이나 Injected.dll처럼 일반적인 이름은 위험하다. 주입하려는 DLL의 이름이 이미 로드되어 있는 DLL과 겹친다면 LoadLibrary()는 동일한 DLL로 간주하고 불러오지 않을 것이다.

LoadLibrary() 코드 케이브를 통해 게임 안에서 DLL을 불러오면, DLL_PROCESS_ATTACH가 DllMain()으로 알려진 DLL의 엔트리 포인트를 실행할 것이다. 프로세스가 종료되거나 FreeLibrary()가 DLL에서 호출되면 DLL_PROCESS_DETACH가 엔트리 포인트를 호출한다. 엔트리 포인트에서 발생하는 이런 이벤트들은 다음과 같은 코드로 처리가 가능하다.

```
BOOL APIENTRY DllMain(HMODULE hModule,
                      DWORD ul_reason_for_call,
                      LPVOID lpReserved) {
    switch (ul_reason_for_call) {
        case DLL_PROCESS_ATTACH:
            printf("DLL attached!\n");
            break;
        case DLL_PROCESS_DETACH:
            printf("DLL detached!\n");
            break;
    }
    return TRUE;
}
```

이 예제 함수는 가장 먼저 DllMain()을 호출하게 된 케이스가 무엇인지부터 체크한다. 그런 다음 어떤 것이 이를 호출했는지 알려주는 텍스트를 출력하는데, DLL이 어태치됐는지 여부와 상관없이 결과로 TRUE를 반환하기 때문이다.

DLL의 엔트리 포인터가 모든 함수가 프로세스상에서 로드된 모듈의 리스트를 읽거나 수정할 때 사용하는 로더 락$^{loader\ lock}$ 안에서 실행된다는 사실을 상기하자. 이 로더 락은 GetModuleHandle(), GetModuleFileName(), Module32First(), Module32Next() 같은 함수에서 사용된다. 이는 DLL 엔트리 포인트에서 중요한 코드를 수행함으로써 데드락이 발생할 수 있으므로 이를 피할 필요가 있음을 의미한다.

DLL 엔트리 포인트에서 코드를 수행할 필요가 있다면 다음과 같이 새로운 스레드를 생성해야 한다.

```
DWORD WINAPI runBot(LPVOID lpParam) {
    // 봇 실행
    return 1;
}

// DLL_PROCESS_ATTACH로 DllMain()을 호출하고 여기서 실행
auto thread = CreateThread(NULL, 0, &runBot, NULL, 0, NULL);
CloseHandle(thread);
```

DllMain()에서 이 코드는 runBot() 함수로 시작하는 새로운 스레드를 생성한다. 그리고 바로 스레드의 핸들을 종료하는데 이는 DllMain()에서 더 많은 연산을 수행하는 것이 심각한 문제를 초래할 수 있기 때문이다. runBot() 내부에서 직접 제작한 봇 코드의 수행을 시작할 수 있다. 이렇듯 코드가 게임 내부에서 실행되므로 타입캐스트^{typecast}를 사용해 직접 메모리를 조작할 수 있다. 8장에서도 살펴보겠지만 이를 활용해 훨씬 다양한 작업을 수행할 수 있다.

DLL을 주입하려 할 때는 어떤 의존성 이슈$^{dependency\ issue}$도 존재해서는 안 된다. 작업하려는 DLL에 일부 비표준 DLL이 포함되어 있다면 이를 제일 먼저 게임에 주입하거나 혹은 환경 변수의 경로에 포함되어 있는 폴더처럼 LoadLibrary()가 검색할 수 있는 폴더 내에 위치하게 해야 한다. 첫 번째 경우는 DLL 자체에 의존성이 없는 경우에만 수행될 것이며, 두 번째

경우는 구현에 약간 어려움이 있으며 또한 이름이 중복되어 충돌이 발생할 수 있다. 가장 좋은 해결 방법은 모든 외부 라이브러리를 정적으로 링크를 걸어 이들이 모두 DLL 안에서 직접 컴파일되게 하는 것이다.

주입된 DLL 안에서 메모리 접근하기

주입된 DLL에서 게임 메모리에 접근하려고 할 때 프로세스 핸들과 API 함수가 장애물이 될 수 있다. 게임은 주입된 모든 코드와 동일한 메모리 공간을 공유하므로 주입된 코드를 통해 게임 메모리에 접근이 가능해질 수 있는 것이다. 예를 들어, 주입된 코드로부터 DWORD 값에 접근하려면 다음과 같이 코드를 작성한다.

```
DWORD value = *((DWORD*)adr);  // adr에서 DWORD를 읽음
*((DWORD*)adr) = 1234;         // DWORD adr에 1234를 기록함
```

이 코드를 통해 간단하게 메모리 주소인 adr을 DWORD*로 타입캐스트하고 DWORD에 대한 포인터의 레퍼런스를 해제할 수 있다. 적절한 위치에서 이렇게 타입캐스트를 수행하는 방법이 확실히 효과적이다. 하지만 윈도우 API 래퍼^{wrapper} 처럼 함수를 좀 더 추상적이고 포괄적으로 사용할 수 있다면 코드는 더욱 깔끔해질 수 있을 것이다.

주입된 코드의 내부에서부터 메모리에 접근하는 제네릭 함수는 다음과 같이 작성될 수 있다.

```
template<typename T>
T readMemory(LPVOID adr) {
    return *((T*)adr);
}

template<typename T>
void writeMemory(LPVOID adr, T val) {
    *((T*)adr) = val;
}
```

이 템플릿을 사용하는 것은 197페이지 '정형화된 메모리 액세스 함수 작성하기' 절의 함수를 사용하는 것과 같다. 아래 예제를 참조하자.

```
DWORD value = readMemory<DWORD>(adr); // 읽기
writeMemory<DWORD>(adr, value++);     // 증분하고 쓰기
```

여기서의 호출은 198페이지의 코드 6-6에서 사용된 호출과 거의 동일하다. 인자로서 프로세스 핸들이 필요하지 않다는 점이 동일한데 이는 프로세스 내부에서 바로 호출이 되기 때문이다. 다음과 같이 pointMemory()라고 부르는 세 번째 템플릿 함수를 만들어 좀 더 유연하게 적용할 수도 있다.

```
template<typename T>
T* pointMemory(LPVOID adr) {
    return ((T*)adr);
}
```

이 함수는 메모리 읽기 단계에 필요한 레퍼런스 해제 단계를 건너뛰고 데이터에 대한 포인터를 바로 제공해준다. 이를 통해 포인터의 레퍼런스를 스스로 직접 해제함으로써 메모리에 읽고 쓰기를 자유롭게 수행할 수 있게 된다.

```
DWORD* pValue = pointMemory<DWORD>(adr); // 포인트
DWORD value = *pValue;                   // '읽기'
(*pValue)++;                             // 증분하고 '쓰기'
```

pointMemory() 함수를 적절하게 배치함으로써 readMemory()와 writeMemory()에 대한 호출 빈도를 줄일 수 있다. 여전히 adr을 신속하게 찾을 필요는 있지만 이미 이 단계에서 값을 읽고 이를 변경하고 다시 이전 값을 쓰는 단계들이 훨씬 간단하게 수행될 수 있다.

주입된 DLL을 통해 ASLR 우회하기

코드가 주입됐기 때문에 이전처럼 기본 주소를 얻기 위해 게임에 스레드를 삽입할 필요도 없어졌다. 대신 다음과 같이 바로 GetModuleHandle( )을 호출하면 된다.

```
DWORD newBase = (DWORD)GetModuleHandle(NULL);
```

좀 더 빠르게 기본 주소를 얻기 위해 게임의 FS 메모리 세그먼트를 활용할 수도 있다. 이 또한 주입된 코드를 통해 얻을 수 있는 탁월한 장점 중의 하나라고 할 수 있다. 이 메모리 세그먼트는 스레드 환경 블록^{TEB, thread environment block}이라고 부르는 구조를 가리키며, TEB 안의 0x30바이트는 프로세스 환경 블록^{PEB, process environment block} 구조를 가리키는 포인터다. 이들 구조는 운영체제에 의해 활용되며 현재 활성화되어 있는 스레드와 프로세스에 대한 다양하고 풍부한 정보를 내포하고 있다. 하지만 우리에게 필요한 것은 오직 메인 모듈의 기본 주소이며 이는 PEB 안의 0x8바이트에 저장되어 있다. 인라인 어셈블리를 사용해 newBase를 얻어오는 기능을 다음과 같이 추가할 수 있다.

```
DWORD newBase;
__asm {
    MOV EAX, DWORD PTR FS:[0x30]
    MOV EAX, DWORD PTR DS:[EAX+0x8]
    MOV newBase, EAX
}
```

첫 번째 명령어를 통해 PEB 주소를 EAX에 저장하고, 두 번째 명령어를 통해 메인 모듈의 기본 주소를 읽고 이를 EAX에 저장한다. 그런 다음 마지막 명령어를 통해 EAX를 newBase로 복사한다.

마치며

앞서 6장에서는 원격에서 메모리를 읽는 방법과 주입된 DLL을 사용해 포인터를 사용하는 게임 메모리에 바로 접근하는 방법을 알아봤다. 이 장에서는 순수한 어셈블리 코드에서부터 완전한 형태의 C++ 바이너리에 이르기까지 다양한 형태의 코드를 주입하는 방법에 대해 알아봤다. 다음 장에서는 이렇게 접근한 게임 메모리 공간에서 수행할 수 있는 강력한 작업들을 소개할 것이다. 어셈블리 코드 인젝션도 효과적인 방법이지만 주입된 C++ 코드와 컨트롤 플로우 조작을 함께 사용한다면 훨씬 강력한 효과를 거둘 수 있을 것이다.

7장의 예제 코드를 통해 살펴본 내용을 충분히 경험해볼 수 있을 것이다. 아직도 명확하지 않은 부분이 있다면 해당 예제 코드를 통해 코드 내부에서 어떤 일들이 수행되고 있으며 어떤 기법들이 사용되고 있는지 정확하게 배울 수 있을 것이다.

CHAPTER 8

게임 컨트롤 플로우
조작하기

게임이 스스로 외부에서 주입된 코드를 실행한다면 절대적이
고 강력한 효과를 가져올 수 있다. 하지만 어떻게 게임이 그 자
체의 코드를 실행하는 방식을 변경하게 만들 것인가? 어떻게 전
장의 안개를 걷어내고 벽 뒤의 적을 보이게 만들 것이며, 함수
가 처리해야 하는 인자를 바꿀 것인가? 컨트롤 플로우 조작^{control flow}

^{manipulating}을 통해 앞서 말한 것들을 실행에 옮길 수 있다. 즉, 코드가 수행되는 과
정에 개입해 프로세스를 변경하고 모니터링을 수행한 다음 이를 변경하고 다시 원
상태로 돌아가는 것을 방지할 수 있다.

다양한 방법으로 프로세스의 컨트롤 플로우를 조작할 수 있다. 대부분은 프로세스의 어셈
블리 코드를 조작하는 방법을 사용한다. 어떤 목적을 갖고 있느냐에 따라 여러 가지 방법을
취할 수 있다. 프로세스와 관련된 모든 코드를 삭제해야 할 때도 있고(NOP라고 부름) 혹은 프
로세스의 실행 순서를 변경해 주입된 함수를 실행하도록 만드는 경우(후킹^{hooking}이라고 부름)

도 있다. 이 장에서는 우선 NOP, 후킹과 함께 다양한 컨트롤 플로우 기법에 대해 알아볼 것이다. 기본적인 사항들을 짚고 넘어간 다음 이런 기본적인 원리들을 어도비^{Adobe} AIR나 다이렉트3D^{Direct3D} 같은 범용 게임 라이브러리에 적용해보기로 한다.

이 책의 리소스 파일 중에서 GameHackingExamples/Chapter8_ControlFlow 디렉토리를 열고 해당 샘플 코드를 참조하길 바란다. 아울러 238페이지의 '게임 실행 변경을 위해 후킹하기' 절도 참고하길 바란다.

NOP를 통해 코드 삭제하기

7장은 게임 안에 새로운 코드를 주입하는 것에 초점을 두어 설명했지만 그 반대(즉, 게임에서 특정 코드를 삭제하는 것)도 매우 유용하게 활용할 수 있는 기법이다. 현재 실행되고 있는 원래의 게임 코드를 멈춰야만 하는 해킹 기법도 존재하고 이를 위해서는 어쩔 수 없이 코드를 삭제해야만 하는 경우도 발생한다. NOP는 게임 프로세스에서 코드를 삭제하는 기법을 의미한다. 원래의 x86 어셈블리 코드에 NOP 인스트럭션을 사용해 오버라이트하는 기법이 대표적인 NOP 기법이라고 할 수 있다.

NOP를 사용해야 하는 경우

게임 안에서 적이 투명한 상태인 경우 적의 체력을 표시하는 막대도 함께 표시되지 않는다고 가정해보자. 이런 경우 투명화된 적이 접근하는지조차 알기 힘들 것이다. 이런 상황에서 다른 사람들은 보지 못하는 체력 막대를 볼 수 있다면 이미 이기고 있는 게임을 하는 셈이다. 체력 막대를 표시하도록 하는 코드는 코드 8-1과 같을 것이다.

코드 8-1 drawCreatureHealthBarExample() 함수로 루프 수행하기

```
for (int i = 0; i < creatures.size(); i++) {
    auto c = creatures[i];
```

```
    if (c.isEnemy && c.isCloaked) continue;
    drawHealthBar(c.healthBar);
}
```

체력 막대를 표시하려고 할 때 게임에서는 for 루프를 사용해 화면 표시 범위 안에 있는 크
리처가 투명화되어 있는지 여부를 확인한다. 만일 적이 투명화되지 않았다면 적의 체력 막대
를 표시하기 위해 루프에서 특정 함수(이 예제에서는 drawHealthBar( ))를 호출하게 된다.

위의 예제에서는 단순하게 if (c.isEnemy && c.isCloaked) continue; 부분을 삭제함으로
써 투명화된 적의 체력 막대를 표시할 수 있다. 하지만 게임 해커들이 소스 코드를 직접 볼
수 있을 리는 만무하다. 코드 8-1을 변환한 어셈블리 코드는 다음 의사코드와 같이 보일 것
이다.

```
startOfLoop:                                    ; for
    MOV i, 0                                    ; int i = 0
    JMP condition                               ; first loop, skip increment
increment:
    ADD i, 1                                    ; i++
condition:
    CMP i, creatures.Size()                     ; i < creatures.size()
    JNB endOfLoop                               ; exit loop if i >= creatures.size()
body:
    MOV c, creatures[i]                         ; auto c = creatures[i]
    TEST c.isEnemy, c.isEnemy                   ; if c.isEnemy
    JZ drawHealthBar                            ; draw bar if c.isEnemy == false
    TEST c.isCloaked, c.isCloaked               ; && c.isCloaked
    JZ drawHealthBar                            ; draw bar if c.isCloaked == false
❶   JMP increment                               ; continue
drawHealthBar:
    CALL drawHealthBar(c.healthBar)             ; drawHealthBar(c.healthBar)
    JMP increment                               ; continue
endOfLoop:
```

투명화 여부와 상관없이 게임 안에 등장하는 모든 적의 체력 막대를 표시하기 위해서는 c.isEnemy && c.isCloaked가 true로 판명될 때 수행되는 ❶ JMP increment 명령어를 제거할 필요가 있다. 어셈블리에서 아무것도 수행하지 않는 명령어를 가진 코드를 대체하는 것은 코드를 삭제하는 것보다 더 쉬운 일이다. 바로 이런 경우에 NOP 명령어가 필요하다. NOP는 1바이트(0x90)이므로 2개의 NOP 명령어로 2바이트 JMP increment를 오버라이트할 수 있다. 이 경우 프로세서가 NOP 명령어에 도달하면 c.isEnemy && c.isCloaked가 true라고 하더라도 바로 drawHealthBar( )로 넘어가게 된다.

NOP를 사용하는 방법

어셈블리 코드를 NOP 하는 첫 번째 단계는 코드 쓰기가 가능한 곳에 일련의 메모리 덩어리를 만드는 것이다. NOP 명령어를 작성하는 동안 동일한 메모리 페이지의 코드가 실행될 수도 있으므로 메모리를 실행 가능한 상태로 만들어놓아야 한다. 메모리 보호 모드를 PAGE_EXECUTE_READWRITE로 설정함으로써 이 두 가지 작업을 동시에 수행할 수 있다. 메모리가 적절한 방식으로 보호된다면 NOP 명령어를 작성할 수 있다. 메모리가 쓰기 가능한 상태에서 변환되지 않고도 기술적으로 이 작업이 가능하며 작업이 완료되면 원래의 보호 모드로 복구할 수도 있다.

앞서 6장에서 배운 대로 코드 작성과 메모리 보호를 제대로 준비했다면 코드 8-2에서 보이는 것과 같이 게임 메모리에 NOP 명령어를 작성할 수 있는 코드를 만들 수 있을 것이다 (NOPExample.cpp 파일을 열고 작업을 수행하면 된다).

코드 8-2 적합한 메모리 보호 모드와 함께 NOP 수행하기

```
template<int SIZE>
void writeNop(DWORD address)
{
    auto oldProtection =
        protectMemory<BYTE[SIZE]>(address, PAGE_EXECUTE_READWRITE);

    for (int i = 0; i < SIZE; i++)
```

```
        writeMemory<BYTE>(address + i, 0x90);

    protectMemory<BYTE[SIZE]>(address, oldProtection);
}
```

이 예제에서 writeNop() 함수는 메모리 보호 모드를 조절해 SIZE와 동일한 수만큼 NOP 명령어를 기록한 다음 원래의 메모리 보호 모드를 복구하는 기능을 수행한다.

writeNop() 함수는 NOP 인스트럭션의 수를 템플릿 파라미터로 가져오는데 이는 컴파일이 수행될 때 메모리 함수가 정확한 크기를 필요로 하기 때문이다. 정숫값 SIZE를 통해 메모리 함수는 컴파일 시 BYTE[SIZE]를 처리할 수 있게 되는 것이다. 실시간으로 변경되는 동적 크기를 명세하기 위해 간단하게 루프를 삭제하고 대신 protectMemory<BYTE>를 호출해 address와 address + SIZE를 파라미터로 취하면 된다. 이 방법을 사용하면 메모리 크기가 페이지보다 크지 않은 이상(모든 페이지를 NOP 해서는 절대 안 된다), 메모리가 페이지의 경계에 위치한다고 해도 적절하게 보호될 수 있다.

NOP를 위치시킬 곳의 주소와 NOP 명령어의 횟수를 가지고 함수를 호출할 수 있다.

```
writeNop<2>(0xDEADBEEF);
```

다시 한번 NOP 명령어의 수가 제거하고자 하는 명령어의 바이트 크기와 일치해야 한다는 사실을 상기하자. 위의 코드를 통해 주소 0xDEADBEEF에 2개의 NOP 명령어를 쓸 수 있다.

NOP 연습하기

아직 예제 코드로 연습을 시작하지 않았다면 이 장의 예제 코드에서 NOPExample.cpp 파일을 열어 코드를 가지고 놀아보자. 예제 코드를 통해 writeNop() 함수의 구현 및 동작과 getAddressforNOP()라는 흥미로운 함수 호출을 찾아볼 수 있을 것이다. 이를 통해 예제 프로그램의 메모리를 스캔하고 NOP 명령어가 위치해야 하는 적절한 장소를 찾아낼 수 있을 것이다.

(이어짐)

실제로 NOP 명령어를 찾아보기 위해서는 비주얼 스튜디오 디버거에서 *writeNop( )* 함수의 시작과 끝부분에 브레이크포인트가 설정되어 있는 컴파일된 NOPapplication을 실행해야 한다. 첫 번째 브레이크포인트에 도달하면 Alt + 8 키를 눌러 디스어셈블리 창을 띄우고 입력 창에 **address**를 입력하고 Enter를 누른다. 이를 통해 NOP 타깃 주소로 이동하고 그곳에서 전혀 변경되지 않은 상태의 어셈블리 코드를 확인할 수 있을 것이다. F5를 눌러 실행을 계속 하면 애플리케이션이 NOP를 배치한 다음 두 번째 브레이크포인트를 트리거하게 된다. 마지 막으로, 코드가 NOP에 의해 대체됐는지 확인하기 위해 디스어셈블리 탭에서 **address**로 돌 아간다.

또 다른 멋진 작업을 하기 위해 이 코드를 적절하게 수정할 수 있다. 예를 들어 점프 대신 NOP를 배치하거나, 점프의 유형이나 목적지를 수정할 수도 있다.

여기서 알아본 방법과 그 밖의 대안들이 원활하게 동작할 수 있지만, 단일 JMP에 NOP 명령 어를 오버라이트하는 방법보다는 오류가 발생할 여지가 많다. 외부 코드를 수정하는 경우 잠 재적인 오류를 최소화하기 위해 최소한의 변경만 가해야 한다.

게임 실행 변경을 위해 후킹하기

지금까지 게임을 조작하는 다양한 방법을 알아봤다. 게임에 코드를 추가하고, 게임의 스레 드를 하이재킹하고, 새로운 스레드를 생성하고, 이들의 실행 플로우에서 현존하는 코드를 제거하는 등의 방법을 사용해 게임을 조작할 수 있었다. 이 기법들 하나하나가 매우 효과적 이지만 이들이 결합되어 사용된다면 후킹hooking이라고 부르는 훨씬 강력한 기법을 만들어낼 수 있다. 후킹을 통해 정확하게 실행 지점을 지정해 인터셉트를 수행한 다음 게임이 특정한 동작을 수행하게 하는 코드를 주입하고 이를 실행할 수 있는 것이다. 이번 절에서는 게임 해 킹에 있어 가장 강력한 네 가지 후킹 기법인 콜 후킹call hooking, 가상 함수 테이블 후킹virtual function table hooking, 임포트 주소 테이블 후킹import address table hooking, 점프 후킹jump hooking에 대 해 알려줄 것이다.

콜 후킹

콜 후킹[call hooking] 기법은 새로운 코드로 가기 위해 CALL 연산의 대상을 직접 수정하는 것을 의미한다. x86 어셈블리에는 몇 가지 종류의 CALL 연산이 존재하는데 콜 후킹 기법은 일반적으로 하나의 CALL 연산, 즉 연산자로 즉싯값 주소를 갖는 근거리 호출[near call]만을 사용한다.

메모리에서 근거리 호출 작업하기

어셈블리 프로그램에서 근거리 호출은 다음과 같이 작성된다.

```
CALL 0x0BADF00D
```

이 근거리 호출은 0xE8바이트에 의해 수행되므로 메모리에 다음과 같은 형태로 저장될 것이다.

```
0xE8 0x0BADF00D
```

이를 단일 바이트로 나누고 엔디안으로 변환하면 다음과 같을 것이다.

```
0xE8 0x0D 0xF0 0xAD 0x0B
```

실제로 메모리에 저장되는 근거리 호출이 이런 식으로 간단하게 수행되지는 않는다. 피호출자의 절대 주소를 저장하는 대신 근거리 호출은 호출이 발생하면 즉시 주소에 상대적인 피호출자의 오프셋을 저장한다. 근거리 호출이 5바이트로 처리되므로 호출 이후의 주소는 메모리상에서 5바이트 뒤가 된다. 이런 상황에서 주소는 다음과 같이 저장될 수 있을 것이다.

```
calleeAddress - (callAddress + 5)
```

만약 CALL 0x0BADF00D가 메모리상의 0xDEADBEEF에 위치한다면 0xE8 이후의 값은 다음과 같을 것이다.

```
0x0BADF00D - (0xDEADBEEF + 5) = 0x2D003119
```

메모리상에서 CALL 인스트럭션은 다음과 같을 것이다.

```
0xE8 0x19 0x31 0x00 0x2D
```

근거리 호출을 후킹하기 위해서는 새로운 피호출자를 가리키기 위해 0xE8(이를 리틀 엔디안$^{little-endian}$으로 표현하면 0x19 0x31 0x00 0x2D와 같음) 다음의 오프셋을 변경할 필요가 있는 것이다.

근거리 호출 후킹하기

코드 8-2에서 살펴본 것과 동일한 메모리 보호 원칙을 따른다면, 다음과 같이 근거리 호출을 후킹할 수 있을 것이다(CallHookExample.cpp를 열어 하나하나 따라가 보자).

```
DWORD callHook(DWORD hookAt, DWORD newFunc)
{
    DWORD newOffset = newFunc - hookAt - 5;

    auto oldProtection =
        protectMemory<DWORD>(hookAt + 1, PAGE_EXECUTE_READWRITE);

    DWORD originalOffset = readMemory<DWORD>(❶hookAt + 1);
    writeMemory<DWORD>(hookAt + 1, newOffset);
    protectMemory<DWORD>(hookAt + 1, oldProtection);

❷   return originalOffset + hookAt + 5;
}
```

이 함수는 인수로 후킹할 CALL의 주소(hookAt)와 실행을 변경할 함수의 주소(newFunc)를 가지며 이들을 사용해 주소 newFunc에 포함되어 있는 코드를 호출하는 데 필요한 오프셋을 계산한다. 적절한 메모리 보호 모드를 적용하고 난 후 callHook( ) 함수는 ❶ hookAt + 1의 메모리에 새로운 오프셋을 기록하고 이전 메모리의 보호 모드를 적용한다. 그런 다음 ❷와 같이 원래 호출의 주소를 계산하고 그 값을 호출자에게 넘긴다.

실제 게임 해킹에서는 다음과 같이 사용이 가능하다.

```
DWORD origFunc = callHook(0xDEADBEEF, (DWORD)&someNewFunction);
```

이를 통해 0xDEADBEEF에 위치한 0x0BADF00D에 대한 근거리 호출을 후킹할 수 있으며 수행돼야 하는 코드를 포함하고 있는 someNewFunction의 주소로 실행 방향을 바꿀 수 있게 되는 것이다. 이 함수가 호출되고 나면 origFunc 값은 0x0BADF00D를 갖게 될 것이다.

스택 비우기

새로운 피호출자는 스택을 적절하게 처리하고 레지스터를 유지해야 할 뿐만 아니라 적절하게 값을 반환해야 한다. 이는 곧 치환되는 함수가 원래의 함수가 갖고 있는 호출 규약과 인수계산에도 반드시 일치해야 한다는 뜻이다.

어셈블리로 작성된 원래의 함수가 다음과 같다고 가정해보자.

```
PUSH 1
PUSH 456
PUSH 321
CALL 0x0BADF00D
ADD ESP, 0x0C
```

호출자에 의해 스택이 초기화되므로 이 함수가 C++ __cdecl 규약[1]을 따른다고도 볼 수 있을 것이다. 또한 스택에서 지워지는 0x0C 바이트는 3개의 인수를 갖고 있는데 이는 다음과 같이 계산될 수 있다.

$$\frac{0x0C}{sizeof(DWORD)} = 3$$

물론 스택에 얼마나 많은 것이 저장되는지를 체크해 인수의 개수를 알 수도 있다. 여기서는 각 인수에 대해 3개의 PUSH 명령어가 존재하므로 인수가 3개임을 알 수 있다.

콜 훅 작성하기

새로운 피호출자인 someNewFunction은 __cdecl 규약을 준수함과 동시에 3개의 인수를 갖고 있다. 새로운 피호출자의 스켈리톤 코드는 다음과 같을 것이다.

```
DWORD __cdecl someNewFunction(DWORD arg1, DWORD arg2, DWORD arg3)
{

}
```

비주얼 스튜디오의 C++ 프로그램은 기본적으로 __cdecl 규약을 준수한다. 따라서 함수 정의에서 이를 굳이 명시하지 않아도 무방하다. 하지만 모두가 알고 있다고 간주되는 것까지도 명세해주는 습관을 들이는 것이 좋으므로 좀 장황하게 보일지라도 이를 명시하는 것을 추천한다. 또한 호출자가 반환되는 값을 가져야 한다면 반환되는 값의 유형도 일치해야 한다는 사실을 명심하자. 이 예제에서 반환되는 값의 형태는 항상 DWORD이거나 이보다 작은 값이어야 한다. 이 크기 범위 안의 반환값 형태들은 EAX에서 다시 전달되므로 더 많은 예제에서 반환값으로 DWORD 형태를 사용할 것이다.

---

1 C++ 프로그램의 기본 호출 규칙을 말함. 자세한 내용은 https://msdn.microsoft.com/ko-kr/library/zkwh89ks.aspx에서 확인 가능하다. - 옮긴이

대부분의 경우 후킹은 원래의 함수를 호출하고 그 반환값을 호출자에게 전달함으로써 마무리된다. 이 모든 내용을 한곳에 모은다면 다음과 같을 것이다.

```
typedef DWORD (__cdecl _origFunc)(DWORD arg1, DWORD arg2, DWORD arg3);

_origFunc* originalFunction =
    (_origFunc*)hookCall(0xDEADBEEF, (DWORD)&someNewFunction);

DWORD __cdecl someNewFunction(DWORD arg1, DWORD arg2, DWORD arg3)
{
    return originalFunction(arg1, arg2, arg3);
}
```

이 예제에서는 원래 함수의 프로토타입 유형을 선언하기 위해 typedef를 사용하고 있다. 이를 통해 이 유형을 사용하는 원래의 함수를 가리키는 포인터를 만들어내는 것이다. 그런 다음 someNewFunction() 함수가 이 포인터를 사용해 원래의 인수를 가진 원래 함수를 호출하며 호출자에게 반환된 값을 전달한다.

지금으로서는 someNewFunction() 함수가 하는 일은 원래의 함수로 돌아가는 것뿐이다. 하지만 지금부터 someNewFunction()의 내부를 변경함으로써 원하는 모든 일을 할 수 있게 된다. 원래 함수로 전달되는 인수를 수정할 수도 있고, 나중에 사용하기 위해 중간에 이를 가로채고 저장할 수도 있다. 호출자에 반환값이 필요하지 않다는 사실을 알거나, 혹은 이들 반환값을 스푸핑spoofing할 수 있다면 원래 함수가 무엇이든 상관없다. 새로운 피호출자가 수행하는 기능을 완벽하게 대치하거나, 복제하거나, 이를 개선할 수도 있을 것이다. 이 기술을 완벽하게 연마한다면 원하는 게임 어느 부분에라도 네이티브 C 혹은 C++ 코드를 추가할 수 있다.

VF 테이블 후킹

콜 후킹과 달리 VF 테이블 후킹virtual function table hooking은 어셈블리 코드를 수정하지 않는다. 대신 클래스의 VF 테이블에 저장되어 있는 함수의 주소를 수정한다(VF 테이블이 무엇인지 상기하고 싶다면 129페이지의 '가상 함수가 포함된 클래스' 절을 참고하라). 동일한 클래스 유형을 갖는 인스턴스들은 정적 VF 테이블을 공유한다. 따라서 VF 테이블 후킹은 어떤 클래스 인스턴스가 게임에서 함수를 호출하는지와 상관없이 멤버 함수를 구성하는 모든 호출을 인터셉트할 것이다. 이는 매우 강력하면서도 한편으로 까다로운 방법이다.

VF 테이블에 관한 진실

간단하게 설명하자면, 사실 VF 테이블 후킹을 통해 멤버 함수를 구성하는 모든 호출을 인터셉트할 수 있다는 것에는 약간의 거짓말이 섞여 있다. 사실 VF 테이블은 컴파일러에서 타입을 정확하게 처리하지 않으면서 가상 함수를 호출할 때만 검색된다. 예를 들어, VF 테이블은 함수가 inst->function() 호출 형식으로 호출될 때만 검색된다. VF 테이블은 컴파일러가 유형을 확정하는 방식, 즉 inst.function() 같은 형식이나 이와 유사한 방식의 호출을 통해 가상 함수가 호출되는 경우에는 검색되지 않을 것이다. 이런 경우 컴파일러가 함수의 주소를 알 수 있기 때문이다. 이와 반대로 inst가 레퍼런스되는 스코프에서 inst.function()을 호출하면 VF 테이블을 트리거할 것이다. VF 테이블 후킹을 구현하기 전에 후킹하고자 하는 함수 호출이 유형 모호성type ambiguity을 갖고 있는지부터 확인해봐야 한다.

VF 테이블 훅 작성하기

VF 테이블 훅을 어디에 설치할지 논의하기 전에 성가신 호출 규약부터 다시 살펴볼 필요가 있다. VF 테이블은 클래스 인스턴스가 가상의 멤버 함수를 호출할 때 사용되며 모든 멤버 함수는 __thiscall 규약을 준수한다. __thiscall이라는 이름은 멤버 함수가 액티브 클래스 인스턴스를 레퍼런스할 때 사용하는 this 포인터에서 유래했다. 따라서 멤버 함수에게는 ECX의 의사파라미터로 this가 주어진다.

모든 __thiscall 혹 콜백을 위한 컨테이너로 동작하는 클래스를 선언함으로써 __thiscall
의 프로토타입을 매칭하는 것도 가능하다. 하지만 개인적으로 이 방법을 그리 선호하지는 않
는다. 대신 인라인 어셈블리를 활용해 데이터를 제어하는 것이 더 용이한 방법이다. 클래스
에 VF 훅을 배치해 데이터를 제어하는 방법은 다음과 같다.

```cpp
class someBaseClass {
    public:
        virtual DWORD someFunction(DWORD arg1) {}
};
class someClass : public someBaseClass {
    public:
        virtual DWORD someFunction(DWORD arg1) {}
};
```

someBaseClass 클래스는 하나의 멤버(하나의 퍼블릭 가상 함수)만을 가지며, someClass 클
래스는 someBaseClass를 상속받고 someBaseClass::someFunction 멤버를 덮어쓴다.
someClass::someFunction을 후킹하기 위해서는 코드 8–3과 같이 VF 테이블 훅의 프로토
타입을 복제해야 한다(프로젝트의 VFHookExample.cpp 파일을 참조하라).

코드 8-3 VF 테이블 훅 시작하기

```cpp
   DWORD __stdcall someNewVFFunction(DWORD arg1)
   {
❶      static DWORD _this;
       __asm MOV _this, ECX
   }
```

__thiscall의 경우 ECX상에 this가 주어진다는 점이 __stdcall과 다른 유일한 점이며, 이
로 인해 이 함수는 훅으로서 동작할 수 있게 되는 것이다. 이 차이점을 해결하고자 콜백 함수
는 ECX에서 정적 변수❶로 this를 복사하기 위해 __asm으로 표시된 인라인 어셈블리를 사
용한다. 정적 변수는 전역으로 초기화되기 때문에 MOV _this, ECX 이전에 수행되는 코드는

오직 스택 프레임을 설정하는 코드뿐이며, 이 코드는 ECX에 영향을 미치지 않는다. 어셈블리가 수행되면 ECX에 적절한 값이 할당된다는 사실을 잘 알 수 있다.

> **NOTE** 여러 스레드에서 동시에 하나의 VF 함수를 호출한다면 _this가 앞선 호출에 의해 사용되는 동안 수정될 수 있기 때문에 someNewVFFunction() 후킹이 실패할 수 있다. 일반적으로 게임에서는 스레드 간의 중요한 클래스에 대해 여러 번 중복된 인스턴스를 생성하지 않기 때문에 개인적으로는 아직 이 문제를 마주한 적이 없었다. 이 문제를 해결할 수 있는 효율적인 방안은 스레드의 _this를 로컬 스토리지에 저장해 각 스레드가 해당 복사본을 사용할 수 있게 하는 것이다.

이를 실행하기 전에 VF 테이블 콜백은 __thiscall 규약을 준수하기 위해 ECX를 복구한다. 해당 프로세스는 다음과 같다.

```
DWORD __stdcall someNewVFFunction(DWORD arg1)
{
    static DWORD _this;
    __asm MOV _this, ECX

    // 여기서 게임 관련 수정이 발생함

    __asm ❶MOV ECX, _this
}
```

게임 해킹 코드를 실행한 다음 someNewVFFunction()의 이 버전은 코드 8-3의 첫 번째 MOV 인스트럭션의 반대 버전으로 ECX를 복원한다❶.

__cdecl 함수와는 달리 콜 훅처럼 함수 포인터와 typedef만 사용하는 순수한 C++에서 __thiscall 규약을 준수하는 함수를 호출해서는 안 된다. VF 테이블 훅에서 원래 함수를 호출하려 할 때는 반드시 인라인 어셈블리를 사용해야 한다. 데이터, 특히 _this를 적절하게 처리할 수 있는 유일한 방법이 바로 이것이기 때문이다. 이 방법을 사용해 someNewVFFunction() 훅을 만든다면 코드는 다음과 같을 것이다.

```
    DWORD __stdcall someNewVFFunction(DWORD arg1)
    {
        static DWORD _this, _ret;
        __asm MOV _this, ECX

        // 호출 이전 부분

        __asm {
            PUSH arg1
            MOV ECX, _this
❶          CALL [originalVFFunction]
❷          MOV _ret, EAX
        }

        // 호출 이후 부분

❸      __asm MOV ECX, _this
        return _ret;
    }
```

이제 someNewVFFunction( ) 함수는 this를 _this 변수에 저장하고, 코드 일부를 실행 가능하게 만들고, 후킹될 원래의 함수를 호출하고❶, 함수에서 반환되는 값을 _ret에 저장하고❷, 더 많은 코드를 수행한 다음, this를 ECX로 복구하며❸, _ret에 저장되어 있는 값을 반환한다. 피호출자는 __thiscall 호출의 스택을 초기화하므로 콜 후킹과 다르게 입력된 인수가 제거될 필요가 없다.

NOTE   언제라도 입력된 단일 인수를 제거하고 싶다면 단일 인수가 4바이트이므로 어셈블리 명령어 ADD ESP, 0x4를 사용하면 된다.

VF 테이블 후킹 활용하기

호출 규약이 만들어지고 스켈리톤 콜백이 제자리에 위치하게 되었다면 이제부터는 좀 더 흥미로운 부분이 시작된다. 자, 이제 실제로 VF 테이블 후킹을 활용하는 방법을 알아보자. 클래스의 VF 테이블에 대한 포인터는 모든 클래스 인스턴스의 첫 번째 멤버가 되므로, VF 테이블 후킹을 제대로 위치시키려면 하나의 클래스 인스턴스 주소와 후킹될 함수의 인덱스가 필요하다. 최소한의 코드를 사용해 필요한 부분을 추가한다면 다음 예제와 같을 것이다.

```
DWORD hookVF(DWORD classInst, DWORD funcIndex, DWORD newFunc)
{
    DWORD VFTable = ❶readMemory<DWORD>(classInst);
    DWORD hookAt = VFTable + funcIndex * sizeof(DWORD);

    auto oldProtection =
        protectMemory<DWORD>(hookAt, PAGE_READWRITE);
    DWORD originalFunc = readMemory<DWORD>(hookAt);
    writeMemory<DWORD>(hookAt, newFunc);
    protectMemory<DWORD>(hookAt, oldProtection);

    return originalFunc;
}
```

hookVF() 함수는 클래스 인스턴스의 첫 번째 멤버를 읽음으로써❶ VF 테이블을 찾고 이를 VFTable에 저장한다. VF 테이블은 DWORD 크기의 주소가 모인 배열이므로 이 코드는 함수의 주소를 VF 테이블 안의 함수 인덱스에 DWORD의 크기인 4를 곱해 구할 수 있으며 이 결과를 VF 테이블의 주소에 추가한다. 이 시점에서부터 hookVF() 함수가 콜 훅과 비슷한 기능을 수행한다. 메모리에 적절한 보호 모드를 설정해 적합하게 액세스되고 있는지 확인하고, 나중에 사용할 원래 함수 주소를 저장하고, 새로운 함수 주소를 기록하고, 마지막으로 원래의 메모리 보호 모드를 복원하는 것과 같은 일들을 수행하게 되는 것이다.

일반적으로 게임에서는 한 클래스의 VF 테이블만을 후킹하고 VF 테이블에서 hookVR() 같은 함수를 호출하게 된다. 코드로 표현하면 다음과 같다.

```
DWORD origVFFunction =
    hookVF(classInstAddr, 0, (DWORD)&someNewVFFunction);
```

여느 때와 마찬가지로 classInstAddr과 funcIndex 인수를 앞서 찾아내는 것이 필요하다.

VF 테이블 후킹을 유용하게 쓸 수 있는 경우가 더러 있지만 적합한 클래스 포인터와 함수를 찾아내는 일은 결코 쉽지 않다. 이를 고려한다면 이런 흔하지 않은 유스 케이스use case를 찾는 것보다 차라리 앞서 다른 유형의 후킹에서 언급했던 273페이지의 '다이렉트3D에 점프 훅과 VF 훅 적용하기' 절에서 다루고 있는 VF 테이블 후킹을 살펴보는 편이 좋을 것 같다.

이 시점에서 VF 후킹을 더 연마해보고 싶다면 책의 리소스 파일에 포함된 예제 클래스에 새로운 가상 함수를 추가하고 이를 후킹하는 연습을 해보자. someBaseClass에서 두 번째 클래스를 생성하고 이 가상 테이블에 훅을 설치할 수도 있을 것이다. 이런 방법을 통해 동일한 기본 클래스 속성을 상속한 2개의 클래스에서 각기 다른 2개의 VF 후킹을 실행하는 기법도 연마해볼 수 있다.

IAT 후킹

IAT 후킹은 특정 유형의 VF 테이블, 즉 IATimported address table라고 부르는 가상 테이블 안에 위치한 함수 주소를 바꿔주는 기법을 의미한다. 프로세스상에서 로드된 모듈들은 그 PE 헤더에 하나의 IAT를 포함하고 있다. 이 모듈의 IAT에는 모듈과 디펜던시dependency 관계가 있는 함수뿐만 아니라, 관계 있는 다른 모든 모듈의 코드가 포함되어 있다. 즉, API가 다른 API를 호출하기 위해 필요한 룩업 테이블이라고 생각하면 간편할 것이다.

모듈이 로드될 때 디펜던시도 함께 로드된다. 디펜던시 로딩은 모든 모듈의 모든 디펜던시가 로딩될 때까지 반복적으로 수행되는 재귀 프로세스다. 각 디펜던시가 로드될 때마다 운영체제는 디펜던시가 있는 모듈에서 사용되는 모든 함수를 찾아내고 IAT의 비어 있는 공간에 이 함수의 주소를 채운다. 그런 다음 모듈이 디펜던시가 있는 함수를 호출하면 IAT에서 함수의 주소를 얻어와 호출을 수행한다.

이식성에 대한 비용 지불

실시간으로 IAT에서 함수 주소를 불러올 수 있기 때문에 IAT를 후킹하는 것은 VF 테이블을 후킹하는 것과 비슷하다. 함수 포인터 역시 실제 이름과 함께 IAT에 저장되므로 추가적인 리버스 엔지니어링이나 메모리 스캐닝을 수행할 필요가 없다. 후킹하고 싶은 API의 이름만 알고 있다면, 후킹이 가능한 것이다! 또한 IAT 후킹을 통해 특정 모듈 기반의 윈도우 API 호출을 쉽게 후킹할 수 있으며, 이를 통해 게임 메인 모듈의 API 호출을 가로챌 수 있게 되는 것이다.

이런 이식성에는 당연히 비용도 따른다. IAT 후킹을 위해 코드를 작성하고 배치하는 것은 지금까지 수행했던 그 어떤 작업보다 복잡하고 난해하다. 우선, 게임 메인 모듈의 PE 헤더를 찾아내야 한다. PE 헤더는 모든 바이너리의 첫 번째 구조이기 때문에 각 모듈의 기본 주소에서 이를 찾아낼 수 있을 것이다. 코드 8-4에서 이 부분을 설명하고 있다(프로젝트 파일 중 IATHookExample.cpp를 참조하라).

코드 8-4 모듈 기반 주소 획득

```
DWORD baseAddr = (DWORD)GetModuleHandle(NULL);
```

기본 주소를 얻게 되면 PE 헤더가 유효한지 검증해야 한다. 일부 게임에서는 PE 헤더가 로드된 다음 중요하지 않은 부분들을 섞어버려 후킹을 방지하므로, 유효성을 검증하는 과정은 매우 중요하다. 유효한 PE 헤더는 DOS 헤더에 의해 접두어가 부여되고, 이를 통해 해당 파일이 DOS MZ 실행 파일임을 알려준다. DOS 헤더는 매직값 0x5A4D로 식별 가능하다. e_lfanew라고 부르는 DOS 헤더의 멤버는 코드의 크기나 버전 넘버 같은 부가적인 정보를 포함하고 있는 옵션 헤더를 가리키며, 이는 매직값 0x10B로 구별이 가능하다.

윈도우 API는 IMAGE_DOS_HEADER와 IMAGE_OPTIONAL_HEADER라고 부르는 PE 구조체를 갖고 있으며, 이들은 각각 DOS 헤더와 옵션 헤더에 대응한다. 코드 8-5와 같이 이들을 활용해 PE 헤더를 검증할 수도 있다.

DOS 헤더와 옵션 헤더가 유효한지 검증하는 코드

```
auto dosHeader = pointMemory<IMAGE_DOS_HEADER>(baseAddr);
if (dosHeader->e_magic != 0x5A4D)
    return 0;

auto optHeader =
    pointMemory<IMAGE_OPTIONAL_HEADER>(baseAddr + dosHeader->e_lfanew + 24);
if (optHeader->Magic != 0x10B)
    return 0;
```

pointMemory()에 대한 호출은 체크가 필요한 2개의 헤더에 대한 포인터를 생성한다. 만약 if() 구문이 0을 반환하면 대응하는 헤더가 잘못된 매직값을 갖게 되며, 이는 PE 헤더가 유효하지 않다는 뜻이 된다.

어셈블리에서 IAT에 대한 레퍼런스는 하드코딩되어 있으므로 어셈블리 레퍼런스가 IAT의 위치를 파악하기 위해 PE 헤더를 거치지 않는다. 대신 각 함수 호출은 함수 주소를 가리키고 있는 정적 로케이션을 갖는다. PE 헤더를 오버라이트한다는 측면에서 생각해본다면 전혀 임포트가 수행되지 않는 것이 IAT 후킹에 대항할 수 있는 방법이며 일부 게임에서는 실제로 이 방법을 사용하고 있다.

이 모든 것을 고려해보면 결국 게임의 IAT가 여전히 존재할 필요가 있다는 결론에 도달한다. 코드 8-6은 코드 8-5에 IAT 검증 과정을 추가한 것이다.

코드 8-6 IAT가 실제로 존재하는지 체크하는 과정

```
auto IAT = optHeader->DataDirectory[IMAGE_DIRECTORY_ENTRY_IMPORT];
if (IAT.Size == 0 || IAT.VirtualAddress == 0)
    return 0;
```

PE 헤더에는 애플리케이션의 코드를 포함해 임베디드 리소스와 그 재배치에 대한 정보 등 다양한 정보가 섹션에 저장되어 있다. 코드 8-6의 코드는 특히 각기 다른 종류의 데이터를 저장하고 있는 데이터 섹션과 관련이 있다. 데이터는 종류별로 각 디렉토리에 저장되며 `IMAGE_OPTIONAL_HEADER`의 `DataDirectory` 멤버는 디렉토리 헤더의 배열로 여기에는 각 데이터 섹션의 디렉토리 크기와 가상 주소가 포함되어 있다. 윈도우 API에는 `IMAGE_DIRECTORY_ENTRY_IMPORT`라고 불리는 상수가 정의되어 있는데 이는 `DataDirectory` 배열 안에 위치하는 IAT 헤더의 인덱스다.

따라서 이 코드는 `optHeader->DataDirectory[IMAGE_DIRECTORY_ENTRY_IMPORT]`를 사용해 IAT의 헤더 문제를 해결하고, 헤더의 `Size`와 `VirtualAddress`가 0이 아님을 체크해 궁극적으로 그 존재를 확인한다.

IAT 트래버싱

IAT가 온전하다는 사실을 확인할 수 있다면 그에 대한 트래버싱[traversing]을 수행할 준비가된 것이다. 사실 여기서부터 IAT 후킹이 어려워지기 시작한다. IAT는 임포트 디스크립터[import descriptor]라고 부르는 구조체의 배열이다. 모든 디펜던시는 하나의 임포트 디스크립터를 가지며, 이 임포트 디스크립터는 성크[thunk]라고 부르는 구조체 배열을 가리킨다. 각 성크는 디펜던시에서 임포트된 함수를 표현한다.

다행히 윈도우 API는 `IMAGE_IMPORT_DESCRIPTOR`와 `IMAGE_THUNK_DATA` 구조체를 통해 임포트 디스크립터와 성크를 모두 보여준다. 사전에 정의된 이런 구조체를 활용함으로써 별도로이런 구조체를 만들 필요는 없지만, 그렇다고 이것 때문에 IAT와 관련된 코드가 더 간단해지는 것은 아니다. 코드 8-4에서 시작해 코드 8-6까지 이어진 코드를 기반으로 작성된 코드 8-7을 살펴보자.

코드 8-7 IAT에서 반복해서 함수 찾기

```
auto impDesc =
    pointMemory<IMAGE_IMPORT_DESCRIPTOR>(❶baseAddr + IAT.VirtualAddress);
❷ while (impDesc->FirstThunk) {
❸     auto thunkData =
        pointMemory<IMAGE_THUNK_DATA>(baseAddr + impDesc->OriginalFirstThunk);
```

```
        int n = 0;
❹ while (thunkData->u1.Function) {
        // 여기서 훅이 발생함
        n++;
        thunkData++;
    }
    impDesc++;
}
```

임포트 디스크립터가 PE 헤더의 시작점에 따라 상대적으로 다른 곳에 저장된다는 점을 늘 염두에 두자. 이 코드는 IAT의 디렉토리 헤더에서 찾아낸 가상 주소에 모듈의 기본 주소를 추가한다❶. 그런 다음 impDesc 포인터를 생성한다. 이 포인터는 모듈의 첫 번째 임포트 디스크립터를 가리킨다.

임포트 디스크립터는 순차 배열$^{sequential\ array}$ 형식으로 저장되고 FirstThunk 멤버를 갖는 디스크립터는 배열의 마지막에 NULL을 설정한다. 이를 감안하고 코드를 다시 살펴보면 while 루프❷ 구문을 사용하는 코드는 impDesc->FirstThunk가 NULL이 설정될 때까지 수행되고, 루프가 수행될 때마다 impDesc++를 사용해 디스크립터가 증가한다는 사실을 알 수 있을 것이다.

또한 각각의 임포트 디스크립터에 대해 코드는 thunkData라고 부르는 포인터를 생성하며❸, 이 포인터는 디스크립터 내부의 첫 번째 성크를 가리킨다. 익숙한 루프 구조를 사용해 성크 중 하나를 Function 멤버가 NULL로 설정될 때까지 반복한다❹. 루프는 정수 n을 사용해 현재 성크의 인덱스를 생성한다. 인덱스는 훅의 위치를 정할 때 매우 요긴하게 사용된다.

IAT 훅 위치 정하기

어디에 훅을 설치할지는 적당한 함수명을 찾아내고 이 함수 주소를 다른 것으로 대체할 수 있는지 여부에 따라 결정된다. 코드 8-8에 보이는 것과 같이 while 루프를 사용해 함수명을 찾아낼 수 있다.

```
char* importFunctionName =
    pointMemory<char>(baseAddr + (DWORD)thunkData->u1.AddressOfData + 2);
```

각 성크에 대한 함수명은 thunkData->u1.AddressOfData + 2 바이트로 모듈에 저장되므로, 메모리의 함수명을 찾기 위해서는 모듈의 기본 주소에 해당 값을 더하면 된다.

함수명에 대한 포인터를 획득한 다음에는 strcmp( )를 사용해 이것이 목표한 함수인지 확인한다.

```
if (strcmp(importFuncName, funcName) == 0) {
    // 여기서 마지막 단계가 수행됨
}
```

이 이름을 사용하는 함수의 위치를 파악하고 나면 해당 함수 주소를 우리가 확보한 함수의 주소로 덮어쓰는 과정만 남는다. 함수명과는 달리 함수 주소는 각 임포트 디스크립터의 시작 지점에 위치한 배열에 저장된다. 성크 루프의 n을 사용해 코드 8-9와 같이 훅을 설치할 수 있다.

코드 8-9 함수 주소 찾아내기

```
    auto vfTable = pointMemory<DWORD> (baseAddr + impDesc->FirstThunk);
    DWORD original = vfTable[n];

❶ auto oldProtection = protectMemory<DWORD>((DWORD)&vfTable[n], PAGE_READWRITE);
❷ vfTable[n] = newFunc;
    protectMemory<DWORD>((DWORD)&vfTable[n], oldProtection);
```

이 코드를 통해 모듈 기본 주소에 첫 번째 성크의 주소를 더해 현재 디스크립터의 VF 테이블을 찾아낼 수 있다. VF 테이블은 함수 주소로 구성된 배열이므로 이 코드에서는 타깃 함수 주소를 찾기 위한 인덱스로 변수 n을 사용한다.

주소를 찾고 나면 코드 8-9의 코드는 일반적인 VF 훅의 기능을 수행한다. 원래의 함수 주소를 저장하고, VF 테이블 인덱스 n의 보호 모드를 PAGE_READWRITE로 변경하고❶, 새로운 함수 주소를 VF 테이블에 삽입한 다음❷, 마지막으로 이전 보호 보드를 복원한다.

코드 8-4부터 코드 8-9에 이르는 코드를 모두 통합한 최종적인 IAT 후킹 함수는 코드 8-10과 같을 것이다.

코드 8-10 완성된 IAT 후킹 함수

```
DWORD hookIAT(const char* funcName, DWORD newFunc)
{
    DWORD baseAddr = (DWORD)GetModuleHandle(NULL);
    auto dosHeader = pointMemory<IMAGE_DOS_HEADER>(baseAddr);

    if (dosHeader->e_magic != 0x5A4D)
        return 0;

    auto optHeader =
        pointMemory<IMAGE_OPTIONAL_HEADER>(baseAddr + dosHeader->e_lfanew + 24);
    if (optHeader->Magic != 0x10B)
        return 0;

    auto IAT =
        optHeader->DataDirectory[IMAGE_DIRECTORY_ENTRY_IMPORT];
    if (IAT.Size == 0 || IAT.VirtualAddress == 0)
        return 0;

    auto impDesc =
        pointMemory<IMAGE_IMPORT_DESCRIPTOR>(baseAddr + IAT.VirtualAddress);

    while (impDesc->FirstThunk) {
        auto thunkData =
            pointMemory<IMAGE_THUNK_DATA>(baseAddr + impDesc->OriginalFirstThunk);
        int n = 0;
        while (thunkData->u1.Function) {
```

```
        char* importFuncName = pointMemory<char>
            (baseAddr + (DWORD)thunkData->u1.AddressOfData + 2);
        if (strcmp(importFuncName, funcName) == 0) {
            auto vfTable = pointMemory<DWORD>(baseAddr + impDesc->FirstThunk);
            DWORD original = vfTable[n];
            auto oldProtection =
                protectMemory<DWORD>((DWORD)&vfTable[n], PAGE_READWRITE);
            vfTable[n] = newFunc;
            protectMemory<DWORD>((DWORD)&vfTable[n], oldProtection);
            return original;
        }
        n++;
        thunkData++;
    }
    impDesc++;
    }
}
```

이 코드는 지금까지 살펴본 것 중에서 가장 복잡한 코드인 동시에, 한 페이지로 표현하기도 어렵다. 아직 이 코드가 어떤 일을 수행하는 것인지 잘 이해되지 않는다면 그다음 부분을 살펴보기 전에 책에 포함된 예제 코드를 사용해 좀 더 깊이 공부해보는 게 좋을 것이다.

IAT 훅을 사용해 게임 스레드와 싱크하기

적절한 함수명과 보호 모드만 알고 있다면 코드 8-10을 통해 어떤 윈도우 API라도 후킹할 수 있을 것이다. Sleep() API는 게임 해킹에서 가장 많이 사용되는 API이다. 일반적으로 봇을 사용해 게임의 메인 루프 스레드 싱크^{thread-sync}를 후킹할 때 가장 많이 사용하는 API도 바로 Sleep() API이다.

스레드 싱크와 싱크 맞추기

주입된 코드는 필수 불가결하게 게임의 메인 루프와 싱크를 맞춰야 한다. 그렇지 않을 경우 주입된 코드가 동작하지 않을 것이다. 4바이트보다 큰 데이터를 읽거나 쓰는 경우를 예로 들어보자. 싱크가 맞지 않는다면 주입된 코드가 수행하는 작업과 동시에 게임도 해당 데이터를 읽거나 쓸 수 있게 된다. 즉, 게임이 수행하는 작업을 방해하게 되고 그 반대로 우리가 수행하려는 작업 역시 게임으로 인해 방해를 받을 수 있게 된다. 이 모든 경우에서 레이스 컨디션race condition이 발생하며 이로 인해 중요한 데이터가 손상될 수 있다. 우리가 작업한 스레드에서 게임 함수를 호출하는 경우 해당 함수가 스레드 세이프thread safe하지 않다면 게임 크래시를 유발할 수도 있다.

IAT 후킹은 PE 헤더를 스레드 세이프 속성을 갖도록 수정하는 것이므로 어떤 스레드에서든 접근이 가능해야 한다. 게임 메인 루프가 수행되기 전, 혹은 수행된 후에 호출된 함수를 바꿔치기함으로써 게임 메인 스레드와의 싱크를 효율적으로 맞출 수 있게 된다. 제대로 훅을 배치하고 나면 얼마든지 스레드에 민감한 코드를 수행해도 상관없다.

Sleep( ) API를 후킹하기 위해 hookIAT( )를 활용하는 방법 중 하나는 다음과 같다.

```
VOID WINAPI newSleepFunction(DWORD ms)
{
    // 스레드에 민감한 코드
    originalSleep(ms);
}

typedef VOID (WINAPI _origSleep)(DWORD ms);
_origSleep* originalSleep =
    (_origSleep*)hookIAT("Sleep", (DWORD)&newSleepFunction);
```

이 코드가 어떻게 동작하는지 살펴보자. 게임 메인 루프의 마지막에는 Sleep( )을 호출해 다음 프레임을 출력할 준비가 될 때까지 유휴 상태로 들어갈 것이다. 이 상태가 지속되는 동안에는 싱크synchronization 이슈를 걱정할 필요 없이 다양한 작업을 수행할 수 있다. 하지만 일부 게임은 이런 방식으로 동작하지 않거나 한꺼번에 여러 스레드에서 Sleep( )을 호출하므로, 이런 경우에는 다른 방법으로 문제를 해결할 수밖에 없다.

좀 더 쉬운 대안 중 하나는 PeekMessageA( ) API 함수를 후킹하는 것이다. 게임에서는 종종 입력을 기다리는 동안 메인 루프에서 함수 호출이 일어나기 때문에 이 방법을 활용할 수가 있다. 이 방법을 사용하면 PeekMessageA( ) 훅 안에서 봇이 스레드에 민감한 연산을 수행하고 게임 메인 스레드 안에서 해당 연산을 종료할 수 있게 된다. send( )와 recv( ) API 함수에 대해서도 동일한 방법을 사용할 수 있다. 이들을 가로챔으로써 패킷 스니퍼를 쉽게 만들어낼 수 있을 것이다.

점프 후킹

가공해야 하는 중간 과정의 코드가 없는 경우에는 점프 후킹jump hooking을 활용해 코드를 후킹할 수 있다. 무조건 점프unconditional jump나 트램펄린 함수trampoline function를 사용해 후킹해야 하는 코드를 바꿀 수 있는 것이다. 점프가 수행되면 트램펄린 함수는 현재의 모든 레지스터와 플래그 값을 저장한 다음 그에 따른 콜백 함수를 호출한다. 그런 다음 레지스터와 플래그를 복원하고 후킹을 통해 대체된 코드를 실행하며, 마지막으로 후킹 코드 바로 아래의 코드로 점프를 수행한다. 이 프로세스는 그림 8-1과 같다.

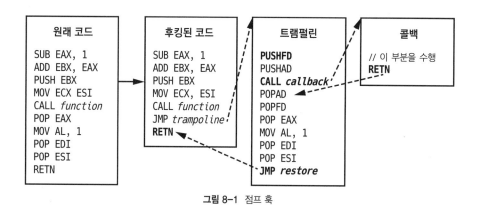

그림 8-1 점프 훅

원래 코드는 게임에서 흔하게 찾아볼 수 있는 수정되지 않은 어셈블리 코드다. 후킹된 코드는 점프 훅에 의해 후킹된 다음에 코드가 어떻게 보이는지 알려주고 있다. 트램펄린 박스는 어셈블리로 작성된 트램펄린 함수를 보여주고 콜백 박스는 후킹을 통해 수행하고자 하는 코드를 보여준다. 원래 코드에서 어셈블리는 제일 위에서 아래로 수행된다. 후킹된 코드부터는 위에서 아래로 내려오면서 박스 안의 점선 표시 화살표를 따라 수행 순서가 결정된다.

NOTE 콜백 박스의 코드가 간단하다면 이를 트램펄린 박스 안으로 통합해도 무방하다. 레지스터와 플래그를 저장하고 복원하는 것도 항상 필요한 건 아니다. 하지만 이를 습관화하는 것이 좋다.

점프 배치하기

무조건 점프의 바이트 코드는 첫 바이트가 0xE8이 아닌 0xE9라는 점을 제외하고는 근거리 호출과 거의 유사하다(239페이지의 '메모리에서 근거리 호출 작업하기' 절을 다시 참조하라). 그림 8-1에서 무조건 점프 JMP trampoline은 다음 4개의 연산으로 대치된다.

```
POP EAX
MOV AL, 1
POP EDI
POP ESI
```

이 경우 다양한 순차 연산을 5바이트 크기의 수용이 가능한 무조건 점프로 대치할 필요가 있다. 또한 대치해야 할 연산의 크기가 5바이트보다 큰 경우도 고려해봐야 한다. 이 경우 남은 바이트를 NOP 인스트럭션으로 대치해야 한다.

이제 연산을 대치하는 과정을 살펴보자. 코드 8-11을 통해 점프 훅이 배치될 코드를 확인해볼 수 있다.

코드 8-11 점프 훅 배치하기

```
DWORD hookWithJump(DWORD hookAt, DWORD newFunc, int size)
{
    if (size > 12) // 12+바이트로 대치되지 않아야 함
```

```
        return 0;
❶    DWORD newOffset = newFunc - hookAt - 5;

    auto oldProtection =
        protectMemory<DWORD[3]>(hookAt + 1,PAGE_EXECUTE_READWRITE);
❷    writeMemory<BYTE>(hookAt, 0xE9);
❸    writeMemory<DWORD>(hookAt + 1, newOffset);
    for (unsigned int i = 5; i < size; i++)
        writeMemory<BYTE>(hookAt + i, 0x90);
    protectMemory<DWORD[3]>(hookAt + 1, oldProtection);

    return hookAt + 5;
}
```

이 함수를 통해 후킹해야 하는 함수의 주소, 즉 콜백 함수의 주소를 가져올 수 있게 된다. 이
때 인수는 오버라이트해야 하는 메모리의 크기다. 가장 먼저 이 코드는 후킹될 장소와 트
램펄린 사이의 오프셋을 계산해 이를 newOffset에 저장한다❶. 그런 다음, PAGE_EXECUTE_
READWRITE 퍼미션을 메모리에 적용한다. ❷ 무조건 점프(0xE9)와 ❸ 콜백 함수의 주소가 메
모리에 기록되고, for 루프 구문을 통해 버려지는 바이트 공간에 NOP 인스트럭션(0x90)
을 기록한다. 이전 보호 모드가 적용된 다음 hookWithJump( )를 통해 원래 함수 주소를 반환
한다.

점프를 배치하기 전에 hookWithJump( ) 함수의 size가 12를 넘지 않아야 한다는 점을 유의
해야 한다. 5바이트까지 점프가 수행될 수 있으므로 이는 처음 4개가 싱글 바이트라면 5개의
명령어까지 대치가 가능함을 의미한다. 첫 4개의 명령어가 싱글 바이트라면 5번째 명령어가
8바이트보다 커야 if(size > 12) 구문이 동작할 것이다. 9바이트 연산자는 매우 드물기 때
문에 12라는 조건이 안전하게 보이지만 여전히 한계는 존재한다. 이런 제약을 둠으로써 다
양한 버그를 사전에 방지할 수가 있다. 특히 봇이 동적으로 size 파라미터를 탐지하는 경우
에는 더욱 유용하다. 만약 봇이 제대로 동작하지 않고 500,000,000의 size를 넘겨준다면 이
런 검증 과정을 통해 심각한 결과를 초래하지 않도록 미연에 방지할 수가 있다.

트램펄린 함수 작성하기

코드 8-11의 함수를 사용해 그림 8-1의 혹을 복제할 수 있다. 이를 위해서는 다음과 같이 트램펄린 함수를 우선 작성해야 한다.

```
  DWORD restoreJumpHook = 0;
  void __declspec(naked) myTrampoline()
  {
      __asm {
❶        PUSHFD
❷        PUSHAD
❸        CALL jumpHookCallback
❹        POPAD
❺        POPFD
❻        POP EAX
         MOV AL, 1
         POP EDI
❼        POP ESI
❽        JMP [restoreJumpHook]
      }
  }
```

그림 8-1에서 설명한 트램펄린과 같이 여기서 보이는 트램펄린도 현재의 모든 플래그를 저장하고❶, 레지스터 값들을 저장한다❷. 그런 다음 콜백 함수를 호출하고❸, 레지스터를 다시 복원하고❹, 플래그를 복원한다❺. 후킹에 의해 대체된 코드를 수행하고❻❼, 마지막으로 점프와 NOP 바로 다음 부분으로 점프한다❽.

> **NOTE** 컴파일러가 자동으로 트램펄린 내부에 추가적인 코드를 생성하지 않도록 하기 위해 항상 __declspec(naked) 규약을 사용해 트램펄린을 선언해야 한다.

점프 훅 마무리하기

트램펄린을 만든 다음 아래와 같이 콜백을 정의해 훅을 설정할 필요가 있다.

```
void jumpHookCallback() {
    // 내용
}
restoreJumpHook = hookWithJump(0xDEADBEEF, &myTrampoline, 5);
```

마지막으로, jumpHookCallback()의 내부에서 후킹돼야 하는 코드가 수행된다. 후킹이 수행됐을 때 레지스터 값을 읽거나 쓸 필요가 있다면 간단하게 이를 처리할 수 있다. PUSHAD 명령어는 레지스터 값을 EAX, ECX, EDX, EBX, 원래의 ESP, EBP, ESI, EDI 순서대로 스택에 저장한다. 트램펄린은 jumpHookCallback()을 호출하기 전에 직접 PUSHAD를 호출하므로 이들을 인수로 삼아 레지스터를 레퍼런스할 수 있다. 다음 코드를 참조하자.

```
void jumpHookCallback(DWORD EDI, DWORD ESI, DWORD EBP, DWORD ESP,
                      DWORD EBX, DWORD EDX, DWORD ECX, DWORD EAX) {
    // 내용
}
restoreJumpHook = hookWithJump(0xDEADBEEF, &myTrampoline, 5);
```

트램펄린이 스택에서 값으로부터 레지스터를 복원하기 위해 POPAD를 사용하기 때문에, 스택에서 레지스터가 다시 복원될 때 파라미터에 가한 모든 수정 역시 실제 레지스터에도 반영될 것이다.

VF 테이블 훅과 마찬가지로 사실 점프 후킹이 필요한 경우가 흔하지는 않다. 또한 간단한 예제를 통해 연습하기에는 쉬운 기법도 아니다. 이 기법에 좀 더 숙련되기 위해서는 실제 경험을 많이 쌓을 필요가 있다. 273페이지의 '다이렉트3D에 점프 훅과 VF 훅 적용하기' 절이 도움이 될 것이다.

마이크로소프트의 Detours나 MadCHook 같은 전문적인 후킹 라이브러리도 존재한다. 다만 이들은 점프 후킹에만 활용이 가능하다. 이들은 자동적으로 후킹을 감지하고 추적하며, 얼마나 많은 인스트럭션이 대치됐는지 파악하고 트램펄린 함수를 생성해낸다. 이런 동작들이 가능한 이유는 이 라이브러리가 점프의 길이와 목적지를 계산하고 디스어셈블링할 수 있기 때문이다. 좀 더 강력한 후킹을 원한다면 이런 라이브러리를 사용해보는 것도 효과가 있을 것이다.

어도비 AIR에 콜 훅 적용하기

어도비 AIR는 다양한 플랫폼의 게임에서 사용되는 개발 프레임워크로, 어도비 플래시와 비슷한 환경에서 구동된다. 액션스크립트^{ActionScript}라는 강력한 하이 레벨 언어를 사용해 크로스 플랫폼 게임을 개발할 수 있기 때문에 어도비 AIR는 온라인 게임에서 가장 일반적인 프레임워크로 자리 잡고 있다. 액션스크립트는 해석형 언어^{interpreted language}이며, AIR는 코드를 가상 머신 내부에서 구동한다. 이런 점들로 인해 AIR로 작성된 특정 게임 코드는 후킹하기가 까다롭다. 하지만 AIR 자체를 후킹하는 것은 그보다 어렵지는 않다.

이 책의 소스 파일 중 GameHackingExamples/Chapter8_AdobeAirHook에서 이 장의 예제들을 찾을 수 있다. 이전에 내가 작성했던 코드의 일부이며, 어도비 AIR.dll 버전 3.7.0.1530이 구동되는 모든 게임에서 동작함을 확인할 수 있을 것이다. 다른 버전에서도 코드가 동작하는 것을 확인했지만 가장 최신 버전이나 아주 오래된 버전에서도 정상 동작한다는 보장은 할 수 없다. 예제 파일을 하나의 사례 연구 정도로만 생각해주길 바란다.

RTMP 접근하기

RTMP^{Real Time Messaging Protocol}는 텍스트 기반의 네트워크 프로토콜로, 액션스크립트는 이 프로토콜을 사용해 네트워크상의 전체 객체를 정렬하고 전송한다. 일반적으로 RTMP가 HTTP^{HyperText Transfer Protocol}보다 성능이 좋으며 보안이 강화된 버전인 RTMPS 역시 HTTPS^{HTTP Secure}보다 성능이 좋은 것으로 알려져 있다. 게임 개발자들은 RTMPS를 사용해 보안이 강화된 커넥션 환경에서 전체 객체 인스턴스를 쉽게 보내고 받을 수 있다. AIR를 사용하는 게임에서는 원활하게 이 프로토콜을 사용할 수 있다.

> **NOTE** RTMP/RTMPS를 통해 데이터를 전송할 때는 AMF(Action Message Format)를 사용한다. AMF 패킷 파싱은 이 책의 범위를 벗어난다. 'AMF3 파서(Parser)'를 인터넷에서 검색해보면 이 기능을 구현할 수 있는 다양한 코드를 찾아낼 수 있을 것이다.

RTMP와 RTMPS를 통해 보낼 수 있는 데이터의 양은 매우 방대하다. 패킷에는 객체 유형, 이름 그리고 값들이 포함된다. 한마디로 다양한 정보가 매장되어 있는 금광이나 다름없다. 만일 이 데이터를 실시간으로 가로챌 수 있다면 게임 상태의 변화에 즉각 대응할 수 있고, 메모리에서 정보를 읽을 필요 없이 바로 중요한 정보를 볼 수 있으며, 심지어 존재조차 의문이었던 유용하고 중요한 데이터를 발견할 수도 있을 것이다.

얼마 전 게임 상태에 관한 방대한 정보를 수집하는 툴을 만드는 작업을 수행한 적이 있다. 이렇게 방대한 양의 데이터를 메모리에서 획득하는 것이 불가능하지는 않지만 결코 쉬운 일은 아니다. 조사 결과 해당 게임이 서버와 통신하기 위해 RTMPS를 사용한다는 사실을 알게 됐고 이를 계기로 이 금광을 깊숙하게 파봐야겠다는 생각이 들기 시작했다.

RTMPS는 암호화되어 있으므로 유용한 데이터를 얻기 위해서는 AIR에서 사용하는 암호 기능을 후킹할 방법을 알아야만 했다. 온라인에서 이를 검색한 다음 airlog라고 부르는 간단한 툴의 소스 코드를 발견했다. 이 툴 역시 나와 같은 게임 해커가 RTMPS로 보내지는 패킷의 로그를 남기기 위해 만든 툴이었다. 이 툴을 사용해 정확하게 원하는 함수를 후킹할 수 있었지만 코드가 너무 오래된 데다가 복잡했다. 게다가 내가 후킹하려는 버전의 AIR에서는 동작하지 않았다.

그렇다고 이 툴이 쓸모없다는 뜻은 아니었다. 이 툴을 사용해 내게 필요한 2개의 함수를 후킹할 수 있었을 뿐만 아니라, 어도비 AIR 라이브러리 안의 특정한 바이트 패턴을 검색해 해당 함수의 위치까지 파악할 수 있었다. 이 바이트 패턴은 3년이나 지난 것이었고 더 이상 동작하지 않았다. 더 새로운 버전의 어도비 AIR에는 동일한 어셈블리 코드가 존재하지 않을 정도로 변경사항이 많았다. 이런 바이트상에서의 차이점은 airlog의 골칫거리였지만, 내게는 해당 사항이 없었다.

인라인 어셈블리 블록 안에 다음과 같이 함수 호출을 수행하는 로 바이트$^{raw\ bytes}$를 추가한다.

```
_emit BYTE
```

BYTE를 0x03으로 대치하면 코드는 대치된 것이 합리적인지는 따지지 않고 0x03을 어셈블리 코드의 한 바이트로 다루는 방식으로 컴파일을 수행하게 된다. 이런 속임수를 통해 바이트 배열을 어셈블리 코드로 변환할 수 있게 되는 것이다. 코드 자체는 아무것도 수행하는 것이 없지만, 실제로도 그런 것은 아니다. 간단한 이 방법을 통해 더미 애플리케이션에 OllyDbg를 어태치하고 바이트를 조사할 수 있었다. 겉으로 보기엔 말끔한 디스어셈블리처럼 보이는 수법인 것이다.

이러한 바이트들은 필요한 함수 주변을 감싸는 형태로 표현되기 때문에 디스어셈블리 역시 같은 방식으로 수행됐다. 코드는 표준을 준수하고 별다른 변경사항이 없어 보였기 때문에, 상수에 모든 주의를 기울였다. 코드에는 명령어에 오프셋 형태로 전달되는 즉싯값이 있었다. 이 값이 어떻게 변경되는지 알고 있었기 때문에, 와일드카드를 지원하기 위해 airlog의 패턴 매칭 알고리즘을 재수정했다. 업데이트한 패턴을 사용해 상수를 와일드카드처럼 다룬 다음, 매칭을 수행할 수 있었다. 패턴을 일부 수정하고 검색 결과를 복제해 이를 연구한 다음, 원하는 함수를 찾아낼 수 있었다. 이들을 endoce( )와 decode( )로 명명한 다음, airlog와 비슷한 툴로 다시 작업을 시작했다. 그 결과는 이전보다 훨씬 나았다.

RTMPS encode() 함수 후킹하기

발견한 encode() 함수는 외부로 나가는 패킷을 암호화하는 기능을 수행하는 비가상화 __thiscall이며, 이는 곧 근거리 호출을 통해 호출된다는 뜻이었다. 이러한 호출은 루프 안에서 수행됐다. 전체 루프의 모습은 코드 8-12와 같으며, 이 부분은 OllyDbg의 디스어셈블리 패널에서 가져온 것이다.

코드 8-12 encode() 루프

```
loop:
    MOV EAX, [ESI+3C58]
    SUB EAX,EDI
    PUSH EAX
❶  LEA EAX, [ESI+EDI+1C58]
    PUSH EAX
    MOV ECX,ESI
❷  CALL encode
    CMP EAX,-1
❸  JE SHORT endLoop
    ADD EDI,EAX
❹  CMP EDI, [ESI+3C58]
    JL loop
endLoop:
```

airlog의 분석과 가이드를 통해 encode() 함수가 ❶에서 호출되며, 바이트 배열과 버퍼 길이(각각 buffer와 size라고 부르기로 한다)를 파라미터로 취한다는 사실을 알 수 있었다. 함수가 실패하는 경우 -1을 반환하고, 그렇지 않다면 size를 반환한다. 함수는 4,096바이트를 운용하는데, 이는 루프가 수행되기 때문이다.

좀 더 가독성이 좋은 의사코드로 이를 변환하면 encode()라고 부르는 루프는 다음과 같을 것이다(아래의 숫자는 코드 8-12에서 부여된 숫자에 대응한다).

```
for (EDI = 0; EDI < ❹[ESI+3C58]; ) {
    EAX = ❷encode(❶&[ESI+EDI+1C58], [ESI+3C58] - EDI);
    if (EAX == -1) ❸break;
    EDI += EAX;
}
```

사실 encode( )가 무엇을 수행하는지 그다지 관심이 없었지만 루프를 수행하는 전 기간 동안의 버퍼를 알아야 할 이유가 생겼고 이를 위해서는 결국 encode( )를 후킹할 필요가 있었다. 코드 8-12에서 수행되는 실제 루프를 다시 살펴본 다음 객체 인스턴스 호출의 풀 버퍼가 ESI+0x1C58에, 풀 사이즈는 ESI+0x3C58에, 그리고 EDI에 루프 카운터가 저장된다는 사실을 알 수 있었다. 이를 고려해 두 부분으로 구성된 훅 코드를 작성할 수 있게 됐다.

이렇게 작성된 훅의 첫 번째 부분은 reportEncode( ) 함수로, 첫 번째 루프가 수행되는 동안 전체 버퍼를 로그로 남기는 기능을 수행한다. 코드는 다음과 같다.

```
DWORD __stdcall reportEncode(
    const unsigned char* buffer,
    unsigned int size,
    unsigned int loopCounter)
{
    if (loopCounter == 0)
        printBuffer(buffer, size);
    return origEncodeFunc;
}
```

이 함수는 인수로 buffer, size, loopCounter를 가지며, encode( )로 명명한 함수의 주소를 반환한다. 주소를 가져오기 전에 작성한 두 번째 부분인 myEncode( ) 함수가 다음과 같이 buffer, size, loopCounter를 가져오는 작업을 수행한다.

```
void __declspec(naked) myEncode( )
{
    __asm {
```

```
        MOV EAX, DWORD PTR SS:[ESP + 0x4]      // buffer 획득
        MOV EDX, DWORD PTR DS:[ESI + 0x3C58]  // 풀 사이즈 획득
        PUSH ECX              // ecx 저장
        PUSH EDI              // 현재 pos(루프 카운터)를 푸시함
        PUSH EDX              // size 푸시
        PUSH EAX              // buffer 푸시
        CALL reportEncode // encode 호출 보고
        POP ECX               // ecx 복원
        JMP EAX               // encode로 점프
    }
}
```

myEncode( ) 함수는 순수하게 어셈블리로 작성된 함수이며 이는 근거리 호출을 사용해 원래의 encode( ) 함수를 대체한다. ECX를 스택에 저장한 다음, myEncode( )를 통해 buffer, size, loopCounter를 획득하고 이들을 reportEncode( ) 함수로 넘긴다. reportEncode( ) 함수를 호출한 다음, myEncode( ) 함수가 ECX를 복원하고 직접 encode( )로 점프한다. 이를 통해 원래 함수를 다시 실행하고 루프로 원활하게 돌아갈 수 있게 된다.

myEncode( ) 함수는 스택에서 가져오는 값이 없기 때문에 스택에는 아직 원래의 파라미터와 myEncode( )가 수행된 다음에 반환해야 하는 주소가 남아 있다. 이것이 함수 호출을 사용하지 않고 myEncode( )가 encode( )로 바로 점프할 수 있는 이유다. 이미 적합한 반환 주소와 파라미터가 스택에 저장되어 있으므로 encode( ) 함수는 모든 것이 제대로 돌아가고 있다고 판단하는 것이다.

decode( ) 함수로 RTMPS 후킹하기

decode( )라고 이름 붙인 함수는 입력되는 데이터의 복호화를 담당하며, 마찬가지로 루프 안에서 호출되는 __thiscall 형식이다. 이 함수는 4,096바이트의 메모리 위에서 동작하며 buffer와 size를 파라미터로 갖는다. 루프는 상대적으로 복잡하고 다양한 함수 호출이 포함되어 있다. 또한 루프 내부에 또 하나의 루프를 갖고 있는 구조다. 하지만 이를 후킹하는 것

은 앞서 살펴본 encode( ) 함수의 경우와 매우 유사하다. 함수가 상대적으로 복잡하다고는 하지만 함수를 후킹하는 것과는 큰 관련이 없다. 다만 코드의 내용이 달라지므로 원래의 함수 코드를 여기서 살펴보지는 않을 것이다. decode( ) 루프는 encode( ) 루프의 역이다. 핵심은 바로 이것이다.

다시 한번 근거리 호출을 사용해 두 부분을 구성한다. 첫 번째 부분인 reportDecode( )는 다음과 같다.

```
void __stdcall reportDecode(const unsigned char* buffer, unsigned int size)
{
    printBuffer(buffer, size);
}
```

이 함수를 통해 들어오는 각 패킷을 기록한다. 루프 인덱스를 설정하지 않았기 때문에 들어오는 패킷 하나하나를 모두 기록하기로 했다.

훅 코드의 두 번째 부분은 myDecode( ) 함수로, 새로운 호출자 역할을 포함해 다양한 역할을 수행한다.

```
  void __declspec(naked) myDecode()
  {
      __asm {
          MOV EAX, DWORD PTR SS:[ESP + 0x4]  // buffer 획득
          MOV EDX, DWORD PTR SS:[ESP + 0x8]  // size 획득
          PUSH EDX                           // size 푸시
          PUSH EAX                           // buffer 푸시
❶         CALL [origDecodeFunc]

          MOV EDX, DWORD PTR SS:[ESP + 0x4]  // buffer 획득

          PUSH EAX                           // eax(반환값) 저장
          PUSH ECX                           // ecx 저장
```

```
            PUSH EAX                    // size 푸시
            PUSH EDX                    // buffer 푸시
            CALL reportDecode           // 현재 결과 보고
            POP ECX                     // ecx 복원
❷          POP EAX                     // eax(반환값) 복원
❸          RETN 8                      // 스택 반환과 초기화
        }
    }
```

버퍼는 특정 장소에서 복호화된다. 이는 곧 decode() 함수 수행이 완료되면 암호화된 메모리 청크가 복호화된 코드로 덮어쓰인다는 뜻이다. 즉, myDecode() 함수는 reportDecode() 함수를 호출하기 전에 원래의 decode() 함수를 호출해야 하며❶, 이를 통해 디코딩 결과를 전달할 수 있게 되는 것이다. myDecode() 함수 역시 결국은 원래의 decode() 함수와 동일한 값을 반환해야 하고 스택을 초기화해야 하므로, ❷ POP과 ❸ RETN을 통해 이 과정을 수행한다.

훅 배치하기

그다음으로 마주친 문제는 게임의 메인 모듈이 아닌 Adobe AIR.dll 안의 내부 어딘가에 훅이 존재해야 한다는 것이었다. 코드의 위치 때문에 훅의 기본 주소를 조금 다른 방식으로 찾아야만 했다. 게다가 각기 다른 여러 버전의 어도비 에어에서 훅이 동작해야 하므로 각 버전에서 기본 주소를 찾아내야 했다. 어도비 에어의 모든 버전에서 작업을 하는 수고로움을 대신하기 위해 airlog의 플레이북에 한 페이지를 더 만들고 간단한 메모리 스캐너 코드를 작성해 주소를 찾아내는 방법을 고안해냈다. 메모리 스캐너 코딩 작업을 수행하기 전에 기본 주소와 Adobe AIR.dll의 크기가 필요했다. 따라서 메모리 스캔의 범위를 해당 영역으로 제한했다.

Module32First()와 Module32Next()를 사용하고 있는 다음 값들을 찾을 수 있었다.

```
    MODULEENTRY32 entry;
    entry.dwSize = sizeof(MODULEENTRY32);
    HANDLE snapshot = CreateToolhelp32Snapshot(TH32CS_SNAPMODULE, NULL);

    DWORD base, size;
    if (Module32First(snapshot, &entry) == TRUE) {
❶      while (Module32Next(snapshot, &entry) == TRUE) {
            std::wstring binaryPath = entry.szModule;
❷          if (binaryPath.find("Adobe AIR.dll") != std::wstring::npos) {
                size = (DWORD)entry.modBaseSize;
                base = (DWORD)entry.modBaseAddr;
                break;
            }
        }
    }

    CloseHandle(snapshot);
```

이 코드는 프로세스상에서 수행되는 모든 모듈을 대상으로 Adobe AIR.dll을 찾을 때까지 루프를 수행한다❶. 적절한 모듈 엔트리를 발견하면❷, modBaseSize와 modBaseAddr 속성을 불러오고 루프를 즉시 중단한다.

그다음 단계는 함수를 파악하는 데 사용 가능한 바이트의 시퀀스를 찾아내는 것이다. 각 호출을 둘러싼 바이트 코드를 활용해 이 작업을 수행하기로 한다. 각 시퀀스가 모두 구별 가능한 고유의 것이어야 하는데, 이는 코드의 이식성을 위해 패턴의 상수들이 사용되지 않도록 하기 위해서다. 코드 8-13을 통해 마무리된 바이트 시퀀스를 확인할 수 있다.

코드 8-13 encode()와 decode() 바이트 시퀀스

```
const char encodeSeq[16] = {
    0x8B, 0xCE,                     // MOV ECX, ESI
    0xE8, 0xA6, 0xFF, 0xFF, 0xFF,   // CALL encode
    0x83, 0xF8, 0xFF,               // CMP EAX, -1
    0x74, 0x16,                     // JE SHORT endLoop
```

```
    0x03, 0xF8,                     // ADD EDI, EAX
    0x3B, 0xBE};                    // part of CMP EDI, [ESI+0x3C58]
const char decodeSeq[12] = {
    0x8B, 0xCE,                     // MOV ECX, ESI
    0xE8, 0x7F, 0xF7, 0xFF, 0xFF,   // CALL decode
    0x83, 0xF8, 0xFF,               // CMP EAX, -1
    0x89, 0x86};                    // part of MOV [ESI+0x1C54], EAX
```

각 패턴에 존재하는 CALL 인스트럭션에 유의하자. 이들은 내가 encode( )와 decode( )라고 이름 붙인 어도비 에어의 함수를 호출하는 것이다. 다음과 같은 함수를 작성해 이 시퀀스를 검색한다.

```
DWORD findSequence(
    DWORD base, DWORD size,
    const char* sequence,
    unsigned int seqLen){
    for (DWORD adr = base; adr <= base + size - seqLen; adr++) {
        if (memcmp((LPVOID)sequence, (LPVOID)adr, seqLen) == 0)
            return adr;
    }
    return 0;
}
```

Adobe AIR.dll의 메모리를 바이트 배열로 다룸으로써 findSequence( ) 함수는 바이트 시퀀스를 바이트 배열의 서브셋으로 검색하고 찾고자 하는 값과 일치하는 첫 번째 값을 반환하게 되는 것이다. 이렇게 findSequence( ) 함수를 작성함으로써 encode( )와 decode( )를 후킹하기 위해 필요한 주소를 훨씬 간단하게 찾을 수 있게 됐다. 앞서 살펴본 함수 호출은 다음과 같이 작성될 수 있다.

```
DWORD encodeHookAt =
    findSequence(base, size, encodeSeq, 16) + 2;
```

```
DWORD decodeHookAt =
    findSequence(base, size, decodeSeq, 12) + 2;
```

수용 가능한 검색 시퀀스 안에서 각각의 타깃 호출은 2바이트를 차지하므로 각각의 시퀀스 위치를 찾아낸 다음 2를 더할 필요가 있다. 이런 모든 작업을 수행한 다음 마지막으로 239페이지의 '콜 후킹' 절에서 살펴본 과정을 거쳐 마무리한다.

이 후킹 작업을 완료한 다음, 게임 클라이언트와 서버를 오가는 모든 데이터를 살펴볼 수 있었다. 더구나 RTMPS 프로토콜은 액션스크립트 객체를 함께 보내므로 이 데이터는 기본적으로 별다른 과정을 거치지 않고 이 데이터만으로도 문서화가 가능하다. 모든 정보 각각에는 변수명이 부여돼야 한다. 모든 변수는 또한 충분히 설명된 객체의 멤버여야 한다. 모든 객체는 일관된 명명 기준을 갖고 있어야 한다. 이 모든 것이 지켜지고 있다면 어도비 에어를 후킹하는 것은 금광을 캐는 것과 마찬가지다.

다이렉트3D에 점프 훅과 VF 훅 적용하기

앞서 설명한 어도비 에어 훅과는 달리 다이렉트3D(마이크로소프트 다이렉트X API의 3D 그래픽 컴포넌트)를 후킹하는 것은 좀 더 평이하고 참고할 문서도 많다. 다이렉트3D는 게임의 세계에서 무척 다양하게 활용되며 어디에서든 찾아볼 수 있다. 가장 많이 활용하는 분야는 PC 게임으로, 이를 게임 라이브러리로 활용하고 있다. 이는 곧 다이렉트3D를 후킹할 수 있다면 다양한 게임에서 데이터를 가로채고 그래픽 레이어를 조작할 수 있는 강력한 도구를 갖게 된다는 뜻이다. 다이렉트3D 후킹을 활용해 숨어 있는 적의 위치를 알아내거나, 게임 안의 어두운 부분을 환하게 밝히거나, 멀어서 보이지 않는 부분을 선명하게 보이게 하는 등의 다양한 목적을 달성할 수 있다. 효과적으로 다이렉트3D 후킹을 수행하기 위해서는 우선 API에 대한 연구가 필요하다. 이 책에서도 시작하기에 충분한 정보를 제공하고 있다.

이 절에서는 다이렉트3D 후킹을 구현하기 전에 우선 다이렉트3D를 사용하는 게임 루프에 대해 자세하게 알아보고자 한다. 또한 앞서 살펴본 어도비 에어 후킹에서 후킹의 자세한 내용과 관련된 분석을 제공했던 반면, 여기서는 바로 가장 인기 있는 다이렉트3D 훅 기법에 대해 알아볼 것이다. 이 기법은 대부분의 게임 해커들이 사용하고 있으며 이로 인해 참조할 문서도 다양하다.

이 책의 온라인 리소스에는 이 장과 관련된 2개의 예제 코드가 포함되어 있다. 첫 번째는 다이렉트3D 9 기반의 예제 코드로 GameHackingExamples/Chapter8_Direct3DApplication에서 찾을 수 있다. 두 번째는 Chapter8_Direct3DHook 아래에서 찾을 수 있으며, 이를 대상으로 실제 후킹을 수행해본다.

다이렉트3D는 다양한 버전이 사용되고 있으므로 이에 맞추어 후킹하는 방법도 다양할 수밖에 없다. 이 책에서는 윈도우 XP에서 가장 많이 사용되고 있는 다이렉트3D 9을 기반으로 설명을 진행한다.[2]

> **NOTE** 윈도우 XP의 수명이 사실 종료된 것이나 마찬가지이기 때문에 이를 사용해 게임을 개발하는 경우도 이젠 드물어졌다. 다이렉트3D 9의 경우 모든 버전의 윈도우에서 동작하고, 이후 개발된 최신 버전만큼이나 다양한 기능을 제공하고 있어 아직까지도 많은 게임 개발사가 이 버전을 사용하고 있다. 가장 최신 버전의 다이렉트3D는 이 버전만큼의 하위 호환성을 확보하지 못한 상태다.

드로잉 루프

다이렉트3D가 어떻게 동작하는지 그 핵심을 바로 살펴보자. 다이렉트3D 게임의 소스 코드를 살펴보면 입력과 그래픽 렌더링이 무한히 진행되는 루프를 발견할 수 있을 것이다. 이런 드로잉 루프의 반복되는 각 이터레이션을 프레임^{frame}이라고 한다. 외부 코드를 잘라내어 간단하게 스켈리톤만 발라낼 수 있다면, 다음 코드와 같은 게임의 메인 루프를 시각화할 수 있을 것이다.

---

2 2018년 3월 기준 가장 점유율이 높은 윈도우 운영체제는 윈도우 7이며, 다이렉트3D 10.1과 다이렉트3D 11 버전이 포함되어 있다. – 옮긴이

```
int WINAPI WinMain(args)
{
    /* 다이렉트3D를 설정하고 게임을 초기화하기 위해 호출되는 코드 부분 */
    MSG msg;
    while(TRUE) {
        /* 입력되는 마우스와 키보드의 입력값을 처리하는 부분 */
        drawFrame(); // 조사할 필요가 있는 코드 부분
    }
    /* 종료하기 전에 모든 것을 초기화하는 부분 */
}
```

이 함수는 게임의 엔트리 포인트 함수다. 삽입이 간단하고, 이 함수를 통해 게임을 초기화하고 이후 게임의 메인 루프가 수행된다. 메인 루프 안에서 이 함수는 다이렉트3D를 활용해 화면을 다시 그리는 drawFrame( )을 호출하기 전에 유저 입력을 프로세싱하는 데 필요한 코드를 수행하게 된다. GameHackingExamples/Chapter8_Direct3DApplication에서 완전한 게임 루프 코드를 찾아볼 수 있다.

drawFrame( ) 함수는 호출될 때마다 전체 화면을 다시 그린다. 코드는 다음과 같다.

```
  void drawFrame()
  {
❶     device->Clear(0, NULL, D3DCLEAR_TARGET, D3DCOLOR_XRGB(0, 0, 0), 1.0f, 0);
      device->BeginScene();
      // 여기서 드로잉이 수행됨
      device->EndScene();
      device->Present(NULL, NULL, NULL, NULL);
  }
```

device->Clear를 통해 화면을 지운 다음❶, drawFrame( ) 함수는 device->BeginScene( )을 호출해 스크린을 언락unlock한다. 그런 다음 드로잉 코드(여기서는 무엇을 그리는지는 중요하지 않다)를 수행하고 device->EndScene( )을 호출해 화면을 잠근다. 마지막으로, device->

Present( ) 함수를 호출해 화면 렌더링을 수행한다.

이 모든 함수가 호출된 device 인스턴스의 멤버로 호출된다는 사실에 주의해야 한다. device는 다이렉트3D 디바이스를 표시하는 객체 인스턴스로, 모든 종류의 드로잉 호출에 사용된다. 또한 이 코드 스니펫에서는 실제 드로잉에 사용되는 코드가 하나도 없다는 사실도 유의해야 한다. 여기서는 드로잉 루프와 프레임, 다이렉트3D 디바이스 대한 이해가 더 중요하다. 다시 한번 강조하지만, 게임의 메인 루프는 다음의 두 가지 기능을 수행한다.

- 입력되는 메시지 핸들링하기
- 게임 화면 그리기

루프 내부에서 수행되는 각 이터레이션을 프레임이라고 부르며, 이 각 프레임들은 디바이스에 의해 그려진다. 디바이스를 제어한다는 것은 게임의 상태와 관련된 가장 민감하고 직접적인 부분, 즉 데이터를 파싱하고 처리한 다음 이를 통해 화면을 렌더링하는 과정을 엿볼 수 있음을 의미한다. 여기에 더해 해당 상태를 출력하는 것 역시 수정할 수 있다. 이 두 가지 강력한 기능을 사용해 무적의 해커가 될 수 있는 것이다.

다이렉트3D 디바이스 찾기

다이렉트3D 디바이스를 제어하기 위해서는 우선 디바이스 VF 테이블의 멤버 함수를 후킹해야 한다. 주입된 코드의 동일한 device 클래스 인스턴스를 다이렉트3D API를 사용해 인스턴스화하는 것이 게임 인스턴스의 VF 테이블을 공유하는 것을 의미하지는 않는다. 다이렉트3D 디바이스는 VF 테이블의 커스터마이징된 VF 테이블을 사용하고 각 디바이스들은 고유의 VF 테이블을 갖고 있다. 또한 디바이스는 경우에 따라 VF 테이블을 다시 작성하기도 하고, 이를 통해 모든 후킹을 무력화하고 원래의 함수 주소를 복원하기도 한다.

이런 다이렉트3D의 특성을 해결할 방법은 단 하나다. 게임 디바이스의 주소를 찾아내고 그 VF 테이블을 직접 수정하는 것이다. 그 방법은 다음과 같다.

1. 다이렉트3D 디바이스를 생성하고 VF 테이블을 트래버싱해 EndScene( )의 실제 주소를 찾아낸다.

2. EndScene( )에 임시 점프 훅을 설치한다.

3. 점프 훅의 콜백이 수행되면 함수를 호출하는 데 사용된 디바이스의 주소를 저장하고, 훅을 제거한 다음, 원래 수행 과정을 복원한다.

4. 이 지점에서 다이렉트3D 디바이스의 모든 멤버 함수를 후킹하기 위해 VF 훅을 사용한다.

EndScene( ) 점프 후킹하기

모든 디바이스가 각 프레임 끝에서 EndScene( )을 호출하므로 점프 훅을 사용해 EndScene( )을 후킹한 다음, 훅 콜백을 활용해 게임 디바이스를 인터셉트할 수 있다. 각 디바이스는 고유의 VF 테이블을 갖고 있지만 이 각기 다른 테이블이 동일한 함수를 가리키고 있으므로 어떤 디바이스를 선택해도 해당 VF 테이블에서 EndScene( ) 주소를 찾아낼 수 있을 것이다. 표준 다이렉트3D API를 사용한다면 다음과 같이 디바이스를 생성할 수 있다.

```
LPDIRECT3D9 pD3D = Direct3DCreate9(D3D_SDK_VERSION);
if (!pD3D) return 0;

D3DPRESENT_PARAMETERS d3dpp;
ZeroMemory( &d3dpp, sizeof(d3dpp) );
d3dpp.Windowed = TRUE;
d3dpp.SwapEffect = D3DSWAPEFFECT_DISCARD;
d3dpp.hDeviceWindow = hWnd;

LPDIRECT3DDEVICE9 device;
HRESULT res = pD3D->CreateDevice(
    D3DADAPTER_DEFAULT,
    D3DDEVTYPE_HAL,
    hWnd,
    D3DCREATE_SOFTWARE_VERTEXPROCESSING,
```

```
    &d3dpp, &device);
if (FAILED(res)) return 0;
```

다이렉트3D의 일반적인 동작법을 설명하는 것은 이 책에서 다루는 영역이 아니다. 단지 이 코드를 복사해 다이렉트3D 디바이스를 생성할 수 있다는 점과 이 안에는 EndScene( ) 함수가 멤버로 포함되어 있다는 사실만 알면 된다. 인덱스 42에 위치한 EndScene( )의 주소는 device의 VF 테이블(인덱스를 찾는 법에 대해서는 279페이지의 '디바이스와 다이렉트3D, VF 훅의 의미'를 참조하라)에 포함되어 있다. 다음과 같이 247페이지 'VF 테이블 후킹 활용하기' 절의 코드를 기반으로 VF 테이블 후킹 코드의 서브셋을 활용해 이를 읽을 수 있다.

```
DWORD getVF(DWORD classInst, DWORD funcIndex)
{
    DWORD VFTable = readMemory<DWORD>(classInst);
    DWORD hookAddress = VFTable + funcIndex * sizeof(DWORD);
    return readMemory<DWORD>(hookAddress);
}
DWORD EndSceneAddress = getVF((DWORD)device, 42);
```

주소를 획득하고 나면 디바이스가 원하는 동작을 수행할 것이며 Release( ) 함수 호출을 통해 동작이 종료된다.

```
pD3D->Release( );
device->Release( );
```

EndScene( )의 주소가 전달되면 이제 메모리의 어느 부분에 훅을 설치할지 고민해야 하는 시점이 된 것이다. 하지만 지금 알고 있는 건 함수의 주소 하나밖에 없기 때문에 함수의 최상단에 점프 훅을 설치하는 것 외에는 옵션이 없다.

EndScene( ) 함수의 인덱스가 42라는 사실을 어떻게 알아냈는지 궁금하다면 지금 그 답을 찾는 입구에 서 있는 것이다. 다이렉트3D 9은 활용에 제한이 없는 라이브러리이므로 그 내부 동작을 충분히 알아낼 수 있다. 라이브러리의 메인 헤더 파일은 d3d9.h이다. 에디터로 이 파일을 열고 'EndScene'을 검색하면 상당히 큰 규모의 클래스 정의 중간쯤 C 매크로를 사용하는 여러 함수를 설명하는 부분에서 이를 찾아낼 수 있을 것이다. 이것이 모든 다이렉트3D 9 device 구현의 기본 클래스이며, 이 클래스에 사용되는 가상 함수들을 정의하고 있는 부분이다.

VF 테이블은 함수가 코드에서 정의되는 순서와 동일한 순서로 구성되어 있다. 따라서 간단하게 라인의 수를 세어서 멤버 함수의 인덱스를 알아낼 수 있다. 클래스 정의의 가장 윗부분(내가 작성한 라이브버리 버전에서는 426번째 라인이며 아마 여러분이 작성한 버전에서도 마찬가지일 것이다)으로 스크롤한 다음 첫 번째 함수 정의가 나오는 부분(429번째 라인)을 체크하고, 그런 다음 EndScene( ) 정의 부분(473번째 라인)으로 스크롤해 해당 라인을 체크한다. 마지막으로, 비어 있는 줄이나 코멘트 라인이 몇 줄이나 되는지 세어본다(내가 작성한 버전에서는 2줄). 따라서 473 − 429 − 2 = 42라는 간단한 식을 통해 함수의 인덱스를 찾아낼 수 있다.

EndScene( ) 함수는 43번째로 정의된 함수다. 따라서 이는 VF 테이블의 42번째 스팟에 위치하고 있다. 이러한 헤더 파일을 갖고 있는 경우 디바이스 클래스에 속하는 모든 개별 함수의 이름과 인수 유형, 인수 이름, 그리고 반환값의 유형을 손쉽게 알아낼 수 있다. 이 방법을 통해 향후 훅을 작성하게 될 때 코드의 어느 부분을 살펴봐야 하는지 알 수 있을 것이다.

점프 훅 배치하고 제거하기

앞에서는 디바이스를 찾기 위해 훅을 사용했으므로 오직 한 번만 호출이 일어난다. 디바이스를 획득한 다음에는 점프 훅을 제거하고 EndScene( )을 복원해 드로잉 루프가 정상적으로 수행될 수 있게 해야 한다. 코드는 순식간에 복원되기 때문에 점프를 대치할 명령어를 수행하는 트램펄린도 필요 없다. 또한 NOP를 추가할 필요도 없다. 원래의 바이트를 저장하고 이를 훅에 배치하는 것만으로 모든 필요한 과정은 마무리된다. 이를 위해 앞서 살펴본 코드 8-11의 점프 후킹 코드를 다음과 같이 약간 수정할 필요가 있다.

```
unsigned char* hookWithJump(DWORD hookAt, DWORD newFunc)
{
    DWORD newOffset = newFunc - hookAt - 5;
❶  auto oldProtection = protectMemory<BYTE[5]>(hookAt, PAGE_EXECUTE_READWRITE);
    unsigned char* originals = new unsigned char[5];
    for (int i = 0; i < 5; i++)
❷      originals[i] = readMemory<unsigned char>(hookAt + i);
❸  writeMemory<BYTE>(hookAt, 0xE9);
    writeMemory<DWORD>(hookAt + 1, newOffset);
    protectMemory<BYTE[5]>(hookAt, oldProtection);
    return originals;
}
```

코드 8-11에서 살펴본 함수와 같이 이 함수는 메모리를 쓰기 가능하도록 만들고❶, 훅을 배치한 다음❸, 메모리 보호 모드를 복원한다. 훅을 배치하기 전에 originals를 호출하는 데❷ 5바이트 버퍼를 할당하고 이를 오리지널 바이트로 채운다. 훅이 배치되고 나면 함수 호출에 대해 originals를 반환하게 된다.

훅을 제거해야 할 때는 originals를 다음과 같은 함수로 넘겨주면 된다.

```
void unhookWithJump(DWORD hookAt, unsigned char* originals)
{
    auto oldProtection = protectMemory<BYTE[5]>(hookAt, PAGE_EXECUTE_READWRITE);
    for (int i = 0; i < 5; i++)
        writeMemory<BYTE>(hookAt + i, originals[i]);
    protectMemory<BYTE[5]>(hookAt, oldProtection);
    delete [] originals;
}
```

이 코드는 간단하게 originals를 반복하며 5바이트를 원래 발견된 자리로 재배치해 코드 수행 결과 반환값이 EndScene() 함수로 정상적으로 넘어가는 것처럼 동작하게 만든다. 2개 라인으로 작성된 다음과 같은 간단한 코드를 통해 훅을 배치하고 제거할 수 있다.

```
auto originals = hookWithJump(EndSceneAddress, (DWORD)&endSceneTrampoline);
unhookWithJump(EndSceneAddress, originals);
```

hookwithJump( )와 unhookWithJump( ) 함수를 작성했다면 이제는 디바이스를 콜백하고 찾아야 할 시간이다.

콜백과 트램펄린 작성하기

VF 테이블을 통해 EndScene( ) 함수의 주소를 획득했다고 하더라도 EndScene( ) 함수가 완벽하게 __thiscall 규약을 따르는 것은 아니다. 다이렉트3D 클래스는 C API를 감싸고 있는 간단한 래퍼^{wrapper} 구조이므로 모든 멤버 함수 호출은 클래스 인스턴스를 첫 번째 파라미터로 취하는 __stdcall 규약을 따를 것이다. 이는 곧 작성해야 하는 트램펄린이 스택에서 디바이스를 감싸고 콜백을 전달한 다음, EndScene( )으로 다시 점프하면 된다는 뜻이다. 콜백은 트램펄린에게 반환되기 전에 점프를 제거하는 역할만 수행한다.

앞서 설명한 기능을 수행하는 콜백과 트램펄린의 코드는 다음과 같다.

```
LPDIRECT3DDEVICE9 discoveredDevice;
DWORD __stdcall reportInitEndScene(LPDIRECT3DDEVICE9 device)
{
    discoveredDevice = device;
    unhookWithJump(EndSceneAddress, originals);
    return EndSceneAddress;
}
__declspec(naked) void endSceneTrampoline()
{
    __asm {
        MOV EAX, DWORD PTR SS:[ESP + 0x4]
        PUSH EAX   // 디바이스에 콜백 전달
❶       CALL reportInitEndScene
        JMP EAX    // EndScene의 시작 지점으로 점프
    }
}
```

hookWithJump( ) 함수를 사용해 endSceneTrampoline( ) 함수를 호출하는 EndScene( )
에 점프 훅을 설치할 수 있다. 게임에서 EndScene( ) 함수를 호출하면 트램펄린 함수가
reportInitEndScene( ) 함수를 호출한다❶. reportInitEndScene( ) 함수는 discoveredDevice
에 의해 호출되는 전역 변수에 대한 캡처된 디바이스 포인터를 저장하고 unhookWithJump( )
를 호출해 훅을 제거한다. 그런 다음 EndScene( )의 주소를 트램펄린에게 반환한다. 마지막
으로 트램펄린은 바로 EAX로 점프해 리포팅 함수로부터 반환되는 주소를 저장한다.

NOTE VF 테이블을 사용하지 않고 점프 훅을 활용할 수도 있다. 하지만 일반적인 API 함수 후킹에 이런
'껍데기' 점프 훅을 사용하면 신뢰성이 떨어지기 마련이다. 전문적인 후킹 라이브러리가 필요한 점프
훅을 사용해야만 양호한 결과를 얻을 수 있다. 개인적으로도 이 방법을 선호하며 다른 기법보다 이
기법에 대해 좀 더 자세하게 설명할 것이다.

이제 이 시점에서 남은 작업은 discoveredDevice의 VF 테이블을 후킹하는 것뿐이다. 다음
두 절에서는 EndScene( )과 Reset( ) 함수를 후킹하는 방법을 알아본다. 신뢰성 높은 후킹을
위해서는 반드시 필요한 단계다.

EndScene( ) 훅 작성하기

EndScene( )을 후킹한다는 것은 완벽한 프레임이 렌더링되기 전에 이를 가로챌 수 있다는 점
에서 중요한 의미가 있다. 이는 즉, 원하는 렌더링 코드를 게임 루프 안에서 효과적으로 수
행할 수 있음을 의미한다. 277페이지의 'EndScene( ) 점프 후킹하기' 절에서 함수 주소를 찾
아냈던 것과 같이 이 함수는 VF 테이블의 인덱스 42에 위치한다. 다음과 같이 VF 후킹을 이
용해 EndScene( ) 함수를 후킹할 수 있다.

```
typedef HRESULT (WINAPI* _endScene)(LPDIRECT3DDEVICE9 pDevice);
_endScene origEndScene =
    (_endScene)hookVF((DWORD)discoveredDevice, 42,(DWORD)&myEndScene);
HRESULT WINAPI myEndScene(LPDIRECT3DDEVICE9 pDevice)
{
```

```
    // 직접 작성한 코드
    return origEndScene(pDevice);
}
```

이 코드는 discoveredDevice의 인덱스 42에 위치하는 EndScene( )을 후킹하기 위해 247페이지의 'VF 테이블 후킹 활용하기' 절에서 활용했던 hookVF( ) 함수를 인용하고 있다. 이 함수는 콜백 함수로 myEndScene( )을 사용하고 있다. 다이렉트3D 디바이스는 종종 VF 테이블을 재구성하고 원래의 함수 주소를 복원한다. 이런 과정은 EndScene( ) 함수가 수행되는 동안에도 마찬가지로 발생한다. 이는 곧 원래의 EndScene( ) 함수가 호출되고 나면 VF 테이블역시 재구성돼야 한다는 뜻이다. 이를 적절하게 다루기 위해서는 코드 8-14와 같이 훅이 변경돼야 한다.

코드 8-14 EndScene( ) 후킹을 위해 완성된 코드

```
_endScene origEndScene = NULL;
void placeHooks( )
{
    auto ret = hookVF((DWORD)discoveredDevice, 42, (DWORD)&myEndScene);
    if (ret != (DWORD)&myEndScene) // 직접 작성한 훅을 가리키지 말 것
        origEndScene = (_endScene)ret;
}
placeHooks( );
HRESULT WINAPI myEndScene(LPDIRECT3DDEVICE9 pDevice)
{
    // 여기서 그림을 그림
    auto ret = origEndScene(pDevice);
    placeHooks( ); // 훅 업데이트
    return ret;
}
```

훅을 배치하는 데 사용되는 코드가 placeHooks( ) 함수 내부로 이동함으로써 좀 더 쉽게 사용할 수 있도록 만들었다. 콜백 함수는 여전히 호출을 원래의 함수로 보내지만 반환이 발생

하기 전에 placeHooks( )를 호출할 수 있게 됐다. 이를 통해 EndScene( ) 함수가 제거된 경우에도 혹이 항상 활성화되도록 만든 것이다.

또 하나 유의해야 할 사항은 placeHooks( ) 함수가 혹이 재배치될 때마다 hookVF( )로부터 반환되는 주소가 myEndScene( ) 함수의 주소와 상이한 경우, origEndScene( )의 주소를 업데이트한다는 점이다. 이를 통해 2개의 개별적인 사실을 알 수 있다. 첫 번째는 우선 별다른 추가 작업 없이도 다른 애플리케이션에서 EndScene( )을 후킹할 수 있다는 것이다. 이는 VF 테이블의 내용이 무엇이든 상관없이 origEndScene( )을 업데이트하기 때문에 가능하다. 두 번째는 origEndScene( )의 값이 콜백의 주소가 될 수 없으며, 이를 통해 무한 루프를 방지할 수 있다는 것이다. origEndScene( ) 함수가 항상 디바이스의 VF 테이블을 고정하는 것은 아니기 때문에 무한 루프를 수행하는 것도 가능은 하다. 이는 곧 VF 테이블에 여전히 myEndScene( ) 함수가 포함된 경우에도 placeHooks( )가 호출될 수 있음을 의미한다.

Reset( ) 후킹 작성하기

다이렉트3D를 후킹하면 편집된 텍스트를 게임에 표시하거나, 봇과 관련된 이미지를 출력하거나 혹은 게임 내부에서 함수 호출과 관련된 상호작용을 하는 것과 같은 작업을 실제 제품에서 수행할 수 있게 된다. 이 작업을 통해 원하는 대로 게임 디바이스와 관련된 다이렉트3D 객체를 만들어낼 수 있지만 그 자체로는 문제가 될 가능성이 크다. 게임에서는 종종 Reset( ) 함수를 사용한 디바이스 리셋 작업이 수행되기 때문이다. 디바이스가 리셋되면 디바이스를 위해 OnLostDevice( ) 멤버 함수를 사용해 만든 모든 객체(일반적으로 폰트와 스프라이트 이미지)를 업데이트해야 한다.

Reset( ) 함수의 호출은 디바이스의 VF 테이블에서 수행되므로 이를 후킹해 언제 디바이스가 리셋되는지 알 수 있다. Reset( ) 함수는 2개의 파라미터를 가지고 VF 테이블의 인덱스 16에 위치한다. Reset( ) 함수를 후킹하기 위해서는 다음 코드를 코드 8-14의 placeHooks( )에 추가한다.

```
auto ret = hookVF((DWORD)discoveredDevice, 16, (DWORD)&myReset);
if (ret != (DWORD)&myReset)
    origReset = (_reset)ret;
```

다음은 origReset 사용에 대한 선언이다.

```
typedef HRESULT (WINAPI* _reset)(
    LPDIRECT3DDEVICE9 pDevice,
    D3DPRESENT_PARAMETERS* pPresentationParameters);
_reset origReset = NULL;
```

성공적으로 리셋이 진행된다면 오리지널 함수는 D3D_OK를 반환한다. 후킹 코드에서도 이를 반영하고 다음과 같이 OnLostDevice()를 호출한다.

```
HRESULT WINAPI myReset(
    LPDIRECT3DDEVICE9 pDevice,
    D3DPRESENT_PARAMETERS* pPresentationParameters)
{
    auto result = origReset(pDevice, pPresentationParameters);
    if (result == D3D_OK) {
        // 생성한 모든 객체를 위해 onLostDevice() 호출
    }
    return result;
}
```

if() 구문을 적절한 내용으로 채운다면 모든 객체가 다시 사용될 준비가 완료되는 셈이다.

다음으로 할 일은?

지금까지 게임 내의 다이렉트3D 디바이스를 제어하는 방법을 알아봤다. 이를 통해 무엇을 할 수 있는지 알고 나서 상당히 놀랐을 것이다. 이 책의 다른 예제들과는 달리 이 절의 코드와 예제들은 1 대 1로 대응하지 않을 수도 있다. 하지만 그 내용과 기능은 동일하다는 사실을 유념하기 바란다. Chapter8_Direct3DHook 예제 프로젝트 안의 코드와 이 장의 상관관계는 다음과 같다.

DirectXHookCallbacks.h 파일에는 EndScene( )과 Reset( ) 함수에 대한 콜백과 다른 일반 함수에 대한 2개의 콜백, 그리고 임시 점프 혹에 대한 트램펄린과 리포터 함수가 포함되어 있다. DirectXHook.h와 DirectXHook.cpp에서 정의된 싱글톤^{singleton} 클래스에서 이들을 호출하는 경우 외에는 이미 이 함수들에 대해 자세하게 설명했다. 싱글톤 클래스는 호출을 오리지널 함수로 돌리는 기능을 수행한다.

또한 이 클래스에는 디바이스를 발견하는 데 사용되고 혹 배치, 텍스트 출력, 디바이스 리셋 핸들링, 이미지 출력 등에 사용되는 다양한 코드가 포함되어 있다. 또한 main.cpp에서 보는 것처럼 각각의 혹에 커스텀 콜백을 추가할 수도 있다. 아울러 커스텀 텍스트를 출력하거나, 스크린에 새로운 이미지를 추가하거나, 게임이 생성한 모델의 텍스처를 변경하는 것과 같은 다양한 콜백을 확인할 수 있을 것이다. 코드의 다양한 부분을 검토해보기를 추천한다. 하지만 너무 고민하거나 어려워할 필요는 없다. 이후 9장에서도 이를 활용한 추가적인 기법에 대해 알아볼 것이다.

이 장에서 설명한 Reset( )과 EndScene( ) 혹은 다이렉트3D 9을 기반으로 하는 게임이라면 어떤 게임에서든 원활하게 동작해야 하지만, 사실 안정성과 관련된 약간의 문제가 존재한다. 만약 게임이 점프 훅이 배치된 다음에 EndScene( )을 수행하려 한다면, 바이트가 수정됐기 때문에 크래시가 발생할 수도 있다. 이를 수정하는 방법은 크게 두 가지다. 첫 번째 방법은 PeekMessage( )를 IAT 후킹하고 그 안에 점프 훅을 배치하는 것이다. IAT 훅은 스레드 세이프티$^{thread\ safety}$를 보장하는 연산이므로 이 방법을 통해 문제없이 훅이 동작해야 한다. 하지만 이는 다이렉트3D 출력과 동일한 스레드에서 PeekMessage( ) 호출이 일어날 때만 가능하다.

좀 더 안전하지만 더 복잡한 두 번째 방법은 스레드 하이재킹과 유사하게 게임 안의 모든 스레드에서 반복 수행되며 SuspendThread( )를 사용해 훅을 배치하는 스레드 외에 게임의 모든 스레드를 일시 중지하는 것이다. 스레드를 정지시키기 전에 EIP가 EndScene( )의 처음 5바이트를 실행하지 않도록 해야 한다. 훅이 배치된 다음에는 반드시 ResumeThread( )를 사용해 이전 실행을 복원해야 한다는 사실도 잊지 말아야 한다.

마치며

컨트롤 플로우 조작은 게임 해킹에 있어 아주 중요한 기법이며 이 책에서 다루는 다양한 기법들이 이와 관련되어 있다. 다음 2개 장에서는 다이렉트3D 훅을 통해 일반 핵을 생성하는 방법과 후킹에 관한 좀 더 범용적인 유스 케이스에 대해 살펴볼 수 있을 것이다. 조금 미숙해서 불안한 감이 없잖아 있더라도 바로 9장으로 넘어가길 추천한다. 코드 예제를 공부함으로써 다이렉트3D 훅의 핵심에 접근하고 후킹 기법에 좀 더 숙련될 수 있을 것이다.

PART 4

봇 만들기

CHAPTER **9**

초능력으로 전장의
안개 걷어내기

 흔히 '전장의 안개'라고 부르는 메커니즘은 대개 플레이어들이 게임 안의 상황과 환경에 대한 정보를 인지하기 어렵게 만들기 위해 사용한다. 안개^{fog}는 말 그대로 다양한 MOBA^{massive online battle arena} 게임에서 시야를 제한하는 기능을 의미하지만 때에 따라서는 게임 플레이에 필요한 적절한 정보를 적절하게 제공하지 않는 것을 의미하는 경우도 있다. 투명화된 개체나 어두운 밀실, 벽 뒤에 숨어 있는 적들 역시 일종의 안개라고 할 수 있다.

게임 해커는 **초능력**을 사용해 이런 안개를 완전하게 걷어낼 수 있다. 이런 초능력을 겸비한 해커들은 후킹과 메모리 조작 같은 기법을 사용해 숨겨진 정보를 게임상에 표시한다. 안개를 표시하는 기능이 클라이언트에서 구현되어 있다면 이는 곧 숨겨야 하는 정보들이 클라이언트의 어디엔가 위치하고 있다는 것을 의미한다.

9장에서는 다양한 초능력 기법을 배우고 구현하는 방법을 알아볼 것이다. 우선 어두운 곳을 밝게 비춰주는 방법에 대해 알아본다. 그런 다음 엑스레이$^{x-ray}$로 벽을 투사하는 방법을 배워볼 것이다. 마지막으로 줌 해킹과 HUD 조작법, 그리고 그 밖의 다양하고 간단한 초능력 해킹 기법을 사용해 게임 플레이에 필요한 모든 유용한 정보를 밝혀내는 방법에 대해 알아볼 것이다.

배경지식

9장에서는 해킹에서 시작해 퍼피티어링^{puppeteering}, 코드 리버스 엔지니어링으로 변환되는 과정을 배우게 될 것이다. 여기서부터는 실제 코드를 해킹하는 방법에 대해 배우게 된다. 지금까지 이 책에서 소개했던 내용이 모두 이 장을 위한 배경지식으로 활용된다. 메모리 스캐닝이나 메모리 브레이크포인트 설정, 후킹이나 메모리에 직접 쓰기와 같이 오래전에 살펴봐서 잘 기억이 나지 않는 기법들이 있다면 해당 부분을 다시 살펴보고 숙지할 필요가 있다. 이 장에서도 지속적으로 어느 부분을 상기해야 할지 알려줄 것이다.

특히 이 장에서는 다이렉트3D에 대한 내용이 많이 언급될 것이다. 273페이지의 '다이렉트3D에 점프 훅과 VF 훅 적용하기' 절에서 이미 게임 다이렉트3D의 드로잉 루프 안에서 훅을 설치하고 활용하는 방법을 소개한 바 있다. 다이렉트3D 후킹에 대해 완전하게 설명하는 예제 코드는 GameHackingExamples/Chapter8_Direct3DHook에 포함되어 있다. 이 장에서 다루는 다양한 해킹 기법은 앞서 살펴본 후킹 기법에 그 근간을 두고 있다. 이와 관련된 코드들은 다이렉트3D 훅 코드의 main.cpp 파일에서 찾아볼 수 있다. 아울러 GameHackingExamples/Chapter8_Direct3DApplication의 컴파일된 애플리케이션을 실행해 실제로 테스트 애플리케이션에서 해킹을 수행하는 방법을 살펴볼 수도 있다.

라이트핵을 사용해 숨겨진 정보 찾아내기

라이트핵^{lighthack}이란 어두운 환경에 빛을 추가해 적을 확인하고, 보물 상자를 찾아내고, 숨겨진 길을 발견해내는 것과 같이 일반적으로 어둠으로 숨겨져 있는 것들을 발견할 수 있게 해주는 기법이다. 게임 안에서의 빛이란 게임 그래픽 레이어에 추가된 외형이 변경되는 것에 불과하므로 게임의 그래픽 레이어를 수정한다면 바로 이를 변경할 수 있다.

광학적인 조명은 카메라의 방향, 환경 레이아웃, 심지어는 엔진의 고유한 특성에 따라 달라지므로 성공적으로 라이트핵을 수행하기 위해서는 이 모든 것을 조작할 수 있어야 한다. 하지만 가장 간단한 방법은 기존의 조명에 다른 조명을 추가하는 것이다.

Central Ambient Light 소스 추가하기

이 책의 온라인 리소스에는 2개의 간단한 라이트핵 예제가 포함되어 있다. 첫 번째는 main.cpp에 포함되어 있는 enableLightHackDirectional() 함수로, 코드 9–1과 같다.

코드 9–1 디렉셔널 라이트핵

```
void enableLightHackDirectional(LPDIRECT3DDEVICE9 pDevice)
{
    D3DLIGHT9 light;
    ZeroMemory(&light, sizeof(light));
    light.Type = D3DLIGHT_DIRECTIONAL;
    light.Diffuse = D3DXCOLOR(0.5f, 0.5f, 0.5f, 1.0f);
    light.Direction = D3DXVECTOR3(-1.0f, -0.5f, -1.0f);

    pDevice->SetLight(0, &light);
    pDevice->LightEnable(0, TRUE);
}
```

이 코드는 EndScene() 훅에서 호출되며 light라는 라이트 소스를 생성함으로써 씬에 조명을 추가한다. light.Type을 디렉셔널로 설정하는데 이는 라이트 소스가 특정한 방향으로 스포트라이트나 프로젝트 라이트 역할을 수행할 수 있게 해준다. 그런 다음 light.Diffuse 값을 각각 0.5로 설정해 붉은색, 녹색, 파란색의 값을 설정해준다. 이를 통해 표면에 빛이 반사되는 경우의 설정을 할 수 있다. 그다음으로 light.Direction을 통해 3차원 공간에서의 임의 지점을 지정해준다. 마지막으로, 코드는 게임의 다이렉트3D 디바이스를 활용해 인덱스 0에 조명을 설정하고 조명 효과를 사용할 수 있게 해준다.

> **NOTE** 예제 애플리케이션에서는 조명이 아래 왼쪽 바닥에서부터 떠올라 오른쪽으로 넘어가도록 설정되어 있다. 해킹하려는 게임이 어떤 방법으로 렌더링을 수행하는지에 따라 이 방식을 변경할 필요가 있다.

인덱스 0에 삽입된 조명이 항상 올바르게 동작하는 것은 아니다. 게임에는 다양하게 정의된 광원이 존재하고 인덱스에 위치한 조명이 중요한 조명 효과를 치환할 수도 있기 때문이다. 실제로는 인덱스 값을 상당히 큰 값으로 설정할 수도 있다. 그럼에도 불구하고 이런 종류의 라이트핵에는 여전히 다양한 문제점이 존재한다. 디렉셔널 라이트는 벽이나 크리처, 지형지물 같은 장애물에 의해 차단되며 이는 곧 그림자가 생긴다는 것을 의미한다. 디렉셔널 라이트는 광활한 지형에서는 유용하지만 좁은 복도나 지하 동굴처럼 지형지물로 둘러싸인 듯한 곳에서는 제대로 활용하기가 힘들다.

Absolute Ambient Light 증폭하기

라이트핵을 수행하는 또 다른 방법은 앞서 코드 9-1에서 살펴본 것보다 더욱 공격적이다. 이 기법은 enableLightHackAmbient() 함수를 통해 수행되며 앞서 살펴본 것처럼 광원을 여러 개 더 추가하는 것에 비해 훨씬 더 폭넓게 라이트 레벨에 영향을 미친다. 해당 코드는 다음과 같다.

```
void enableLightHackAmbient(LPDIRECT3DDEVICE9 pDevice)
{
    pDevice->SetRenderState(D3DRS_AMBIENT, D3DCOLOR_XRGB(100, 100, 100));
}
```

이 라이트핵 기법은 Absolute Ambient Light(D3DRS_AMBIENT를 SetRenderState( ) 함수로 넘겨 표현이 가능함)를 중간 세기 정도의 흰색으로 설정한다. D3DCOLOR_XRGB 매크로를 사용해 광도를 설정할 수 있는데, 각각 그 값을 100으로 설정해 붉은색, 녹색, 파란색 레벨을 설정할 수 있다. 이 기법은 전 방향으로 퍼지는 흰색 조명을 표현하는 데 적합하며 그림자를 밝히거나 조명에 기반해 사물의 디테일을 묘사할 때 자주 사용된다.

그 밖의 라이트핵 기법들

다양한 기법을 통해 라이트핵을 만들고 활용할 수 있다. 하지만 그 활용 예는 게임에 따라 모두 다르다. 게임 안의 조명에 영향을 미칠 수 있는 가장 창의적인 방법 중 하나는 바로 device->SetRenderState( ) 함수를 호출하는 데 사용되는 코드를 NOP 하는 것이다. 이 함수가 Global Ambient Light의 광도를 설정하는 데 사용되기 때문에 호출을 무력화함으로써 여전히 다이렉트3D를 기본적인 조명 설정으로 사용하면서 보고자 하는 모든 것의 베일을 벗어버리게 만들 수 있다. 이 기법은 효과가 강력하기는 하지만 NOP를 수행할 조명 관련 코드의 주소를 봇이 알고 있어야 한다는 단점이 있다.

이 외에도 메모리 기반의 라이트핵 기법들이 여럿 존재한다. 게임 안에서 플레이어나 크리처들은 그들의 장비와 복장, 혹은 마법의 속성에 따라 각기 다른 종류의 색과 광도를 내뿜는다. 게임 안에 등장하는 크리처들이 어떻게 구성되어 있는지 체계를 파악할 수 있다면 그 크리처의 라이트 레벨을 결정하는 값만 수정해 원하는 바를 얻을 수 있을 것이다.

예를 들어, 어떤 게임에서 치유나 강화 마법을 사용할 때 캐릭터가 푸르스름한 구(球) 형태의 조명을 내뿜는다고 가정해보자. 분명히 게임 메모리 어딘가에는 이 캐릭터가 내뿜어야 하는 빛의 색과 광도를 결정하는 값이 저장되어 있을 것이다. 그 위치를 정확하게 파악할 수 있다면 그 값을 바꾸어 게임 안에 구현된 구의 색깔도 바꿀 수 있을 것이다. 이 기법을 사용하면 개별 크리처를 둘러싼 구 형태의 광원이 화면의 주요한 부분들을 비추면서 멋진 시각적인 효과를 만들어내기 때문에 2D 하향식top-down 스타일로 만들어진 게임에서 자주 사용된다. 3D 게임에서 이런 종류의 해킹을 사용한다면 단순히 돌아다니는 얼룩밖에는 만들어내지 못할 것이다.

또 다른 라이트핵 기법으로 게임 다이렉트3D 디바이스의 VF 테이블에서 인덱스 51에 위치하는 SetLight( ) 멤버 함수를 후킹하는 것도 있다. 이 경우 훅이 콜백되어 활성화될 때마다 D3DLIGHT9 라이트 구조체가 오리지널 함수로 전달되기 전에 이를 가로채고 그 속성을 조정할 수 있다. 예를 들어, 게임 내의 모든 조명을 D3DLIGHT_POINT 유형의 모든 조명으로 변경하면 게임 안에 존재하는 모든 광원이 불이 켜진 전구처럼 바깥 방향으로 빛을 내뿜게 될 것이다. 이 유형의 라이트핵은 매우 강력하고 정밀하지만 반면에 시각적으로 중복되고 혼란스러운 영상을 만들어낼 수도 있다. 또한 광원을 갖지 않는 배경에도 부정적인 영향을 미칠 수 있으며 불투명한 장애물은 지속적으로 포인트 라이트 광원을 차단한다는 한계도 있다.

라이트핵 자체는 전반적으로 매우 강력한 해킹 기법이라고 볼 수 있다. 하지만 이를 통해 모든 것의 베일을 벗길 수 있는 건 아니다. 필요한 정보가 어둠이 아닌 장애물 뒤에 숨어 있다면 월핵을 사용해 이를 획득하는 것이 더 나은 방법이 될 수 있다.

월핵을 통해 숨어 있는 적 파악하기

월핵wallhack을 원활하게 사용할 수 있다면 벽이나 다른 층, 그리고 다른 장애물 뒤에 숨어 있는 적을 간파해내는 일이 가능해진다. 월핵에도 다양한 기법이 존재하지만 가장 많이 사용되는 기법은 z 버퍼링z-buffering을 활용하는 기법이다.

z 버퍼링으로 렌더링하기

다이렉트3D를 포함한 대부분의 그래픽 엔진은 z 버퍼링을 지원한다. z 버퍼링이란 화면에서 여러 개의 물체가 겹칠 때 가장 위에 실제로 보이는 부분만 렌더링하는 기법이다. z 버퍼링은 화면상의 2차원 배열에 그림을 그리는 작업이며 이 배열을 통해 화면상의 각 픽셀에 위치한 물체가 얼마나 뷰어와 가까운지 표현한다. 이 배열의 인덱스를 축이라고 가정해보자. 이들은 각각 화면에 표시되는 픽셀의 x축(오른쪽/왼쪽)과 y축(위쪽/아래쪽)에 대응한다. 이 배열 안에 픽셀의 z축 값이 저장되는 것이다.

새로운 물체가 등장하는 경우, 실제로 이를 화면에서 표시할지는 z 버퍼 배열에 의해 결정된다. 만일 배열 안에 새로운 물체가 위치한 x축과 y축의 값이 존재하고 있다면, 이는 곧 해당 픽셀에 다른 물체가 존재하고 있음을 의미한다. 새롭게 등장한 물체의 z축 값이 이미 존재하는 픽셀보다 더 낮은 경우, 즉 플레이어에게 더 가까운 경우에만 해당 물체가 표시될 것이다. 해당 배열의 그리기가 완료되면 이를 화면에 표현한다.

이 과정을 도식화하기 위해 4×4픽셀 크기의 뷰포트를 가진 2차원 캔버스로 3차원 공간을 그린다고 가정해보자. z 버퍼는 그림 9-1과 같을 것이다.

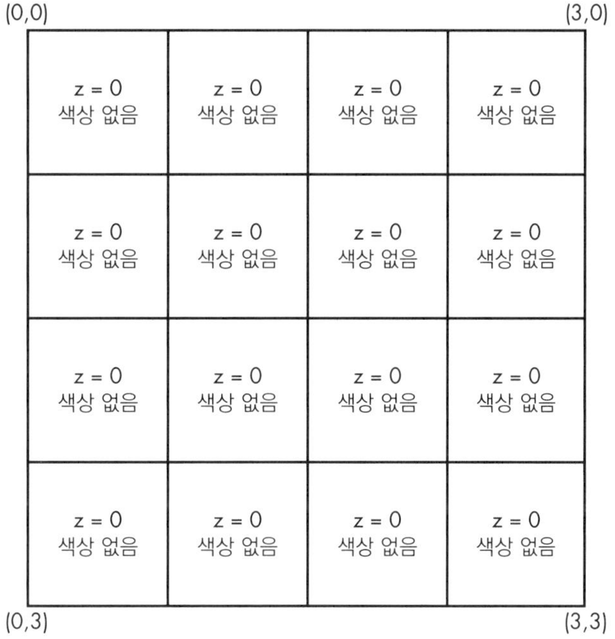

(0,0)   (3,0)

z = 0 색상 없음	z = 0 색상 없음	z = 0 색상 없음	z = 0 색상 없음
z = 0 색상 없음	z = 0 색상 없음	z = 0 색상 없음	z = 0 색상 없음
z = 0 색상 없음	z = 0 색상 없음	z = 0 색상 없음	z = 0 색상 없음
z = 0 색상 없음	z = 0 색상 없음	z = 0 색상 없음	z = 0 색상 없음

(0,3)   (3,3)

그림 9-1 비어 있는 z 버퍼

비어 있는 뷰포트에 파란색 배경을 채우는 것부터 시작해보자. 또한 이 색은 가능한 한 z축에서 멀리 떨어져 있는 값을 갖고 있어야 한다. 여기서는 가장 큰 z 값을 100으로 설정한다. 그런 다음, 게임은 (0,0)에 위치하며 z 값은 5인 2×2 크기의 붉은색 직사각형을 그린다. 마지막으로, (1,1)에 위치하며 z 값은 3인 2×2 크기의 녹색 직사각형을 그린다고 가정하자. 이제 z 버퍼는 그림 9-2와 같을 것이다.

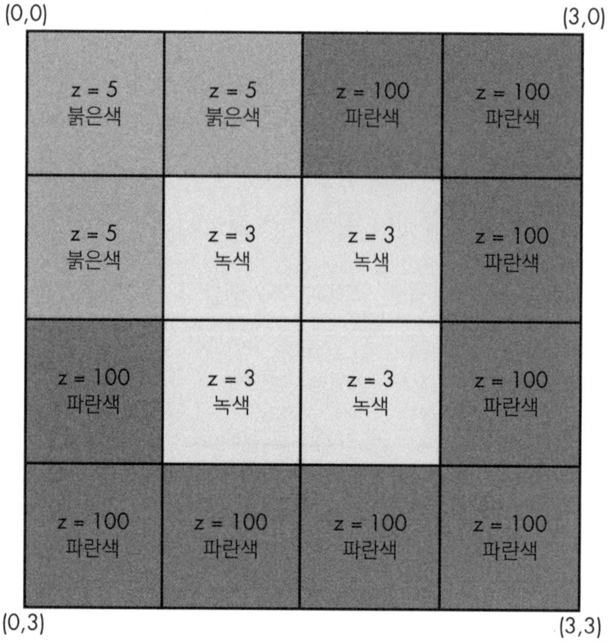

그림 9-2 z 버퍼 채우기

이와 같이 z 버퍼를 활용한다면 z 값의 위치에 따라 겹치는 물체를 깔끔하게 처리할 수 있다. z축으로 가장 가까운 곳에 위치하는 녹색 사각형은 그보다 조금 더 먼 곳에 위치하는 붉은색 사각형 위로 겹치며, 이 두 사각형은 모두 가장 멀리 떨어져 있는 파란색 배경보다 위에 위치한다.

이런 방식으로 플레이어에게 실제로 어떤 부분이 보이는지 걱정할 필요 없이 게임의 맵과 플레이어, 크리처와 세부사항 등이 표시된다. z 버퍼를 사용하는 이 방식은 장단점이 있다. 게임 개발자들이 이런 최적화 방식을 통해 효율적으로 작업을 할 수 있는 반면, 그와 동시에 큰 위험에도 노출되는 셈이다. 모든 게임 내의 모델들이 그래픽 엔진에 의해 사전 처리되기 때문에 실제로 플레이어에게는 노출되지 않는 물체에 대해서도 후킹을 시도할 수 있는 것이다.

다이렉트3D 월핵 생성하기

다이렉트3D의 z 버퍼링을 조작하고 게임이 화면에 3D 모델을 그릴 때 사용하는 DrawIndexedPrimitive( ) 함수를 후킹함으로써 월핵을 만들어낼 수 있다. 상대방 플레이어의 모델이 화면에 그려질 때 월핵을 사용해 z 버퍼링을 무력화하고 모델을 그리는 함수를 호출한 다음, 다시 z 버퍼링을 활성화하는 것이다. 이를 통해 원래 그 앞에 어떤 물체가 있든 상관없이 씬의 최상단에 적 플레이어가 모델링되는 것이다. 일부 월핵들은 여기에 더해 아군은 녹색으로, 적군은 붉은색으로 표시하는 기능까지 갖추고 있다.

z 버퍼링 토글링하기

GameHackingExamples/Chapter8_Direct3DHook에 포함된 main.cpp의 다이렉트3D 훅에는 onDrawIndexedPrimitive( ) 함수로 구현된 월핵 예제가 포함되어 있다.

```
void onDrawIndexedPrimitive(
    DirectXHook* hook,
    LPDIRECT3DDEVICE9 device,
    D3DPRIMITIVETYPE primType,
    INT baseVertexIndex, UINT minVertexIndex,
    UINT numVertices, UINT startIndex, UINT primCount)
{
    if (numVertices == 24 && primCount == 12) {
        // 적으로 판명되어 월핵을 구동함
    }
}
```

이 함수는 게임의 다이렉트3D 디바이스의 VF 인덱스 82에 위치하는 DrawIndexedPrimitive( )의 훅을 콜백한다. 이 함수를 통해 그려지는 게임 내의 모든 모델은 특화된 속성을 갖게 된다. 훅에서 numVertices나 primCount 값 같은 속성 서브셋을 살펴봄으로써 적이 그려지는 시점과 월핵의 수행 여부를 판단할 수 있게 되는 것이다. 이 예제에서 적의 모델은 각각 24와 12를 그 값으로 갖는다.

실제로 마법 같은 일이 수행되는 곳은 if( ) 구문이다. 단지 코드 몇 줄을 통해 z 버퍼링을 무시하고 적을 그릴 수 있게 된다. 코드는 다음과 같다.

```
device->SetRenderState(D3DRS_ZENABLE, false);  // z 버퍼링 무력화
DirectXHook::origDrawIndexedPrimitive(         // 모델을 표시함
    device, primType, baseVertexIndex,
    minVertexIndex, numVertices, startIndex, primCount);
device->SetRenderState(D3DRS_ZENABLE, true);   // z 버퍼링 활성화
```

이 코드를 삽입하는 것만으로 간단하게 z 버퍼링을 무력화하고, 적을 모델링한 다음, 다시 z 버퍼링을 활성화할 수 있는 것이다. z 버퍼링이 무력화된 상태에서는 항상 적이 화면의 최상단에 표시된다.

적 텍스처 변경하기

화면에 모델을 렌더링할 때 일반적으로 텍스처^{texture}를 활용해 모델의 표면을 구현한다. 텍스처 자체는 2D 이미지이며 3D 모델의 표현을 짜깁기하듯이 감싸 컬러와 패턴을 적용할 수 있다. 이를 통해 모델의 3D 아트워크가 완성되는 것이다. 월핵을 통해 적의 외관을 변경하기 위해서는 아래 예제처럼 기존과 다른 텍스처를 활용해야 한다.

```
// 훅이 초기화되는 시점
LPDIRECT3DTEXTURE9 red;
D3DXCreateTextureFromFile(device, "red.png", &red);
// 프리미티브를 그리기 바로 직전
device->SetTexture(0, red);
```

이 코드의 첫 번째 블록은 파일에서 텍스처를 불러오며 훅이 초기화되는 시점에 단 한 번만 수행된다. 이 예제 코드는 initialize( ) 함수 내부에서 수행되며 이 함수는 EndScene( ) 훅 콜백이 처음 활성화될 때 호출된다. 두 번째 블록은 원래의 DrawIndexedPrimitive( ) 함수를 호출하기 바로 직전에 수행되며 커스터마이징된 텍스처로 모델링을 수행한다.

드러내려는 모델의 지문 채취하기

쓸 만한 월핵을 만드는 데 있어 가장 어려운 작업은 정확한 numVertices와 primCount 값을 찾아내는 것이다. 이를 위해 2개의 변수를 활용해 조합을 만들고 이를 키보드로 제어할 수 있는 툴을 만들어야 한다. 이 장에서 제공하는 예제 애플리케이션에서는 이 툴의 예제 코드를 활용할 수 없을 것이다. 대신 구현에 필요한 몇 가지 세부사항과 가이드를 제공하고자 한다.

우선, 전역 범위로 다음과 같은 항목들을 저장할 수 있는 멤버를 가진 구조체를 선언한다.

- numVertices와 primCount
- 구조체의 std::set(이를 seenParams라고 부르자.)
- 구조체의 인스턴스(이를 currentParams라고 부르자.)

std::set에는 비교 연산이 필요하다. 따라서 memcmp( )를 활용하는 2개의 구조체를 비교하기 위해 memcmp( )를 호출하는 비교 함자[functor]를 선언할 필요가 있다. DrawIndexedPrimitive( ) 콜백이 활성화될 때마다 가로챈 값으로 구조체 인스턴스를 생성하고 그 값을 seenParams.insert( ) 함수로 전달할 수 있게 되는 것이다. 이를 통해 값이 존재하지 않는 경우에 한해 2개의 파라미터 페어를 리스트에 삽입할 수 있다.

GetAsyncKeyState( ) 윈도우 API 함수를 사용하면 스페이스 바를 누를 때마다 이 값을 검출하고, 다음과 같은 의사코드를 수행할 수 있을 것이다.

```
auto current = seenParams.find(currentParam);
if (current == seenParams.end())
    current = seenParams.begin();
else
    current++;
currentParams = *current;
```

이 코드를 통해 스페이스가 눌릴 때 currentParams를 seenParams의 다음 페어로 설정할 수 있다. 이 코드를 제대로 배치한다면 currentParams.numVertices와 currentParams.primCount에 부합하는 모델의 텍스처를 변경할 수 있다. 이 툴을 통해 그 값을 화면에 그리고 출력된 결과까지 확인할 수 있을 것이다.

이런 종류의 툴을 사용해 적합한 모델을 찾아낸다면 무적 모드로 게임을 시작하는 것과 같은 효과를 누릴 수 있다. 봇을 시작한 다음, 필요한 모든 모델이 하이라이트될 때까지 스페이스바만 누르면 되는 것이다. 목표한 모델을 찾으면 월핵을 통해 numVertices와 primCount를 수정하면 된다.

> **NOTE** 일반적으로 캐릭터 모델은 하나의 몸통보다 더 작은 여러 개의 모델로 구성되므로, 거리에 따라 보이는 부분이 달라질 수도 있다. 이는 곧 캐릭터 유형별로 20개 혹은 그 이상의 모델이 필요할 수도 있음을 의미한다. 하지만 이런 경우라도 하나의 모델(예: 몸통)만 선택하면 그 부분만 월핵에서 표시되므로 적을 인지하는 데는 충분할 것이다.

줌핵을 통해 더 넓은 시야 확보하기

MOBA와 RTS^{real-time strategy} 장르의 많은 게임이 3D 화면을 위에서 아래로 바라보는 시점으로 만들어지며, 이를 통해 쉽게 월핵을 사용하지 못하도록 만들고 있다. 또한 검은 안개 형태로 맵을 가려놓으며, 라이트핵을 사용해 이런 지역을 볼 수 있더라도 더 자세한 정보, 즉 어떤 적이 그 지역에 출몰할지는 알 수 없다. 이런 종류의 정보는 클라이언트가 아니라 서버에 저장되어 있기 때문이다.

이런 이유로 ESP 핵 대부분의 유용성이 떨어진다. 안개를 걷어내도 얻을 수 있는 정보는 제한적이며, 이미 보고 있는 부분을 더 늘려준다는 것 외에는 큰 의미가 없어진다. 하지만 ESP 핵 중에서도 줌핵^{Zoomhack}이라고 알려진 기법은 게임에서 허용된 것보다 더 멀리 줌아웃을 수행해 훨씬 많은 부분을 볼 수 있게 해준다. 이를 통해 월핵 및 라이트핵과 유사한 기능을 제공해주는 것이다.

줌핵 NOP 하기

MOBA와 RTS 게임은 일반적으로 플레이어가 제한적인 줌 기능을 사용할 수 있도록 허용한다. 가장 일반적인 줌핵은 줌 팩터^{zoom factor}의 값[1]을 찾아내 이를 아주 큰 값으로 치환하는 방식으로 수행된다.

줌 팩터 값을 찾아내기 위해서는 다시 치트 엔진을 활용해야 한다. Unknown Initial Value 옵션으로 `float` 값을 찾아낸다(치트 엔진을 어떻게 다뤘는지 잘 기억나지 않는다면 34페이지의 '치트 엔진 메모리 스캐너' 절을 다시 살펴보자). 줌 팩터로 추정되는 값이 남을 때까지 다음 과정을 수행한다.

1. 게임 창에서 줌인을 수행한다.
2. 치트 엔진에서 증가하는 값을 찾는다.
3. 게임 창에서 줌아웃을 수행한다.
4. 치트 엔진에서 감소하는 값을 찾는다.

하나의 값이 남을 때까지 이 과정을 계속 반복한다. 남아 있는 값이 줌 팩터로 추정된다면, 치트 엔진에서 이 값을 고정하고 실제 게임에서 어떻게 동작하는지를 살펴보라. 만약 적합한 값을 찾아낸 것이라면 실제 게임에서 줌 기능이 동작하지 않을 것이다. `float` 유형으로 줌 팩터 값을 찾지 못했다면 `double` 유형으로 다시 한번 시도해보라. 그래도 실패한다면 유형과 상관없이 줌인할 때 감소하는 값과 줌아웃할 때 증가하는 값을 찾아야 한다. 메모리에서 줌 팩터를 찾아냈다면 이를 적절한 값으로 덮어쓸 수 있는 봇을 만들어야 한다.

좀 더 진화한 형태의 줌핵은 줌 팩터의 범위를 결정하는 게임 코드에 NOP를 수행하는 형태로 동작한다. OllyDbg를 사용해 이 게임 코드를 찾아낼 수 있다. 줌 팩터상에 메모리 on-write 브레이크포인트를 설정하고 인게임 줌을 브레이크포인트의 트리거로 설정한다. 그런 다음 브레이크포인트상의 코드를 검사한다(OllyDbg를 활용해 메모리 브레이크포인트를 설정하는

---

[1] 일반적으로 x2, x4 등의 배율로 표시되며, float나 double 형태의 값을 갖는다. – 옮긴이

방법에 대해서는 89페이지의 '명령줄 플러그인을 통해 OllyDbg 제어하기' 절을 찾아보라). 수정된 줌 팩터 부분의 코드를 살펴볼 필요가 있다. 줌 기능 제한과 관련된 코드를 찾아내는 것은 어려운 일이 아니다. 줌 값의 최솟값 및 최댓값과 일치하는 상수가 바로 그 결정적인 증거가 될 수 있다.

이 방법을 통해 줌의 배율 제한과 관련된 코드를 찾을 수 없다면 줌 팩터가 변경된 다음에 코드가 적용되는 방식이 아니라 새로운 줌 배율로 그래픽이 구현될 때 해당 코드가 적용되는 방식일 것이다. 이 경우에는 메모리 브레이크포인트를 바꾸어 변경되는 값을 찾는 방식을 수행해야 한다.

줌핵 후킹 맛보기

device->SetTransform(type, matrix) 함수에 다이렉트3D 후킹을 적용함으로써 줌핵을 생성할 수 있다. 이 기법을 사용하기 위해서는 게임 안에서 플레이어의 시선을 어떻게 처리하는지에 대해 충분히 이해하고 있어야 한다. 플레이어의 시선을 처리하는 다양한 방법이 존재하지만, 줌 레벨을 제어하기 위해서는 뷰^{view}(D3DTS_VIEW의 변형)와 **프로젝션**^{projection}(D3DTS_PROJECTION의 변형)을 활용할 필요가 있다.

뷰와 프로젝션의 전환을 조작하고 이를 제어하기 위해서는 3D 그래픽 구현에 필요한 수학을 비롯한 다양한 배경지식을 필요로 하기 때문에 쉽게 수행하기는 어려운 부분이 분명 존재한다. 그리고 지금까지 줌 팩터를 조작하는 데 있어 큰 어려움을 겪지 않았기 때문에 더더욱 이 방법을 사용할 일이 없었다. 하지만 이런 종류의 해킹에 관심이 있다면 3D 구현의 핵심이 되는 수학을 공부하기 위해 3D 게임 프로그래밍 관련 서적부터 탐독할 것을 권장한다.

줌핵을 사용해도 충분한 정보를 얻지 못하는 경우도 있다. 훨씬 유용한 정보가 게임의 내부에 숨어 있으며, 언제 그런 정보를 확인할 수 있는지 파악하기도 쉽지 않다. 이런 경우 HUD가 이 문제를 해결할 수 있는 훌륭한 도구가 될 수 있다.

HUD에 숨겨진 정보 표시하기

HUD^{heads-up display}는 ESP 핵의 일종으로, 중요한 게임 정보를 오버레이^{overlay}에 표시해주는 기법이다. HUD는 일반적으로 남아 있는 탄약이나 미니맵, 현재의 체력 수준, 쿨다운 시간 등을 표시해주는 게임 내 인터페이스와 아주 흡사하다. HUD는 이와 같이 시간의 흐름에 따라 필요한 정보를 표시해주는데, 주로 MMORPG 장르의 게임에서 많이 사용된다. 주로 텍스트 기반으로 구성되지만 줄무늬나 간단한 문양을 사용해 시각적인 효과를 주기도 한다.

HUD에 추가로 표시할 정보는 게임에서 어떤 정보를 활용하느냐에 따라 달라진다. 일반적으로 다음과 같은 정보가 표시될 수 있다.

- 시간당 획득 가능한 경험치(exp/h)
- 시간당 처치한 크리처 수(KPH)
- 초당 대미지(DPS)
- 시간당 획득한 골드(GPH)
- 분당 힐양
- 다음 레벨업까지 남은 시간
- 소모된 골드양
- 획득한 아이템을 골드로 환산했을 때의 가치

여기에 더해 루팅된 아이템, 사용된 보급품, 지금까지 처치한 각 종류별 크리처의 수, 지금까지 만났던 플레이어의 이름 등이 HUD에 추가될 수 있다.

지금까지 메모리를 읽고 그래픽 엔진을 후킹하고, 데이터 표시를 커스터마이징하는 등 다양한 해킹 기법에 대해 알아봤지만, HUD를 만드는 방법에 대해서는 사실 가르쳐줄 만한 내용이 많지 않다. 대부분의 게임 아키텍처가 간단하기 때문에 메모리에서 필요한 정보를 아주 쉽게 획득할 수 있기 때문이다. 여기서는 간단한 데이터를 유용한 포맷으로 변형하기 위한 시간당 수치, 백분율, 총합 등에 대해 알아볼 것이다.

경험치 HUD 만들기

현재 캐릭터의 레벨과 시간당 획득 경험치, 그리고 다음 레벨업까지 얼마나 많은 시간이 남았는지를 HUD에 표시해보자. 가장 먼저 할 일은 치트 엔진을 활용해 캐릭터의 레벨과 경험치를 표시하는 변수를 찾아내는 것이다. 이 값들의 위치를 파악한 다음 게임 자체의 경험치 알고리즘을 활용하거나 혹은 하드코딩되어 있는 경험치 테이블을 활용해 다음 레벨을 획득하기 위해 필요한 경험치가 어느 정도인지 계산한다.

얼마나 많은 경험치가 필요한지 알면 시간당 획득이 필요한 경험치가 어느 정도인지 계산할 수 있다. 이 과정을 의사코드로 표현하면 다음과 같다.

```
    // 이 코드에서는 시간이 밀리초 단위로 기록된다고 가정함
    // 초 단위로 표시하려면 "1000 * "을 삭제해야 함
    timeUnitsPerHour = 1000 * 60 * 60
    timePassed = (currentTime - startTime)
❶ timePassedToHourRatio = timeUnitsPerHour / timePassed
❷ expGained = (currentExp - startExp)
    hourlyExp = expGained * timePassedToHourRatio

❸ remainingExp = nextExp - currentExp
❹ hoursToGo = remainingExp / hourlyExp
```

시간당 필요한 경험치, 즉 hourlyExp를 찾기 위해 HUD가 시작되는 시점에서 경험치와 시간을 저장한다. 이는 각각 startExp와 startTime으로 저장된다. 이 예제에서는 아울러 currentLevel과 currentExp가 사전에 정의되어 있다고 가정한다. currentLevel은 캐릭터의 레벨을, currentExp는 현재까지 획득한 경험치의 총량을 의미한다.

hourlyExp는 1시간을 시간 단위(여기서는 밀리초)로 환산한 비율 ❶을 startTime 이후 획득한 경험치 ❷에 곱해 얻을 수 있다. 이 경우 시간 단위는 밀리초이므로 곱해야 하는 값은 1,000이 된다.

그런 다음, nexpExp에서 currentExp를 빼서 다음 레벨업까지 필요한 경험치를 얻는다❸. 레벨업까지 몇 시간이 필요한지는 이 값을 시간당 획득 경험치로 나누면 얻을 수 있다❹.

필요한 모든 정보를 획득하고 나면 다음 과정은 화면에 이를 표시하는 것이다. 앞서 살펴본 다이렉트3D 후킹 엔진을 사용해 EndScene( ) 혹 콜백 구간에 다음과 같은 함수 호출을 추가해 텍스트를 그릴 수 있다.

```
hook->drawText(
    10, 10,
    D3DCOLOR_ARGB(255, 255, 0, 0),
    "Will reach level %d in %0.20f hours (%d exp per hour)",
    currentLevel, hoursToGo, hourlyExp);
```

다음 레벨업까지 필요한 경험치를 HUD에 표시하기 위해 필요한 작업은 이게 전부다. 동일한 방식으로 KPH, DPS, GPH를 표시할 수 있으며 경과 시간에 근거한 그 밖의 수치들도 마찬가지 방식으로 표현이 가능하다. 정보를 표시하기 위해 다이렉트3D 후킹으로 drawText( ) 함수도 활용이 가능하다. 아울러 addSpriteImage( )와 drawSpriteImage( ) 함수를 사용하면 커스터마이징된 이미지를 표시하는 등 원하는 형태를 다양하게 표시할 수도 있다.

데이터 위치를 찾기 위해 후킹 사용하기

HUD 커스터마이징을 해결할 수 있는 방법이 메모리를 읽는 것 한 가지만 있는 것은 아니다. 특정한 모델이 그려지는 횟수를 계산하기 위해 DrawIndexedPrimitive( ) 함수를 이용할 수도 있고, 특정 유형의 텍스트를 그리는 데 사용되는 게임의 내부 함수를 후킹할 수도 있다. 혹은 데이터 프로세싱을 위해 게임 서버와 통신하는 패킷을 가로채 원하는 정보를 획득할 수도 있다. 게임에 따라 사용해야 하는 방법도 각각 달라지며 이 방법들을 원활하게 구현하기 위해서는 이 책에서 배운 기법을 모두 동원해야 할 뿐만 아니라 타고난 독창성과 프로그래밍 소질도 함께 필요하다.

예를 들어, 지도상에 얼마나 많은 적이 있는지 표시하는 HUD를 만든다고 가정해보자. 이를 구현하기 위해서는 모델 핑거프린팅 기법을 사용해 적의 숫자를 셀 수 있는 월핵을 만들어 그 결과를 화면에 출력해야 한다. 메모리에서 필요한 정보를 얻어오는 방식은 게임이 패치될 때마다 새로운 메모리 주소를 수정해야 하므로 이 방법이 훨씬 효율적이다.

또 다른 예제로 적의 쿨다운 시간을 표시한다고 가정해보자. 이 경우에는 클라이언트에게 마법 효과를 표시하라고 알려주기 위해 서버에서 들어오는 패킷을 가로챌 필요가 있다. 패킷을 가로챈 다음 캐릭터와 마법의 종류를 파악해야 한다. 쿨다운 타임과 관련된 데이터베이스를 참조할 수 있다면 언제 다시 적이 마법을 사용할 수 있는지 쿨다운 타임을 정확하게 표시할 수 있을 것이다. 대부분의 게임이 적의 마법 쿨다운 시간을 메모리에 저장하지 않으므로 이 기능이 구현된다면 유용하게 쓸 수 있을 것이다.

그 밖의 ESP 해킹

이 장에서 살펴본 해킹 기법 외에 아직 제대로 명명조차 되지 못한 다양한 ESP 해킹 기법이 존재한다. 그중 일부의 기본적인 개념과 필요한 배경지식, 아키텍처를 소개한다.

- **레인지 핵**range hack : 레인지 핵은 다양한 종류의 챔피언이나 히어로를 감지하기 위해 사용되는 툴로, 월핵과 구현 방법이 비슷하다. 이 핵은 챔피언이나 히어로를 찾아내면 이를 중심으로 원을 표시한다. 이 원의 지름은 해당 캐릭터의 최대 공격 범위를 의미한다. 이를 통해 본인의 캐릭터가 적으로부터 피해를 입을 수 있는 범위를 쉽게 알아낼 수 있다.

- **로딩 스크린 HUD**loading-screen HUD : 로딩 스크린은 MOBA와 RTS 게임에서 흔하게 사용된다. 모든 플레이어는 로딩 스크린이 끝날 때까지 아무것도 하지 않고 가만히 앉아 있기만 한다. 이 해킹 기법은 이 시간을 유용하게 활용한다. 웹사이트에 플레이어의 전적을 저장하는 게임들에 대해 쿼리를 수행하는 방식으로 해킹이 수행된다.

게임에 참가한 각 플레이어들의 전적에 대해 다양한 쿼리를 수행하는 봇을 제작하고 그 결과를 로딩 스크린 오버레이에 출력함으로써 전투가 시작되기 전에 적에 대해 유용하고 다양한 정보를 습득할 수 있게 한다.

- **픽 페이스 HUD** pick-phase HUD : 픽 페이스 HUD는 앞의 로딩 스크린 HUD와 비슷하지만 게임 로딩 중이 아닌 적이 캐릭터를 고르는 도중에 다양한 정보가 표시되게 하는 것이다. 그리고 적의 상태를 보여주는 것이 아니라, 이 경우에는 아군의 상태와 정보를 보여준다. 이를 통해 우리 팀의 약점과 강점을 인지한 다음 본인이 어떤 캐릭터를 선택하는 것이 도움이 될지 결정하게 해준다.
- **플로어 스파이 핵** floor spy hack : 플로어 스파이 핵은 여러 층 구조의 맵을 가진 오래된 2D 하향식 구조의 게임에서 자주 사용됐다. 꼭대기 층에서 게임이 시작된다면 그 아래 층에 과연 어떤 적들이 기다리고 있는지 궁금할 것이다. 플로어 스파이 핵은 현재 위치한 층을 나타내는 값(일반적으로 unsigned int를 사용함)을 변조해 원하는 층으로 이동하게 만든다.

플레이어의 위치에 따라 각 프레임에서 현재 위치한 층의 값을 다시 계산하므로, 프레임이 변할 때마다 층의 값이 변경되지 않도록 NOP를 구현할 필요도 있다. 현재 위치한 층의 값을 찾고 이에 대한 NOP 코드를 수행하는 것은 303페이지 '줌핵 NOP 하기' 절에서 줌 팩터를 찾아본 것과 비슷하다.

마치며

ESP 해킹은 게임 안에서 필요한 정보를 획득할 수 있는 강력한 기법이다. 상대적으로 쉬운 기법들은 다이렉트3D 후킹과 간단한 메모리 편집을 통해서도 구현이 가능하다. 하지만 일부 기법들은 게임의 내부 데이터 구조와 함수 후킹에 대한 깊은 이해가 없다면 구현하기가 힘들다. 이를 원활하게 수행하기 위해서는 리버스 엔지니어링 스킬을 강화할 필요가 있다.

ESP 해킹을 좀 더 깊이 연마하고 싶다면 이 장에서 소개한 예제 코드를 살펴보고 다양하게 수정해보길 권장한다. 실제 게임에 대해서도 ESP 해킹을 수행해본다면 좀 더 실질적인 기법을 연마할 수 있을 것이다.

CHAPTER 10

반응형 해킹

일반적인 게이머들이 게임에서 일어난 액션에 반응하는 평균적인 시간은 250밀리초, 즉 4분의 1초 정도다. 프로 게이머들의 경우에는 5분의 1초 정도의 평균 반응 시간을 보이며 빠른 사람들은 6분의 1초 안에 반응을 나타내기도 한다. 이 결과는 온라인상에서 예측 가능한 1개의 액션 이벤트를 대상으로 플레이어의 리액션을 측정해 만든 것이다. 하지만 실제 게임에서 플레이어들은 체력이 깎이고, 스킬 공격이 들어오고, 쿨다운이 수행되고, 그와 동시에 적을 공격하는 것과 같이 한 번에 여러 개의 이벤트에 동시에 반응해야 한다. 이렇게 동적인 환경에서는 아주 숙련된 플레이어들만 4분의 1초 혹은 5분의 1초 안에 반응할 수 있다. 이보다 더 빨리 반응할 수 있는 건 컴퓨터밖에 없을 것이다.

10장에서는 봇들이 다른 일반적인 플레이어보다 빠르게 반응할 수 있게 하는 방법을 알아볼 것이다. 우선, 봇들이 게임 안에서 일어나는 이벤트를 인식할 수 있는 코드 패턴에 대해 알아본다. 그다음에는 봇을 통해 자신의 캐릭터를 움직이고, 힐을 수행하고, 마법 주문을 외우게 하는 방법을 알아본다. 이런 기본적인 기법을 알아본 다음, 가장 강력한 무기인 반응형 해킹 responsive hacks에 대해 알아본다.

게임 이벤트 관찰하기

플레이어들은 불과 몇 초의 짧은 시간 안에 게임이 어떻게 돌아가고 있는지 상황을 파악해야 한다. 미사일이 본인을 향해 날아오고 있는지, 체력이 고갈되지는 않았는지, 쿨다운이 진행되고 있어서 스킬을 사용할 수 없는지 등을 빠른 시간 안에 파악해야 하는 것이다. 하지만 봇의 경우라면 이런 직관적인 정보를 인간처럼 빠르게 받아들이는 것이 쉽지 않다. 봇들은 메모리상에서 변경된 점을 찾고 시각적인 단서를 활용하거나 혹은 네트워크 트래픽을 가로채는 것과 같은 방법을 활용해 이런 변화들을 인지해야 하는 것이다.

메모리 모니터링하기

체력 게이지가 일정 수준 이하로 낮아지는 것과 같은 간단한 이벤트를 찾아내기 위해 정기적으로 체력과 관련된 메모리를 읽어들이고 이를 기준 수치와 비교해보는 봇을 프로그램할 수 있다. 해당 코드는 코드 10-1과 같다.

코드 10-1 if 구문을 활용해 체력 체크하기

```
// 10밀리초마다 아래를 수행함(초당 100회 수행)
auto health = readMemory<int>(HEALTH_ADDRESS);
if (health <= 500) {
    // 봇이 반응하는 내용에 해당하는 코드
}
```

캐릭터의 체력에 대항하는 주소를 찾고 해당 주소에 위치한 값을 주기적으로 체크한다. 일반적으로 10밀리초가 적당하다(메모리에 위치한 값을 찾는 방법은 1장에 자세하게 설명되어 있다). health가 특정 값 아래로 내려가면 힐링 주문을 시전하거나 포션potion을 마시는 것과 같은 행동을 수행해야 한다. 이 장의 후반부에서 이 부분을 구현하는 방법에 대해 알아볼 것이다.

봇이 좀 더 자주 정보를 획득하고 그에 맞는 다양한 액션을 취하게 만들고 싶다면 하나의 임계점threshold을 설정하는 대신 체력에 변경이 생길 때마다 반응하도록 프로그램해주면 된다. 이를 위해 현재의 체력을 앞서 코드 수행이 끝난 상태의 체력과 비교해주는 코드를 추가한다. 코드는 다음과 같다.

```
// 10밀리초마다 아래를 수행함
static int previousHealth = 0;
auto health = readMemory<int>(HEALTH_ADDRESS);
if (health != previousHealth) {
    if (health > previousHealth) {
        // 체력이 늘어날 때의 반응
    } else {
        // 체력이 줄어들 때의 반응
    }
    previousHealth = health;
}
```

이 코드에서는 정적 변수인 previousHealth를 사용해 앞서 반복에 사용된 health 값을 추적한다. 만약 previousHealth와 health가 다르다면, 봇은 체력 변경에 따라 반응을 하는 것뿐만 아니라 체력을 늘리고 줄이는 식의 각기 다른 방식으로 대응할 수도 있다. 이런 방식은 게임 상태에 따라 다르게 반응하도록 하는 가장 단순하면서도 널리 사용되는 방법이다. 적절한 주소만 찾아낼 수 있다면 이 방식을 사용해 체력, 마나, 쿨다운 타임, 그리고 그 밖의 중요한 정보에서 발생하는 변경사항을 찾아낼 수 있게 된다.

시각적 단서 찾아내기

체력은 숫자로만 구성된 값이라 상대적으로 봇이 인지하기 쉽다. 체력을 제외한 그 밖의 게임 요소들은 각기 다른 방식으로 처리돼야 한다. 예를 들어, 캐릭터가 중독됐거나 버프를 받는 상태라면 이를 가장 쉽게 인지할 수 있는 방법은 다름 아니라 화면상의 상태를 나타내는 인디케이터indicator를 주의 깊게 쳐다보는 것이다. 이는 봇도 마찬가지다.

메모리에서 값을 읽는 것만으로 충분하지 않다면 게임 그래픽 엔진을 후킹하거나 특정한 모델을 그릴 때까지 기다리는 방식으로 원하는 이벤트가 일어났는지 감지해낼 수 있다(273페이지의 '다이렉트3D에 점프 훅과 VF 훅 적용하기' 절과 299페이지의 '다이렉트3D 월핵 생성하기' 절을 다시 상기해보자). 화면에 모델을 그리려고 할 때 다음과 같이 프레임이 그려진 후 리액션이 수행되게 할 수 있다.

```
// drawIndexedPrimitive 훅
void onDrawIndexedPrimitive(...) {
    if (numVertices == EVENT_VERT && primCount == EVENT_PRIM) {
        // 반응하는 부분, 가급적이면 드로잉이 완료된 다음에 수행됨
    }
}
```

9장의 월핵 코드에서 사용했던 것과 동일한 모델-핑거프린팅 기법을 사용해 특정한 모델이 화면에 그려지면 이를 감지하고 그에 맞는 대응을 하도록 코드를 작성했다. 이 코드는 매 프레임에서 발생하는 모든 이벤트에 대응한다. 이로 인해 사실상 플레이는 거의 불가능해질 것이다. 끊임없는 리액션이 일어나 게임 플레이를 방해하는 것을 막기 위해 내부에 쿨다운 기능을 만들 필요가 있다. 감지되는 모델이 여러 프레임에 걸쳐서 그려지는 경우라면 언제 이 작업이 시작되고 언제 모델이 사라지는지를 알아내고 그에 맞추어 반응할 필요가 있다.

이를 다루는 코드는 다음과 같다.

```
bool eventActive = false;
bool eventActiveLastFrame = false;
// 아래는 drawIndexedPrimitive 훅 코드임
void onDrawIndexedPrimitive(...) {
    if (numVertices == EVENT_VERT && primCount == EVENT_PRIM)
        eventActive = true;
}

// 아래는 endScene 훅 코드임
void onDrawFrame(...) {
    if (eventActive) {
        if (!eventActiveLastFrame) {
            // 이벤트 모델이 감지될 경우 반응하는 부분
        }
        eventActiveLastFrame = true;
    } else {
        if (eventActiveLastFrame) {
            // 이벤트 모델이 사라질 경우 반응하는 부분
        }
        eventActiveLastFrame = false;
    }
    eventActive = false;
}
```

여전히 onDrawIndexedPrimitive() 함수를 통해 특정 모델이 그려지는지 확인하지만 여기서는 2개의 불린Boolean 트랙을 통해 모델이 이번 프레임에서 그려지는지, 혹은 앞선 프레임에서 그려지는지 확인한다. 모델을 그리는 작업이 완료되는 프레임에서 봇은 이 변수들을 사용해 모델이 등장하는지 혹은 사라지는지를 판단하고 그에 걸맞은 반응을 수행한다.

이 기법은 캐릭터가 스턴stun 상태이거나 움직임이 느려진 상태, 덫에 걸렸거나 중독됐을 때와 같이 시각적인 상태가 변경될 때 이를 유용하게 감지해낸다. 또한 MOBA와 RTS 게임에서 플레이어나 아군의 시야에서 적의 등장이 명백하게 판명 가능할 때도 유용하게 쓸 수 있다.

네트워크 트래픽 가로채기

어떤 이벤트가 발생하는지 관찰하는 여러 방법 중에서도 가장 믿을 만한 것은 바로 게임 클라이언트가 하는 일과 동일한 일을 하는 것이다. 바로 게임 서버에서 일어나는 일을 직접 서버가 말하고 이를 듣는 것이다. 이런 유형의 커뮤니케이션은 서버가 소켓을 사용해 패킷이라고 부르는 바이트의 배열을 클라이언트에 보냄으로써 수행된다. 패킷은 일반적으로 암호화되어 있으며 다양한 포맷의 데이터가 연달아 붙어 있는 형태로 구성된다.

전형적인 패킷 파싱 함수

게임 클라이언트는 프레임에 그림을 그리기 전에 코드 10-2와 같이 패킷을 받아 처리한다.

코드 10-2 게임 패킷 파싱 방법 간단히 살펴보기

```
void parseNextPacket() {
    if (!network->packetReady()) return;

    auto packet = network->getPacket();
    auto data = packet->decrypt();
    switch (data->getType()) {
        case PACKET_HEALTH_CHANGE:
            onHealthChange(data->getMessage());
            break;
        case PACKET_MANA_CHANGE:
            onManaChange(data->getMessage());
            break;
        // 더 많은 패킷 유형에 대응하는 다양한 케이스 추가
    }
}
```

게임마다 이 기능을 수행하는 코드가 정확하게 동일하지는 않지만 컨트롤 플로우는 거의 비슷하다. 패킷을 받고, 암호를 풀고, 어떤 메시지가 포함되어 있는지 확인하고, 이 메시지를 가지고 동작하는 함수를 호출하는 것이다. 네트워크 패킷을 가로채고 봇에서 이를 복사해 사

용하는 경우도 있다. 이 기법은 효과적이지만 이를 구현하기 위해서는 패킷 암호화와 패킷 안에 데이터를 저장하는 법, 네트워크 커넥션을 중간에 가로채는 법, 게임 클라이언트가 사용하는 복호화^{decryption} 키의 위치를 파악하는 법 등을 숙지하고 있어야 한다.

패킷이 복호화되고 파싱된 다음 이를 처리하는 함수를 후킹하는 것이 더 효율적이다. 코드 10-2에서도 보이는 onHealthChange( )와 onManaChange( ) 함수가 바로 그것이다. 이 방법은 게임이 패킷을 처리하는 방식을 그대로 사용함으로써 봇이 게임에서 활용되는 다양한 네트워크 기능을 사용하지 않아도 되게 만들어준다. 또한 적절한 핸들러 하나만을 후킹하는 방식이므로 어떤 네트워크 데이터를 가로챌지 결정하는 데 더 많은 리소스를 투자할 수 있게 해준다.

> **NOTE** 어도비 AIR를 사용하거나 RTMPS 프로토콜을 사용해 통신하는 게임들은 패킷 전체를 가로채는 것이 유리하다. RTMPS는 문서화하기에 너무 복잡하고 무거워서 이를 리버스 엔지니어링하거나 암호화하는 것이 합리적이지 않다. RTMPS를 후킹하는 방법에 대해서는 8장에서 이미 자세하게 설명했다.

파서 함수를 쉽게 찾아낼 수 있는 몇 가지 방법이 존재한다. 궁극적으로는 switch( ) 구문을 활용해 패킷을 핸들러에 전달하는 방법을 사용할 수도 있다. 개인적으로 가장 효율적이라고 생각하는 방법은 게임이 네트워크를 통해 데이터를 받을 때 사용하는 함수에 브레이크포인트를 설정하고 브레이크포인트가 활성화될 때 애플리케이션의 플로우를 분석하는 것이다.

OllyDbg를 게임에 어태치해서 이를 수행하는 방법에 대해 알아보자. recv( )는 윈도우에서 소켓을 통해 데이터를 받을 때 사용하는 API 함수다. OllyDbg 명령줄에서 bp recv를 입력함으로써 recv( )에 브레이크포인트를 설정할 수 있다. 브레이크포인트가 활성화되면 단축키 Ctrl + F9를 사용해 반환값이 있을 때까지 수행을 지속하고 F8을 통해 이 과정을 건너뛰면서 콜 스택을 추적할 수 있다. 이 조합을 사용하면 콜리가 콜러에게 반환할 때까지 프로그램을 수행하는 것이 가능해진다. 이를 통해 게임 안에서 콜 스택이 어떻게 수행되는지를 확인할 수 있다. 각 스택 레벨에서 상당히 덩치가 큰 switch( ) 구문을 발견할 때까지 콜러의 코드를 살펴봐야 한다. 아마도 그 부분이 패킷 파서일 것이다.

다루기 힘든 파서

게임 구조에 따라 파서 함수를 찾아내기가 쉽지 않은 경우도 있다. 게임 안의 파서 함수가 다음과 같다고 가정해보자.

```
packetHandlers[PACKET_HEALTH_CHANGE] = onHealthChange;
packetHandlers[PACKET_MANA_CHANGE] = onManaChange;

void parseNextPacket()
{
    if (!network->packetReady()) return;
    auto packet = network->getPacket();
    auto data = packet->decrypt();
    auto handler = packetHandlers[data->getType()];
    handler->invoke(data->getMessage());
}
```

parseNextPacket() 함수에는 switch() 구문이 포함되어 있지 않기 때문에 메모리 안에 있는 것들을 식별할 수 있는 명백한 방법이 없는 것이나 마찬가지다. 주의 깊게 살펴보지 않는다면 콜 스택을 그냥 빠르게 지나칠 수밖에 없을 것이다. 게임에 이와 같은 파서 함수가 있다면, 파서 함수가 어떻게 보이는지를 살펴보는 건 의미 없어 보일 것이다. recv() 콜 스택을 조사할 때 switch() 구문이 보이지 않는다면, 대신 모든 콜 스택의 콜리를 주의 깊게 조사해야 한다.

브레이크포인트에서부터 시작해 콜 스택을 조사하는 대신, OllyDbg 스택 패널에서 ESP 밑에 RETURN이라고 표시된 모든 주소를 살펴보는 것이 더 나은 방법이다. 이들은 각 콜리에 대한 콜러의 반환 주소를 의미하는 것이다. 각 반환 주소의 OllyDbg 디스어셈블리 패널에서 콜러의 가장 윗부분을 조사하고 그 주소를 기록해놓자. 그 결과 recv() 호출을 일으키는 함수의 리스트를 얻을 수 있을 것이다.

그런 다음, 브레이크포인트에서 게임 핸들러 함수에 이르기까지 동일한 과정을 다시 수행한다. 사용되지 않는 메모리를 모니터링함으로써 핸들러 함수를 찾아낼 수 있을 것이다. 예를 들어, 체력에 대한 핸들러는 패킷의 구성과 정보를 변경해 메모리에 있는 체력값을 업데이트할 것이다. OllyDbg를 사용해 체력 주소에 메모리 on-write 브레이크포인트를 설정한다. 브레이크포인트가 동작하면 게임이 핸들러 함수를 통해 체력값을 업데이트했음을 의미한다. 서버가 제어하는 대부분의 값들은 이와 같은 형태로 작동할 것이다. 체력, 마나, 레벨, 아이템과 같이 게임 내에서 아주 중요한 요소들이 이런 방식으로 서버에 의해 제어된다.

recv( )로부터 추적한 콜 스택과 함수를 기록하고 나면, 파서 함수를 배치하기 위해 이들을 정렬한다. 표 10-1과 같이 3개의 콜 스택을 정리해볼 수 있다.

표 10-1 3개의 패킷 관련 함수와 관련된 콜 스택

recv( ) 스택	onHealthChange( ) 스택	onManaChange( ) 스택
0x0BADF00D	0x101E1337	0x14141414
0x40404040	0x50505050	0x60606060
0xDEADBEEF	0xDEADBEEF	0xDEADBEEF
0x30303030	0x30303030	0x30303030
0x20202020	0x20202020	0x20202020
0x10101010	0x10101010	0x10101010

이 스택들은 recv( )를 호출하는 동안, 그리고 게임상의 가상 함수인 onHealthChange( )와 onManaChange( ) 함수가 호출되는 동안 메모리가 어떤 모습인지를 보여준다. 각 함수들이 4개의 일반 함수 호출에서부터 비롯된다는 점을 주의해야 한다. 가장 공통적인 주소인 0xDEADBEEF가 바로 파서의 주소다. 좀 더 쉽게 이해하기 콜 스택의 레이아웃을 트리 구조로 설명하면 그림 10-1과 같다.

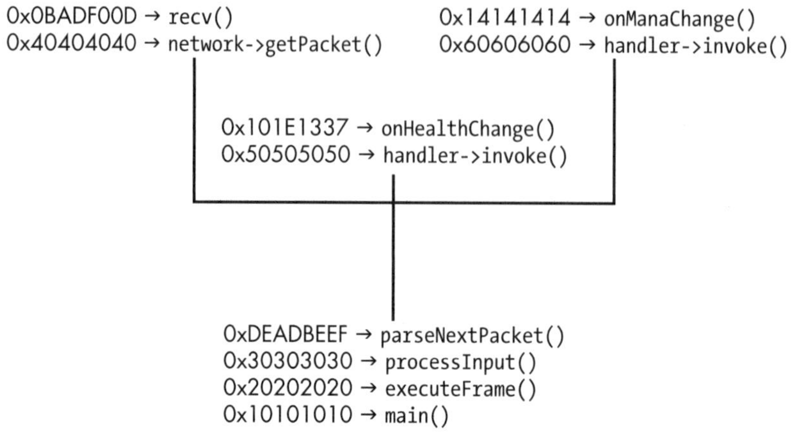

```
0x0BADF00D → recv()                    0x14141414 → onManaChange()
0x40404040 → network->getPacket()      0x60606060 → handler->invoke()


          0x101E1337 → onHealthChange()
          0x50505050 → handler->invoke()




          0xDEADBEEF → parseNextPacket()
          0x30303030 → processInput()
          0x20202020 → executeFrame()
          0x10101010 → main()
```

그림 10-1 3개의 콜 스택 트리 뷰

각 함수의 콜 스택 브랜치는 0xDEADBEEF에 위치한 함수에서부터 시작되며, 이는 원래의 호출 3개를 가리키는 공용 포인트가 이 함수라는 뜻이다. 예제에서 parseNextPacket() 함수가 바로 이에 대응하는 함수이며, 0xDEADBEEF에 위치한 가장 최근의 공통 조상common ancestor이 되는 것이다.

NOTE　여기서 살펴보고 있는 콜 스택은 가상의 존재이며, 현실에서 마주할 수 있는 것들보다 훨씬 간단한 편이다. 실제 콜 스택은 훨씬 더 다양한 형태로 함수를 호출하며, 이를 비교하는 것은 결코 예제처럼 간단한 일이 아님을 명심해야 한다.

하이브리드 파싱 시스템

파싱 루프의 세 번째 변형은 함수 호출 이후에 switch() 구문을 사용하는 앞선 두 가지를 혼합한 형태라고 할 수 있다. 다음 함수 예제를 살펴보자.

```
void processNextPacket()
{
    if (!network->packetReady()) return;
    auto packet = network->getPacket();
    auto data = packet->decrypt();
```

```
    dispatchPacket(data);
}

void dispatchPacket(data)
{
    switch (data->getType()) {
    case PACKET_HEALTH_CHANGE:
        processHealthChangePacket(data->getMessage());
        break;
    case PACKET_MANA_CHANGE:
        processManaChangePacket(data->getMessage());
        break;
        // 다른 데이터 유형을 위한 케이스들
    }
}
```

processNextPacket( ) 함수로 새로운 패킷을 가져오고 dispatchPacket( )을 호출해 데이터를 처리한다. 이 경우 dispatchPacket( ) 함수는 각 핸들러의 콜 스택에 존재하지만, recv( ) 함수의 핸들러에는 존재하지 않는다. 이 경우 스택은 표 10-2와 같다.

표 10-2 3개의 패킷 관련 함수와 관련된 콜 스택

recv( ) 스택	onHealthChange( ) 스택	onManaChange( ) 스택
0x0BADF00D	0x101E1337	0x14141414
0x40404040	0x00ABCDEF	0x00ABCDEF
0xDEADBEEF	0xDEADBEEF	0xDEADBEEF
0x30303030	0x30303030	0x30303030
0x20202020	0x20202020	0x20202020
0x10101010	0x10101010	0x10101010

여기서 보이는 3개의 함수는 각 콜 스택에서 처음 4개의 주소가 동일한 것으로 보이지만, 오직 2개의 핸들러만이 하나 이상의 공용 주소를 갖고 있는 것으로 보인다. 0x00ABCDEF가

바로 이 주소이며 dispatchPacket( ) 함수의 주소인 것이다. 이를 다시 레이아웃으로 설명하면 그림 10-2와 같다.

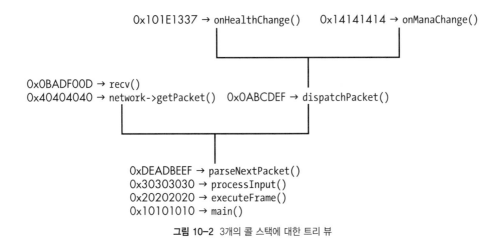

그림 10-2 3개의 콜 스택에 대한 트리 뷰

파서 해킹

패킷을 핸들러에 보내는 함수의 위치를 찾아냈다면 이제 호출되는 모든 핸들러의 위치를 알아낼 수 있다. 각 핸들러에 브레이크포인트를 설정함으로써 이 핸들러들의 목적을 파악할 수 있을뿐더러, 이들이 수행됐을 때 메모리에서 어떤 값들이 변경되는지까지도 추적할 수 있게 된 것이다. 결과적으로 이제 봇이 반응해야 하는 모든 핸들러에 대해 후킹을 수행할 수 있게 된 것이나 마찬가지다(잘 기억이 나지 않는다면 8장으로 돌아가 함수를 후킹하는 방법에 대해 다시 한 번 살펴보길 바란다).

물론 완벽하게 네트워크 활동을 감시할 수 있는 방법이란 존재하지 않는다. 일어나는 모든 액션을 커버할 수는 없지만 앞서 살펴본 세 가지 기법을 통해 대략적인 원리를 이해할 수 있을 것이다. 어떤 게임이라고 하더라도 recv( ) 함수에 브레이크포인트를 설정하는 것이 올바른 방향으로 가기 위한 첫 발자국이 될 것이다.

실제 게임 안에서 액션 수행하기

봇이 게임 안의 이벤트에 반응하도록 만들기에 앞서 우선 게임을 플레이하는 방법부터 가르칠 필요가 있다. 즉, 봇이 스스로 마법을 시전하고, 무언가의 주위를 맴돌고, 아이템을 획득하는 법을 알 필요가 있는 것이다. 이런 점에서 본다면 봇이 사람과 달라야 할 이유가 없다. 이 둘은 모두 어떤 버튼을 누르는 것과 같은 행동을 하기 때문이다. 버튼을 누르는 것은 아주 단순한 행동이면서도 명백한 액션이다. 하지만 좀 더 복잡한 동작이 발생하는 경우에는 봇이 네트워크를 통해 서버와 어떤 일이 벌어지고 있는지에 대해 커뮤니케이션할 필요가 있다.

이 절의 예제는 책의 리소스 파일 중 GameHackingExamples/Chapter10_Responsive Hacks/ 폴더에서 찾을 수 있다.

키보드 에뮬레이팅

게임을 할 때 가장 많이 활용하는 버튼은 다름 아닌 키보드일 것이다. 봇에게 키보드를 사용하도록 가르치는 방법은 다양하다.

SendInput() 함수

키보드를 에뮬레이팅하는 가장 일반적인 방법은 윈도우 API 함수인 SendInput()을 활용하는 것이다. 이 함수는 키보드와 마우스 입력값을 가장 상위에 활성화되어 있는 창으로 보내는 기능을 수행한다. 이 함수는 다음과 같은 프로토타입을 갖는다.

```
UINT SendInput(UINT inputCount, LPINPUT inputs, int size);
```

첫 번째 파라미터인 inputCount는 보내지는 입력값의 개수를 의미한다. 이 책의 예제에서는 항상 이 값을 1로 설정할 것이다. 두 번째 파라미터인 inputs은 구조체(혹은 inputCount 값과 일치하는 길이의 구조체 배열)에 대한 포인터로 사전 정의된 INPUT 유형을 갖는다. 마지막 파라미터는 메모리의 입력값 크기를 의미하는 것으로 size = inputCount × sizeof(INPUT) 공식으로 계산이 가능하다.

INPUT 구조체는 SendInput( ) 함수에게 어떤 유형의 입력값이 가는지 알려준다. 다음 코드는 F1 키를 누르는 경우 INPUT 인스턴스를 초기화하는 방법을 보여준다.

```
INPUT input = {0};
input.type = INPUT_KEYBOARD;
input.ki.wVk = VK_F1;
```

봇이 자동으로 F1을 누르게 하려면 이 입력값을 두 번 보내야 한다. 코드는 다음과 같다.

```
SendInput(1, &input, sizeof(input));
// 키를 누를 경우 input을 변경함
input.ki.dwFlags |= KEYEVENTF_KEYUP;
SendInput(1, &input, sizeof(input));
```

SendInput( )에 대한 첫 번째 호출을 통해 F1을 누르고, 두 번째 호출을 통해 이를 릴리스 한다. 입력이 두 번 보내지므로 릴리스가 일어나지 않는다. 두 번째 호출은 input 파라미터 의 키보드 플래그 필드에서 활성화된 KEYEVENTF_KEYUP에 의해 발생한다. 단일 키 입력을 가 지고 input을 설정하는 것도 쉽지 않기 때문에 함수 안에서 모든 것을 래핑하는 것이 가장 좋은 방법이다. 결과는 코드 10-3과 같이 보일 것이다.

코드 10-3 SendInput()을 활용해 키 스트로크를 에뮬레이팅하는 래퍼(wrapper)

```
void sendKeyWithSendInput(WORD key, bool up)
{
    INPUT input = {0};
    input.type = INPUT_KEYBOARD;
    input.ki.wVk = key;
    input.ki.dwFlags = 0;

    if (up)
        input.ki.dwFlags |= KEYEVENTF_KEYUP;
    SendInput(1, &input, sizeof(input));
```

```
}
sendKeyWithSendInput(VK_F1, false); // 누름
sendKeyWithSendInput(VK_F1, true);  // 릴리스
```

이 함수는 사전에 주어진 key 값으로 input을 초기화한다. up이 설정되면 KEYEVENTF_KEYUP 플래그를 활성화한 다음 SendInput( ) 함수를 호출한다. 이는 비록 릴리스가 매번 필요한 상황에서도 키 릴리스를 전송하기 위해 두 번째에는 반드시 sendKeyWithSendInput( )이 호출돼야 한다는 뜻이다. Shift나 Alt, Ctrl 같은 키를 사용해 키를 조합할 경우에는 전송도 약간 다른 방식으로 수행돼야 한다. 즉, 조합 키들은 일반 키가 눌리기 전에 눌러지고, 일반 키가 릴리스된 다음에 릴리스되는 방식을 따라야 한다.

다음 코드에서 sendKeyWithSendInput( ) 함수를 활용해 봇이 Shift + F1을 누르게 하는 방법을 알 수 있을 것이다.

```
sendKeyWithSendInput(VK_LSHIFT, false); // Shift 누름
sendKeyWithSendInput(VK_F1, false);     // F1 누름
sendKeyWithSendInput(VK_F1, true);      // F1 릴리스
sendKeyWithSendInput(VK_LSHIFT, true);  // Shift 릴리스
```

간단한 과정임에도 불구하고 sendKeyWithSendInput( )이 네 번이나 수행돼야 하지만, 래퍼 함수를 사용하는 것보다는 간단한 방식이다.

SendMessage( ) 함수

윈도우 API 함수인 SendMessage( )를 사용해 키 스트로크를 보내는 것도 또 하나의 방법이다. 이 함수를 통해 어떤 창으로든 입력값을 보낼 수 있다. 데이터를 직접 타깃이 되는 창의 메시지 큐에 전송하는 방식이므로 심지어는 최소화되거나 숨어 있는 창에도 입력값을 전송할 수 있다. 게임 해커들은 이런 장점을 활용해 봇이 백그라운드에서 게임을 플레이하게 하고 자신은 그동안 다른 일을 하기도 한다. SendMessage( )의 프로토타입은 다음과 같다.

```
LRESULT SendMessage(
    HWND window,
    UINT message,
    WPARAM wparam,
    LPARAM lparam);
```

첫 번째 파라미터인 window는 입력값이 보내져야 하는 창에 대한 핸들이다. 두 번째 파라미터인 message는 보내져야 하는 입력값의 유형을 의미한다. 키보드 입력이 발생할 경우 이 파라미터는 WM_KEYUP, WM_KEYDOWN, WM_CHAR 등이 된다. 세 번째 파라미터인 wparam은 키 코드를 의미한다. 마지막 파라미터인 lparam은 메시지가 WM_KEYDOWN일 때는 0, 그렇지 않을 경우에는 1로 설정된다.

SendMessage( ) 함수를 사용하기 전에 반드시 목표가 되는 프로세스의 메인 창에 대한 핸들을 알고 있어야 한다. 다음과 같이 FindWindow( ) 윈도우 API 함수와 창 타이틀을 이용해 핸들을 획득할 수 있다.

```
auto window = FindWindowA(NULL, "Title Of Game Window");
```

유효한 창 핸들을 알아냈다면, 다음과 같이 SendMessage( )를 호출한다.

```
SendMessageA(window, WM_KEYDOWN, VK_F1, 0);
SendMessageA(window, WM_KEYUP, VK_F1, 0);
```

첫 번째 호출을 통해 F1 키를 누르고, 두 번째 호출을 통해 키를 릴리스한다. 이 방식이 일반적인 텍스트가 아닌 F1, Insert, Tab 같은 키에서만 유효하게 동작한다는 점을 명심해야 한다. 일반적인 텍스트를 전송하기 위해서는 업 메시지와 다운 메시지 사이에 반드시 WM_CHAR 메시지를 넣어야 한다. 예를 들어, W를 보내기 위해서는 다음과 같이 코드를 작성해야 한다.

```
DWORD key = (DWORD)'W';
SendMessageA(window, WM_KEYDOWN, key, 0);
SendMessageA(window, WM_CHAR, key, 1);
SendMessageA(window, WM_KEYUP, key, 1);
```

코드를 살펴보면 key 변수를 만들어 문자 입력을 쉽게 할 수 있게 만들었다. 이후에는 앞서
F1 예제에서 살펴본 것과 동일한 과정을 거친다. 다만 WM_CHAR 메시지가 가운데에 들어간다
는 점만 다르다는 사실을 다시 한번 상기할 필요가 있다.

NOTE 　사실 WM_CHAR 메시지만 보내도 표면적으로는 동일한 결과를 얻을 수 있다. 하지만 이 경우 게
　　　　　임 개발자들은 WM_KEYDOWN 다음에 오지 않는 WM_CHAR을 무시하는 패치를 수행해 쉽게
　　　　　이를 막아낼 수 있다. 또한 이를 통해 봇을 감지하고 당신의 계정을 차단할 수도 있다. 따라서 앞서
　　　　　살펴본 세 가지 메시지를 함께 보내는 것이 위험을 조금이라도 줄이는 방법이라고 할 수 있다.

앞서 SendInput() 기법에서도 살펴봤듯이 래퍼를 사용해 봇 코드가 좀 더 효율적으로 동작
하게 만들 수 있다. 코드로 살펴보면 다음과 같다.

```
void sendKeyWithSendMessage(HWND window, WORD key, char letter)
{
    SendMessageA(window, WM_KEYDOWN, key, 0);
    if (letter != 0)
        SendMessageA(window, WM_CHAR, letter, 1);
    SendMessageA(window, WM_KEYUP, key, 1);
}
```

앞서 코드 10-3과 다르게 이번에는 누름과 릴리스를 모두 보낸다. SendMessage()의 경우
수식 키^{modifier key1}와 함께 키 스트로크를 보낼 수 없기 때문에 2개의 호출 사이에 코드를 삽
입할 필요가 없다.

1　Shift나 Alt처럼 일반 텍스트 키와 함께 사용되어 특수한 문자를 입력하는 키를 의미한다. – 옮긴이

게임에서 수식 키가 입력되는지 확인하는 방법은 다양하다. 어떤 경우에는 SendMessage() 함수를 호출해 수식 키 값을 전송해야 하는 경우도 있을 것이다. 게임이 수식 키를 검출해내는 방식에 따라 대응하는 방법도 달라진다.

그럼에도 불구하고 앞서 코드 10-3의 래퍼와 비슷하게 코드를 작성할 수 있다. 아래는 F1과 W를 보내는 코드다.

```
sendKeyWithSendMessage(window, VK_F1, 0);
sendKeyWithSendMessage(window, 'W', 'W');
```

지금까지 살펴본 SendMessage() 코드와 마찬가지로 이 코드도 간단하게 해당 기능을 수행한다. 그러나 이 코드를 통해 텍스트를 입력할 수는 있지만 정확하게 해당 메시지를 보낼 수 있는 것은 아니다.

SendMessage() 함수를 통해 100% 유효한 메시지를 보내기 위해서는 세세하게 손봐야 할 부분이 많다. 예를 들어, lparam의 첫 16비트에는 키가 눌려 있는 상태에서 자동으로 반복 입력돼야 하는 키 입력 횟수가 저장돼야 한다. 그다음 8비트는 각 키보드 제조사에 특화되어 있는 키 식별값인 스캔 코드scan code를 저장해야 한다. 그다음 24번째 비트는 숫자 패드와 같이 키보드 확장 부분에 키가 위치하고 있는지 식별한다. 그다음 4비트는 문서화되어 있지 않으며, 그다음 비트는 메시지가 입력될 때 Alt가 눌린 상태인지를 식별한다. 마지막 2비트는 이전 상태 플래그previous state flag와 트랜지션 상태 플래그transition state flag로 구성된다. 이전 상태 플래그는 키가 사전에 눌려 있는 상태일 때만 설정되고 트랜지션 상태 플래그는 앞선 상태가 현재와 반대되는 경우, 즉 이전에는 눌려 있는 상태이다가 현재는 키가 눌려 있지 않은 상태, 혹은 그 반대의 경우에 해당될 때만 설정된다.

대부분의 게임이 이런 다양한 경우를 염두에 두고 설계되지 않았다는 것은 아주 다행이라고 할 수 있다. 일반 소프트웨어 역시 마찬가지다. 만약 이 모든 경우에 적절한 값을 계산해 넣는다면 봇이 엉뚱한 방향으로 움직이는 결과를 낳을 수도 있다. 적절한 액션을 취하게 만드는 다양한 방법이 존재하며 이들 대부분은 운영체제의 커널 레벨에서 키보드 입력을 처리하는 핸들러/디스패처를 정확하게 에뮬레이팅하는 것보다는 간단하다. 사실 이미 이 기능을 수행하는 함수도 존재한다. 앞서 살펴본 SendInput( ) 함수가 다름 아닌 운영체제의 커널 레벨에서 키보드 입력을 에뮬레이팅하는 함수다.

SendInput( )과 SendMessage( ) 함수를 사용해 마우스를 제어할 수도 있다. 하지만 이 방법을 추천하고 싶지는 않다. 이 경우 보내는 모든 마우스 명령어가 플레이어가 수행하는 적법한 마우스 움직임과 클릭, 키 스트로크에 영향을 미치거나 영향을 받기 때문이다. 키보드 입력에도 동일한 문제가 있지만 복합적으로 문제가 발생하는 경우는 매우 드물다.

패킷 전송하기

일반적으로 게임은 화면에 프레임을 그리기 전에 키보드와 마우스 입력을 체크한다. 물체의 주위를 돌아다니거나 마법 주문을 시전하는 것과 같이 액션을 일으키는 입력을 받으면 이것이 가능한 액션인지를 판단하고 만일 그렇다면 게임 서버에 해당 액션이 수행됐음을 알려줘야 한다. 이벤트를 체크하고 이를 서버에 알려주는 코드는 대부분 다음과 같이 구성된다.

```
void processInput( ) {
    do {
        auto input = getNextInput( );
        if (input.isKeyboard( ))
            processKeyboardInput(input);
        // 다른 유형의 입력값(예를 들어, 마우스) 처리
    } while (!input.isEmpty( ));
}
void processKeyboardInput(input) {
    if (input.isKeyPress( )) {
        if (input.getKey( ) == 'W')
            step(FORWARD);
        else if (input.getKey( ) == 'A')
            step(BACKWARD);
        // 그 밖의 키 스트로크(예를 들어, 'S'나 'D') 처리
```

```
    }
}
void step(int direction) {
    if (!map->canWalkOn(player->position))
        return;
    playerMovePacket packet(direction);
    network->send(packet);
}
```

processInput( ) 함수는 모든 프레임에서 호출된다. 이 함수는 모든 대기 중인 입력값에 대해 반복 수행되며 핸들러에 다른 유형의 입력값을 전달한다. 이 경우, 키보드 입력을 받게 되면 이를 processKeyboardInput( ) 함수로 보낸다. 그런 다음 핸들러는 키가 W인지 S인지를 판단하고 만일 그렇다면 step( ) 함수를 호출해 플레이어의 캐릭터가 키에 상응하는 방향으로 움직이게 한다.

step( ) 함수를 사용해 액션이 수행되므로 이를 액터actor 함수라고 부르고 이 액터 함수가 동작을 유도하는 것을 발동actuation이라고 한다. 봇을 통해 게임의 액터 함수를 바로 호출하고 입력 레이어를 완벽하게 우회하는 동안 액션을 수행할 수 있다.

액터를 호출하기 전에 우선 주소부터 찾아야 한다. OllyDbg에 게임을 어태치하고 명령줄을 오픈한 다음 bp send를 입력한다. 이를 통해 네트워크를 거쳐 데이터를 보내는 send( ) 함수 상에 브레이크포인트를 설정한다. 게임을 실행한 다음 걸음을 옮기거나 마법을 시전할 때, 아이템을 주울 때, 혹은 그 밖의 어떤 행동을 하더라도 브레이크포인트를 활성화하게 되며, 콜 스택에서 각각의 함수를 찾아낼 수 있게 된다.

NOTE 심지어는 게임 안에서 아무 행동을 하지 않아도 send( ) 함수는 호출된다. 각각의 send( ) 브레이크포인트가 활성화되기 전에 어떤 행동을 했는지 주의를 기울여 살펴봐야 한다. 이를 통해 어떤 액션이 어떤 방식으로 서버와 통신하는지 알 수 있게 된다. 결과적으로 이 과정을 거쳐 적절한 액터를 찾을 수 있다.

어느 정도 콜 스택을 추려냈다면 액터 함수를 찾기 위해 이들을 비교해본다. 그림 10-3처럼 주석이 달린 2개의 콜 스택을 비교해보자.

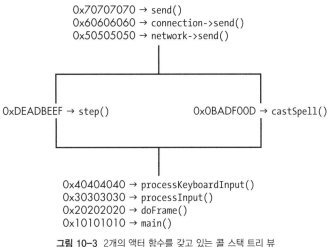

그림 10-3 2개의 액터 함수를 갖고 있는 콜 스택 트리 뷰

위에 보이는 2개의 스택처럼 상단은 동일하고 일반적인 네트워크 송수신에 사용하는 2개의 함수를 공유하고 있어야 한다. 하단 역시 동일한데 각 send( ) 호출은 processInput( ) 함수에서 시작되기 때문이다. 각 스택은 동일한 상단과 하단 사이에 각기 고유한 역할을 수행하는 함수를 가질 수 있으나 이 부분도 역시 액터 함수의 일부라고 할 수 있다. 일반적인 네트워크 호출이 수행될 때 그 이면에서 함수도 수행된다. 이 경우 step( )과 castSpell( ) 함수가 2개의 액터가 된다.

하나의 게임을 대상으로 해킹을 연구하다 보면 어떻게 send( ) 호출에서 액터 함수 스택을 쌓아 올리는지 알 수 있을 것이다. 그림 10-3의 예제에서 액터는 send( ) 호출 전에 세 번의 호출을 발생시킨다. 이 사실을 알고 나면 send( ) 브레이크포인트가 활성화될 때 OllyDbg(F8을 누르고 그다음 Ctrl + F9)에서 스택의 3배 크기를 추적하면 된다. 여기에 데이터를 보낸 액터 함수가 위치하는 것이다.

액터 함수를 찾아내면 주입된 DLL에서 이를 호출할 수 있다. 만약 액터 함수를 0xDEADBEEF에서 찾아냈다면 다음과 같이 step( )을 호출할 수 있다.

```
typedef void _step(int direction);
auto stepActor = (_step*)0xDEADBEEF;

stepActor(FORWARD);
```

봇이 게임 함수의 실제 이름을 알 필요가 없기 때문에 0xDEADBEEF의 메모리 콘텐츠에 stepActor라고 편리하게 이름 붙인 변수를 부여한다. 그런 다음 이 코드는 여타 함수와 마찬가지로 stepActor( )를 호출한다.

정확한 주소와 함수의 프로토타입, 파라미터를 알고 있다면 이 방법이 아주 원활하게 작동할 것이다. 게임의 소스 코드에 접근이 가능하다면 이를 자동화할 수도 있다. 게임과 동일한 스레드 내부에서 액터 함수를 호출하게 해야 한다. 그렇지 않으면 스레드 이슈가 발생할 수 있다. 이를 구현하는 가장 적절한 방법은 다이렉트3D의 EndScene( ) 함수나 윈도우 API인 PeekMessage( ) 함수처럼 자주 사용되는 함수에 설치된 훅에서 액터를 호출하는 것이다. 이 함수들은 게임의 메인 스레드에서만 호출되기 때문이다.

__thiscall 호출 규약 사용하기

클래스의 비정적 멤버nonstatic member인 액터를 호출하려면 __thiscall 호출 규약을 준수해야 한다. 이는 ECX 레지스터상의 클래스 인스턴스를 거칠 필요가 있음을 의미한다. 호출 규약에 대해 상기해보려면 156페이지의 '함수 호출' 절을 참조하라. 인스턴스를 거치는 것이 좀 더 직관적이기는 하지만, 클래스 인스턴스와 연결된 포인터의 위치를 찾는 것이 우선이다.

포인터 체인을 찾기 위해 액터 함수에 브레이크포인트를 설정하고 이 브레이크포인트가 활성화될 때 ECX로부터 클래스 인스턴스 값을 획득한다. 그런 다음 치트 엔진 포인터 스캔에서 이 값을 검색한다. 그 후 함수를 호출하기 위해 포인터 체인을 따라 현재의 인스턴스 주소를 획득한다. 인라인 어셈블리를 사용해 ECX를 설정하고 실제 함수 호출을 수행한다. 이 과정은 VF 훅 콜백에서 원래의 카운터파트를 호출하는 과정과 유사하다. 244페이지의 'VF 테이블 훅 작성하기' 절을 참조하라.

한 번에 묶기

이벤트를 관찰하고 액션을 수행하기 위한 프레임워크를 만들었다면 이들을 하나로 묶어 반응형 해킹을 수행할 수 있다. 반응형 해킹은 다양한 방식으로 수행될 수 있다. 대표적인 몇 가지 경우를 살펴보자.

퍼펙트 힐러 만들기

게임에서 가장 자주 사용되는 봇 중의 하나가 오토힐링^{autohealing}이다. 플레이어의 체력이 급격하게 줄거나 특정 수치 이하로 떨어질 때 치료 주문을 자동으로 사용하는 해킹 기법이다. 체력값의 변경을 감지하는 방법과 주문을 시전하는 액터 함수를 앞서 살펴봤으므로 오토힐러 코드는 다음과 같이 작성할 수 있다.

```
void onHealthDecrease(int health, int delta) {
    if (health <= 500)      // 체력이 500 이하로 떨어지는 경우
        castHealing();
    else if (delta >= 400) // 체력이 크게 감소하는 경우
        castHealing();
}
```

이 오토힐링 코드는 간단하면서도 동작에 문제가 없다. 위의 코드를 기반으로 좀 더 복잡한 오토힐링 코드도 작성 가능하다. 338페이지의 '제어 이론과 게임 해킹' 절에서 좀 더 복잡한 오토힐러 예제 코드와 이에 대한 설명을 접할 수 있을 것이다.

CC 스킬에 저항하기

안티 CC^{anti-crowd-control} 해킹은 CC 공격^{crowd-control attack}을 감지하면 자동으로 주문을 시전해 효과를 줄이거나 이를 무력화하는 기법을 말한다. CC 공격은 다양한 방법으로 플레이어를 무력화하므로 적이 이를 시전한다면 상당한 골칫거리가 될 수 있다.

다이렉트3D 모델을 감지하거나 패킷을 가로채 활성화된 CC 효과를 감지해낸 다음, 액터 함수로 하여금 주문을 시전하게 함으로써 이런 공격에 바로 대응할 수 있는 봇을 만들어낼 수 있다. 코드는 다음과 같다.

```
void onIncomingCrowdControl() {
    // CC를 차단하기 위해 방패 주문 시전
    castSpellShield();
}
void onReceiveCrowdControl() {
    // 이미 발동한 CC 효과를 제거함
    castCleanse();
}
```

onIncomingCrowdControl() 함수는 CC 주문이 시전되는 것을 막아 전혀 피해를 입지 않도록 해줄 것이다. 이 방법이 실패하면 onReceiveCrowdControl() 주문을 호출해 그 효과를 제거한다.

마나가 줄어드는 것 막기

스펠 트레이너spell trainers 역시 봇에서 많이 사용되는 기법 중 하나다. 스펠 트레이너는 플레이어의 마나가 꽉 찰 때까지 기다렸다가 마법을 시전해 플레이어의 마법 레벨을 올리는 기법이다. 플레이어의 마나가 항상 꽉 차 있는 상태이기 때문에 별도의 마나 소비 없이 빠르게 마법 스킬을 단련할 수 있는 것이다.

마나 값의 변경을 감지하고 주문을 시전하는 액터 함수를 활용해 다음과 같이 의사코드가 포함된 스펠 트레이너 코드를 작성할 수 있을 것이다.

```
void onManaIncrease(int mana, int delta) {
    if (delta >= 100) // 플레이어가 마나 포션을 사용하면
        return;        // 마나를 다시 채움
```

```
    if (mana >= MAX_MANA - 10) // 마나가 거의 꽉 차면 이를 소비함
        castManaWasteSpell();
}
```

이 함수는 플레이어의 마나와 플레이어 마나의 증가분(delta)을 파라미터로 갖는다. 마나의 증가분이 특정 수치 이상이라면 플레이어가 포션을 사용하거나 다른 아이템을 사용해 마나를 채우는 것으로 인식해 주문을 시전하지 않는다. 그렇지 않다면 플레이어가 이미 충분한 마나를 가진 것으로 판단해 주문을 시전하고 그에 상응하는 경험치를 얻는다.

일반적인 반응형 해킹 기법은 오토리로드autoreload를 통해 탄약을 채우고, 오토도지autododge를 통해 날아오는 총알을 피하고, 오토콤보autocombo를 통해 근접한 타깃을 연속 공격하게 만든다. 반응형 해킹 기법에 별다른 제약은 존재하지 않는다. 봇이 게임에서 감지할 수 있는 이벤트의 수만큼 다양한 반응형 해킹을 수행할 수 있다.

마치며

후킹과 메모리 조작, 키보드 시뮬레이션을 활용해 반응형 해킹을 수행할 수 있다. 이들은 게임 해킹에 입문할 수 있는 훌륭한 기법이지만, 아주 큰 가능성의 일부에 지나지 않는다. 11장에서는 게임 해킹의 원리를 좀 더 자세하게 살펴볼 것이다. 지금까지 배웠던 기법과 반응형 해킹의 원리에 입각해 자동으로 복잡한 액션을 수행하는 봇을 만드는 방법에 대해 알아볼 것이다.

아직 좀 더 연습이 필요하다고 생각한다면 이전 장들을 다시 살펴보고 독립된 환경에서 계속 기법들을 연마해보길 추천한다. 봇을 구현하는 것은 생각보다 쉬우며, 동시에 뭔가를 이뤄냈다는 만족도도 높은 작업에 속한다. 오토힐러나 그 밖의 기본적인 반응형 해킹 기법을 원활하게 구현할 정도가 됐다면 게임 플레이를 자동화하는 봇을 작업할 준비가 된 것이다.

CHAPTER 11

스스로 움직이는
봇 만들기

게임 해킹의 궁극적인 목적은 오랜 시간 동안 스스로 게임을 플레이할 수 있는 자동 봇을 만드는 것이다. 이런 봇은 스스로 치료하고, 포션을 마시고, 몬스터를 파밍하고, 적의 시체에서 아이템을 회수하고, 주변을 돌아다니고 전리품과 보급품을 사고 팔기도 한다. 이런 강력한 봇을 구현하기 위해서는 앞서 살펴본 후킹 및 메모리 리드 기법과 함께 제어 이론, 상태 머신, 알고리즘 탐색 등이 필요하다. 이 장에서 이 모든 것을 다룰 것이다.

아울러 11장에서는 자동 해킹 기법과 이들이 하이 레벨에서 어떤 행동을 취해야 하는지에 대해서도 알아볼 것이다. 자동 해킹 기법의 이론과 코드를 살펴본 다음, 높은 완성도를 자랑하는 각기 다른 2개 유형의 봇을 보여줄 것이다. 하나는 케이브봇cavebot으로, 동굴을 탐색하고 아이템을 루팅하는 기능을 수행한다. 다른 하나는 워봇warbot으로 당신을 위해 적과 싸우는 봇이다. 이 장이 끝날 때쯤이면 툴을 자유자재로 다루고 적절한 개발 환경을 구축해 탁월한 봇을 작성할 준비가 완료되어 있을 것이다.

제어 이론과 게임 해킹

제어 이론^{control theory}은 공학 이론의 하나로, 동적 시스템의 행위를 제어하는 방식을 설명해 준다. 제어 이론을 간단하게 설명하면, 센서^{sensor}를 사용해 시스템^{system}의 상태를 파악하고 컨트롤러^{controller}가 일련의 행위를 결정해 시스템의 현재 상태를 원하는 다른 상태로 바꿔주는 것이다. 컨트롤러가 첫 번째 액션을 취하면 피드백 루프^{feedback loop}라고 알려진 전체 프로세스가 반복 수행된다(그림 11-1 참조).

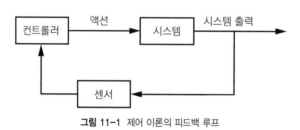

그림 11-1 제어 이론의 피드백 루프

이 피드백 루프를 게임 해킹에 대입해보자. 게임(시스템) 안에서 자동으로 플레이를 하기 위해 봇은 알고리즘(컨트롤러)을 구현해 메모리 리드와 네트워크 후킹 같은 기법(센서)을 통해 관찰된 게임의 상태를 인지하고 어떻게 게임을 플레이하는지 이해한다. 컨트롤러에는 일반적으로 사람의 입력이 들어온다. 예를 들어 특정 경로를 따라 이동하거나, 크리처를 공격하거나, 아이템을 줍는 것과 같은 사람이 직접 입력해야 하는 행동들이 여기에 속한다. 따라서 원하는 상태에 이르려면 컨트롤러는 현재 상태에서 입력 가능한 일련의 행동을 수행할 필요가 있다.

예를 들어, 화면상에 어떤 크리처도 보이지 않고 아이템 루팅할 시체도 보이지 않는다면 사전에 정의된 경로를 따라(웨이포인트^{waypoint}라고 부름) 다음 지역으로 이동하는 것이 요구되는 상태가 될 것이다. 이 경우 컨트롤러는 각 이터레이션이 발생할 때마다 플레이어를 웨이포인트를 따라 조금씩 이동시킬 것이다. 도중에 플레이어가 크리처를 만난다면 첫 번째 프레임에서는 크리처를 공격하고, 그다음 프레임에서는 크리처로부터 일정한 거리를 두면서(카이팅^{kiting}이라고도 함) 공격을 할지, 공격 주문을 시전할지 결정할 것이다. 크리처가 죽으면 컨트롤러는 아이템 루팅을 위한 일련의 액션을 수행하고 그다음 웨이포인트로 진행할 것이다.

이 예제를 통해 피드백 루프가 어떻게 동작하는지 개념을 잡을 수 있을 것이다. 또한 이런 시스템이 어떻게 코딩돼야 하는지에 대해서도 대략 큰 그림을 그릴 수 있을 것이다. 이런 작업을 쉽게 만들어주는 몇 가지 패턴이 존재한다.

상태 머신

상태 머신^{state machine}은 시스템이 입력에 기반해 어떤 동작을 수행해야 하는지 보여주는 수학적 계산 모델이다. 그림 11-2는 2진수를 읽어오는 간단한 상태 머신을 보여준다. 머신은 최초 상태인 S_1에서 시작한다. 반복되어 입력되는 숫자에 따라 그 상태를 변경한다. 이 경우 상태 S_1과 S_2는 1을 만나면 그 상태를 반복하고, 0을 만나면 서로 다른 상대방의 상태를 활성화한다. 예를 들어, 11000111이라는 이진수가 입력되면 상태 변화는 S_1, S_1, S_2, S_1, S_2, S_2, S_2, S_2가 되는 것이다. 전통적인 상태 머신 이론을 조금만 응용하면 제어 이론의 피드백 루프를 제어할 수 있는 컨트롤러로도 활용이 가능하다. 다양한 상태 리스트로 구성된 상태 머신의 조금 복잡한 버전이 컨트롤러라고 할 수 있으며 조건은 각각의 상태에 대응하게 된다. 이 상태들에 이르기 위해 액션이 수행된다.

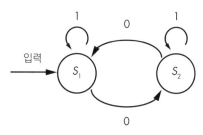

그림 11-2 간단한 상태 머신

게임 자동화 상태 머신에서 하나의 상태가 다른 상태를 활성화하는 단순한 방법에 비해 가장 큰 차이점은 봇이 인게임 액션을 수행하면 게임의 모든 상태가 바뀐다는 것이며, 그러므로 피드백 루프의 다음 순환에서 감지되는 상태 역시 바뀐다는 것이다. 머신에서 상태를 표시하는 객체는 다음과 같이 작성될 수 있다.

```cpp
class StateDefinition {
public:
    StateDefinition(){}
    ~StateDefinition(){}
    bool condition();
    void reach();
};
```

간단하게 std::vector를 정의함으로써 상태 머신 안에 StateDefinition 클래스를 반영할 수 있다.

```
std::vector<StateDefinition> stateMachine;
```

상태 머신의 스켈리톤을 알고 있기 때문에 생성된 어떤 StateDefinition 객체라도 수용할 준비가 된 것이다. 피드백 루프와 함께 이 상태 머신은 자동화 플로우를 정의하는 데 사용될 수 있다.

우선, 봇이 수행해야 하는 행위를 중요도에 따라 벡터상에 나열하고 각 항목을 정의한다. 각각의 StateDefinition 객체는 센서로부터 입력되는 입력 정보를 받아 이를 condition() 함수로 넘겨 해당 상태가 활성화될지 여부를 결정한다. 그런 다음 상태 리스트에 대해 루프를 수행하는 컨트롤러를 생성할 수 있으며 condition() 함수가 false를 반환하는 첫 번째 상태의 reach() 함수를 호출한다. 마지막으로, 피드백 루프 안에서 컨트롤러를 래핑한다. 피드백 루프의 동작법을 아직 잘 파악할 수 없다면 이제 코드를 작성하면서 살펴보자.

NOTE condition() 함수 구문을 머신이 다음 상태로 전환하기 위해 충족해야 하는 요구사항이라고 볼 수 있다. 구문이 true라면, 리스트의 다음 상태가 평가되기 전에 어떤 동작도 일어나지 않으며 루프가 계속 반복된다는 뜻이다. 구문이 false라면, 상태 전환이 발생하기 전에 어떤 동작이 발생한다는 뜻이다.

다음 절과 349페이지 '에러 수정' 절의 예제는 이 책의 소스 파일 중 GameHackingExamples/Chapter11_StateMachines 디렉토리에서 찾을 수 있다. 소스의 프로젝트는 비주얼 스튜디오 2010으로 컴파일되어 있지만, 그 밖의 C++ 컴파일러에서도 동작이 가능하다. https://www.nostarch.com/gamehacking/에서도 동일한 소스를 내려받고 컴파일할 수 있다.

제어 이론과 상태 머신 결합하기

상태를 피드백 루프와 결합하려면 우선 포괄적인 방법으로 이미 구현한 센서와 액추에이터actuator에 접근할 수 있도록 각 StateDefinition 객체를 제공할 수 있어야 한다. StateDefinition 클래스는 다음과 같이 정의된다.

```
class StateDefinition {
public:
    StateDefinition(){}
    ~StateDefinition(){}
    bool condition(GameSensors* sensors);
    void reach(GameSensors* sensors, GameActuators* actuators);
};
```

이 변경을 통해 GameSensors와 GameActuators 클래스의 인스턴스를 인수로 받아들이는 condition()과 reach() 함수를 변경할 수 있다. GameSensors와 GameActuators는 정의가 필요한 클래스다. GameSensors는 메모리를 읽고 네트워크를 후킹하는 것처럼 봇이 게임으로부터 가로챈 데이터 소스를 포함할 것이며, GameActuators는 게임 안에서 액션을 수행할 수 있는 액터 함수를 모아놓은 클래스가 될 것이다.

그런 다음 각 개별 상태를 일반적인 방법으로 정의해야 한다. 각 상태가 StateDefinition을 상속하고 condition()과 reach() 함수가 가상 함수로 구현되어 있는 클래스를 가진 것으로 추상화할 수가 있다. 소스 코드가 아주 작은 공간 안에서 구현돼야 한다면 각 정의를 표현할 수 있는 단일 클래스를 사용하고, 클래스 정의를 벗어나 condition()과 reach() 함수를 구현할 수 있는 std::function을 사용할 수도 있다.

이 방법을 사용한다면 StateDefinition은 다음과 같이 보일 것이다.

```
class StateDefinition {
public:
```

```
    StateDefinition(){}
    ~StateDefinition(){}
    std::function<bool(GameSensors*)> condition;
    std::function<void(GameSensors*, GameActuators*)> reach;
};
```

이 버전의 StateDefinition 클래스를 사용한다면 의도한 행동에 대응할 수 있도록 condition()과 reach()를 할당하고 클래스 인스턴스를 생성함으로써 새로운 상태를 정의할 수 있을 것이다.

기본적인 힐러 상태 머신

이제 다음 단계는 봇이 수행하는 실질적인 행동을 정의하는 것이다. 예제 코드를 간단하게 유지하기 위해 오토힐러를 구현한다고 가정해보자. 이 힐러는 두 가지 방법으로 힐을 수행한다. 체력이 50% 이하로 떨어지면 상대적으로 강한 힐링을 구현하고 51~70%라면 그보다 약한 힐링을 구현하게 하는 것이다.

상태 머신은 이런 행위에 '강한 힐링'과 '약한 힐링' 2개의 상태가 필요하다는 사실을 보여준다. 상태 머신을 2개의 StateDefinition 객체를 갖는 벡터로 정의해 작업을 시작한다.

```
std::vector<StateDefinition> stateMachine(2);
```

이 코드를 통해 stateMachine이라고 부르는 상태 머신을 생성하고 2개의 비어 있는 StateDefinition 객체를 초기화한다. 그런 다음 이 상태 정의를 위해 condition() 함수와 reach() 함수를 정의한다. 강한 힐링 상태를 통해 캐릭터가 죽는 것을 방지할 수 있으므로 상대적으로 더 중요하다고 할 수 있다. 따라서 코드 11-1과 같이 강한 힐링 상태를 벡터의 처음에 배치한다.

```
   auto curDef = stateMachine.begin();
   curDef->condition = [](GameSensors* sensors) {
❶     return sensors->getHealthPercent() > 50;
   };
   curDef->reach = [](GameSensors* sensors, GameActuators* actuators) {
❷     actuators->strongHeal();
   };
```

이 코드는 가장 먼저 stateMachine 벡터 안의 첫 StateDefinition 객체를 가리키는 curDef
라는 반복자^{iterator}를 생성한다. 그런 다음 해당 객체의 condition() 함수가 정의된다❶. 이
는 '플레이어의 체력이 50%보다 큰 상태'라고 해석될 수 있다. 만약 이 조건이 충족되지 않
는다면 객체의 reach() 함수는 strongHeal() 함수를 호출해 이를 수행한다❷.

이처럼 강한 힐링 상태가 정의됐다면 이번에는 코드 11-2와 같이 약한 힐링 상태를 정의
한다.

코드 11-2 약한 힐링 상태를 위한 코드 작성

```
   curDef++;
   curDef->condition = [](GameSensors* sensors) {
❶     return sensors->getHealthPercent() > 70;
   };
   curDef->reach = [](GameSensors* sensors, GameActuators* actuators) {
❷     actuators->weakHeal();
   };
```

curDef를 증가시킨 다음 stateMachine 벡터의 두 번째 StateDefinition 객체를 가리키
게 한다. 그런 다음 해당 객체의 condition() 함수를 정의한다❶. 즉, '플레이어의 체력
이 70%보다 큰 상태'를 정의하는 것이다. 마찬가지로 객체의 reach() 함수를 actuators
->weakHeal() 호출로 정의한다❷.

상태 머신을 정의하고 난 다음 컨트롤러를 구현해야 한다. 컨트롤러가 수행하는 실제 행위는 상태 머신에 포함되어 있으므로 간단한 루프 구문만으로도 완성이 가능하다.

```
for (auto state = stateMachine.begin(); state != stateMachine.end(); state++) {
    if (❶!state->condition(&sensors)) {
        state->reach(&sensors, &actuators);
        break;
    }
}
```

이 컨트롤러 루프는 condition() 함수가 false를 반환하는 첫 번째 상태의 reach() 함수가 실행될 때까지 상태 머신을 반복하며❶, reach() 함수가 호출되면 반복을 멈춘다. 마지막 단계는 코드 11-3과 같이 피드백 루프를 구현하고 그 안에 컨트롤러 루프를 배치하는 것이다.

코드 11-3 힐링 상태 머신과 피드백 루프 마무리하기

```
while (true) {
    for (auto state = stateMachine.begin();
        state != stateMachine.end();
        state++) {
        if (!state->condition(&sensors)) {
            state->reach(&sensors, &actuators);
            break;
        }
    }
    Sleep(FEEDBACK_LOOP_TIMEOUT);
}
```

이 루프는 각 실행 사이에서 컨트롤러 루프와 FEEDBACK_LOOP_TIMEOUT밀리초 동안의 슬립을 지속해서 수행한다. Sleep() 호출을 통해 게임 서버가 앞선 반복에서 발생한 액추에이션을 받아 처리하게 하고 또한 게임 클라이언트에서 그 결과를 받아 다음 컨트롤러 루프가 발생하기 전에 이를 적절히 처리하게 해준다.

아직 이 개념이 정확하게 파악되지 않는다면 코드 11-3에서 작성된 루프 코드가 동작하는 방식을 표현한 그림 11-3을 살펴보자. 가장 먼저 강한 힐링 조건이 true인지 확인하고 만일 그렇다면 약한 힐링 조건을 체크한다. 강한 힐링 조건이 false, 즉 플레이어의 체력 수치가 50% 이하일 경우에는 강한 힐링을 구현하는 함수가 호출된다. 만일 약한 힐링 조건이 false로 체크된다면, 플레이어의 체력이 51~70%임을 의미하며, 따라서 약한 힐링이 구현되는 것이다.

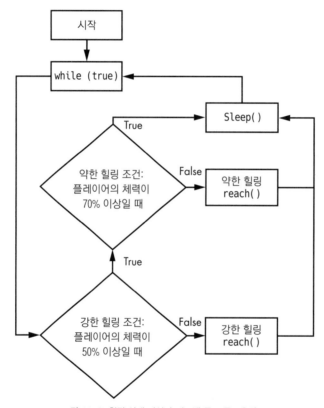

그림 11-3 힐링 상태 머신과 피드백 루프 플로우차트

둘 중 어떤 조건을 만족하더라도 머신은 슬립 상태로 들어간다. 또한 두 조건 모두를 체크해 그 결과가 둘 다 true라면, 플레이어의 체력을 치료할 필요가 없다는 뜻이다. 최상단의 while 루프가 다시 수행되기 전까지는 머신이 상태를 변경하지 않으며 슬립 상태로 유지된다.

복잡한 가상 상태 머신

힐링 상태 머신이 수행하는 행동은 간단하다. 이를 수행하는 제어 구조를 구현하는 것이 다소 과해 보일 수도 있지만 컨트롤러를 확장해 사용해본다는 측면에서는 유용할 수 있다. 예를 들어, 힐링 상태 머신과 338페이지의 '제어 이론과 게임 해킹' 절에서 살펴봤던 '걷고, 공격하고, 루팅하는' 행동을 결합한다면 좀 더 문제가 복잡해진다. 이를 구현하기 위해 필요한 상태를 살펴보자.

- **강한 힐링**: 체력이 50% 이상일 경우. 강한 힐링 주문을 시전함으로써 도달 가능
- **약한 힐링**: 체력이 70% 이상일 경우. 약한 힐링 주문을 시전함으로써 도달 가능
- **공격 주문**: 유효한 목표가 없거나 공격 주문이 쿨다운 상태일 경우. 목표에게 공격 주문을 시전함으로써 도달 가능
- **카이트 몬스터**: 유효한 목표가 없거나 목표까지의 거리가 적당한 경우.[1] 목표로부터 적당한 거리를 유지함으로써 도달 가능
- **타깃 몬스터**: 공격할 어떤 몬스터도 없는 경우. 몬스터를 공격함으로써 도달 가능
- **아이템 루팅**: 어떤 시체도 없거나 시체에 루팅할 아이템이 없는 경우. 시체에서 아이템을 획득함으로써 도달 가능
- **시체 접근**: 탐색할 시체나 가까운 곳에 시체가 없는 경우. 시체 앞으로 걸어감으로써 탐색이 가능해짐
- **시체 탐색**: 캐릭터가 탐색 가능한 시체에 인접하지 않은 경우. 인접한 시체를 탐색함으로써 도달 가능
- **경로 따라가기**: 캐릭터가 웨이포인트를 따라 움직일 수 없는 상태이거나 현재의 웨이포인트에 서 있는 상태인 경우. 현재의 웨이포인트를 향해 걸어감으로써 도달 가능
- **웨이포인트로 전진하기**: 더 이상 따라가야 할 웨이포인트가 남아 있지 않은 경우. 리스트상의 다음 웨이포인트를 현재의 웨이포인트로 설정함으로써 도달 가능. 만약

---

1 '적당하다'는 것은 카이팅을 시전할 수 있는 적과의 충분한 거리를 의미한다. – 옮긴이

캐릭터가 어떤 이유로 현재의 웨이포인트에 도달할 수 없다면(예를 들어, 캐릭터가 스틱stuck 상태에 처하는 경우), 웨이포인트로 전진하기 상태는 멈춘 상태로 유지된다. 캐릭터가 현재의 웨이포인트에 도달하면, 다음 웨이포인트를 현재의 웨이포인트로 설정해 이동을 지속한다.

이 상태 머신은 앞서 살펴본 힐링 상태 머신보다 좀 더 복잡하다. 이 상태 머신을 다이어그램으로 표현한다면 23개의 객체가 필요하고 화살표로 표시되는 제어 경로는 33개에 이른다. 그림 11-3의 다이어그램이 단지 7개의 객체와 9개의 제어 경로를 가진 것과 비교하면 상당히 복잡한 수준이다.

상태 머신이나 피드백 루프를 사용하지 않고도 치료를 수행하는 코드를 작성할 수 있지만 지금처럼 제대로 된 기능을 수행할 봇을 만들 때는 이보다 더 쉬운 방법을 찾아볼 수 없었다. 앞서 살펴본 10개의 상태는 각 상태를 유발하는 조건뿐만 아니라, 각 상태의 앞선 조건에 의해서도 영향을 받는다. 이 로직을 하드코딩으로 작성한다면 수많은 if( ) 구문을 사용하거나 if( )/return( ) 구문을 사용해야 할 것이다. 이를 모두 정상적으로 구현했다고 하더라도 상태 머신이 정의한 행동만을 수행할 뿐, 실시간으로 변경되는 유연성을 기대하기는 힘들다.

실시간 유연성runtime flexibility이란 상태 머신이 그때그때 상황에 맞추어 변경될 수 있는 능력을 말한다. 하드코딩된 조건 체크와 달리, 상태 머신에서의 상태 정의는 실시간으로 다이내믹하게 이동하거나 제거될 수 있고 심지어는 정의를 그때그때 추가할 수도 있다. 상태 머신 기법을 사용해 사용자 입력에 기반한 다양한 행위와 기능을 플러그 앤 플레이plug and play 식으로 처리할 수 있게 되는 것이다.

이러한 개념을 좀 더 발전시킨다면 루아Lua 환경에서 센서와 액추에이터를 다룰 수 있을 것이고, 상태 머신에서 상태를 추가하고 제거할 수 있는 루아 함수도 생성할 수 있으며 StateDefinition을 수정해 condition( ) 함수와 reach( ) 함수를 수정해 루아 함수를 호출할 수도 있다. 이런 방식으로 제어 시스템을 작성한다면 봇의 핵심 기능(후킹, 메모리 리딩, 액추에이션)은 C++로 작성하고 이를 자동화하는 것은 루아로 작성할 수도 있다.

NOTE 헤더를 추가하고 루아 라이브러리에 대한 링크를 걸어서 간단하게 프로그램 안에 루아를 구현할 수 있다. 이 과정이 어렵지는 않지만 이 책에서 다루는 영역과는 별개의 문제다. 호베르투 이에루잘림스시(Roberto Ierusalimschy)가 쓴 『Programming in Lua』(http://www.lua.org/pil/24. html) 24장을 확인해보기를 권장한다.

에러 수정

게임 해킹에 유용한 제어 이론 중 하나는 바로 에러 수정error correction이다. 컨트롤러의 에러 수정 메커니즘은 액추에이션의 결과를 관찰해 기대 결과와 비교하고, 이후 실제 결과가 기대 결과에 가깝게 나올 수 있도록 연산을 조정한다. 에러 수정은 주어진 입력값을 근거로 그 결과를 완벽하게 예측하기 힘든 스토캐스틱 시스템stochastic system이 구현되어 있는 경우 유용하게 쓸 수 있다.

사실 게임 그 자체를 하나의 스토캐스틱 시스템이라고 볼 수 있다. 하지만 액션의 결과를 어느 정도 예측할 수 있다는 것은 해커에게 불행 중 다행이라고 할 수 있다. 힐링 컨트롤러를 예로 들어보자. 대부분의 게임에서 어떤 주문으로 얼마만큼의 체력을 회복할 수 있다는 계산을 할 수 있다. 따라서 언제 힐을 수행해야 하는지를 쉽게 알 수 있다. 반대로 힐링을 통해 어느 정도 체력 회복이 가능한지 계산을 할 수 없는 여러 상황에서 사용할 수 있는 힐러 프로그램을 작성한다고 가정해보자. 사용자 입력 없이 다양한 레벨의 다양한 캐릭터에 대해 일괄적으로 동작하는 봇을 작성해야 하는 경우가 여기에 해당할 것이다.

에러 수정을 통해 플레이어에게 최상의 힐링을 할 수 있는 방법을 봇에게 가르칠 수 있다. 이 시나리오를 구현하는 두 가지 방법이 존재하는데, 힐링 시스템이 동작하는 방식에 따라 구현 방법이 달라진다.

고정 비율 조정

만약 늘 고정된 비율만큼의 체력을 힐링한다면 첫 번째 힐을 수행한 다음 컨트롤러를 조정할 필요가 있다. 어느 정도의 체력이 힐링됐는지 감지할 수 있는 센서가 있다고 가정하고 코드를 추가한다. 코드 11-2의 약한 힐링 상태 코드를 간단하게 수정해 사용할 수 있다.

```
curDef->condition = [](GameSensors* sensors) -> bool {
    static float healAt = 70;
    static bool hasLearned = false;
    if (!hasLearned && sensors->detectedWeakHeal()) {
        hasLearned = true;
        healAt = 100 - sensors->getWeakHealIncrease();
    }
    return sensors->getHealthPercent() > healAt;
};
```

약한 힐링 코드가 시작되는 숫자를 70으로 하드코딩하는 대신 이 코드는 healAt이라는 정적 변수를 사용한다. hasLearned라는 또 다른 정적 변수를 추가해 학습이 완료됐는지도 체크할 수 있다.

condition() 함수가 호출될 때마다 코드는 2개의 조건을 체크한다. hasLearned가 false인지, 그리고 센서가 약한 힐링 이벤트를 감지했는지 체크하는 것이다. 이 체크를 통과하면 코드는 hasLearned를 true로 설정하고 힐을 시작해야 할 지점을 healAt으로 업데이트하거나 100% 아래의 특정 지점으로 설정할 것이다. 만약 힐링을 통해 20%의 체력이 증가한다면 healAt은 70% 체력 대신 80% 체력을 힐이 시작되는 시점으로 설정해 매번 힐링이 완료되면 체력을 모두 회복할 수 있게 만들 것이다.

새로운 환경에 적응할 수 있는 에러 수정 구현하기

캐릭터의 치유력이 증가한다면 어떻게 될까? 캐릭터의 레벨이 올라갈수록 스킬 포인트가 늘어나거나 최대 체력치가 늘어나므로 힐링양도 이에 따라 변경돼야 한다. 예를 들어 10레벨 캐릭터 봇을 돌려 40레벨을 달성했다면 힐링 코드도 변경될 필요가 있는 것이다. 40레벨 캐릭터에 10레벨 캐릭터와 같은 방식의 힐을 가한다면 과도하게 힐이 되거나 혹은 동일한 레벨의 몬스터에게 바로 죽는 수준의 힐을 할 수밖에 없다.

이런 문제를 적절하게 처리하기 위해서는 힐링이 시작되는 지점을 변화하는 힐링양에 맞추어 계속 업데이트해야 한다. 코드 11-4는 코드 11-1에서 작성했던 강한 힐링 조건 함수를 어떻게 수정해야 할지 보여준다.

코드 11-4 강한 힐링 조건 코드 수정

```
    curDef->condition = [](GameSensors* sensors) -> bool {
        static float healAt = 50;
❶      if (sensors->detectedStrongHeal()) {
            auto newHealAt = 100 - sensors->getStrongHealIncrease();
❷          healAt = (healAt + newHealAt) / 2.00f;
❸          sensors->clearStrongHealInfo();
        }
        return sensors->getHealthPercent() > healAt;
    };
```

앞서 약한 힐링 조건 함수를 수정할 때는 힐링 시작점을 healAt이라는 정적 변수로 변경했지만 이번에는 구현해야 하는 로직이 약간 다르다. 지속적으로 학습이 수행되므로 봇이 실제 힐링양을 학습했는지 판단하는 데 필요한 변수가 사용되지 않는다. 대신 코드는 마지막으로 함수가 사용된 다음부터 지금까지 센서에서 강한 힐링 이벤트를 감지했는지 여부를 체크한다❶. 만일 그렇다면 healAt을 healAt과 newHealAt의 평균으로 대치하고 센서에서 감지한 강한 힐링 정보를 초기화하기 위한 함수를 호출한다❸.

센서를 초기화하는 것은 동일한 강한 주문이 시전됐을 때 발생하는 피드백으로부터 healAt을 지속적으로 업데이트해준다는 점에서 매우 중요하다. 다만, 이 함수가 완벽한 값을 주는 것이 아니라 관측된 힐링양에 맞게 지속적으로 값을 적절하게 증가시켜준다는 점을 유의해야 한다. 실제로 힐링되는 양에 어느 정도 차이가 나기는 하지만 다양한 상황에 맞는 적절한 기능을 수행하게 해준다. 좀 더 빠르게 새로운 값에 가까워지도록 하고 싶다면 ❷를 다음과 같이 수정한다.

```
healAt = (healAt + newHealAt * 2) / 3.00f;
```

이 코드를 사용해 평균값을 사용하는 healAt을 newHealAt 값에 가깝게 조정할 수 있다. 이 기법을 사용할 때 고려해야 하는 항목들이 몇 가지 있다. 우선 오버힐^{overheal}을 수행했을 때 어떤 일이 벌어질지에 대해 고민해야 한다. 체력을 모두 채울 때까지 힐을 수행하면 센서에서 실제로 누적된 힐의 양을 측정할 수 있어야 함에도 불구하고 오직 한 번에 어느 정도 힐이 수행됐는지만을 측정하는 경우도 발생한다. 85%의 체력을 가진 시점에서 30%의 강한 힐 주문을 구사할 경우 센서에서 측정되는 힐이 30%일까 아니면 15%일까? 만약 30% 힐이 측정됐다면 제대로 설정된 경우라 볼 수 있고, 15%가 측정됐다면 코드를 조금 조정할 필요가 있어 보인다.

센서에서 측정한 힐양에 따라 heatAt을 감소시키는 코드는 다음과 같다.

```cpp
    curDef->condition = [](GameSensors* sensors) -> bool {
        static float healAt = 50;
        if (sensors->detectedStrongHeal()) {
❶          if (sensors->getStrongHealMaxed()) {
                healAt--;
            } else {
                auto newHealAt = 100 - sensors->getStrongHealIncrease();
                healAt = (healAt + newHealAt) / 2.00f;
            }
            sensors->clearStrongHealInfo();
        }
        return sensors->getHealthPercent() > healAt;
    };
```

위의 코드는 코드 11-4와 거의 비슷해 보이지만 if 구문을 통해 최대치의 힐양이 측정되면 healAt 값을 하향 조정한다❶. 그 외의 기능은 코드 11-4와 동일하다.

힐링은 비교적 단순한 기능이지만 이를 통해 봇의 행동을 동적으로 향상할 수 있는 에러 수정의 탁월한 기능을 확인할 수 있을 것이다. 이 기능을 좀 더 잘 활용한다면 적은 움직임 패턴을 파악해 적절한 스킬을 사용하도록 만드는 것도 가능하다. 게임 내 모든 플레이어가 스킬샷을 피하는 패턴을 갖고 있다. 따라서 스킬을 시전했을 당시 적이 움직이는 방향과 범위를 센서에서 감지할 수 있다면 봇의 코드가 스킬샷이 시작되는 최초의 지점을 최적화해 조정할 수 있을 것이다. 이 경우에도 게임 서버의 지연, 캐릭터의 이동 속도 등에 의한 차이를 봇이 학습해 조정할 수 있게 된다.

상태를 정의할 때 정적 변수를 사용하는 것보다 코드 내부에서 변화에 적절하게 대응할 수 있는 형태를 사용하는 편이 좀 더 명백하고 이식이 용이하다. 아울러 너저분한 상태 정의를 피하기 위해 필요할 때마다 쉽게 호출해서 사용할 수 있도록 외부 모듈에 에러 수정 로직을 구현해 캡슐화하는 것이 좋다.

탐색 알고리즘을 사용한 패스파인딩

자동화된 봇을 만들 때 맞닥뜨리는 가장 일반적인 과제 중 하나는 캐릭터가 한 장소에서 다른 장소로 이동하도록 경로를 계산하는 것이다. 맵 안에서 어떤 좌표에 이동을 막는 장애물이 있는지를 판단하는 센서를 만드는 순수한 리버스 엔지니어링과 다르게, 맵 안에서 경로를 계산하는 알고리즘을 만드는 것은 또 다른 도전과제라고 할 수 있다. 경로를 계산하는 과정은 패스파인딩 pathfinding 이라고도 부르며 게임 해커들은 흔히 탐색 알고리즘 search algorithm 을 사용해 이 문제를 해결하고는 한다.

2개의 일반적인 탐색 기법

격자 모양 타일로 구성된 맵에서 시작점 a와 목적지 b가 있다고 가정하자. a에서 b로 이동하는 경로를 탐색 알고리즘을 사용해 계산해보자. 알고리즘은 다음과 같이 구성된다. a에서 출발하는 노드 node를 생성하고, a에 인접한 타일 중 탐색돼야 하는 타일(이를 프론티어 frontier 라고 부름)의 리스트를 노드에 추가한다. 이 노드가 b에 다다를 때까지 동일한 방식을 계속 반복하는 것이다. 가중치 cost나 경험적 기법 heuristic을 기준으로 하는 다른 알고리즘은 최상의 노드를 다른 방식으로 추출해낼 것이다.

예를 들어 다이크스트라 알고리즘^{Dijkstra algorithm}은 a 노드로부터의 거리에 기반해 타일의 가중치를 계산하고 이 중 가중치가 가장 낮은 것들을 선택한다. 정중앙에 a가 위치하는 2차원의 비어 있는 그리드가 있다고 가정해보자. 다이크스트라 알고리즘에 따라 탐색을 시작하면 그림 11-4와 같이 a에서부터 시작해 b에 다다를 때까지 반복적인 순환 패턴을 통해 프론티어를 확장해간다. 그런 다음 알고리즘은 거리가 가장 짧은 노드를 선택한다. 이 알고리즘을 이전 그리드에 적용해보자. 그림 11-5와 같이 a에서 b를 향하는 직선에 가까운 경로가 선택될 것이다.

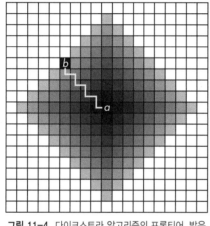

그림 11-4 다이크스트라 알고리즘의 프론티어. 밝은 타일이 가중치가 더 높다.

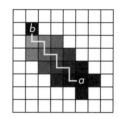

그림 11-5 가중치에 따라 최단 경로를 탐색하는 알고리즘. 밝은 색 타일이 가중치가 더 높다.

탐색을 방해하는 장애물

그리드에 장애물이 추가되는 경우 이 두 가지 방식의 차이가 극명해진다. 다이크스트라 알고리즘의 경우 가장 빠른 경로를 찾아내지만 그에 걸맞은 방대한 부속물을 생산한다. a를 둘러싼 프론티어의 반경은 마지막 경로의 길이와 동일할 것이다. 이 반지름을 r이라고 하자. 프론티어에 추가할 그리드가 더 이상 없는 경우라면 서클 영역의 반지름 r을 활용해 노드의 개수를 대략 계산할 수 있다. 50개의 타일로 구성된 벽에서 경로를 찾는 경우라면 알고리즘의 다음 공식을 통해 7,854개의 타일을 계산할 수 있다.

$$\pi \times 50^2 = 7,854$$

동일한 시나리오에서 가중치를 기준으로 경로를 탐색하는 알고리즘은 덜 최적화되어 있지만 실질적으로 더 적은 양의 계산을 수행할 것이다. 프론티어가 어떤 식으로 확장돼가는지 시각화해서 보여주는 것은 쉽지 않으며 그 부분이 여기서 중요한 것도 아니므로 그에 대한 설명은 생략한다. 결국 이 두 가지 알고리즘 모두 패스파인딩에 최적화되어 있다고 보기는 힘들다. 최적화된 경로는 너무 느리고, 상대적으로 빠른 경로는 최적화가 되어 있지 않다.

최적화된 경로를 빠르게 계산하기 위해서는 다이크스트라 알고리즘과 가중치 계산 알고리즘을 혼합해야 한다. 다행히 어떤 선지자가 이미 이런 작업을 수행했고 그 결과로 탄생한 알고리즘을 일반적으로 A 스타 알고리즘(A*로 표기하기도 함)이라고 부른다.

A* 알고리즘은 g라고 부르는 가중치의 합, 그리고 h라고 부르는 휴리스틱^{heuristic}을 사용하며, 마지막 총합을 스코어^{score}라고 부른다. 이 알고리즘은 '스코어 = $g + h$'와 같은 간단한 공식으로 표현할 수 있다. 다이크스트라 알고리즘과 마찬가지로 A* 알고리즘을 사용해 a 지점에서 b 지점에 이르는 최적의 경로를 계산해낼 수 있으며, 또한 가중치 기준 알고리즘처럼 상대적으로 빠르게 이를 수행할 수 있게 된다.

A* 탐색 알고리즘

이제 A* 알고리즘의 기본을 파악했으니 이를 코드로 구현해보자. 이 코드는 2차원 그리드를 기반으로 한다. 처음에는 대각선으로 움직이는 것을 허용하지 않는다. 추후 대각선으로 움직이는 것을 고려하고 이를 코드로 구현하는 방법에 대해 논할 것이다.

이 절의 예제 코드는 GameHackingExamples/Chapter11_SearchAlgorithms 디렉토리에 포함되어 있다. 포함되어 있는 프로젝트는 비주얼 스튜디오 2010으로 컴파일되어 있지만 그 밖의 C++ 컴파일러에서도 정상적으로 동작한다. https://www.nostarch.com/gamehacking/에서 이들을 내려받고 컴파일하면 된다. Chapter11_SearchAlgorithms.exe를 실행하면 20×20 그리드에서 최적화된 경로를 탐색하는 알고리즘을 살펴볼 수 있을 것이다.

A* 노드 생성하기

다음과 같이 비어 있는 AStarNode 클래스를 정의하는 것부터 시작한다.

```
typedef std::shared_ptr<class AStarNode> AStarNodePtr;
class AStarNode
{
public:
};
```

이 코드를 통해 AStarNode 클래스를 정의하고 AStarNodePtr이라고 부르는 std::shared_ptr 유형 정의를 만들어 클래스의 세이프 포인터safe pointer를 생성한다. 그런 다음, 클래스의 퍼블릭 스코프 안에서 노드의 x 위치, y 위치, 가중치, 스코어를 계산하는 데 필요한 멤버 변수를 선언한다.

```
int x, y;
int g, score;
```

여기에 더해 부모 노드를 레퍼런스할 수 있는 AStarNodePtr 유형의 퍼블릭 멤버도 필요하다.

```
AStarNodePtr parent;
```

모든 멤버 변수를 선언한 다음 인스턴스 생성 이후 이들을 초기화할 수 있는 퍼블릭 생성자를 선언한다.

```
AStarNode(int x, int y, int cost, AStarNodePtr p, int score = 0)
    : x(x), y(y), g(cost), score(score), parent(p)
{}
```

이제 안전한 포인터를 좀 더 쉽게 만들기 위해 정적 헬퍼 함수를 다음과 같이 생성한다.

```
static AStarNodePtr makePtr(
    int x, int y, int cost,
    AStarNodePtr p,
    int score = 0)
{
    return AStarNodePtr(new AStarNode(x, y, cost, p, score));
}
```

이 makePtr( ) 함수는 AStarNode의 새로운 인스턴스를 생성하고 이를 AstarNodePtr로 래핑한 다음 반환한다.

다시 정리해보자. AStarNode 클래스는 멤버 변수로 x, y, g, score, parent를 갖는다. 클래스 생성이 완성되면 모든 멤버는 생성자로 전달되는 값으로 초기화되지만 score는 선택적으로 초기화되지 않을 수도 있다(AStarNode 인스턴스를 복사해 사용하는 경우에만 score를 사용하기 때문이다). 또한 이 변수가 제공되지 않을 때는 이 값을 0으로 설정한다.

그런 다음, 목표 좌표가 주어진다면 휴리스틱을 계산하는 퍼블릭 멤버 함수를 정의한다.

```
    int heuristic(const int destx, int desty) const
    {
        int xd = destx - x;
        int yd = desty - y;
❶       return abs(xd) + abs(yd);
    }
```

이 함수는 대각선 이동이 불가능한 그리드에서 거리를 계산한 맨해튼 디스턴스 휴리스틱 Manhattan distance heuristic을 반환한다.

$$|\Delta x| + |\Delta y|$$

대각선 이동이 가능한 경우라면 이 함수를 수정해 유클리드 디스턴스 휴리스틱^{Euclidean distance} ^{heuristic}을 계산해야 한다. 공식은 다음과 같다.

$$\sqrt{(\Delta x \times \Delta x) + (\Delta y \times \Delta y)}$$

또한 이 클래스에는 score를 업데이트할 함수도 필요하다. 다음과 같이 퍼블릭 스코프에 이 함수를 추가한다.

```cpp
#define TILE_COST 1
void updateScore(int endx, int endy)
{
    auto h = this->heuristic(endx, endy) * TILE_COST;
    this->score = g + h;
}
```

이제 주어진 목표 지점 좌표로 h가 계산된다면 score는 g + h로 업데이트된다.

마지막 마무리를 위해 노드 클래스에는 자식 노드의 모든 계산을 담당할 함수가 필요하다. 이 함수는 현재의 노드에 인접한 각각의 타일을 위한 새로운 노드를 생성한다. 각각의 새로운 노드는 현재의 노드를 부모 노드로 설정하므로 클래스는 현재의 노드를 복사해 AStarNodePtr을 만들 수 있어야 한다. 코드는 다음과 같다.

```cpp
AStarNodePtr getCopy()
{
    return AStarNode::makePtr(x, y, g, parent, score);
}
std::vector<AStarNodePtr> getChildren(int width, int height)
{
    std::vector<AStarNodePtr> ret;
    auto copy = getCopy();
    if (x > 0)
        ret.push_back(AStarNode::makePtr(x - 1, y, g + TILE_COST, copy));
```

❶

```
       if (y > 0)
❷          ret.push_back(AStarNode::makePtr(x, y - 1, g + TILE_COST, copy));
       if (x < width - 1)
❸          ret.push_back(AStarNode::makePtr(x + 1, y, g + TILE_COST, copy));
       if (y < height - 1)
❹          ret.push_back(AStarNode::makePtr(x, y + 1, g + TILE_COST, copy));
       return ret;
   }
```

이 함수는 ❶ (x − 1, y), ❷ (x, y − 1), ❸ (x + 1, y), ❹ (x, y + 1)에서 자식 노드를 생성한다. 이들의 부모 노드는 getChildren을 호출하고 이들의 g는 부모의 g에 TILE_COST를 더한 것이 된다.

대각선으로 움직이는 것을 가능하게 만들기 위해서는 (x − 1, y − 1), (x + 1, y − 1), (x + 1, y + 1), (x − 1, y + 1) 지점에서 자식 노드를 더 추가해야 한다. 대각선으로 움직임으로써 가중치가 더해진다면, 즉 캐릭터가 움직이는 데 시간이 더 필요하다면 다음과 같은 과정을 따라야 한다.

1. TILE_COST를 10으로 변경한다.
2. 상수인 DIAG_TILE_COST를 TILE_COST에 시간 증가분을 곱한 값으로 정의한다. 만약 대각선으로 움직이는 데 1.5배의 시간이 소모된다면 DIAG_TILE_COST를 15로 설정한다.
3. 대각선 자식 노드에 부모 노드의 g에 DIAG_TILE_COST를 더한 값을 g로 설정한다.

AStarNode를 마무리하기 위해 노드 2개의 우선순위와 균등성을 비교하는 연산자를 선언해야 한다. 전역 범위로 클래스의 외부에 다음과 같이 선언을 배치한다.

```
❶ bool operator<(const AStarNodePtr &a, const AStarNodePtr &b)
   {
       return a.score > b.score;
   }
```

```
❷ bool operator==(const AStarNodePtr &a, const AStarNodePtr &b)
  {
      return a.x == b.x && a.y == b.y;
  }
```

이 연산자들은 std::priority_queue로 하여금 노드를 score로 분류하게 하고❶, std::find로 하여금 위치를 기준으로 노드의 균등성을 결정하도록 만든다❷.

A* 탐색 함수 작성하기

이제 AStarNode 클래스를 완성했으므로 실제로 탐색 기능을 수행하는 함수를 만들 수 있다. 함수의 프로토타입을 정의하는 것부터 시작해보자.

```
template<int WIDTH, int HEIGHT, int BLOCKING>
bool doAStarSearch(
    int map[WIDTH][HEIGHT],
    int startx, int starty,
    int endx, int endy,
    int path[WIDTH][HEIGHT])
{ }
```

프로토타입에서는 맵의 길이와 높이를 정의할 뿐만 아니라 맵에서 이동을 막는 타일을 의미하는 값을 템플릿 파라미터로 정의하고 있다. doAStarSearch() 함수 역시 맵을 map으로, 시작하는 좌표를 startx와 starty로 정의하고 있으며 목표 지점을 endx와 endy로, 그리고 계산된 경로를 채워 넣을 수 있는 맵의 비어 있는 지역을 path로 설정한다.

> **NOTE**　처음 3개의 파라미터는 템플릿 파라미터이므로 이들을 컴파일 타임 상수로 처리한다. 코드 예제에서 map과 path 파라미터의 배열 크기를 정의하고 맵의 블로킹 타일을 의미하는 명확한 값을 설정한 것은 바로 이 때문이다. 실제로 게임에서 읽어들이는 맵의 경우는 동적인 크기를 갖고 있을 것이며 이런 데이터를 처리하기 위해 좀 더 신뢰성이 높은 처리 방법이 필요하다.

그런 다음, doAStarSearch( ) 함수에서 프론티어를 저장하기 위해 필요한 리스트와 각기 다른 부모 노드 아래의 자식 노드를 열었을 때 생성된 모든 노트를 추적해 스코어와 현존하는 부모 노드를 업데이트할 수 있는 컨테이너를 만들어야 한다. 코드는 다음과 같다.

```
std::vector<AStarNodePtr> allNodes;
std::priority_queue<AStarNodePtr> frontier;
```

스코어에 기반해 자동으로 노드를 분류할 수 있으므로 frontier는 std::priority_queue로 정의된다. allNodes라고 부르는 노드 컨테이너는 std::vector로 정의된다.

이제 이를 기반으로 첫 번째 노드를 만들어보자.

```
auto node = AStarNode::makePtr(startx, starty, 0, nullptr);
node->updateScore(endx, endy);
allNodes.push_back(node);
```

첫 번째 노드는 좌표 (startx, starty)에 위치하는 가중치와 부모 노드가 없는 노드다. 이 노드는 updateScore( ) 함수가 반환한 값을 기반으로 스코어를 가지며 이를 allNodes 컨테이너에 추가한다.

이제 컨테이너 내부의 노드에 A* 알고리즘의 핵심을 작성해야 할 시간이다. 코드의 첫 부분은 다음과 같이 간단하다.

```
while (true) {
}
```

별도로 언급하지 않는 이상 나머지 코드는 이 루프 코드 안에 순서대로 표시될 것이다.

첫 단계는 목표 상태$^{goal\ state}$를 체크하는 것이다. 이 경우 목표는 플레이어가 다음 웨이포인트로 이동할 수 있는 경로를 찾는 것이며 이는 node 객체의 위치가 (endx, endy)일 경우에 발생

한다. 따라서 목표 상태를 체크하기 위해 프로그램은 노드가 해당 좌표에 도달했는지 여부를
판단할 필요가 있다. 체크를 수행하는 방법은 다음과 같다.

```
if (node->x == endx && node->y == endy) {
    makeList<WIDTH, HEIGHT>(node, allNodes, path);
    return true;
}
```

목표 상태가 확인되면 프로그램은 콜러에게 true를 반환하고 path를 마지막 경로로 채운다.
이제 함수가 makeList( )를 호출하고 path를 채운다고 가정해보자. 곧 이 함수에 대해 좀 더
자세하게 알아볼 것이다. 만일 목표 상태가 확인되지 않았다면 node의 자식 노드로 범위를
확대하고 좀 더 복잡한 프로세스를 수행해야 한다.

```
  auto children = node->getChildren(WIDTH, HEIGHT);
  for (auto c = children.begin(); c != children.end(); c++) {
❶     if (map[(*c)->x][(*c)->y] == BLOCKING) continue;
      auto found = std::find(allNodes.rbegin(), allNodes.rend(), *c);
❷     if (found != allNodes.rend()) {
❸         if (*found > *c) {
              (*found)->g = (*c)->g;
              (*found)->parent = (*c)->parent;
              (*found)->updateScore(endx, endy);
          }
      } else {
          (*c)->updateScore(endx, endy);
❹         frontier.push(*c);
❺         allNodes.push_back(*c);
      }
  }
```

프론티어에 추가될 수 있는 노드의 리스트를 만들기 위해 node->getChildren을 호출한 다
음, 코드는 블로킹된 타일을 무시하면서 각각의 자식 노드를 반복한다❶. 그런 다음 각 자식

노드의 동일한 좌표에서 어떤 노드가 이미 오픈됐는지 확인한다❷. 만일 노드가 오픈됐고 현재 노드의 score가 새로운 자식 노드의 score보다 클 경우, ❸의 if( ) 구문에 의해 현재의 노드는 새로운 자식 노드의 parent, cost, score로 업데이트된다. 만일 새로운 자식 노드가 다른 형제 노드를 갖지 않는다면 ❹ 프론티어와 ❺ 노드 리스트에도 추가된다.

std::find가 ❶과 같은 일반적인 반복자^{iterator} 대신 allNodes의 역방향 반복자^{reverse iterator}를 사용하고 있다는 점을 주의할 필요가 있다. 예제에서는 새로운 노드가 벡터의 제일 끝에 추가되고 그와 함께 사본도 닫히므로 일반적으로 사본이 벡터의 끝에 더 가깝다. 이 단계는 프론티어에 직접 수행도 가능하지만 std::priority_queue가 노드에 대해 반복 수행하는 것을 허용하지 않으며 코드를 더욱 복잡하게 만들 수도 있다.

마지막으로, 새로운 자식 노드를 프론티어에 추가하고 이어지는 if( ) 구문으로 앞선 상황을 제어한다.

```
  if (frontier.size( ) == 0) return false;
❶ node = frontier.top( );
❷ frontier.pop( );
```

이 코드는 프론티어로부터 가장 적은 코스트를 갖는 노드를 node로 설정하고❶, 프론티어에서 이 노드를 분리한 다음❷, 루프를 반복하게 한다. 프론티어의 마지막 부분이 비어 있는 경우에는 더 이상 탐색할 것이 없기 때문에 이 함수는 콜러에게 false를 반환한다.

+ 경로 리스트 생성하기
마지막으로 makeList( ) 함수를 구현한다.

```
template<int WIDTH, int HEIGHT>
void makeList(
    AStarNodePtr end,
```

```
    std::vector<AStarNodePtr> nodes,
    int path[WIDTH][HEIGHT])
{
    for (auto n = nodes.begin(); n != nodes.end(); n++)
❶       path[(*n)->x][(*n)->y] = 2;
    auto node = end;
    while (node.get() != nullptr) {
❷       path[node->x][node->y] = 1;
        node = node->parent;
    }
}
```

이 함수는 ❶ 종료된 노드의 리스트와 ❷ 계산된 경로를 사용해 path를 업데이트한다. 이 예제에서는 값 2가 종료된 노드를, 그리고 값 1이 경로 노드를 표시하고 있는 것이다. 이 프로그램은 목표 노드로부터 시작해 그다음 부모 노드 경로에 이르는 노드를 계산하며 nullptr을 그 부모로 갖고 있는 고아 노드인 시작점에 이를 때까지 이 계산을 반복한다.

A* 탐색이 특히 유용한 경우

예제 코드와 이전 절의 실행 가능한 코드들을 실행해봄으로써 A* 탐색 과정을 실제로 확인해볼 수 있다. 최근에 나온 대부분의 게임에서는 목적지를 명시한 채로 패킷을 보내거나 맵상에서 원하는 지점을 클릭할 수 있을 것이다. 특히 경로를 계산할 필요가 있는 경우라면 이미 A* 탐색에 대해 배웠다는 사실을 행운으로 여길 수 있을 것이다.

다음과 같은 경우 경로를 계산하는 방법을 유용하게 쓸 수 있다.

- **타깃 고르기**: 봇이 공격해야 할 타깃을 골라야 하는 경우 캐릭터의 공격 범위가 적에게 닿을 수 있는지 판단해야 한다. 탐색 기능이 없다면 닿을 수 없는 거리의 방 안에 적이 고립되어 있는 경우 끊임없이 타깃을 설정하려고만 할 것이다.

- **시체 찾기**: 루팅 상태에서 어떤 시체를 탐색할 것인지 찾으려 할 때 가장 가까운 시체부터 루팅함으로써 이를 최적화할 수 있다.

- **마우스 동작 에뮬레이팅**: 아주 드물게 보안이 철저한 게임에서는 게임 안의 마우스 동작을 감지해 봇을 사용하지 못하게 한다. 이 경우 마치 실제 플레이어가 마우스를 사용하는 것처럼 위장할 필요가 있다. 화면에 맵이 표시되고 움직임을 막는 어떤 타일도 없는 상태, 그리고 노드 코스트가 대부분 비슷한 상황이라면 수정된 버전의 A* 탐색 기능을 사용해 마치 실제 사람이 움직이는 듯한 움직임을 줄 수 있다.

- **몬스터 카이팅**: 몬스터 카이팅에 필요한 코드를 작성해야 한다면 모든 크리처로부터 N 유닛만큼 떨어져 있는 것을 목표 상태로 설정한 A* 탐색 기능을 활용할 수 있을 것이다. 이 장에서 설명한 것과 같은 코스트 메커니즘을 활용해 크리처와 더 가까운 노드일수록 더 높은 코스트를 부여한다. 카이팅의 경우 평범한 유스 케이스라고 보기에는 어렵고 휴리스틱을 설정하는 데도 상당한 수정이 필요하다. 하지만 한 번만 제대로 설정을 해놓으면 여러 상황에서 유용하게 쓸 수 있을 것이다. 어떻게 구현하느냐에 따라 사람보다 훨씬 더 몬스터 카이팅을 잘할 수 있다.

- **적의 움직임 예측하기**: 다른 플레이어와 싸우는 봇을 만들었다면 A* 탐색 알고리즘을 사용해 적의 움직임을 예측하고 그에 걸맞은 반응을 하게 만들 수 있다. 예를 들어 적이 달아나기 시작했다면 봇은 적들이 그들의 기지로 이동할 것이라고 예측해 그들의 루트를 계산한 다음 적의 이동을 막기 위한 마법을 시전하거나 그들의 이동 경로로 순간 이동해 적을 막을 수 있을 것이다.

여기서는 A* 탐색 알고리즘을 활용한 몇 가지 예만 살펴봤을 뿐이다. 좀 더 많은 기능을 수행하도록 봇을 발전시킨다면 더욱 다양한 경우에 이 알고리즘을 활용할 수 있을 것이다. 이 장의 나머지 부분에서는 이 책에서 언급한 기술을 활용해 만들 수 있는 자동화된 해킹 기법에 대해 설명할 것이다.

> ### A* 탐색을 활용한 또 다른 예들
>
> A*를 단지 경로 탐색에서만 활용하는 것은 아니다. AStarNode 클래스의 가장 최상위 개념을 설명할 때도 이를 활용해 탐색 문제를 해결할 수 있다. 실제로 A*는 다차원 데이터 세트에서 수행되는 편향된 반복 작업이라고 볼 수 있다. 따라서 이 알고리즘을 잘 활용한다면 다차원 데이터 세트에서 발생하는 다양한 문제들을 해결할 수 있다. 체스처럼 좀 더 고급스러운 게임에서도 적용이 가능하고, 3차원 맨해튼 디스턴스 휴리스틱과 깊이 우선 탐색을 함께 구현한다면 3차원 큐브에도 적용이 가능해질 것이다. 여기서 이런 예제들을 다루지는 않지만, 탐색 알고리즘에 대해 좀 더 깊이 알아보고 싶다면 온라인에서 다양한 자료를 찾아볼 수 있다.

평범하지만 멋진 자동화 해킹 툴

지금까지 효율적인 동시에 스스로 학습하는 봇을 만드는 데 필요한 디자인 패턴과 알고리즘에 대해 알아봤다. 이제 간단한 힐링과 패스파인딩 기능을 넘어서는 인기 있는 자동화 해킹 툴에 대해 배워볼 시간이다.

케이브봇으로 루팅하기

제어 이론과 상태 머신, 그리고 탐색 알고리즘에 대해 알아보면서 이미 크리처를 제거하고, 시체에 대해 루팅을 수행하고, 동굴 주변을 탐색하는 일을 수행하는 케이브봇^{cavebot}에 대해 대략적으로 설명했다. 케이브봇이 수행할 수 있는 일들은 무척 다양하고 효과적이다.

골드를 모으고 보급품 다시 채우기

캐릭터가 특정 행위를 하루 종일 수행하기를 바란다면, 디파지터^{depositor}와 리필러^{refiller}가 필요할 것이다. 디파지터는 은행이나 금고에 금을 채우고, 리필러는 포션과 룬, 그리고 그 밖의 보급품을 채우는 기능을 수행한다. 이 기능은 다음과 같이 6개의 기본 상태로 분류될 수 있다.

- **부활 가능 지역 떠나기**: 캐릭터가 부활 가능한 지역에 있는지를 판단하고 금고에 저장할 것이 있는지, 충분한 보급품을 갖고 있는지 확인한다. 부활 가능 지역을 떠남으로써 이 상태에 도달할 수 있다.
- **타운으로 이동하기**: 캐릭터가 부활 가능한 지역에 있는지 판단한다. 부활 가능 지역에서 벗어나 타운으로 이동하면 이 상태에 도달할 수 있다.
- **예금**: 캐릭터과 부활 가능한 지역에 있는지, 혹은 타운에 위치하면서 예금할 것이 있는지를 판단한다. 루팅한 아이템을 은행이나 금고에 넣음으로써 이 상태에 도달할 수 있다.
- **현금 인출하기**: 캐릭터가 부활 가능한 지역에 있는지 판단하고, 타운에 있으면서 구매할 보급품이 없는지, 혹은 보급품을 구매할 충분한 골드가 있는지를 판단한다. 은행이나 금고에서 골드를 인출함으로써 이 상태에 도달할 수 있다.
- **보급품 구매하기**: 캐릭터가 부활 가능한 지역에 있는지 판단하고, 캐릭터가 사냥을 시작하기에 충분한 보급품을 갖고 있는지 여부를 판단한다. 보급품을 구매함으로써 이 상태에 도달할 수 있다.
- **부활 가능 지역으로 이동하기**: 캐릭터가 부활 가능한 지역에 있는지 판단한다. 부활 가능한 지역으로 이동함으로써 이 상태에 도달할 수 있다.

이 상태들은 StateDefinition 객체의 벡터에서 웨이포인트를 따라 이동하는 상태(347페이지의 '복잡한 가상 상태 머신' 절에서 관련된 몇 가지 상태를 이미 논의했다) 전에 만들어져야 한다. 이들에게 동굴에 남아 있는 것보다 더 높은 우선순위를 부여하면 캐릭터가 타운으로 돌아오면서도 몬스터를 목표로 삼아 사냥을 하고 루팅을 할 수 있게 만들 수 있다. 어느 지역에서 사냥을 하고 봇이 어떤 행동을 하도록 만드는지에 따라 달라지겠지만 캐릭터가 부활 지역에 위치하고 있지 않다면 타깃팅 상태에서 크리처를 공격하지 않도록 만들 수도 있다. 또한 타운으로 이동하기 전에 추가 상태를 만들어 타운으로 이동하는 경로를 막는 크리처만 공격하게 만들 수도 있다. 이동 경로상에 공격할 만한 몬스터가 없다면 더 빠르게 이동할 수 있으므로 필요할 때 적절한 상태를 추가해 봇을 좀 더 효율적으로 동작 가능하게 만들 수 있다.

캐릭터를 미끼로 활용하기

당신이 만든 봇을 탁월하게 만들어주는 또 다른 2개의 케이브봇 기능은 루어 모드 lure mode 와 다이내믹 루어 dynamic lure 다. 복잡한 봇에 실제로 이 2개의 기능을 추가하기란 쉬운 일이 아니다. 대신 봇의 타깃팅 그리고 이동 상태를 알리고 봇이 의사결정을 할 수 있게 하는 데 이 기능을 사용할 수 있다.

경로상의 특정 지점을 지정해 루어 모드를 제어할 수 있으며 캐릭터가 적을 만나 이동이 어려운 경우에만 크리처를 공격하도록 코드에서 타깃팅 상태를 설정할 수도 있다. 이는 앞서 살펴본 타운으로 이동하는 메커니즘과 유사하다. 지역에 따라 루어 모드를 활성화했다가 비활성화할 수 있다는 것이 차이점이다. 이를 통해 다양한 몬스터들을 끌어와 몰이 사냥을 할 수 있게 된다. 특정 캐릭터들은 한곳에 모여 있는 적들을 공격하는 데 특화되어 있으므로 이 경우 이런 봇을 활용한다면 더욱 효과적일 것이다.

다이내믹 루어도 앞서 살펴본 루어와 유사하다. 하지만 위치와 경로에 따라 활성 여부를 결정할 수 있는 대신 몬스터가 많지 않은 경우 이를 몰기 위해 자동으로 루어 모드를 활성화하게 만들 수 있다. 예를 들어, 다이내믹 루어 기능을 장착한 봇이라면 화면상에 등장한 몬스터가 5개 이하일 경우에는 타깃팅 상태에서 크리처를 공격하지 않게 할 수 있다. 5마리의 몬스터가 모이면 타깃팅 상태는 몬스터가 모두 죽을 때까지 카이팅과 공격을 계속해서 수행할 것이다. 그런 다음 봇은 다시 루어 모드로 돌아가 몬스터들을 몰아올 것이다.

캐릭터가 너무 빨라서 몬스터들을 몰아오기가 쉽지 않다면 이동 상태를 조정해 루어 모드가 적절하게 기능하도록 만들 수 있다. 그렇지 않다면 캐릭터가 몬스터들을 죽이지 못하고 그 지역에서 벗어날 수 있다. 상태 머신 정의에서 루어 모드가 활성화됐을 때만 캐릭터 이동 속도를 느리게 만드는 상태를 추가해서 캐릭터의 속도를 조정할 수도 있다.

플레이어 행위 커스터마이징하기

대부분의 케이브봇이 플레이어 스스로의 행동을 추가할 수 있는 스크립팅 인터페이스를 포함하고 있다. 커스텀 웨이포인트를 추가하거나, 특정 마법을 사용하거나, 특정 아이템을 루팅해야 하는 경우 이런 인터페이스를 활용해 동작 방식을 설정할 수 있다. 플레이어들이 독특한 기능을 추가함으로써 목표를 설정하고, 루팅하고, 이동하고 몬스터를 몰아오는 방식을 더욱 다이내믹하게 만들 수 있다. 루아를 사용해 봇 자동화를 구현한다면 서드파티third party를 통해 쉽게 봇의 기능을 개선하고 확장할 수 있을 것이다.

봇 자체에서 스크립트를 작성할 수 있게 함으로써 다른 프로그래머들이 스크립트를 추가해 새로운 사냥터를 만들고 자동화의 기능을 개선해갈 수 있을 것이다. 봇 관련 커뮤니티에서는 이런 일들이 늘 일어나고 있으며 때로는 상업적인 스크립트가 작성되고 판매되고는 한다.

워봇으로 자동 전투하기

자동화된 봇을 사용하는 또 다른 예로 PvPplayer versus player 전투를 들 수 있다. 워봇warbot 혹은 PvP 봇으로 불리는 이 봇은 반응형 혹은 ESP 해킹으로 분류되는 다양한 기능을 보유하고 있다. 이 봇은 입게 되는 피해나 마법에 적절하게 반응하고, 숨어 있는 적을 발견하고, 플레이어에게 유용한 정보를 제공하는 데 초점을 맞추고 있다.

완전히 자동화된 워봇은 상당히 드물다. 앞서 살펴본 좀 더 스마트한 힐러 역할을 수행하고, 좀 더 정확한 스킬샷을 구사하고, 플레이어의 경로를 예측하는 기법들은 충분히 사용이 가능하다. 아래에서 반응형 혹은 ESP 해킹으로 분류되는 멋진 해킹 기법들을 살펴보자.

NOTE 배틀그라운드나 실시간 전략 같은 PvP 기반인 게임에서는 상대방도 이런 봇을 활용할 수 있다는 점을 염두에 둬야 한다. 어떤 봇들은 오직 PvP와 전투만을 위해 만들어진다.

- **오토월 봇**Autowall Bots : 캐릭터가 일정 기간 동안 벽을 만드는 마법을 시전한다면 적이 좁은 복도와 같은 지형에 들어왔을 때 자동으로 벽을 만드는 봇을 코드로 만들 수 있다. 에러 수정을 사용해 어느 정도의 거리를 두고 벽을 만드는지 학습하게 할 수

있다. 벽이 만들어진 다음 어떤 적들이 이 벽을 넘어올 수 있는지를 체크해 이 역시 학습 가능하게 만들 수도 있다.

- **오토스나이프 봇**^{Autosnipe Bots}: 장거리 스킬샷이나 광격 마법 스킬을 가진 캐릭터라면 낮은 체력을 가진 적이 맵을 가로지를 때 이를 감지하고 이들을 대상으로 자동으로 마법이나 스킬을 시전하게 만들 수 있다. 마찬가지로 에러 수정을 통해 어디서 더 정확하게 샷이 수행될 수 있는지 학습할 수 있다. 정확한 대미지양을 측정할 수 없다면 이 역시 에러 수정을 통해 보완이 가능하다.

- **오토카이트 봇**^{Autokite Bots}: 근거리 공격이 주인 캐릭터를 플레이한다면 자동으로 카이팅을 수행하는 봇을 만들 수 있다. 케이브봇이 몬스터를 카이팅할 때 사용했던 것과 유사한 상태들을 사용할 수 있다. 적을 타깃팅하는 것을 멈추면 봇 역시 카이팅을 멈춘다. A* 탐색을 사용해 여러 명의 적을 피하고 카이팅 메커니즘에 팀 베이스나 중립 지역 같은 안전 지역으로 이동하는 알고리즘을 추가할 수도 있다.

마치며

여기까지 잘 배워왔다면 상당히 효과적인 봇을 만들어낼 준비가 끝난 것이다. 이 장에서 배운 내용이 아직도 생소하다고 해서 겁먹을 필요는 없다. 최상의 방법은 실제로 부딪혀보면서 배우는 것이다. 이 책에서는 처음부터 고생할 필요가 없도록 이미 작성된 수천 라인의 예제 코드를 제공하고 있으니 우선 이를 활용해 재미를 붙여보자.

12장에서는 일반적인 게임에서 봇을 감지하고 이를 막아내는 안티 치트^{anti-cheat} 메커니즘으로부터 봇을 숨기는 방법에 대해 알아본다.

CHAPTER **12**

숨어 있기

 게임 해킹은 끊임없이 진화하고 있다. 해커와 게임 개발자 간의 쫓고 쫓기는 관계 역시 여전히 지속되고 있다. 사람들이 봇을 만들고 발전시키는 한 게임 회사는 이를 막는 방법을 찾으려고 노력할 것이며 봇을 사용하는 유저들에게 불이익을 주려고 할 것이다. 그들이 만드는 게임 자체에 해킹을 수행하기 어렵게 만드는 것이 아니라, 게임 회사들은 이런 감지detection에 더 힘을 쏟는다.

일반적으로 대규모 게임 회사에서는 안티 치트 소프트웨어anti-cheat software라고 부르는 아주 복잡한 해킹 방지 솔루션을 보유하고 있다. 이 장의 앞부분에서는 가장 일반적인 안티 치트 솔루션의 기능에 대해 알아볼 것이다. 이런 솔루션들이 어떻게 봇을 감지해내는지를 알아본 다음, 이들을 무력화할 수 있는 강력한 방법에 대해서도 배워본다.

저명한 안티 치트 소프트웨어들

시중에 잘 알려진 안티 치트 소프트웨어들은 대부분 유명한 안티바이러스 소프트웨어와 동일한 방법론을 사용한다. 봇을 검색하고 이들을 위협이 되는 것과 그렇지 않은 것으로 분류한다. 일부 게임에서 사용되는 안티 치트 솔루션들은 게임에 기반해 내부 동작과 기능이 변화하므로 더욱 능동적이라고 볼 수 있다. 안티 치트 솔루션 개발자들은 항상 우회 소프트웨어를 극복할 수 있는 방법을 연구하고 이를 기반으로 솔루션에 패치를 수행한다. 이것이야말로 마주칠 수 있는 가능성이 있는 안티 치트 소프트웨어에 대한 깊이 있는 연구가 필요한 이유다.

이런 솔루션에서 봇을 사용하는 계정을 검색한 경우 해당 계정을 봇 사용자botter로 지정하고 계정 정지 조치를 취할 것이다. 게임 회사의 사용자 계정 관리자들은 몇 주 동안 축적된 이런 명단을 계정 정지 명단ban wave으로 지정할 것이다. 게임 회사 입장에서는 그때그때 계정을 정지 처리하는 것보다 이렇게 일정 기간 동안 계정을 모아서 한 번에 처리하는 편을 선호한다. 봇 사용자들이 실제 플레이로부터 몇 주가 지난 다음에 계정 정지 처리된다면, 지금까지 쌓아온 게임 경험으로 인해 봇이 정지되는 그 순간 새로운 계정을 구매할 가능성이 높아지기 때문이다.

수많은 안티 치트 솔루션들이 판매되고 있지만 여기서는 우선 가장 일반적인 펑크버스터PunkBuster, ESEA 안티 치트ESEA Anti-Cheat, VAC Valve Anti-Cheat, 게임 가드GameGuard, 워든Warden 이렇게 5개의 솔루션을 살펴보기로 한다.

펑크버스터 툴킷

펑크버스터PunkBuster는 이븐 밸런스Even Balance 사가 만든 안티 치트 툴의 이름이다. 〈메달 오브 아너Medal of Honor〉, 〈파 크라이 3Far Cry 3〉와 다양한 〈배틀필드Battlefield〉 시리즈 같은 1인칭 슈팅 게임에서 많이 사용하고 있다.

펑크버스터는 다양한 검출 방법을 사용한다. 이 중에서도 SBD^signature-based detection, 스크린 샷, 해시 검증^hash validation이라는 세 가지 방법은 가장 강력한 방법으로 손꼽힌다. 또한 사용자 계정을 정지시키는 대신 사용자의 하드웨어 자체를 영구히 사용하지 못하도록 밴^ban시키는 인상적인 하드웨어 밴 기능을 제공하기도 한다. 이 방법은 사용자 하드웨어의 시리얼 넘버를 인식하고 이와 일치하는 머신에서의 로그인을 원천 차단하는 방식으로 수행된다.

시그니처 기반 검출

펑크버스터는 게임이 구동되고 있는 시스템에서 수행되는 모든 프로세스의 메모리를 스캔한다. 이 과정에서 시그니처^signature라고 알려진 이미 알려진 치트 소프트웨어와 일치하는 패턴으로 구성된 바이트를 찾아낸다. 펑크버스터에서 시그니처와 동일한 패턴을 인지하면 해당 플레이어를 밴 대상으로 분류한다. 펑크버스터는 NtQueryVirtualMemory( ) 윈도우 API 함수를 사용해 사용자 모드에서 메모리 스캔을 수행한다. 때로는 숨어 있는 다양한 프로세스를 대상으로 동일한 스캔을 수행하기도 한다.

시그니처 기반 검출 방법은 설계상 정황에 대해서는 제대로 된 반응을 하지 못하고 궁극적으로는 긍정 오류^false positive 같은 치명적인 오류도 있다. 2008년 3월 23일 한 해커 팀이 공용 채팅방에서 텍스트 문자로 구성된 스팸을 보내 펑크버스터가 이를 봇 시그니처로 인지하게 만들어 앞서 말한 치명적 오류가 실제로 존재한다는 사실을 증명해 보였다. SBD는 맹목적으로 시그니처와 일치하는 패턴만을 찾아내므로 이 채팅방에 있던 모든 플레이어가 봇을 사용하는 밴 대상으로 낙인 찍혔다.

이런 문제로 인해 타당한 이유도 없이 수많은 선량한 플레이어들이 계정 정지를 당해왔다. 2013년 11월에도 이와 유사한 사례가 발생했다. 펑크버스터로 인해 〈배틀필드 4〉를 즐기던 수천 명의 사용자들이 아무 이유도 없이 계정 정지를 당한 것이다. 그 당시에는 누구도 이 문제를 근본적으로 해결하려 하지 않았다. 솔루션 제작사는 단지 소프트웨어에 시그니처를 추가했을 뿐이다.

펑크버스터는 이런 문제를 사용자의 계정을 잠시 저장함으로써 해결하려 했다. 하지만 이런 사고들은 SBD를 잘못 사용하면 어떤 역효과가 발생하는지를 잘 보여줬을 뿐이었다. 당시 공격이 있고 나서부터 지금까지 펑크버스터 SBD는 사전 정의된 바이너리 오프셋에서 시그니처를 체크하는 방법으로 긍정 오류의 경우를 줄여나가고 있다.

스크린샷

봇을 감지하는 또 다른 방법으로 펑크버스터는 정기적으로 플레이어의 화면을 스크린샷으로 저장해 중앙 게임 서버로 보낸다. 이런 형태의 감지는 상당히 성가시고 SDB와 비교해봤을 때도 단점이 더 많다. 게임 해킹 커뮤니티에서는 펑크버스터에서 이 기법을 구현한 이유를 계정 정지에 항의하는 유저들에게 증거를 제시하기 위한 것으로 추측하고 있다.

해시 검증

SBD와 스크린샷에 더해 펑크버스터는 봇을 감지하기 위해 플레이어 시스템상에서 구동되는 게임 바이너리에 암호화된 해시를 만들고 이를 중앙 서버에 저장된 해시와 비교한다. 만약 이 해시가 일치하지 않는다면 플레이어는 계정 정지 리스트에 추가된다. 이 검증은 파일 시스템의 바이너리상에서만 수행되며 메모리상의 바이너리에서는 수행되지 않는다.

ESEA 안티 치트 툴킷

ESEA 안티 치트 툴킷은 ESEA E-Sports Entertainment Association에서 사용하는 툴로, 주로 〈카운터 스트라이크: 글로벌 오펜시브Counter-Strike: Global Offensive〉 리그에서 사용된다. 펑크버스터와는 달리 긍정 오류가 발생하는 사례가 상대적으로 적고 효과적으로 부정 행위자들을 잡아낸다고 알려져 있다.

ESEA 안티 치트의 감지 능력은 펑크버스터와 거의 비슷하지만 눈에 띄는 차이점이 하나 있다. ESEA 안티 치트 SBD 알고리즘은 각기 다른 3개의 윈도우 커널 함수, 즉 MmGetPhysicalMemoryRanges( ), ZwOpenSection( ), ZwMapViewOfSection( ) 함수의 커널 모드 드라이버에서 수행된다는 점이다. 이 방법을 통해 메모리 스푸핑memory spoofing[1]에 대한 저항 능력을 가질 수 있다. 스캔에 사용되는 함수들을 드라이버에서 호출할 때는 더욱 후킹하기 어렵기 때문이다.

VAC 툴킷

VAC는 밸브사Valve Corporation가 사용하는 툴킷으로, 자사의 게임과 스팀 게임 플랫폼에 올라가는 서드파티 게임에 주로 사용된다. VAC 역시 펑크버스터와 마찬가지로 SDB와 해시 검증 기법을 사용하며 여기에 더해 DNSDomain Name System 캐시 스캔과 바이너리 검증 방법을 병행해 사용한다.

DNS 캐시 스캔

DNS는 도메인 네임과 IP 주소를 원활하게 변환해주는 프로토콜을 일컫는다. DNS 캐시는 컴퓨터에 저장되는 이와 관련된 정보라고 생각하면 될 것이다. VAC의 SBD 알고리즘이 치트 프로그램을 인지하게 되면 VAC는 플레이어의 DNS 캐시를 검색해 치팅 웹사이트와 관련된 도메인 네임이 있는지 판별한다. VAC의 SBD 알고리즘에서 플레이어를 식별하기 위해 실제로 DNS 캐시가 필요한지는 명확하지 않다. 다만 이미 SBD를 통해 치트 유저로 분류된 플레이어들을 좀 더 명확하게 구분하기 위한 보조 수단이라고 추측하기도 한다.

> **NOTE**   DNS 캐시를 확인하려면 명령어 창에서 ipconfig /displaydns를 입력한다. VAC는 이 명령어를 통해 출력되는 모든 정보를 검색한다.

---

1   SBD를 무력화하는 가장 일반적인 방법이다. – 옮긴이

바이너리 검증

VAC는 메모리상에서 실행 가능한 바이너리 수행을 방해하는 것을 막기 위해 바이너리 검증도 함께 수행한다. 메모리에 저장되어 있는 바이너리 코드 해시를 파일 시스템의 동일한 바이너리 코드와 비교해보고 IAT, 점프 혹은 코드 후킹 같은 수정이 있었는지 체크해본다. 일치하지 않는 부분을 발견한다면 VAC는 플레이어를 계정 정지 리스트에 올린다.

이런 감지 방법은 상당히 효율적이지만, 밸브가 이 알고리즘을 구현했던 초기에는 결함이 있었다. 2010년 7월, VAC의 바이너리 검증은 12,000명의 〈콜 오브 듀티^{Call of Duty}〉 유저들을 아무 잘못 없이 계정 정지 조치해버렸다. 바이너리 검증 모듈이 스팀 업데이트를 정상적으로 감지하지 못해 메모리 코드가 파일 시스템에서 업데이트된 바이너리와 일치하지 않는 플레이어들을 모두 계정 정지 처리해버렸기 때문이었다.

긍정 오류

VAC의 또 다른 문제점으로 긍정 오류^{false positive}가 있다. VAC는 배포 초장기에 일상적으로 '불완전한 메모리^{faulty memory}'를 원인으로 사용자들을 계정 정지 처리하고는 했다. 이 초기 버전에서는 리눅스에서 윈도우 게임을 구동하는 플랫폼인 세데가^{Cedega} 사용자들 역시 자주 계정 정지 처리되고는 했다. 2004년 4월 1일에는 수천 명의 플레이어들이 서버 결함으로 인해 비정상적으로 계정 정지 처리되는 문제가 발생했다. 2011년 6월과 2014년 2월에 발생한 사고 역시 비슷한 사례인데, 이로 인해 수천 명의 〈팀 포트리스 2^{Team Fortress 2}〉와 〈카운터 스트라이크^{Counter-Strike}〉 플레이어들이 밝힐 수 없는 이유로 인해 계정 정지됐다. 펑크버스터에서도 긍정 오류 문제는 존재하지만, VAC의 경우에는 이 결함이 더욱 치명적으로 나타나고는 했다.

게임가드 툴킷

게임가드^{GameGuard}는 잉카 인터넷^{INCA Internet Co. Ltd.}이 만든 안티 치트 툴킷으로, 〈리니지 2^{Lineage II}〉와 〈카발 온라인^{Cabal Online}〉, 〈라그나로크 온라인^{Ragnarok Online}〉 같은 다양한 MMORPG에서 사용되고 있다. 게임가드는 적절한 수준의 SBD와 더불어 치트 소프트웨어가 구동되기 전에, 사전에 이를 방지하는 목적의 툴킷을 함께 사용한다.

사용자 모드 루트킷

게임가드는 사용자 모드 루트킷을 활용해 윈도우 API 함수에 대한 봇의 접근을 방지한다. 루트킷은 가장 낮은 레벨의 엔트리 포인트에 위치하는 함수를 후킹한다. ntdll.dll, user32.dll, kernel32.dll 같은 문서화되지 않은 함수들의 내부에서 이런 작업들이 수행되고는 한다.

게임가드가 후킹을 수행하는 함수들과 그 내부에서 수행하는 작업들은 다음과 같다.

- NtOpenProcess(): 게임가드가 보호하고 있는 게임에 대한 모든 OpenProcess() 시도를 막는다.
- NtProtectVirtualMemory(): 게임가드가 보호하고 있는 게임에 대한 모든 VirtualProtect() 혹은 VirtualProtectEx() 시도를 막는다.
- NtReadVirtualMemory(), NtWriteVirtualMemory(): 게임가드가 보호하고 있는 게임에 대한 모든 ReadProcessMemory()와 WriteProcessMemory() 시도를 막는다.
- NtSuspendProcess(), NtSuspendThread(): 게임가드 수행을 지연시키려는 모든 시도를 막는다.
- NtTerminateProcess(), NtTerminateThread(): 게임가드를 종료하려는 모든 시도를 막는다.
- PostMessage(), SendMessage(), SendInput(): 게임을 대상으로 프로그램상에서 무언가를 보내려는 모든 시도를 막는다.
- SetWindowsHookEx(): 마우스와 키보드 입력을 가로채려는 모든 시도를 방지한다.

- `CreateProcessInternal()`: 새로운 프로세스를 자동으로 감지하고 이를 후킹한다.
- `GetProcAddress()`, `LoadLibraryEx()`, `MapViewOfFileEx()`: 게임 혹은 게임가드에 라이브러리를 주입하려는 모든 시도를 막는다.

커널 모드 루트킷

게임가드는 또한 커널에서 동작하는 봇을 막기 위해 드라이버 기반의 루트킷도 함께 사용한다. 이 루트킷은 사용자 모드 루트킷과 동일한 기능을 제공하며, `ZwProtectVirtualMemory()`, `ZwReadVirtualMemory()`, `ZwWriteVirtualMemory()`, `SendInput()` 등의 함수에 대한 후킹을 수행한다.

워든 툴킷

워든^{Warden}은 보통 블리자드 게임에서 수행되며, 개인적으로 경험해본 툴 중에서는 가장 발전한 툴이라고 생각된다. 워든은 실시간으로 동적 코드를 다운로드하기 때문에 이 툴이 수행하는 작업을 정확하게 설명하는 것은 불가능에 가깝다. 컴파일된 셸코드 형태로 전달되는 이 코드는 일반적으로 다음과 같은 두 가지 기능을 수행하는 것으로 예측된다.

- 봇 검색
- 정기적으로 게임 서버에 하트비트 시그널^{heartbeat signal} 보내기. 전송되는 값은 사전에 정의된 형태의 것이 아니라 검색 코드의 서브셋에서 발생한 것이다.

만일 워든에서 앞서 말한 기능 중 두 번째 기능을 수행하지 못하거나 잘못된 값을 전송한다면 게임 서버에서 기능이 동작하지 않거나 변조됐다는 사실을 알게 된다. 더구나 봇이 검색 코드를 무력화할 수도 없고 하트비트 코드를 계속 수행되고 있는 상태인 것처럼 보이게 할 수도 없다.

멈춤 문제

봇을 통해 워든의 검색 코드를 무력화하고 하트비트 신호를 계속 보냄으로써 앨런 튜링^{Alan} Turing이 1936년에 불가능하다고 증명한 멈춤 문제^{halting problem}를 해결할 수 있다. 멈춤 문제는 일반적인 알고리즘에서 결정에 관한 문제로, 프로그램이 수행을 종료할지 혹은 영원히 수행될지를 결정하는 프로그램이 존재하는가에 관한 문제다. 워든 역시 동일한 셸코드를 사용해 두 가지 작업을 동시에 수행한다. 하나의 작업을 무력화할 수 있는 제네릭 알고리즘을 작성하는 것은 앞서 살펴본 튜링 머신의 멈춤 문제와 유사하다. 알고리즘은 코드의 어느 부분이 영원히 수행될지, 어느 부분이 그렇지 않을지 확정할 수 없다. 또한 어느 부분이 각 작업과 대응하는지 알 수 없다.

워든은 숨을 수 있는 방법이 없을 뿐만 아니라 이 툴킷을 무력화할 수 있는 방법도 아직 발견되지 않았기 때문에 매우 강력한 툴이라고 할 수 있다. 비록 잠시 동안 검색을 피할 수는 있다고 하더라도 짧은 시간 안에 새로운 검출 방법이 업데이트될 것이다.

만약 어떤 툴을 공개적으로 배포하고 싶다면, 결국 앞서 설명했던 안티 치트 솔루션에 대응하는 방법을 찾아야만 할 것이다. 봇이 어떤 흔적을 남기느냐에 따라 게임에서 봇을 검색하는 방법과 당신이 봇을 구현해야 하는 방법, 툴킷을 피하는 방법이 간단할 수도 있고 복잡해질 수도 있다는 점을 명심해야 한다.

봇의 흔적 관리하기

봇의 흔적^{footprint}이란 단어는 봇이 가진 독특하고 검색 가능한 특징을 의미한다. 10개의 함수를 후킹하는 봇보다 100개의 함수를 후킹하는 봇이 게임 코드를 더 많이 변경하기 때문에 안티 치트 툴에 의해 검색될 가능성도 높을 것이다. 목표가 된 시스템에서는 단 하나의 후킹만 검색해도 이를 처리할 수 있으므로 100개의 함수를 후킹하는 봇을 만든 개발자라면 모든 봇이 가능한 한 노출되지 않은 채 후킹을 수행할 수 있도록 더 많은 시간을 이에 할애해야 할 것이다.

봇의 사용자 인터페이스가 얼마나 상세한지는 또 다른 봇의 흔적이라고 볼 수 있다. 만약 이미 잘 알려진 봇이 타이틀이 각기 독특한 수많은 다이얼로그 박스를 갖고 있다면, 안티 치트 소프트웨어에서는 이런 타이틀을 가진 창을 검색해 쉽게 봇을 검색해낼 수 있을 것이다. 동일한 원리가 프로세스 이름과 파일 이름에도 적용될 수 있다.

흔적을 최소화하기

봇이 동작하는 방식에 따라 그 흔적을 최소화할 수 있는 방식도 다양해질 수 있다. 예를 들어, 대부분의 작업이 후킹에 의존하는 방식으로 수행되는 봇이 있다면 게임 코드를 직접 후킹하는 방식이 아니라 윈도우 API 함수를 후킹하는 데 초점을 맞추는 것이 좋다. 윈도우 API 후킹은 워낙 일반적으로 수행되는 방식이라 개발자들이 이런 작업을 수행하는 프로그램을 봇이라고 의심하지 않을 수도 있기 때문이다.

일반적인 상용 소프트웨어에 준할 정도의 유저 인터페이스를 가진 봇이라면 창 바와 버튼 같은 인터페이스에서 스트링을 지워버리는 것이 좋다. 그 대신 텍스트를 대체할 만한 이미지를 보여준다. 만일 안티 치트 소프트웨어에 의해 프로세스 이름이나 파일 이름이 검색될 것을 우려한다면 가장 일반적인 파일 이름을 사용하고 봇이 시작할 때마다 새로운 임의의 이름을 가진 디렉토리에 복사본을 만들어 수행하게 하면 된다.

흔적 가리기

검색을 피하는 것보다 흔적을 최소화하는 것이 더 나은 방법이지만, 꼭 필요한 과정이라고는 할 수 없다. 봇을 남들이 알아보기 힘들게 만들 수 있지만, 그렇게 되면 어떻게 동작하는지 알아보는 것도 어려워질 수밖에 없다. 봇 난독화^{obfuscation}를 통해 안티 봇 개발자들이 당신이 만든 봇을 검출해내는 것을 어렵게 만들 수 있을 뿐만 아니라, 다른 봇 개발자들이 당신이 만든 봇을 분석해 독특한 기능을 훔쳐가는 것도 막아줄 수 있다. 만약 툴을 상용으로 판매한다면 이를 통해 정상적인 구매 승인 절차를 우회하려는 시도도 막을 수 있을 것이다.

패킹^{packing}은 봇 난독화의 가장 대표적인 방법이다. 패킹은 실행 가능한 암호화된 봇을 만드는 것을 의미하며, 이를 또 다른 실행 가능한 파일 내부에 숨길 수도 있다. 컨테이너가 된 실행 파일이 시작되면 패킹된 실행 파일이 복호화되면서 메모리에서 수행된다. 만일 봇이 패킹됐다면 봇이 어떤 일을 수행하는지 알기 위해 분석하고 봇이 수행하는 프로세스를 디버깅하기가 훨씬 어려워진다. UPX, 아르마딜로^{Armadillo}, 더미다^{Themida}, ASPack 등이 가장 잘 알려진 패킹 프로그램들이다.

디버거를 검출하기 위해 봇을 교육하기

안티 봇 개발자(혹은 그 밖의 봇 개발자)들은 봇을 디버깅해 봇의 동작 방식을 알아내고 이를 통해 봇을 막아낼 방법도 알아낸다. 봇을 철저하게 분석하려 한다면 단순히 실행 파일로 패킹하는 방법만으로는 이를 피할 수 없을 것이다. 좀 더 완벽한 보호를 위해 안티 디버깅 기법을 채용하기도 한다. 안티 디버깅 기법은 봇을 디버깅을 하려는 시도가 감지되면 봇이 수행하는 동작을 바꾸어 봇의 컨트롤 플로우를 인지하기 힘들게 만드는 기법이다. 이 절에서는 우선 디버거가 봇을 분석하려고 시도하는 것을 감지하는 방법들에 대해 알아보고, 다음으로 봇의 컨트롤 플로우를 인지하기 어렵게 만드는 방법에 대해서도 알아본다.

CheckRemoteDebuggerPresent() 호출하기

CheckRemoteDebuggerPresent()는 현재 수행되고 있는 프로세스에 디버거가 어태치됐는지 알려주는 윈도우 API 함수다. 디버거를 체크하는 코드는 다음과 같이 작성될 수 있다.

```
bool IsRemoteDebuggerPresent() {
    BOOL dbg = false;
    CheckRemoteDebuggerPresent(GetCurrentProcess(), &dbg);
    return dbg;
}
```

보다시피 이 코드는 매우 직관적이다. 현재의 프로세스상에서 **CheckRemoteDebuggerPresent( )**와 **dbg** 불린에 대한 포인터를 호출한다. 이 함수를 호출하는 것이 가장 쉽게 디버거를 식별할 수 있는 방법이지만 동시에 디버거가 무력화하기도 가장 쉬운 방법이다.

인터럽트 핸들러 체크하기

인터럽트^{interrupt}는 프로세서가 윈도우 커널의 적절한 핸들러를 동작시키도록 보내는 일종의 신호라고 할 수 있다. 보통 인터럽트는 하드웨어 이벤트에 의해 발생하지만, INT 어셈블리 인스트럭션을 사용하는 소프트웨어에서도 발생할 수 있다. 커널에서는 0x2D와 0x03 같은 인터럽트를 허용하고, 이를 예외 처리기의 형태인 사용자 모드 인터럽트 핸들러의 트리거로 사용한다. 디버거를 검색하려 할 때 이런 종류의 인터럽트를 활용할 수 있는 것이다.

디버거가 인스트럭션상에 브레이크포인트를 설정하면 이를 INT 0x03 같은 브레이크포인트 인스트럭션을 가진 인스트럭션으로 대체한다. 인터럽트가 수행되면 디버거는 브레이크포인트를 설치한 곳의 예외 처리기를 통해 이를 인지하고 원래 코드를 대체한 다음 애플리케이션을 지속적으로 수행하게 만드는 것이다. 사전에 인지하지 못한 인터럽트가 발생했을 경우, 일부 디버거들은 해당 인터럽트를 건너뛰어 별다른 예외 처리기 실행 없이 애플리케이션을 지속적으로 수행하게 만든다.

코드 12-1과 같이 예외 처리기 안에서 일부러 인터럽트를 만들어 이런 행위를 감지해낼 수 있다.

코드 12-1 인터럽트 핸들러 감지하기

```
inline bool Has2DBreakpointHandler( ) {
    __try { __asm INT 0x2D }
    __except (EXCEPTION_EXECUTE_HANDLER){ return false; }
    return true;
}

inline bool Has03BreakpointHandler( ) {
    __try { __asm INT 0x03 }
```

```
    __except (EXCEPTION_EXECUTE_HANDLER){ return false; }
    return true;
}
```

애플리케이션이 수행되는 동안 이 인터럽트들은 코드에서 자신을 둘러싸고 있는 예외 처리기를 실행한다. 디버깅 세션이 진행되는 동안 일부 디버거들은 이런 인터럽트에서 발생한 예외들을 중간에 먼저 인지하고 이들을 무시해버릴 수도 있다. 이를 통해 관련된 예외 처리기가 수행되는 것을 막을 수 있는 것이다. 따라서 인터럽트가 예외 처리기를 실행하지 않는다면, 디버거 자체는 선물 같은 존재로 남아 있을 것이다.

하드웨어 브레이크포인트 체크하기

디버거는 또한 하드웨어 브레이크포인트 hardware breakpoint 라고 부르는 프로세서의 디버거 레지스터를 사용해서도 브레이크포인트를 설정할 수 있다. 디버거는 4개의 디버거 레지스터 중 하나에 인스트럭션 주소를 기록해 인스트럭션에 하드웨어 브레이크포인트를 설정한다.

디버그 레지스터에 있는 주소가 실행되면 디버거가 이 사실을 알게 된다. 하드웨어 브레이크포인트를 인식하기 위해(그리고 이를 통해 디버거가 존재하고 있다는 사실을 인지하기 위해) 다음과 같이 4개의 디버그 레지스터에 0이 아닌 값들이 있는지 확인한다.

```
bool HasHardwareBreakpoints() {
    CONTEXT ctx = {0};
    ctx.ContextFlags = CONTEXT_DEBUG_REGISTERS;
    uto hThread = GetCurrentThread();
    if(GetThreadContext(hThread, &ctx) == 0)
        return false;
    return (ctx.Dr0 != 0 || ctx.Dr1 != 0 || ctx.Dr2 != 0 || ctx.Dr3 != 0);
}
```

디버거 스트링 출력하기

OutputDebugString()은 윈도우 API 함수로 이를 사용해 디버거 콘솔로 로그 메시지를 출력할 수 있다. 만일 디버거가 존재하지 않는다면 이 함수는 에러 코드를 반환한다. 이 함수를 사용해 간단하게 디버거의 존재 유무를 체크할 수 있는 코드는 다음과 같다.

```
inline bool CanCallOutputDebugString() {
    SetLastError(0);
    OutputDebugStringA("test");
    return (GetLastError() == 0);
}
```

CheckRemoteDebuggerPresent() 메소드와 마찬가지로 이 함수 역시 매우 직관적이지만 디버거에서도 이를 무력화하기 쉬운 방법 중의 하나다.

DBG_RIPEXCEPTION 핸들러 체크하기

대부분의 디버거는 예외 처리기를 갖고 있다. 이들은 윈도우의 DBG_RIPEXCEPTION 코드를 사용해 맹목적으로 예외 경우를 잡아냄으로써 디버거를 발견해내는 명확한 방법을 제시한다. 코드 12-1의 인터럽트 핸들러와 거의 비슷한 방법으로 예외 처리기를 발견하는 코드를 작성할 수 있다.

```
#define DBG_RIPEXCEPTION 0x40010007
inline bool hasRIPExceptionHandler() {
    __try { RaiseException(DBG_RIPEXCEPTION, 0, 0, 0); }
    __except(EXCEPTION_EXECUTE_HANDLER){ return false; }
    return true;
}
```

타이밍 제어(치명적 루틴)

안티 봇 개발자가 당신이 만든 봇을 디버깅한다면 아마 봇이 수행하는 가장 중요한 행위에 해당하는 코드에 브레이크포인트를 설정하고 그 지점부터 파고들기 시작할 것이다. 코드 실행 시간code execution time을 측정해 이런 행위들이 시도되고 있는지 확인할 수 있다. 어떤 사람이 코드를 파고들어 오는 경우, 코드 실행 시간이 일반적인 경우보다 더 길어지는 것은 자명한 일이다.

예를 들어, 함수에서 훅 몇 개만 설치한다면 해당 코드가 메모리 보호를 위해 걸리는 시간은 1/10초가 채 되지 않을 것이다. 다음과 같이 윈도우 API 함수인 GetTickCount() 함수를 사용해 메모리 보호에 소요되는 시간을 측정할 수 있다.

```
--생략--
auto startTime = GetTickCount();
protectMemory<>(...);
if (GetTickCount() - startTime >= 100)
    debuggerDetectedGoConfuseIt();
--생략--
```

디버그 드라이브 체크하기

일부 디버거들은 그들이 좀 더 원활하게 동작하기 위해 커널 모드 드라이브를 로딩한다. 이런 종류의 디버거들은 다음과 같이 커널 모드 드라이버에 대한 핸들을 취득하려는 시도를 통해 검출해낼 수 있다.

```
bool DebuggerDriversPresent() {
    // 일반적인 디버거 드라이버 디바이스 이름 배열
    const char drivers[9][20] = {
        "\\\\.\\EXTREM", "\\\\.\\ICEEXT",
        "\\\\.\\NDBGMSG.VXD", "\\\\.\\RING0",
        "\\\\.\\SIWVID", "\\\\.\\SYSER",
        "\\\\.\\TRW", "\\\\.\\SYSERBOOT",
```

```
        "\0"
    };
    for (int i = 0; drivers[i][0] != '\0'; i++) {
        auto h = CreateFileA(drivers[i], 0, 0, 0, OPEN_EXISTING, 0, 0);
        if (h != INVALID_HANDLE_VALUE) {
            CloseHandle(h);
            return true;
        }
    }
    return false;
}
```

코드에서는 \\\\.\\EXTREM 같은 일반적인 커널 모드 디바이스 이름을 체크하며, 나머지 디바이스들은 drivers 배열에서 확인할 수 있다. 이 코드가 성공적으로 수행되면 시스템에서 수행되는 디버거가 있다는 사실이 확인된 셈이다. 앞선 방법과는 다르게 이 드라이버들 중 하나를 획득한다고 해도, 항상 봇에 어떤 디버거가 어태치되어 있다고 말할 수 있는 것은 아니다.

안티 디버깅 기법

디버거가 있다는 사실을 알고 난 다음 당신이 만든 봇의 컨트롤 플로우를 읽기 어렵게 만들어야 한다. 그 방법은 다양하다. 디버거의 크래시를 유도하는 것도 한 방법이 될 수 있다. 다음 코드는 OllyDbg v1.10에 크래시를 유발한다.

```
OutputDebugString("%s%s%s%s");
```

"%s%s%s%s" 스트링에는 포맷 식별자가 포함되어 있으며, OllyDbg는 파라미터를 추가하지 않은 상태로 이를 printf() 함수로 보낸다. 이로 인해 디버거에서 크래시가 발생하는 것이다. 함수의 코드를 이 코드로 대체해 디버거가 검출될 때 이를 수행하게 할 수 있다. 단, 이 코드는 OllyDbg에만 적용 가능하다.

무한 루프 발생시키기

또 다른 난독화 기법 중 하나는 봇을 디버깅하려는 사람이 봇과 디버거를 종료하도록 시스템에 과부하를 걸어주는 것이다. 함수로 나타내면 다음과 같다.

```cpp
void SelfDestruct() {
    std::vector<char*> explosion;
    while (true)
        explosion.push_back(new char[10000]);
}
```

프로세스에 할당된 메모리를 모두 소진할 때까지(혹은 누군가가 플러그를 뽑아버릴 때까지) 무한히 반복되는 while 루프로 explosion에 데이터 요소를 추가하게 만든 것이다.

스택 오버플로우 유발하기

봇을 분석하는 사람을 정말 제대로 엿 먹이고 싶다면 스택 오버플로우를 유발하는 함수 체인을 만들 수도 있다. 다음과 같이 직접적이지 않은 방법을 사용할 수 있다.

```cpp
#include <random>
typedef void (* _recurse)();
void recurse1(); void recurse2();
void recurse3(); void recurse4();
void recurse5();
_recurse recfuncs[5] = {
    &recurse1, &recurse2, &recurse3,
    &recurse4, &recurse5
};
void recurse1() { recfuncs[rand() % 5](); }
void recurse2() { recfuncs[(rand() % 3) + 2](); }
void recurse3() {
    if (rand() % 100 < 50) recurse1();
    else recfuncs[(rand() % 3) + 1]();
}
```

```
void recurse4() { recfuncs[rand() % 2](); }
void recurse5() {
    for (int i = 0; i < 100; i++)
        if (rand() % 50 == 1)
            recfuncs[i % 5]();
    recurse5();
}
// 스택 오버플로우를 유발하기 위해 위에서 생성한 함수 호출
```

간단히 말하자면 이 함수들은 콜 스택에 공간이 남지 않을 때까지 임의로 그리고 무한히 디렉토리를 포함해 하위 디렉토리를 읽는 작업을 수행한다. 이렇게 오버플로우가 간접적으로 발생하면 봇 분석가들은 어떤 일이 발생했는지 알아채기 전에 작업을 일시 정지하고 이전에 어떤 호출이 발생했는지 조사하기 어려울 수밖에 없다.

BSOD 유발하기

좀 더 집중해서 난독화^{obfuscation}를 수행하고자 한다면 디버거를 검색해냈을 때 블루 스크린, 즉 BSOD$^{Blue\ Screen\ of\ Death}$를 띄울 수도 있다. 이를 수행하는 방법 중 하나는 SetProcessIsCritical() 윈도우 API 함수를 사용해 봇 프로세스를 크리티컬한 프로세스로 만든 다음, exit() 함수를 호출하는 것이다. 윈도우에서는 크리티컬 프로세스가 죽으면 BSOD를 띄운다. 코드는 다음과 같다.

```
void BSODBaby() {
    typedef long (WINAPI *RtlSetProcessIsCritical)
        (BOOLEAN New, BOOLEAN *Old, BOOLEAN NeedScb);
    auto ntdll = LoadLibraryA("ntdll.dll");
    if (ntdll) {
        auto SetProcessIsCritical = (RtlSetProcessIsCritical)
            GetProcAddress(ntdll, "RtlSetProcessIsCritical");
        if (SetProcessIsCritical)
            SetProcessIsCritical(1, 0, 0);
    }
```

```
}

BSODBaby();
exit(1);
```

좀 더 간단하게 이를 수행하고 싶다면 다음과 같이 코드를 작성해도 무방하다.

```
BSODBaby();
OutputDebugString("%s%s%s%s");
recurse1();
exit(1);
```

이 절에서 알아봤던 모든 기법을 구현했다면 위의 코드만으로도 충분히 BSOD를 발생시키고, 디버거 크래시를 유발하고, 스택 오버플로우를 발생시키며, 수행되고 있는 프로그램을 종료할 수 있다(단, OllyDbg v1.10에만 한정된다). 만일 앞서 말한 증상 중 하나라도 유발에 실패하거나 패치로 개선된다고 해도 분석가는 디버깅을 계속하기 전에 나머지 문제들을 처리해야 할 것이다.

시그니처 기반 검색 무력화하기

난독화 기법이 아무리 뛰어나다고 하더라도 시그니처 기반 검색을 피해나가기는 쉽지 않다. 봇을 분석해 시그니처를 만드는 엔지니어들은 매우 숙련된 인력들이어서 이들에게 난독화 기법 정도는 단순히 성가신 업무의 하나에 불과할 정도다.

SBD signature-based detection 를 완벽하게 무력화하기 위해서는 검색 코드 자체를 완전히 뒤엎을 필요가 있다. 이를 위해서는 SBD가 어떻게 동작하는지를 완전히 이해하고 있어야 한다. 펑크버스터의 경우 NtQueryVirtualMemory()를 사용해 현재 수행 중인 전체 프로세스를 스캔해 시그니처를 찾는다. 이를 우회하기 위해서는 모든 펑크버스터 프로세스에

NtQueryVirtualMemory( ) 함수를 후킹하는 코드를 주입해야 한다.

다음과 같이 코드를 작성하면 함수가 봇 프로세스에서 메모리 쿼리를 수행하려고 할 때 원하는 형태의 데이터를 전달할 수 있게 된다.

```
NTSTATUS onNtQueryVirtualMemory(
    HANDLE process, PVOID baseAddress,
    MEMORY_INFORMATION_CLASS memoryInformationClass,
    PVOID buffer, ULONG numberOfBytes, PULONG numberOfBytesRead) {

    // 이 프로세스를 스캔하고 있다면 훅 DLL을 보지 못하게 만든다.
    if ((process == INVALID_HANDLE_VALUE ||
        process == GetCurrentProcess()) &&
        baseAddress >= MY_HOOK_DLL_BASE &&
        baseAddress <= MY_HOOK_DLL_BASE_PLUS_SIZE)
❶          return STATUS_ACCESS_DENIED;

    // 봇을 스캔하고 있다면 반환된 메모리를 0으로 만든다.
    auto ret = origNtQueryVirtualMemory(
        process, baseAddress,
        memoryInformationClass,
        buffer, numberOfBytes, numberOfBytesRead);
    if(GetProcessId(process) == MY_BOT_PROCESS)
❷      ZeroMemory(buffer, numberOfBytesRead);
    return ret;
}
```

onNtQueryVirtualMemory( ) 혹은 NtQueryVirtualMemory( )가 훅 DLL의 메모리를 쿼리하려고 할 때 STATUS_ACCESS_DENIED를 반환한다❶. 또한 NtQueryVirtualMemory( )가 봇의 메모리를 쿼리하려고 하는 경우에는 메모리를 0으로 만들어 반환한다❷. 이 두 방식에 큰 차이점이 있는 것은 아니다. 다만 NtQueryVirtualMemory( ) 함수를 피할 수 있는 두 가지 방법을 보여준 것뿐이다. 이 두 가지 방법으로도 부족하다고 느껴진다면 전체 버퍼를 랜덤 바이트 시퀀스로 대체하는 방법도 존재한다.

이 방법들은 펑크버스터나 VAC의 SBD와 같이 사용자 모드에서 동작하는 SBD에서만 유효하게 동작한다. ESEA처럼 드라이버상에서 동작하거나 혹은 워든처럼 예상하기 힘든 솔루션의 SBD는 회피하기가 결코 쉽지 않다.

이 솔루션들의 경우에는 당신이 만든 봇의 독특한 시그니처를 제거함으로써 솔루션에 검색되는 것을 예방해야 한다. 이미 수십 명의 사람들에게 봇을 배포한 상태라면, 고유한 특징을 제거해 검색을 피한다는 것 자체가 어려울 수 있다. 분석가를 따돌리기 위해서는 봇을 누군가에게 배포할 때마다 다음과 같은 항목을 수행해야 한다.

- 각기 다른 컴파일러를 사용해 봇 컴파일하기
- 컴파일러 최적화 설정을 변경하기
- __fastcall과 __cdecl을 변경해가면서 활용하기
- 각기 다른 패킹 프로그램을 사용해 바이너리 패킹하기
- 런타임 라이브러리에 대한 링크를 동적 혹은 정적인 것으로 스위칭하기

이런 조합들을 서로 변경해가면서 사용해 각 사용자들에게 봇을 배포할 때 적용할 수 있지만, 여전히 독특한 버전의 봇을 만드는 데는 한계가 존재한다. 앞서도 짚어봤지만 이런 방법으로는 원래의 요구사항을 충족할 수 없을뿐더러, 결정적으로 게임 회사들은 웬만한 봇의 복제품으로 이미 시그니처를 만들어놓았을 것이다.

난독화와 코드 변형을 제외하고는 아직까지 진보한 SBD 메커니즘을 무력화할 수 있는 다양한 방법이 존재하지 않는 것이 현실이다. 드라이버 내부에 봇을 구현하거나 봇을 숨기기 위해 커널 모드 루트킷을 만들 수도 있지만, 이 또한 근본적인 해결책은 아니다.

NOTE 이 책에서는 드라이버 내부에 봇을 구현하거나 봇을 숨기기 위해 커널 모드 루트킷을 만드는 방법을 다루지 않는다. 이 주제들은 그 자체만으로도 충분히 복잡한 문제들이기 때문이다. 루트킷 개발 방법은 이미 여러 권의 책에서 충분히 심도 있게 다뤘던 주제다. 이 주제에 관해서라면 빌 블런던(Bill Blunden)의 『The Rootkit Arsenal: Escape and Evasion in The Dark Corners of The System』(Jones & Bartlett Learning, 2009)을 읽어보길 추천한다.

기본적인 항목들, 즉 메모리를 읽는 모든 함수와 전체 파일 시스템 API를 후킹하면 되지 않느냐고 생각할 수도 있지만, 이 역시 워든 같은 결정 기반의 시스템에 의해 검색될 수 있다. 솔직히 말하자면 워든과 블리자드 게임은 가급적 손대지 말라고 경고하고 싶다.

스크린샷 무력화하기

만일 추가적인 증거를 제시하기 위해 스크린샷을 사용하는 검색 메커니즘을 맞닥뜨렸다면 그나마 운이 좋은 편이다. 스크린샷 메커니즘을 우회하는 것은 쉽다. 그냥 봇이 보이지 않게만 하면 된다.

UI를 최소한으로 유지하고 게임 클라이언트에서 시각적으로 식별될 만한 변경을 주지 않는 것만으로도 충분히 이런 검색 메커니즘을 피할 수 있다. 당신이 만든 봇에 HUD나 기타 식별 가능한 UI 디스플레이가 필요하다고 하더라도 초조해할 필요는 없다. 거기에 맞는 방법을 찾아내면 된다. 스크린샷 코드를 가로챌 수만 있다면 스크린샷을 찍는 동안에도 봇의 흔적을 숨길 수 있다.

예를 들어, 펑크버스터의 일부 버전에서는 스크린샷을 찍기 전에 윈도우 API 함수인 GetSystemTimeAsFileTime()을 호출한다. 이 함수를 후킹해 잠시 동안 봇의 UI를 숨길 수 있다.

```
void onGetSystemTimeAsFileTime(LPFILETIME systemTimeAsFileTime) {
    myBot->hideUI(2000); // 2초 동안 UI를 숨김
    origGetSystemTimeAsFileTime(systemTimeAsFileTime);
}
```

앞서 238페이지의 '게임 실행 변경을 위해 후킹하기' 절에서 살펴본 기법을 활용해 GetSystemTimeAsFileTime()을 후킹하고 hideUI() 함수를 작성한 다음 실행을 계속 이어가기 전에 hideUI() 함수를 호출한다.

바이너리 검증 무력화하기

바이너리 검증을 무력화하는 것은 게임의 특정 바이너리 안에 훅을 설치하지 않아도 될 정도로 아주 간단한 일이다. 윈도우 API 함수에 점프 훅과 IAT 훅을 설치하는 것은 흔하디 흔한일이라 어디서나 이 기법을 사용할 수 있다. 마찬가지로 게임 바이너리 안에도 직접 점프나근거리 호출 훅을 사용하는 대신 점프 훅이나 IAT 훅을 사용하는 편이 더 낫다. 게임 코드안에 직접 훅을 설치해야 한다면, 바이너리 스캔을 가로채고 데이터를 위조해 안티 치트 소프트웨어의 바이너리 검증 루틴을 속일 필요가 있다.

SBD와 마찬가지로 바이너리 검증 역시 `NtQueryVirtualMemory()`를 사용해 메모리를 스캔한다. 검증 코드를 속이기 위해 우선 이 함수에 훅을 설치해야 한다. 그런 다음, `NtQueryVirtualMemory()` 함수가 호출될 때 데이터를 변조하기 위해 다음과 같은 함수를 작성한다.

```
NTSTATUS onNtQueryVirtualMemory(
    HANDLE process, PVOID baseAddress,
    MEMORY_INFORMATION_CLASS memoryInformationClass,
    PVOID buffer, ULONG numberOfBytes, PULONG numberOfBytesRead) {

    auto ret = origNtQueryVirtualMemory(
        process, baseAddress,
        memoryInformationClass,
        buffer, numberOfBytes, numberOfBytesRead);
    // 이 부분에 속일 필요가 있는 코드를 배치한다.
    return ret;
}
```

이 훅의 내부에서 당신이 만든 훅을 통해 수정되는 모든 메모리 스캔을 주의해서 살펴봐야한다.

> **NOTE** 이 예제에서는 봇이 하나의 훅만 갖고 있고 HOOK_로 시작하는 변수가 존재하며, 훅으로 대체되는코드를 설명하고 있다고 가정한다.

코드 12-2를 통해 스캔 모니터링 코드의 일부를 살펴볼 수 있다.

코드 12-2 후킹된 메모리가 스캔되고 있는지 체크하기

```
// 현재 프로세스에 스캔이 진행되고 있는가?
bool currentProcess =
    process == INVALID_HANDLE_VALUE ||
    process == GetCurrentProcess();

// 스캔되고 있는 메모리 범위 안에 훅이 있는가?
auto endAddress = baseAddress + numberOfBytesRead - 1;
bool containsHook =
    (HOOK_START_ADDRESS >= baseAddress &&
     HOOK_START_ADDRESS <= endAddress) ||
    (HOOK_END_ADDRESS >= baseAddress &&
     HOOK_END_ADDRESS <= endAddress);
❶ if (currentProcess && containsHook) {
    // 훅을 숨김
  }
```

후킹된 코드에 메모리 스캔이 수행되고 있다면(이는 currentProcess와 containsHook을 동시에 true가 되게 한다), 코드 내부에 위치한 if() 구문이 원래 코드를 반영하기 위해 아웃풋 버퍼를 업데이트한다❶. 이는 곧 스캔되는 범위 안의 어느 곳에 후킹된 코드가 위치하고 있는지 알고 있어야 하고 스캔되는 범위 블록이 후킹된 코드의 서브셋에만 해당할 수 있다는 사실도 고려해야 한다는 뜻이다.

만약 baseAddress가 스캔이 시작되는 곳의 주소를 지정하고 있다면 HOOK_START_ADDRESS 는 수정된 코드가 시작되는 곳을 표시하고 endAddress는 스캔이 종료되는 곳을, HOOK_END_ ADDRESS는 수정된 코드가 종료되는 지점을 표시하는 것이다. 이렇게 된다면 간단한 공식을 사용해 버퍼의 어느 부분에 수정된 코드가 위치하게 될지 계산할 수 있을 것이다. 다음과 같이 writeStart를 사용해 스캔 버퍼 안에서 수정된 코드의 오프셋을 저장하고, readStart를 사용해 그에 대응하는 수정 코드의 스캔 버퍼 오프셋을 저장할 수도 있다. 이 방법은 스캔 버퍼가 수정된 코드의 중간에서 시작될 때 사용한다.

```
int readStart, writeStart;
if (HOOK_START_ADDRESS >= baseAddress) {
    readStart = 0;
    writeStart = HOOK_START_ADDRESS - baseAddress;
} else {
    readStart = baseAddress - HOOK_START_ADDRESS;
    writeStart = baseAddress;
}

int readEnd;
if (HOOK_END_ADDRESS <= endAddress)
    readEnd = HOOK_LENGTH - readStart - 1;
else
    readEnd = endAddress - HOOK_START_ADDRESS;
```

바꿔야 할 바이트가 얼마나 많은지 그리고 어디에서 이들을 획득하고 어디에 이들을 배치해야 할지 알고 있다면 다음 코드를 더 추가할 수 있을 것이다.

```
char* replaceBuffer = (char*)buffer;
for ( ; readStart <= readEnd; readStart++, writeStart++)
    replaceBuffer[writeStart] = HOOK_ORIG_DATA[readStart];
```

이를 모두 조합하면 코드는 다음과 같다.

```
NTSTATUS onNtQueryVirtualMemory(
    HANDLE process, PVOID baseAddress,
    MEMORY_INFORMATION_CLASS memoryInformationClass,
    PVOID buffer, ULONG numberOfBytes, PULONG numberOfBytesRead) {
    auto ret = origNtQueryVirtualMemory(
        process, baseAddress,
        memoryInformationClass,
        buffer, numberOfBytes, numberOfBytesRead);
    bool currentProcess =
```

```
        process == INVALID_HANDLE_VALUE ||
        process == GetCurrentProcess();
    auto endAddress = baseAddress + numberOfBytesRead - 1;
    bool containsHook =
        (HOOK_START_ADDRESS >= baseAddress &&
         HOOK_START_ADDRESS <= endAddress) ||
        (HOOK_END_ADDRESS >= baseAddress &&
         HOOK_END_ADDRESS <= endAddress);
    if (currentProcess && containsHook) {
        int readStart, writeStart;
        if (HOOK_START_ADDRESS >= baseAddress) {
            readStart = 0;
            writeStart = HOOK_START_ADDRESS - baseAddress;
        } else {
            readStart = baseAddress - HOOK_START_ADDRESS;
            writeStart = baseAddress;
        }

        int readEnd;
        if (HOOK_END_ADDRESS <= endAddress)
            readEnd = HOOK_LENGTH - readStart - 1;
        else
            readEnd = endAddress - HOOK_START_ADDRESS;

        char* replaceBuffer = (char*)buffer;
        for ( ; readStart <= readEnd; readStart++, writeStart++)
            replaceBuffer[writeStart] = HOOK_ORIG_DATA[readStart];
    }
    return ret;
}
```

바이너리 검증 스캔으로부터 여러 개의 훅을 숨겨야 한다면, 수정된 다양한 코드 영역을 추적할 수 있도록 좀 더 신뢰할 수 있는 방법으로 이런 기법들을 구현해야 할 것이다.

안티 치트 루트킷 무력화하기

사용자 모드 루트킷을 제공하는 게임가드와 그 밖의 안티 치트 솔루션들은 봇을 검색할 뿐만 아니라 사전에 이들이 수행되는 것을 원천적으로 차단하려고 한다. 이런 종류의 솔루션을 무력화하기 위해서는 솔루션의 외부에서 방법을 찾을 것이 아니라 대상을 완벽하게 복사하고, 복사된 결과물에서 어떤 동작을 수행할지 고민해봐야 한다.

예를 들어, 게임 메모리에 무언가를 작성하고 싶다면 kernel32.dll에 의해 익스포트된 WriteProcessMemory( )를 호출해야 할 것이다. 이 함수를 호출하면 이는 ntdll.dll로부터 NtWriteVirtualMemory( )를 호출한다. 게임가드는 ntdll.NtWriteVirtualMemory( )를 후킹해 메모리 쓰기 작업을 미연에 방지한다. 하지만 만약 ntdll_copy.dll에서 익스포트된 NtWriteVirtualMemory( )라면 게임가드가 해당 함수에 후킹을 수행하지 못할 것이다.

이는 곧 ntdll.dll을 복사하고 이를 통해 필요한 모든 함수를 동적으로 임포트하면 된다는 뜻이다. 코드는 다음과 같다.

```
// ntdll을 복사하고 로드한다.
copyFile("ntdll.dll", "ntdll_copy.dll");
auto module = LoadLibrary("ntdll_copy.dll");

// 동적으로 NtWriteVirtualMemory를 임포트한다.
typedef NTSTATUS (WINAPI* _NtWriteVirtualMemory)
    (HANDLE, PVOID, PVOID, ULONG, PULONG);
auto myWriteVirtualMemory = (_NtWriteVirtualMemory)
    GetProcAddress(module, "NtWriteVirtualMemory");

// NtWriteVirtualMemory 호출
myWriteVirtualMemory(process, address, data, length, &writtenlength);
```

ntdll.dll을 복사한 다음 여기서 NtWriteVirtualMemory( )를 복사해 그 이름을 myWriteVirtualMemory( )로 정한다. 여기서부터 봇은 이 함수를 NtWriteVirtualMemory( )

함수 대신 사용할 수 있다. 동일한 라이브러리의 동일한 코드를 단지 이름만 다르게 해서 사용할 수 있는 것이다.

안티 치트 소프트웨어가 후킹한 함수를 복사해서 사용하는 이런 기법은 해당 함수를 가장 낮은 레벨의 엔트리 포인트에서 호출할 때만 사용 가능하다. 만일 코드가 kernel32.dll을 복사하고 동적으로 `WriteProcessMemory()` 함수를 임포트했다면, 안티 치트 루트킷은 봇을 감지하고 해당 동작을 중지했을 것이다. `WriteProcessMemory()` 함수를 호출할 때 kernel32_copy.dll은 여전히 `ntdll.NtWriteVirtualMemory()`에 의존하기 때문이다.

휴리스틱 무력화하기

앞서 논의한 클라이언트 단의 검색 메커니즘에 더해 게임 회사들은 플레이어의 행동을 모니터링해 간단하게 봇을 검출할 수 있는 서버 단의 휴리스틱 메커니즘을 보유하고 있을 것이다. 이런 메커니즘은 대부분 머신 러닝 알고리즘을 통해 사람과 자동화된 봇 플레이어의 행위를 학습하고 구별한다. 의사결정 프로세스는 시스템 내부에서 수행되고 일반적인 사람의 시각에서는 이해하기 힘든 것도 많아서 정확하게 어떤 특정 행위로 인해 검색이 된다고 말하기 힘든 것이 사실이다.

이런 시스템을 속이기 위해 어떤 알고리즘이 사용돼야 하는지까지 알 필요는 없어 보인다. 단지 봇이 사람처럼 보이도록 더욱 노력하면 그만이다. 사람과 봇을 구별하기 어렵게 만드는 행동들을 아래에서 살펴보자.

- **액션 사이의 간격**: 상당수의 봇들이 비상식적으로 빠른 움직임을 보이거나 간격 없이 동작을 수행한다. 각 액션 사이에 누가 봐도 합리적인 수준의 쿨다운 타임이 존재한다면 훨씬 더 인간과 유사해 보일 것이다. 또한 동일한 비율로 같은 액션을 무한히 반복하는 대신 임의로 행동을 선택해 수행하는 패턴을 갖고 있는 것이 좋다.
- **경로 반복**: 적을 자동으로 파밍하는 봇의 경우 크리처를 죽이기 위해 사전에 프로그

램된 지역 안에서만 이동하는 경우가 대부분이다. 또한 이런 중간 경유지들은 대부분 픽셀 단위까지 정확하게 입력되어 처리되고는 한다. 그 반대로 사람이라면 이동을 예측하기 힘들고 좀 더 독특한 장소를 지나가고는 할 것이다. 이런 행동을 모방하기 위해 목표로 한 지역에서 일정 범위 안의 지역을 임의로 선택해 해당 지역으로 이동하게 한다. 또한 방문할 지점의 순서를 임의로 선택해 다양한 경로를 이동하게 만든다.

- **비현실적인 플레이**: 일부 봇 개발자들은 동일한 지역 내에서 수백 시간에 걸쳐 봇을 구동한다. 하지만 사람이라면 절대 그렇게 긴 시간 동안 플레이를 지속하지 못한다. 당신이 만든 봇을 사용하는 사람들이 최대 8시간 이상 봇을 사용하지 않게 만들고, 7일 연속으로 동일한 동작을 사용하면 경고가 뜨도록 만든다.

- **완벽한 정확함**: 봇을 사용하면 한 발의 탄환도 낭비하지 않고 연속으로 수천 번의 헤드샷이 가능하다. 또한 늘 같은 정확도로 스킬샷을 시전할 수 있다. 사실상 사람이 이런 일을 수행하는 것은 불가능하다. 좀 더 진화한 봇들은 일부러 사격의 정확도를 떨어뜨리기도 한다.

여기서는 몇 가지 예만 살펴봤지만 이 예들이 가장 일반적으로 구현될 수 있는 것들이다. 상식적으로만 생각한다면 얼마든지 휴리스틱 체크는 피할 수 있다. 봇이 사람이 할 수 없는 일을 수행해서는 안 된다. 그리고 한 가지 일을 너무 오래 하도록 해서도 안 된다.

마치며

게임 해커와 게임 개발자들의 전쟁은 끝이 없다. 해커는 검색을 피하기 위한 방법을 끊임없이 모색하고, 개발자들은 이들을 발견해내기 위한 더 나은 방법을 찾으려고 끊임없이 노력한다. 이 장에서 다룬 지식을 활용해 안티 치트 소프트웨어를 맞닥뜨렸을 때 슬기롭게 이를 피해갈 수 있기를 바란다.

| 찾아보기 |

에이콘출판의 기틀을 마련하신 故 정완재 선생님 (1935-2004)

봇을 이용한 게임 해킹

메모리 스캐닝에서 반응형 해킹까지

발 행 | 2018년 8월 17일

지은이 | 닉 카노
옮긴이 | 진 석 준

펴낸이 | 권 성 준
편집장 | 황 영 주
편 집 | 이 지 은
       김 다 예
디자인 | 윤 서 빈

에이콘출판주식회사
서울특별시 양천구 국회대로 287 (목동)
전화 02-2653-7600, 팩스 02-2653-0433
www.acornpub.co.kr / editor@acornpub.co.kr

이 도서의 국립중앙도서관 출판시도서목록(CIP)은 서지정보유통지원시스템 홈페이지(http://seoji.nl.go.kr)와
국가자료공동목록시스템(http://www.nl.go.kr/kolisnet)에서 이용하실 수 있습니다.(CIP제어번호: CIP 2018024514)

책값은 뒤표지에 있습니다.